PETIT MANUEL
D'HISTOIRE DU QUÉBEC
1534-2008

DES MÊMES AUTEURS

LÉANDRE BERGERON

Petit manuel d'histoire du Québec, Éditions Québécoises, Montréal, 1970.
VLB Éditeur & Éditions Québécoises, 1979.
Histoire du Québec illustrée (deux volumes), Éditions Québécoises, Montréal, 1971 et 1972.
The History of Quebec, a Patriote's Handbook, NC Press, Toronto, 1971.
Pourquoi une révolution au Québec, Éditions Québécoises, Montréal, 1972.
Histoire du Québec en trois régimes, Éditions de l'Aurore, Montréal, 1974.
Dictionnaire de la langue québécoise, VLB Éditeur, Montréal, 1980.
Dictionnaire de la langue québécoise (supplément), VLB Éditeur, Montréal, 1981.
Petit manuel de l'accouchement à la maison, VLB Éditeur, Montréal, 1982.
The Québécois Dictionary, James Lorimer & Company Publisher, Toronto, 1982.
Comme des invitées de marques, Éditions Trois-Pistoles, Trois-Pistoles, 2002.
Né en exil (en collaboration avec Sylvain Rivière), Éditions Trois-Pistoles, Trois-Pistoles, 2007.

❧

PIERRE LANDRY

Prescriptions, VLB Éditeur, Montréal, 1996.
Intraveineuses, L'Épaule à la roue, Saint-Alexandre, 1997.
Le Mouton NOIR, plus mordant que le loup, Éditions Trois-Pistoles, Trois-Pistoles, 2005.
Le pays en mots dits (en collaboration), Éditions Trois-Pistoles, Trois-Pistoles, 2005.
Une histoire de Notre-Dame-du-Portage, Éditions Trois-Pistoles, Trois-Pistoles, 2006.

À paraître
Contes, légendes et récits de la Côte-du-Sud.

Léandre Bergeron
Pierre Landry

PETIT MANUEL D'HISTOIRE DU QUÉBEC

1534-2008

ÉDITIONS TROIS-PISTOLES

Éditions Trois-Pistoles
31, Route Nationale Est
Trois-Pistoles (Québec)
G0L 4K0
Téléphone : 418-851-8888
Télécopieur : 418-851-8888
C. électr. : vlb2000@bellnet.ca

Montage : Plume-Art
Révision : Victor-Lévy Beaulieu, André Morin
Recherche iconographique : Victor-Lévy Beaulieu, Pierre Landry
Photo de la couverture : Jérôme Doyon La Rochelle pour les grandes fêtes
nationales du Québec, l'Outaouais en fête, organisées par le mouvement
Impératif français, www.imperatif-français.org

Les Éditions Trois-Pistoles bénéficient des programmes d'aide à la publication
du Conseil des Arts du Canada, du ministère du Patrimoine (PADIÉ), de la
Société de développement des entreprises culturelles du Québec (SODEC) et
du programme de crédit d'impôt pour l'édition de livres du gouvernement
du Québec (gestion Sodec).

En Europe (comptoir de ventes)
Librairie du Québec
30, rue Gay-Lussac
75 005 Paris France
Téléphone : 43 54 49 02
Télécopieur : 43 54 39 15

ISBN : 978-2-89583-183-9
Dépôt légal : Bibliothèque et Archives nationales du Québec, 2008
Dépôt légal : Bibliothèque et Archives Canada, 2008

1

LÉANDRE BERGERON

De Canayen à Québécois
1534-1977

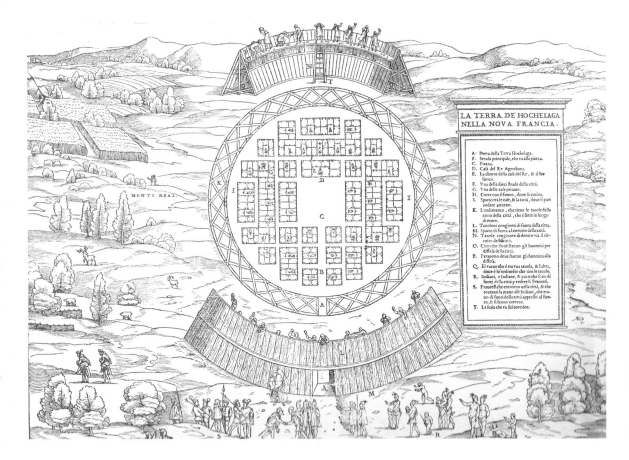

Plan de la terre de Hochelaga.

AVANT-PROPOS

Nos élites nous ont raconté des histoires sur notre passé. Elles n'ont jamais situé notre passé dans l'Histoire. Les histoires qu'elles nous ont racontées sur notre passé étaient conçues pour nous maintenir, nous peuple québécois, en dehors de l'Histoire.

L'élite qui a collaboré avec le colonisateur anglais après la défaite de la Rébellion de 1837-38 a agi comme toute élite d'un peuple colonisé. Au lieu de lutter pour débarrasser le Québec du colonisateur, elle s'est retournée vers un passé « héroïque » pour ne pas faire face au présent. Elle s'est mise à glorifier les exploits des Champlain, des Madeleine de Verchères, des Saints Martyrs Canadiens pour nous faire croire qu'à une certaine époque nous aussi nous étions de grands colonisateurs, bâtisseurs de pays. Colonisés par les Anglais, nous pouvions trouver compensation dans l'idée que nous avions, nous, colonisé l'homme rouge. Notre élite nous fit rêver au Grand Empire Français d'Amérique du temps de Frontenac pour ne pas nous sentir trop humiliés dans notre situation de peuple conquis, emprisonné dans la Confédération. Des générations de Québécois furent endoctrinées dans ce nationalisme d'arrière-garde où nous nous définissions comme un peuple élu ayant mission d'évangéliser le monde et de répandre la civilisation catholique française à travers l'Amérique.

Avec l'industrialisation capitaliste américaine du Québec, une élite plus «éclairée», plus laïque, se mit à réviser notre passé. Sous le couvert de «l'objectivité», de la recherche scientifique de «faits historiques», des historiens entretenus dans nos universités, accumulèrent beaucoup de «faits», beaucoup de documents historiques. Mais là s'arrêtait leur travail. Pour eux, l'historien se situe en dehors de l'Histoire. Il est comme l'ange de la connaissance qui fouille les dépotoirs de l'humanité pour en tirer de belles fiches nécrologiques. Avec eux, notre histoire est un long déterrement qui confirme, sans le dire, notre défaite et notre sujétion. En empruntant aux Américains leur méthode de recherche, ils leur ont également emprunté leur point de vue, c'est-à-dire la suprématie de l'ordre capitaliste américain et la marginalité des petits peuples, vestiges d'un autre âge.

Depuis quelque temps, certains de nos historiens osent interpréter les faits, osent situer leur propre travail d'historien dans la vie du peuple québécois, osent se situer eux-mêmes dans l'évolution du peuple québécois vers sa libération.

Ce petit manuel d'histoire du Québec s'insère dans cette dernière orientation. Nous, Québécois, subissons le colonialisme. Nous sommes un peuple prisonnier. Pour changer notre situation, il faut d'abord la connaître. Pour bien la connaître, il faut analyser les forces historiques qui l'ont amenée. En connaissant bien les forces qui nous ont réduits à l'état de colonisés et celles qui nous y maintiennent toujours, nous pourrons définir notre ennemi avec précision, étudier les rapports de force avec discernement et engager la lutte avec efficacité.

Ce petit manuel n'a pas la prétention d'être autre chose qu'un petit manuel, c'est-à-dire un livre de base. Un livre de base définit les grandes lignes et l'orientation générale. Il ne prétend pas être complet. Ce petit manuel reprend les événements marquants de notre histoire en les situant dans la lutte entre oppresseurs et opprimés, colonisateurs et colonisés, exploiteurs et exploités. Il définit le cadre général de cette lutte au Québec mais ne prétend pas en donner tous les détails. Ce manuel aura atteint son but si justement lecteurs individuels ou groupes d'étude s'en servent comme tremplin, pour pousser plus avant l'analyse de notre histoire, pour mieux comprendre les mécanismes du colonialisme qui nous opprime, pour canaliser nos ressentiments d'opprimés dans des actions précises et efficaces de décolonisation.

Ce petit manuel est au programme. Au programme de l'école de la rue, pour l'homme de la rue, pour le peuple de la rue, pour le peuple québécois jeté dans la rue, dépossédé de sa maison, du fruit de son travail, de sa vie quotidienne. Ce petit manuel se veut une repossession. La repossession de notre histoire, premier pas de la repossession de nous-mêmes pour passer au grand pas, la repossession de notre avenir.

Léandre Bergeron

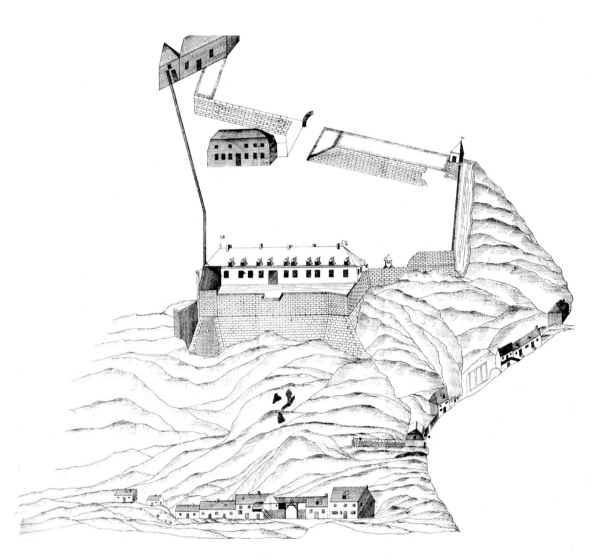

Plan du fort Saint-Louis de Québec en 1683.

VUE D'ENSEMBLE

On peut diviser notre histoire en trois parties :

1. *le régime[1] français* qui va des premières explorations françaises au début du 16e siècle à 1760, date de la Conquête de la Nouvelle-France par la puissance britannique ;
2. *le régime anglais* qui commence avec la Conquête de la Nouvelle-France et se poursuit jusqu'au début du 20e siècle où il cède la place au régime américain ;
3. *le régime américain* qui commence avec l'invasion des capitaux[2] américains au début du 20e siècle et se continue toujours avec l'emprise de plus en plus grande des capitalistes[3] américains sur notre économie[4] d'abord, ensuite sur notre politique[5] et enfin sur notre culture[6].

---

1. *Régime* : structure ou organisation de la société et du gouvernement à une époque donnée.
2. *Capitaux* : l'argent placé dans un commerce ou une entreprise et qui rapporte des intérêts grâce à l'exploitation de la force de travail des ouvriers.
3. *Capitalistes* : individus qui ont des capitaux qu'ils placent dans différentes entreprises pour en retirer le maximum de profits et sans se préoccuper de l'intérêt des travailleurs.
4. *Économie* : l'ensemble des activités qui transforment les ressources matérielles pour satisfaire les besoins du groupe, de la classe ou du peuple qui les contrôlent.
5. *Politique* : administration générale d'un pays ; le pouvoir politique est le contrôle qu'exerce sur la société celui ou ceux qui ont en main l'administration d'un pays.
6. *Culture* : particularités propres à un peuple ; façon particulière à un peuple de s'exprimer, de se manifester, de voir le monde. La culture d'un peuple dépend de sa situation économique et politique.

On voit qu'il n'y a pas encore eu de régime québécois, c'est-à-dire de régime où les Québécois seraient maîtres de leur destinée. Ça a toujours été le régime des autres. Nous, Québécois, avons toujours subi la domination des autres. Nous avons été colonisés[7] et nous sommes toujours colonisés. Cependant, depuis quelques années on sent qu'il se dessine au Québec un mouvement qui veut que nous entrions dans un régime québécois, que notre économie nous appartienne à nous, peuple québécois, que le Québec soit souverain[8] et que le peuple québécois façonne la politique du Québec.

---

7. *Colonisé*: état dans lequel se trouve un peuple qui a été conquis par une puissance étrangère et qui est maintenu dans une situation d'infériorité économique, politique et culturelle. Le rapport du colonisé vis à vis le colonisateur est le même que celui de l'esclave vis à vis le maître. Le colonisateur manipule le colonisé pour qu'il serve ses intérêts à lui, le colonisateur. Le colonisé, lui, vaincu, humilié dans sa dignité d'homme, subit son sort d'esclave, cherche à s'en échapper par le rêve, la religion ou des toxiques jusqu'au jour où il se rend compte qu'il a droit à sa liberté d'homme et chasse le colonisateur du pays par les moyens qu'il trouve bon pour le faire.

8. *Souverain*: état de liberté et d'indépendance d'un pays qui lui permettent de se gouverner comme il l'entend, de faire les lois qu'il trouve appropriées et de traiter avec les autres pays sur un pied d'égalité.

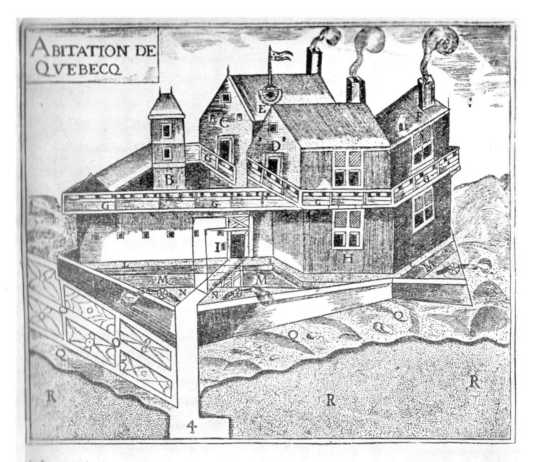

A Le magazin.
B Colombier.
C Corps de logis où font nos armes, & pour loger les ouuriers.
D Autre corps de logis pour les ouuriers.
E Cadran.
F Autre corps de logis où eft la forge, & artifans logés.
G Galleries tout au tour des logemens.
H Logis du fieur de Champlain.
I La porte de l'habitation, où il y a pont-leuis.
L Promenoir autour de l'habitation contenant 10. pieds de large iufques fur le bort du foffé.
M Foffés tout autour de l'habitation.
N Plattes formes, en façon de tenailles pour mettre le canon.
O Iardin du fieur de Champlain.
P La cuifine.
Q Place deuant l'habitation fur le bort dè la riuiere.
R La grande riuiere de fainct Lorens.

L'Abitation, premier établissement de Québec.

Les tout débuts de Montréal.

RÉGIME FRANÇAIS

L'Europe à la conquête du monde

Au 15ᵉ et au 16ᵉ siècles, l'Europe se lance à la conquête du reste du monde. Espagne, Portugal, Hollande, France et Angleterre se lancent sur les mers pour aller piller les ressources naturelles des pays étrangers. C'est que dans ces pays européens, tous gouvernés par des monarques, il se développe une classe qui accumule de l'argent en faisant le commerce d'objets de consommation.

À cette époque en Europe la structure sociale ressemble à cette pyramide :

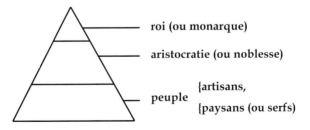

Le sommet de la pyramide représente celui ou ceux qui détiennent le pouvoir politique. Dans celle-ci, le roi est l'autorité suprême, *le souverain*. Le roi, d'ailleurs, essaie de faire croire au peuple que son autorité vient de Dieu. Il a sous sa dépendance des nobles qui sont pour ainsi dire des sous-rois chacun dans sa province et qui ont, eux, sous leur dépendance la masse des gens, des paysans, qui cultivent les terres du noble (qu'on appelle aussi seigneurs) et reçoivent en retour à peine ce qu'il faut pour subsister. Ces paysans vivent dans une sorte d'esclavage. Le seigneur est le maître et a un droit presque absolu sur eux.

À cette époque l'argent (surtout en pièces d'or ou d'argent) sert à l'échange seulement, pour des produits ou des services. Il y a peu de gens qui accumulent de l'argent pour en prêter avec intérêt comme il y a peu de gens qui achètent des produits pour les revendre à prix fort. Les paysans d'un domaine produisent ce qu'il faut pour la subsistance de toute la population du domaine. Quant aux artisans qui fabriquent outils, instruments et autres produits de petite industrie, ils les vendent la plupart du temps sans intermédiaire, directement au consommateur.

À cette époque, l'Église joue un grand rôle dans la vie européenne. Elle est une institution qui copie la pyramide du pouvoir laïc :

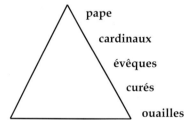

Elle est toujours en concurrence avec l'autorité laïque parce qu'elle veut établir sa domination sur les peuples. L'Église est

MOT À BANNIR : *DÉCOUVERTES.*

Les explorateurs n'ont pas *découvert* les Amériques. Christophe Colomb n'a pas *découvert* l'Amérique. Jacques Cartier n'a pas *découvert* le Canada. Ces territoires avaient été découverts on ne sait quand par les premiers hommes qui y mirent les pieds. Quand les explorateurs blancs arrivèrent en Amérique, le pays était déjà peuplé d'*hommes*, d'hommes d'une autre couleur, oui, mais d'hommes tout de même. Dire que Colomb a *découvert* l'Amérique et Cartier le Canada c'est montrer le racisme profond qui infecte la race blanche depuis des siècles. En disant que Colomb et Cartier sont des *découvreurs* on dit que seuls les Blancs sont des hommes qui peuvent *découvrir* pour la race humaine et que les Indiens qui se trouvaient sur le continent n'étaient que des animaux à peine plus évolués que les singes. Les explorateurs blancs n'ont rien découvert. Ils ont *exploré* des territoires et ont *conquis* des territoires par la force en pratiquant un génocide[1] aussi barbare que Hitler contre les Juifs et que les Américains contre le peuple vietnamien.

---

1. *Génocide* : massacre systématique d'un peuple, d'une race ou d'un groupe ethnique.

La bataille du Long-Sault.

riche, elle possède d'immenses territoires. Elle est comme un État dans un autre État. Elle a à sa disposition la menace de l'enfer et la récompense du ciel pour étendre et consolider son pouvoir. À l'époque où l'homme a une très faible idée des lois et des mécanismes qui gouvernent l'univers, l'explication la plus facile est la croyance en un monde spirituel auquel on peut se reporter pour dissiper toutes ses craintes devant le monde d'ici-bas où l'homme trouve difficilement sa place. L'Église exploite ce sentiment à son profit et avec l'évocation magique des sacrements étend son pouvoir sur tous les pays européens, fait concurrence aux rois et essaie de les soumettre à son autorité. Mais les abus de ses évêques et de ses clercs révoltent certaines âmes sincères qui lancent la Réforme protestante et apportent une division au sein de l'Église. Au 16ᵉ siècle, les guerres de religion entre catholiques et protestants ensanglantent l'Europe. Des Français s'entretuent, des Anglais s'entretuent, des Espagnols s'entretuent, au nom de Dieu. Mais la religion elle-même est exploitée par les pouvoirs laïcs pour repousser la domination temporelle de l'Église. La protestantisation de l'Angleterre va permettre aux rois anglais de réduire l'influence de Rome sur sa politique tant intérieure qu'extérieure.

Rapport entre la pyramide laïque et la pyramide cléricale :

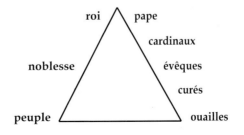

Aux 16ᵉ et 17ᵉ siècles va venir s'ajouter à la pyramide sociale, une autre classe, la classe commerçante, qui deviendra ce qu'on appelle la classe bourgeoise. Ce sont, pour la plupart, des serfs qui ont acheté leur liberté et se regroupent dans des bourgs.

Ces commerçants sortis des rangs du peuple font de l'argent non pas en faisant du travail productif comme les artisans et les paysans mais plutôt en échangeant les produits fabriqués par d'autres. Ils font leur argent en vendant plus cher qu'ils les ont achetés les produits qu'ils ont obtenus au plus bas prix possible. Ils exploitent la *distribution* des produits. Ils forment une classe de parasites de la production. Le paysan et l'artisan travaillent vraiment. Ils produisent un produit (blé, farine, vin, vêtements, habitations, etc.) tandis que le commerçant, lui, tire son profit de l'échange qui se fait entre le producteur et le consommateur. Il est essentiellement un exploiteur. Sans rien produire lui-même, il retire de l'argent à étiqueter le produit et à trouver un acheteur.

Ces commerçants font non seulement le commerce des produits mais aussi le commerce de l'argent. Quand ils ont accumulé une certaine somme dans le commerce des produits, ils peuvent prêter cet argent. Mais le vrai mot n'est pas *prêter* comme on prête un livre ou un stylo. Ils *louent* leur argent. Celui qui emprunte doit remettre l'argent *plus* un intérêt. L'argent du commerçant s'est transformé en capital. Il fait de l'argent maintenant simplement à en prêter. Il en prête aux rois et aux seigneurs qui veulent lever des armées pour aller étendre leur domination sur d'autres terres. Il en prête à d'autres commerçants qui, eux, veulent tenter leur chance sur de grosses livraisons de marchandises venant de pays éloignés.

Il est à noter que les commerçants font non seulement le commerce de produits et celui de l'argent, mais aussi celui de vies humaines. Des commerçants affréteront des navires qui iront sur les côtes d'Afrique kidnapper des tribus entières pour les réduire à l'esclavage et aller les *vendre* en Amérique aux « propriétaires » de plantations de sucre, de coton, de café qui les feront travailler comme on ne fait pas travailler des animaux.

Au 15e siècle, le commerce des épices avec l'Orient (l'Inde et la Chine) se développe et pousse les monarques et les commerçants vers la *conquête* des pays producteurs. La ruée vers les richesses étrangères saisit tous les pays d'Europe capables de lancer des flottes sur la mer.

Mais voilà qu'en cherchant la Chine et l'Inde on arrive en Amérique.

Un allié des Français : Tecumseh.

Une caricature d'Albéric Bourgeois.

Les Espagnols avec Christophe Colomb, Amérique Vespuce, Cortez et autres débarquent sur les îles des Antilles, en Amérique Centrale et en Amérique du Sud, rencontrent des populations d'une autre couleur qui les accueillent comme des hôtes distingués. La plupart de ces populations comme les Mayas au Mexique et les Incas au Pérou ont des cultures très développées, mais ne connaissent pas le degré de « civilisation » européen.

Les conquérants espagnols ne voient que l'or et l'argent que ces peuples ont extraits pour décorer leurs temples, leurs maisons, leurs ustensiles. Il ne s'agit pas pour les Espagnols de faire la traite de ces métaux précieux. Pour eux, Blancs européens, ces peuples sont inférieurs et ne méritent que l'esclavage ou la mort. Le massacre et le pillage commencent et se feront systématiquement pendant quelques siècles. L'Espagnol tue les chefs des tribus et tous les éléments rebelles, viole les femmes, massacre les enfants et force ceux qui restent à travailler comme esclaves dans les mines d'or et d'argent et dans les plantations de sucre et de café. Ces peuples qu'on appellera du nom générique d'Indiens parce qu'on se croyait au début aux Indes, seront tous réduits à une condition de sous-hommes, de sous-humains, de colonisés, par la brutalité et la convoitise de ces bandits internationaux qui s'appellent l'homme blanc, «chrétien» et «civilisé».

Les Portugais s'emparent de ce qui s'appelle aujourd'hui le Brésil, les Espagnols du reste de l'Amérique du Sud, de l'Amérique Centrale. Les Anglais et les Français s'emparent chacun de certaines îles des Antilles et réduisent les populations à l'esclavage. Quand les «Indiens» morts de misère ou de maladies apportées par les Blancs ne suffisent plus à la tâche dans les plantations, des commerçants anglais, français, espagnols, hollandais vont kidnapper des Noirs sur les côtes d'Afrique, les empilent dans des bateaux comme on n'entasserait pas des bestiaux, et viennent les vendre aux «propriétaires» (d'autres bandits blancs) des plantations.

On voit qu'à cette époque la race blanche est profondément raciste. Elle se considère comme la race supérieure, la race de «civilisation» avec ses inventions comme la boussole, la redoutable arme à feu, avec sa «mission divine», ses désirs de conquérants, ses visées expansionnistes et son agressivité. Elle considère

ÉPI DE RIZ SAUVAGE

RÉCOLTE

Le riz sauvage était un aliment important des Indiens de la région des Grands Lacs.

SÉCHAGE

VANNAGE
DÉCORTICAGE

les races jaune, noire et rouge comme des races païennes, c'est-à-dire dans l'erreur, inférieures, incapables d'atteindre les «hauteurs» de la «culture» blanche. Ce racisme blanc entache aujourd'hui la race blanche tout entière et disparaîtra seulement avec la libération intégrale de tous les peuples de couleur.

Exploration du Canada

Pour sa part, François Ier, roi de France, a envoyé en Amérique du Nord un explorateur pour y chercher un passage vers la Chine. En 1534, Jacques Cartier arrive dans la baie que l'on appelle aujourd'hui baie de Gaspé, *prend possession du territoire* au nom du roi de France sans demander aux Amérindiens[9] si c'est de leur goût de se faire prendre leur pays. L'homme rouge accueille bien l'homme blanc et le considère comme un honorable visiteur. Il ne comprend pas ce que signifie l'érection de cette pièce de bois en forme de croix. Les premiers mots de l'homme blanc sont un mensonge. L'homme blanc montre déjà son vrai visage. Jacques Cartier explique à l'homme rouge que la croix n'est rien d'autre qu'une balise, un repère pour la navigation. L'homme blanc, hypocrite, menteur, voleur, se joue de *l'honnêteté* et de la naïveté du Rouge. On se demandera par la suite pourquoi le Rouge parlera de la langue fourchue du Blanc.

De plus, Cartier pousse l'insolence jusqu'à demander au chef rouge de lui laisser amener ses deux fils en France. La générosité rouge lui accorde cette demande. Cartier repart pour la France sans avoir trouvé le passage pour la Chine mais avec un trophée de chasse : deux « Peaux-Rouges ».

À son deuxième voyage en 1535-36, Cartier se sert des deux Rouges comme guides pour pousser l'exploration du fleuve qu'on appelle aujourd'hui Saint-Laurent. Il le remonte. Donnacona, chef de la région que les Rouges appellent Canada, accueille Cartier dans son canot après avoir monté dans le bateau français. On échange : présents et civilités. Mais Cartier est impatient. Il veut continuer l'expédition le plus tôt possible pour atteindre le royaume *de l'or et de l'argent*. Il arrive à Stadaconé (aujourd'hui Québec) et veut se rendre à Hochelaga, capitale iroquoise du

---

9. *Amérindiens* : nom générique qu'on peut donner à toutes les populations qui habitent l'Amérique avant l'arrivée des Blancs. Mot tiré de *Amérique* et *indien*. Indiens d'Amérique. Pour ne pas confondre avec Indiens de l'Inde.

Canada (aujourd'hui Montréal). Donnacona trouve que ce visiteur ne se comporte pas en invité mais en maître et essaie de l'empêcher de continuer l'exploration du territoire iroquois. Mais Cartier se fiche des protestations des Rouges et remonte le fleuve jusqu'à Hochelaga. Il revient à Stadaconé (Québec) où il passe l'hiver. Les Rouges trouvent leurs hôtes de plus en plus embêtants et leur manifestent une hostilité bien justifiée. Cartier profite d'une cérémonie — l'érection d'une croix près du fort que les Français ont construit pour se protéger contre l'hiver et leurs hôtes — pour s'emparer de Donnacona et de quatre autres chefs iroquois. Le très chrétien homme blanc manifeste de nouveau sa vilénie. Cartier fait comprendre à Donnacona qu'il veut l'amener avec lui en France. Celui-ci accepte et explique cela à ses frères de sang pour les calmer. Cartier quitte le fort en mai, amenant dix Iroquois avec lui. En France il les attachera à sa suite comme un grand chasseur les animaux sauvages qu'il aurait domestiqués.

Donnacona meurt en France. Quand Cartier revient à Stadaconé en 1541, il ment aux Iroquois pour expliquer l'absence de leur chef. Il leur dit que Donnacona était si heureux en France, qu'il était si fier d'être devenu un grand seigneur, qu'il ne voulait pas revenir chez les siens.

Lors de ce troisième voyage, Cartier fait construire un fort au Cap Rouge (près de Québec). Les Iroquois commencent à en

---

Le vrai mot à employer serait celui que les Amérindiens se donnaient eux-mêmes pour se désigner comme groupe générique. C'est El-nou. Nous emploierons ici le terme Rouge comme nous disons Blanc pour l'Européen, Noir pour l'Africain au sud du Sahara et Jaune pour l'Asiatique.

avoir assez de ces invités qui ne savent pas partir mais au contraire semblent vouloir s'installer en permanence chez eux et exploiter leurs terres. Leur hostilité grandit. Cartier ne cherche que du métal précieux. Il trouve près du poste ce qui semble être or et diamant. Il rentre en France au printemps pour apprendre que ce n'est ni or ni diamant mais pyrite de fer et mica. Il finira ses jours à Saint-Malo en bon bourgeois.

Un des résultats de ces explorations est l'intérêt que les commerçants français vont avoir dans le commerce des fourrures. Les marchands normands en particulier veulent avoir accès aux réservoirs de pelleteries. Mais bien des années vont passer avant qu'ils s'organisent et passent à l'action. En effet c'est seulement en 1600, donc presque 60 ans après le dernier voyage de Cartier, que Pierre Chauvin vient faire la traite avec les Rouges et laisse 16 hommes à Tadoussac (à l'embouchure du Saguenay) pour y passer l'hiver. Au printemps, cinq seulement sont encore en vie. Ils seraient tous morts si les Iroquois ne leur avaient pas appris à s'alimenter comme il faut pour survivre dans ce climat. De nouveau les Rouges manifestent leur générosité à l'égard des hommes blancs qui, eux, sont venus ici simplement pour les exploiter.

Les compagnies s'emparent du commerce

Les rois de France comme les rois d'Angleterre et d'Espagne comprennent que leur puissance grandira avec la conquête de colonies. Mais le financement de ces expéditions leur pose de sérieux problèmes. Ils font donc appel à la bourgeoisie, à la classe montante qui accumule du capital et est prête à en prêter à condition de faire des profits.

Des compagnies se forment. Des bourgeois mettent en commun une certaine somme d'argent pour lancer le projet d'exploration qui est censé leur rapporter de gros profits. Le roi donne des chartes à ces compagnies, c'est-à-dire qu'il les reconnaît officiellement et leur impose certaines conditions, comme le peuplement des colonies. Mais l'important c'est qu'il leur donne des privilèges. En voici quelques-uns : la propriété du sol de la colonie ; le droit de prélever des impôts ; le droit d'administrer la justice ; le droit d'entretenir des troupes ; le droit exclusif sur le commerce de la colonie, ce qu'on appelle le monopole du commerce. La colonie n'a donc pas de concurrents, elle peut acheter, transporter et revendre les produits de la colonie dans la métropole[10] et ceux de la métropole dans la colonie sans payer de frais de douane et, de plus, elle a, pour protéger ses bateaux contre les bandits des autres pays colonisateurs, la marine royale à sa disposition. Ajoutons à cela que le gouverneur de la colonie sera le représentant du roi ET le représentant de la compagnie.

---

10. *Métropole* : centre politique, économique et culturel dont dépendent d'autres régions. La métropole peut être un pays, une région, une ville. Les dépendances peuvent être d'autres pays, d'autres régions, d'autres villes. Ici la métropole est un pays, en l'occurrence la France, et la dépendance est la colonie appelée la « Nouvelle-France ». Cette colonie est sujette aux décisions politiques, économiques et culturelles de la métropole. La colonie existe dans la mesure où elle rapporte quelque chose à la métropole. Pour la métropole la colonie ne doit pas avoir d'existence propre. Elle doit servir aux fins de la métropole, sinon la métropole l'abandonne comme une charge inutile.

On voit par cet arrangement que le roi se sert des marchands pour étendre sa puissance au-delà des mers et que, en même temps, les marchands se servent de l'État (le roi), pour faire leurs profits. On verra plus loin comment par la Révolution française les marchands (la bourgeoisie) prendront le contrôle complet de l'État en renversant le pouvoir royal et établiront ce qu'ils appellent la démocratie libérale, la forme de gouvernement que nous avons toujours aujourd'hui, et qui est la dictature de cette même classe, la classe bourgeoise.

Le système des compagnies comme moyen de colonisation ne marche pas. Les compagnies malgré tous les privilèges qu'elles ont ne remplissent pas leurs obligations. Elles ne songent qu'à accumuler des profits, se fichent du peuplement et déclarent banqueroute quand c'est à leur avantage.

Les compagnies vont se concentrer sur la traite de fourrures parce que l'exploitation en est facile. La chaîne de l'exploitation de ce commerce est la suivante : le Rouge, le coureur de bois, le marchand de la compagnie, le fabricant de la métropole, le vendeur, le consommateur européen. L'homme rouge est celui qui fait le travail productif, c'est-à-dire la chasse de l'animal et la préparation de la fourrure. C'est lui qui fait le travail le plus dur et qui est le plus mal payé. Les coureurs de bois et la compagnie volent systématiquement les fourrures des Rouges. Quand l'échange ne se fait pas avec des articles de peu de valeur comme des bouts de miroir et des ustensiles ordinaires, c'est avec l'alcool. Le Rouge qui ne connaît pas l'alcool avant la venue du Blanc, y prend goût et en aimera les effets de délivrance momentanée à mesure que le colonialisme blanc s'abattra sur lui.

CHAÎNE D'EXPLOITATION DANS LE COMMERCE DES FOURRURES						
	1 ROUGE	**2** COUREUR DE BOIS	**3** COM-PAGNIE	**4** ARTISAN	**5** VENDEUR	**6** ACHE-TEUR
ACTIVITÉ	Producteur de matière première	Transporteur et intermédiaire	Intermédiaire	Producteur de produit fini	Intermédiaire	Consommateur
TRAVAIL PRODUCTIF EN % RELATIF	65%	5%	0%	30%	0%	
PROFITS EN % RELATIF	,01%	4,99%	60%	5%	30%	
CLASSE SOCIALE	Sous-prolétaire	Quasi-prolétaire	Bourgeois	Ouvrier autonome	Bourgeois	Noble ou bourgeois

NOTES

Un peu plus tard, quand la manufacture fera son apparition, l'artisan sera remplacé par des ouvriers salariés travaillant pour le propriétaire de la manufacture. Ce propriétaire sera de la classe bourgeoise.

Ici *Compagnie* veut dire l'organisation qui concentre du capital pour l'exploitation d'une production quelconque. En termes stricts, la concentration du capital ne peut être considérée comme du travail productif.

Plus il sera réduit à l'esclavage du Blanc et à la perte de sa dignité d'homme rouge, plus il se saoûlera.

Les compagnies échangeront aussi des armes à feu pour des tonnes de fourrures mais pas assez pour que l'homme rouge s'en serve pour nettoyer son pays de la peste blanche.

L'homme rouge est donc, dans la chaîne de commerce des fourrures, le vrai producteur et le grand exploité. Le deuxième en ligne est le coureur de bois, aventurier ou repris de justice engagé par la compagnie pour aller chercher les peaux dans les territoires de chasse quand les Rouges ne viennent pas eux-mêmes les échanger dans les villes des compagnies comme Montréal ou Québec. Le coureur de bois est un intermédiaire à la fois exploiteur et exploité. Il vole le Rouge au nom de la compagnie. En cela il est un exploiteur qui est prêt à tout, même au meurtre, pour obtenir des ballots de fourrures. Il est en même temps exploité par la compagnie parce qu'il est un simple exécutant des ordres de la compagnie et reçoit en retour un salaire.

Le troisième chaînon, le chaînon central dans la chaîne d'exploitation, c'est le commerçant, ou plutôt la compagnie elle-même, qui *prend* les fourrures de l'homme rouge directement ou par l'entremise du coureur de bois. La compagnie se charge de transporter la fourrure en Europe avec la protection de la marine du roi. Elle ne change rien au produit. Elle ne fait aucun travail productif comme tel. Tout ce qu'elle fait c'est de s'occuper du transport de la fourrure et de sa livraison à un artisan qui l'achète au prix fort pour en fabriquer chapeaux et vêtements.

Le chaînon suivant est le commerçant qui achète le produit fini et cherche à le vendre à des nobles ou à d'autres bourgeois.

En 1603, une expédition de la compagnie amène au pays du Canada un navigateur du nom de Champlain. Pendant que les agents de la compagnie «font le commerce» des fourrures avec les Rouges, Champlain explore la région. Il se fait l'ami des Montagnais qui sont heureux d'avoir un allié puissant contre la tribu rivale, les Iroquois. C'est que les Iroquois qui étendaient leur territoire jusqu'au Saguenay au temps de Cartier ont été refoulés vers le sud par les Hurons, les Montagnais, les Algonquins. Au lieu de laisser à l'homme rouge la liberté de ses propres querelles, l'homme blanc va exploiter ces conflits entre hommes rouges pour établir sa propre domination sur eux. C'est la tactique colonialiste de diviser pour régner. On alimente ou on provoque des querelles chez ceux qu'on veut dominer. Tant qu'ils se querellent ils ne s'attaquent pas au vrai ennemi, le colonisateur. On verra que l'Anglais emploiera la même tactique pour dominer le Canadien-français après la Conquête. Le colonisateur français deviendra colonisé à son tour.

Les Montagnais se disent qu'ils ont besoin des Français pour lutter contre les Iroquois. Ils invitent les Français à s'installer au pays et à faire toute la traite des fourrures qu'il leur plaira. Pour les Français il ne saurait y avoir plus belle invitation pour justifier leur présence et leur colonisation du pays. Champlain peut se dire le sauveur des Rouges. C'est une chance qu'il ne va pas manquer. Il «prend partie» pour les Montagnais contre les Iroquois.

L'année suivante, Champlain et De Monts explorent la côte de l'Atlantique, fondent quelques postes, dont Port-Royal. La colonisation de l'Acadie est commencée.

Fabrication d'un canot d'écorce de bouleau

Le feu et la hache de pierre servaient à abattre les arbres

prélèvement de l'écorce

Certains canots étaient creusés à même un tronc d'arbre, à l'aide du feu et de pierres aiguisées.

Mais en 1606, le roi d'Angleterre, Jacques Ier, concède à des compagnies anglaises des régions de la côte qui comprennent une partie de l'Acadie que les Français avaient déjà prise. C'est la première manche de la lutte entre les deux puissances coloniales, la France et l'Angleterre, pour la possession des territoires nord-américains. Les Anglais rasent deux postes français, Saint-Saveur et Port-Royal. En 1629, les Français détruisent un établissement anglais sur l'île du Cap-Breton. C'est la lutte que se font deux puissances qui cherchent la domination de plus de territoire possible pour en exploiter les richesses au profit des rois et de la classe commerçante. On peut comparer cette lutte à la concurrence que peuvent se faire deux marchands qui cherchent à exploiter les mêmes gens. En fait, Anglais et Français feront entre eux la bonne guerre. Le grand perdant sera l'exploité, l'homme rouge.

Champlain revient au pays du Canada en 1608 parce que *la traite des fourrures y est meilleure*. Son expédition est financée par des marchands normands. Sans demander la permission aux propriétaires du territoire, c'est-à-dire à l'homme rouge, Champlain fonde Québec. Il a choisi cet endroit à cause du promontoire et de l'étroitesse du fleuve qui permettent une *défense* facile.

Les Montagnais, les Algonquins, les Etchemins et les Hurons réunis veulent l'appui de Champlain contre les Iroquois. Champlain calcule. Ceux-là sont le cheap-labour des Français ; il faut se les rallier. Les Iroquois qui ont été refoulés sur le lac Champlain sont plus faibles et plus éloignés. On peut s'en faire des ennemis. En 1609, Champlain et ses « alliés » partent en guerre contre les Iroquois. L'homme blanc a son arquebuse en main. Dans le célèbre combat qu'on nous a raconté tant de fois, 200 Iroquois font face à 60 « alliés » et trois Français dissimulés parmi eux. Champlain s'avance et tire. L'effet produit est semblable à celui de la bombe atomique sur le Japon en 1945. Les Iroquois sont absolument terrifiés. L'homme blanc exploite sa supériorité technique non pas pour aider l'homme rouge mais pour le réduire au rang des colonisés.

Cependant pour le Français Champlain la domination politique et économique ne suffit pas. Il lui faut aussi la domination culturelle qui se manifeste ici dans son aspect religieux. Il considère que les hommes rouges n'ont « ni foi ni loi… sans Dieu sans religion, comme bêtes brutes ». Voilà l'expression la plus honteuse du racisme blanc. Les Rouges avaient leur foi, leurs lois, leurs dieux et leurs religions. Et ils n'étaient pas plus « bêtes brutes » que Champlain qui se servait de la poudre à canon pour les massacrer. Mais l'homme blanc, lui, se croit supérieur, croit que lui seul possède la vérité, croit que son Dieu à lui est le seul vrai dieu. Il croit de son devoir de « chrétien » et de « civilisé » d'imposer ses croyances, ses préjugés à l'homme rouge. Il fait venir des missionnaires.

Les Récollets sont heureux de venir aux frais de la compagnie qui vole les Rouges. Ils arrivent ici en 1615. Les Jésuites les suivent en 1625.

Ici comme dans tous les pays colonisés par l'homme blanc, la religion chrétienne servira à justifier *au nom de Dieu* l'exploitation systématique de peuples soumis par la force à la domination coloniale.

Champlain explore les Grands Lacs avec ses « alliés » les Hurons. Les Iroquois ne se laissent pas faire. Ils infligent une défaite aux « alliés » et Champlain lui-même est blessé. Champlain avait mal calculé ses alliances. Les Iroquois, la tribu rouge la moins servile, défendront longtemps et avec courage leur territoire menacé.

L'exploitation de l'homme blanc

La classe d'exploiteurs à laquelle appartiennent Champlain et les marchands de la compagnie ne se limite pas à l'exploitation de l'homme rouge. Elle exploite aussi l'homme blanc de la classe inférieure. Louis Hébert est l'exemple type de cet exploité blanc. La Compagnie du Canada qui exploite le commerce est censée favoriser le peuplement de la colonie en faisant venir des colons. Louis Hébert arrive avec sa famille. Pendant deux ans il sera employé de la compagnie. Tout ce qu'il récolte est la propriété exclusive de la compagnie et il lui est absolument interdit de faire la traite des fourrures.

C'est Louis Hébert le véritable père du peuple québécois. C'est cette souche d'exploités, qui comprendra repris de justice, vagabonds et filles du roi, qui donnera naissance à ce peuple que nous sommes, exploité d'abord par les marchands français et leurs complices de la noblesse, puis par les Anglais et enfin aujourd'hui par les Américains. Les Champlain, les administrateurs français, les commerçants français ou anglais avec la complicité du clergé sous tous les régimes, exploiteront ce peuple québécois et le maintiendront dans un état d'infériorité.

Petite conquête anglaise

Une compagnie anglaise a été formée à Londres en 1627 pour coloniser le Saint-Laurent. Les frères Kirke, engagés par cette compagnie, prennent Québec en 1629. Sur les 80 Français, 60 rentrent en France avec Champlain en tête. Mais cette conquête est de courte durée. En effet, avec le traité de Saint-Germain-en-Laye, l'Angleterre rend le Canada et l'Acadie à la France en 1632. La Compagnie de la Nouvelle-France reprend la traite des fourrures. Quant au peuplement qu'elle est censée faire, elle s'en remet à des particuliers en leur concédant des seigneuries qu'ils doivent peupler.

Le régime seigneurial

Les compagnies qui sont les propriétaires «légitimes» du territoire de la colonie concèdent des terres à des particuliers pour que ceux-ci s'occupent du peuplement de la colonie.

Celui à qui elles concèdent des terres prend le titre de seigneur. Mais il n'est pas nécessairement de la classe noble. Le plus souvent d'ailleurs c'est un associé de la compagnie (un bourgeois), un ancien officier ou une communauté religieuse.

La seigneurie est le plus souvent une bande étroite de terre qui donne sur un cours d'eau, l'unique voie de communication

Les censitaires paient leurs redevances annuelles,
en argent ou en nature, à leur seigneur.

de l'époque. Le seigneur occupe le centre du terrain et y bâtit un manoir. Il concède le reste du terrain à ceux qui veulent bien devenir ses censitaires.

Les censitaires, qui peuvent être quelquefois une centaine dans un domaine, occupent chacun des lopins de terre de 3 arpents de large par 20 ou 30 de long. Les censitaires cultivent la terre, paient un impôt au seigneur, donnent au seigneur le $1/14^e$ de ce qu'ils font moudre au moulin du seigneur, doivent travailler 4 ou 5 jours par année pour le seigneur gratuitement et enfin doivent rendre hommage au seigneur.

Le seigneur, lui, a son banc à l'église et a «préséance sur le peuple». Il ramasse rentes, impôts et grains. Quant à ses obligations, il est censé construire un manoir et y vivre de temps en temps ; construire un moulin ; peupler la seigneurie en octroyant des lopins à des censitaires ; rendre «foi et hommage» au gouverneur ; montrer sa comptabilité aux autorités.

Une des premières seigneuries sera concédée à Robert Giffard de Moncel. Celui-ci obtient un terrain de 10 milles carrés près de Québec et y installe comme censitaires une quarantaine de colons venus de sa province natale, le Perche.

Les Jésuites et les Sulpiciens se font concéder plusieurs seigneuries et se retrouvent donc dans la classe des seigneurs, la classe qui va exploiter le peuple québécois avec la complicité des commerçants de la Compagnie.

Cette classe de seigneurs sera celle qu'on appelle classe des propriétaires fonciers.

1641

Population blanche du Canada .... (environ) 300

Population blanche de la «Nouvelle-Angleterre» 50 000

Fondation de Ville-Marie (Montréal)

Les guerres de religion (entre catholiques et protestants) qui ont déchiré l'Europe au 16ᵉ siècle ont provoqué un renouveau religieux. Mais ce renouveau religieux va se rattacher au mouvement capitaliste en pleine expansion. Beaucoup de protestants (appelés puritains) quittent l'Angleterre parce qu'ils y sont persécutés et viennent s'établir en Nouvelle-Angleterre en 1620. Ils deviendront les colons et commerçants qui accumuleront du capital et donneront une impulsion fantastique à l'exploitation commerciale de l'Amérique. En France, des ordres religieux sont fondés, la ferveur mystique saisit des communautés entières. On cherche l'expression la plus glorieuse à son élan vers Dieu. Quoi de mieux que d'aller porter la parole divine aux « barbares » d'Amérique ? Il faut se sacrifier pour Dieu, lutter pour Lui, peut-être se faire martyriser pour Lui. Mais en même temps, il faut insérer cette action mystique dans l'expansion capitaliste. C'est ainsi que Jean-Jacques Olier (futur fondateur des Sulpiciens), Maisonneuve, Jeanne Mance et Angélique de Bullion, fondent la Société Notre-Dame de Montréal en 1639 avec un capital de 200 000 livres. Cette société économico-religieuse achète l'île de Montréal de Jean de Lauzon qui se l'était appropriée comme directeur principal de la Compagnie des Cent-Associés. Le Père Lalemant est celui qui fait l'achat de l'île au nom de la Société Notre-Dame. Quelque temps après, la Compagnie des Cent-Associés décide de garder l'île et de la *concéder* comme seigneurie à la Société Notre-Dame. Cette société se trouve donc à travailler directement au service de la compagnie.

Au printemps de 1642, Maisonneuve, Jeanne Mance et leur groupe arrivent sur l'île sans demander aux Rouges s'ils sont d'accord. Une cérémonie religieuse *justifie* la prise de possession. Malgré le « danger » iroquois, l'endroit a été bien choisi. Pas de meilleur endroit pour exploiter l'homme rouge qui veut vendre ses fourrures. La compagnie en profite pendant que Jeanne Mance fonde l'Hôtel-Dieu, Marguerite Bourgeoys son école et Maisonneuve, comme gouverneur de l'île, veille sur les « mœurs ». Mais la Société Notre-Dame a 100 000 livres de dettes en 1663 ; elle passe l'île aux Sulpiciens et se dissout. Deux cents arpents ont été défrichés. Une cinquantaine de familles y sont établies.

Les ripostes iroquoises

Les Iroquois voient s'avancer sur leurs territoires les Français et leurs « alliés », les Hurons et les Algonquins. Ils font, eux, le commerce avec les Hollandais à Fort Orange (Albany d'aujourd'hui) et obtiennent des fusils dans l'échange. Ils se sentent assez forts pour contre-attaquer. Ils attaquent Trois-Rivières et Ville-Marie. Les Français subissent de lourdes pertes. Leurs « alliés », les Hurons, sont affaiblis par la petite vérole que les Français leur ont apportée. Le gouverneur français, Montmagny, interdit les fusils et l'alcool aux « alliés » de peur de les voir se tourner contre la population blanche. Par contre les Iroquois ne craignent pas d'exiger plus d'armes pour moins de fourrures aux Hollandais et continuent leurs attaques sur les postes français. Le père Jogues, « ambassadeur » auprès des Iroquois, se

*Un médecin de campagne
portant le portuna (Henri Julien).*

Un ancien Canayen.

fait massacrer. Les Iroquois se rendent maîtres des deux rives du Saint-Laurent. Les Français songent à quitter Montréal. Le gouverneur français pris de court devant cette vague iroquoise songe maintenant à s'allier aux Anglais de la Nouvelle-Angleterre pour mâter l'homme rouge. L'alliance avec les Hurons s'est effondrée. Il faut maintenant chercher l'appui d'autres hommes blancs, même s'ils sont des concurrents, pour écraser l'homme rouge. Le gouverneur est prêt à faire un accord commercial avec les Anglais, ce qui veut dire une entente entre hommes blancs pour exploiter ensemble les hommes rouges. Mais les Anglais, qui font tout de même bon commerce avec les Iroquois, ne sont pas prêts à venir en aide aux Français. Au contraire, ils voudraient bien voir disparaître les Français du continent comme ils vont en faire disparaître les Hollandais.

La guérilla iroquoise reprend de plus belle en 1658. Les Français fortifient Québec, Trois-Rivières et Montréal. En 1660, Dollard des Ormeaux se croit capable, avec sa petite bande, d'aller arrêter l'attaque iroquoise et en même temps de revenir avec des ballots de fourrures comme butin pour payer ses dettes. Ces cowboys avant la lettre se font massacrer. En 1662, Ville-Marie tombe presque.

La vague iroquoise s'essouffle non tant à cause de la résistance des Français qu'à cause de la petite vérole que l'homme blanc lui communique en laissant derrière lui des couvertures qui ont servi à des malades blancs infectés de cette maladie. On voit que les Américains ne sont pas les inventeurs de la guerre bactériologique. De plus, la famine ravage les terres iroquoises. L'arrivée d'une centaine de soldats français n'aide pas à remonter le moral du Rouge.

1663	
Population blanche du Canada 2 500	
Population blanche de la « Nouvelle Angleterre » 80 000	

Louis XIV réorganise la colonie (1663)

Dès que Louis XIV monte sur le trône de France, il charge son ministre Colbert de réorganiser la colonie de la Nouvelle-France qui semble coûter plus cher à la métropole que tout ce qu'elle peut rapporter au trésor royal. C'est que les marchands des diverses compagnies qui sont venues chacun leur tour exploiter le commerce des fourrures ont exploité à fond les privilèges que le roi avaient donnés en se souciant peu du bien de l'État français.

Le roi décide donc d'intervenir plus directement dans les affaires de la colonie. C'est le roi lui-même qui nommera dorénavant le gouverneur et non plus la compagnie comme auparavant. Le gouverneur aura comme tâche, lui, de voir aux relations extérieures de la colonie et de commander l'armée. Un second fonctionnaire qu'on appelle *intendant* et qui lui aussi est nommé par le roi s'occupe plus directement de l'administration de la colonie. Il est responsable du défrichement, de la colonisation, du peuplement et du commerce. Il contrôle les finances et administre la justice.

Le roi crée un Conseil souverain composé du gouverneur, de l'intendant, de l'évêque et de cinq conseillers nommés par le gouverneur et l'évêque. Ce Conseil s'occupe surtout de l'administration, tranche les litiges que lui soumet l'intendant. Il deviendra le théâtre des rivalités politiques entre le gouverneur et l'évêque.

Même si le roi semble intervenir directement dans les affaires de la colonie, il ne faut pas croire que les compagnies se voient remplacées par des régies d'État[11]. Bien au contraire. Louis XIV donne une charte à la Compagnie des Indes Occidentales qui se voit octroyer l'exploitation de toutes les colonies françaises d'Amérique et d'Asie. Cette compagnie devient propriétaire de tous ces territoires. Elle propose des nominations pour les postes de gouverneur. Quant à ses obligations, elle n'en a que deux : subventionner les missions et s'occuper de la colonisation des terres.

En fait, le seul changement qu'apporte Louis XIV c'est une meilleure organisation de la colonisation et un renforcement de la colonie par l'envoi du régiment de Carignan-Salières qui compte 1 300 hommes.

Avec ces troupes la répression des Iroquois peut reprendre de plus belle. Les militaires français brûlent des villages iroquois, massacrent la population et détruisent d'immenses provisions de maïs, source principale d'alimentation des Rouges.

C'est la destruction systématique semblable à celle qu'ont fait les Américains au Vietnam et au Laos. Après ces massacres, les Français chantent le *Te Deum* sur les ruines fumantes et les corps déchiquetés des Iroquois. Ils remercient Dieu de leur avoir donné la force de perpétrer ce génocide.

---

11. *Régie d'État* : entreprise financée et gérée par le gouvernement.

Après ces expéditions « glorieuses », règnera une « paix » qui durera 17 ans et qui permettra à l'intendant Talon de développer l'économie de la colonie.

Talon développe l'agriculture pour que la colonie se suffise à elle-même, puisse donc se nourrir et si possible fasse l'exportation du blé. Il introduit la culture du lin, du chanvre, de l'orge. Cependant le roi lui interdit de cultiver le tabac de peur que cette culture nuise aux colonies française des Antilles qui en produisent déjà. Cet exemple démontre que toute la vie économique est contrôlée par la métropole et pour la métropole, et que la colonie n'est là que pour l'exploitation la plus poussée au profit de la métropole.

Talon augmente le nombre de bêtes à cornes à 3 400 en 1668, importe des chevaux et des charrues. Il fait venir 2 500 colons.

RESSOURCES ALIMENTAIRES VÉGÉTALES DES INDIENS

Les Indiens de l'Ouest creusaient la terre pour en retirer les racines de camassie dont ils s'alimentaient.

Cueillette de la sève d'érable.

Qui sont ces colons qui arrivent ?

Des familles pauvres dont Louis XIV veut débarrasser le royaume. *Des filles du Roi*, bâtardes de grandes dames de France, orphelines, prostituées par nécessité. Les déshérités, les déclassés, les désavoués sont expédiés en Nouvelle-France pour former la racine principale de notre souche française. Il y a aussi les soldats qui, une fois le massacre des Rouges terminé, s'installent au pays comme colons, épousent les demoiselles qui arrivent et font de nombreux enfants. D'ailleurs, les familles de dix enfants et plus reçoivent des allocations du roi. Talon encourage le mariage des hommes dès leurs 18 ans et des jeunes filles dès leurs 14 ans. Il fait payer des taxes supplémentaires aux célibataires.

1672

Population blanche du Canada 6 700

Dans l'esprit de Louis XIV (et bien entendu dans celui de son intendant Talon) la colonie doit se suffire à elle-même, c'est-à-dire qu'elle ne doit pas dépendre de la métropole, une vache à lait qui doit trouver son propre foin. La métropole veut dépenser le moins possible pour la colonie et en retirer tous les profits possibles. Talon encourage donc l'agriculture et le peuplement non pour le bien de la colonie et de ses habitants mais pour les profits de la métropole.

Cette relation entre la métropole et la colonie est classique. On la retrouve dans tous les pays qui ont subi le colonialisme. L'Angleterre, la France, l'Espagne, le Portugal, la Hollande ; toutes les puissances colonisatrices ont cherché à extirper de

*Le porteur d'eau
(Henri Julien).*

leurs colonies toutes les ressources naturelles possibles pour s'enrichir et augmenter leur puissance au détriment des colonies elles-mêmes. L'Europe a pu se développer, s'enrichir et consolider sa puissance sur le reste du monde en pillant systématiquement les pays d'Afrique, d'Asie et d'Amérique. L'une de ces colonies rompit cependant le lien colonial très tôt et devint elle-même une puissance colonisatrice. Il s'agit des États-Unis d'Amérique qui devinrent au cours du 19ᵉ siècle une métropole, une *puissance*, qui aujourd'hui exploite comme colonies l'Amérique Latine, l'Afrique, une partie de l'Asie et bien entendu le Canada et le Québec.

On peut croire à première vue que la France a été « généreuse » pour le Canada, qu'elle a « donné » de ses hommes et de ses ressources matérielles pour cette Nouvelle-France. En réalité, la France retirait cent fois plus qu'elle y mettait, pillait systématiquement les ressources sur le dos des hommes rouges et des *petits blancs*, les pauvres colons qui croyaient faire fortune dans ce système d'exploitation.

Talon sert non tant la colonie que la métropole en établissant une brasserie à Québec, des fabriques de vêtements, de souliers, en construisant des bateaux, en cherchant à développer les ressources minières, le charbon à l'Île du Cap-Breton, le cuivre au lac Supérieur et le fer à Trois-Rivières. Il s'agit que les habitants de la colonie en aient juste assez pour se nourrir pour qu'ils produisent et servent la métropole.

Malgré tout, Louis XIV ne trouve pas que la colonie lui rapporte suffisamment pour poursuivre ses rêves de grandeur ici. Il s'en désintéresse de plus en plus et les efforts de Talon restent sans lendemain.

Frontenac et l'alcool

Frontenac, qui devient gouverneur en 1672, ne pense qu'à l'exploitation la plus facile, celle des fourrures. Ce vieux militaire était criblé de dettes. Il cherchait à en sortir. Grâce aux charmes de sa femme, le roi lui donne ce poste. Aussitôt arrivé, il se querelle avec Mgr de Laval qui trouve immoral l'échange de flacons d'alcool pour des ballots de fourrures. Frontenac réplique que si les Français n'attirent pas les Rouges avec l'alcool pour leur voler leurs fourrures, ce sont les Anglais de la Nouvelle-Angleterre qui vont en bénéficier parce que, eux, ne se gênent pas d'échanger du rhum pour les fourrures. L'évêque ne lâchera pas et ira même en France pour convaincre le roi de rappeler Frontenac.

Même si Mgr de Laval semble bien *moral* en condamnant le trafic d'alcool, une des formes les plus éhontées de l'exploitation de l'homme rouge, il ne faut pas oublier qu'il ne condamne pas l'exploitation de l'homme rouge, le massacre de l'homme rouge et sa réduction à un état qui n'est pas loin de l'esclavage. Il condamne l'*excès* de l'exploitation mais non l'exploitation elle-même. En cela il n'est guère plus moral que Frontenac lui-même qui a au moins la franchise de se reconnaître comme un exploiteur et de voir dans la dite « œuvre d'évangélisation » des Jésuites un moyen pour eux d'asservir les Rouges pour mieux les exploiter et étendre leur pouvoir sur la colonie.

Sous Frontenac les explorations continuent. Des postes de traite sont établis sur les Grands Lacs. En 1673, Jolliet et le père Marquette descendent le Mississippi jusqu'à la rivière Arkansas.

Quelques années plus tard LaSalle reprend l'expédition et se rend à l'embouchure du grand fleuve américain qui deviendra la Louisiane en l'honneur de Louis XIV.

Ces explorations ne se font pas par plaisir. Les Français veulent à tout prix empêcher les Anglais de prendre le contrôle du commerce des fourrures de l'ouest encore inexploré. Les Anglais de leur côté poussent les Iroquois à harceler les Français et leurs «alliés». L'homme rouge est la chair à canon des Blancs, Anglais et Français, rivaux commerciaux. Les Anglais fournissent les armes aux Iroquois pour le massacre de Lachine. Les Français ripostent en semant la terreur dans les colonies anglaises. En 1690, l'amiral Phipps arrive devant Québec avec 34 navires de guerre. Frontenac refuse de capituler. On se bombarde. L'hiver approche. Les Anglais se retirent. Lemoyne d'Iberville reprend aux Anglais l'Acadie, Terreneuve et les postes de la baie d'Hudson. Le traité d'Utrecht de 1713 remet à l'Angleterre la baie d'Hudson, l'Acadie (sauf l'île du Cap-Breton), Terreneuve, et fait des Iroquois des sujets britanniques. Le sort des colonies, on le voit, est décidé dans les métropoles. Les coloniaux ont beau faire pour étendre leur emprise sur le territoire, ce sont les intrigues dans les palais européens et l'importance du commerce qui dictent le sort des colonies. À la fin du 17e siècle, la métropole est saturée de fourrures de castor. Le Canada perd donc l'intérêt de la métropole et celle-ci est prête à en céder une partie pour d'autres avantages en Europe.

	1689	1715
Population blanche du Canada	15 000	18 500
Population blanche de la « Nouvelle Angleterre »	200 000	434 000

Colonie à la dérive

Après le traité d'Utrecht, la colonie française en Amérique comprend l'actuel territoire du Nouveau-Brunswick, du Québec, de l'Ontario, de la vallée du Mississippi et de la Louisiane. La colonie couvre donc un territoire immense mais sa population est faible et son organisation est mauvaise. La métropole ne s'occupe guère d'elle. Une tentative de fortification durant les années qui suivent servira à peu de choses. La construction de la forteresse de Louisbourg sur l'île du Cap-Breton commencée en 1718 ne sera pas achevée quand les Anglais la prendront en 1745.

On fortifie Québec et Montréal, on construit des forts sur le lac Champlain, sur les Grands Lacs, le long du Mississippi. Les administrateurs de la colonie encouragent les LaVérendrye à explorer l'Ouest pour traiter directement avec les Rouges et les empêcher d'aller faire la traite avec les Anglais de la baie d'Hudson. LaVérendrye père, financé par des marchands de Montréal, explore entre 1731 et 1742 ce qui est aujourd'hui le Manitoba et la Saskatchewan. Il construit des postes de traite le long de son parcours. Ses deux fils se rendent jusqu'aux Rocheuses en 1743.

Entre 1713 et 1739, la population blanche de la Nouvelle-France passe de 18 000 à 43 000 habitants. C'est le fort taux de natalité qui en est la cause, car il y a peu d'immigration et celle qui existe encore est forcée. On amène de force des prisonniers et des repris de justice. La métropole considère maintenant la colonie comme un immense camp où elle peut isoler ses «indésirables». En 1722, 80 prisonniers sont libérés dans la colonie. En 1740 environ, on dénombre 648 repris de justice. Les grands criminels sèment la pagaille. On tâche de les enfermer. Quant aux petits criminels, ceux condamnés par exemple pour avoir chassé sur les terres du roi, ils sont *exploitables* dans la colonie. Ces pauvres bougres qui ont «volé» le roi pour manger sont prêts, une fois transportés ici, à travailler honnêtement. Ils se feront exploiter par les marchands et les seigneurs et s'assimileront aux autres exploités déjà sur les lieux pour former la souche véritable du peuple québécois.

À cette époque les trois-quarts de la population font la culture de la terre. On produit assez de blé pour nourrir la colonie et quelquefois davantage pour pouvoir en exporter aux Antilles françaises. On cultive le chanvre qui sert à la fabrication de toile et de cordage, en particulier pour les navires qu'on construit près de Québec à partir de 1732. On récolte le lin pour la fabrication de tissu. On récolte 48 038 livres de tabac en 1721 (malgré l'interdiction à l'époque de Talon). On compte 52 moulins à scie au Canada en 1734. On expédie de la planche en France. En même temps les autorités interdisent la fabrication de chapeaux et ordonnent la destruction de tous les établis qui fabriquent chapeaux et manteaux de fourrure.

On voit clairement qu'une loi de fer gouverne la colonie:

Vue de Québec au XVIIIe siècle .

Le port de Montréal au début de la colonisation.

TOUS LES PROFITS POUR LA MÉTROPOLE.

- Les produits bruts doivent passer directement dans la métropole pour être transformés dans les ateliers et manufactures de la métropole. Exemple : les fourrures. Si des ateliers de vêtements de fourrure se créaient dans la colonie, c'était de la concurrence pour les fabricants de la métropole. Donc, interdiction de fabrication du produit fini dans la colonie.
- Si la métropole a un surplus de produits bruts, la colonie doit en cesser la production. On a vu que c'est ce qui est arrivé dans le cas du commerce des fourrures et qui a expliqué le désintéressement de la métropole vis-à-vis la colonie.
- La colonie doit chercher à se nourrir elle-même sans compter sur les expéditions de la métropole. C'est pour cela qu'on encourage l'élevage, la culture du chanvre et du lin, la fabrication de la bière, la fabrication d'outils et d'ustensiles à partir du minerai de fer transformé dans les forges du Saint-Maurice.
- La colonie ne doit pas concurrencer une autre colonie de la même métropole. Exemple : le tabac dont on a interdit la culture au Canada pendant longtemps pour ne pas concurrencer la production de tabac des Antilles françaises.

En somme, la colonie est purement tributaire. Elle donne et ne reçoit rien. Si elle reçoit quelque chose, elle doit donner dix fois plus. La métropole suce tout vers elle. La colonie n'a que des devoirs. La métropole n'a que des droits.

La balance commerciale est rarement favorable à la colonie. Elle ne peut pas l'être dans la relation métropole-colonie. La valeur donnée à ce qui entre dans la colonie est presque toujours plus élevée que la valeur de ce qui sort. Pourtant on sait bien que ce sont des tonnes de fourrures qui partent pour la France tous les ans (150 000 peaux de castor en 1740) et quelques ustensiles, outils et instruments aratoires qui en arrivent. C'est que les jeux sont faits contre la colonie. La valeur réelle, c'est-à-dire la valeur en temps de travail pour la production des fourrures, est bien des fois supérieure à la valeur en temps de travail des objets importés de la métropole. Le truc est que les marchands ne comptent pas la valeur d'un produit en temps de travail mais sur ce que ça leur coûte pour voler les Rouges. Les tonnes de fourrures partent de la colonie avec peu de valeur. Pour le marchand, elles ne lui ont presque rien coûté, peut-être quelques bibelots, une bouteille d'alcool. Mais une fois arrivées en France, quand elles passent dans les mains des manufacturiers, elles «valent» tout à coup cent fois plus, peut-être mille fois plus. C'est le marchand qui leur *donne* cette valeur selon la possibilité du marché. Donc, une peau de castor qui a coûté ½ cent au bandit de la compagnie *vaut* tout à coup cinq ou dix dollars. Il y a certainement quelqu'un qui a fabriqué de la «valeur» en chemin.

D'autre part, l'instrument ou l'outil qui arrive de la métropole coûte le prix fort, le prix qu'on payerait dans la métropole *plus* les frais de transport. Donc, les travailleurs, c'est-à-dire ceux qui *font* du travail, qui produisent dans la colonie, se font prendre leurs produits pour presque rien et se font vendre

20 fois plus cher les outils dont ils ont besoin pour travailler. Les travailleurs dans la colonie sont toujours dans une situation déficitaire, tandis que les exploiteurs, eux, marchands et administrateurs, jouent le jeu du commerce entre la métropole et la colonie. Ils font de l'argent avec ce qui y entre et ils font de l'argent avec ce qui en sort.

Ces relations entre métropole et colonie existent toujours. L'Amérique latine est une vaste colonie pour la métropole, les États-Unis d'Amérique. Les capitalistes américains investissent dans l'extraction des produits bruts (pétrole, minerais etc.) de ces pays-là, c'est-à-dire qu'ils vont les prendre pour presque rien parce qu'ils ont les moyens techniques de le faire. Ils transforment ces produits bruts aux États-Unis où ils prennent une « valeur » nouvelle, sont vendus à des manufacturiers qui les transforment en exploitant la force de travail des ouvriers américains pour les vendre en produits finis aux Américains eux-mêmes, dans d'autres pays, y compris les pays d'Amérique latine, à des prix exorbitants. Le même phénomène s'applique au Québec. La voie maritime du Saint-Laurent n'a-t-elle pas été construite pour permettre aux bateaux américains de venir chercher directement le minerai de fer de Schefferville pour l'amener tout droit vers Pittsburg ? Il y a bien entendu des usines de transformation au Québec. La Noranda a, en plus de nos mines de cuivre, des usines au Québec qui transforment le minerai de cuivre en produit semi-fini ou fini. Mais l'établissement et le contrôle du secteur secondaire par des intérêts américains ne fait que nous rendre encore plus dépendants et plus colonisés par les Américains.

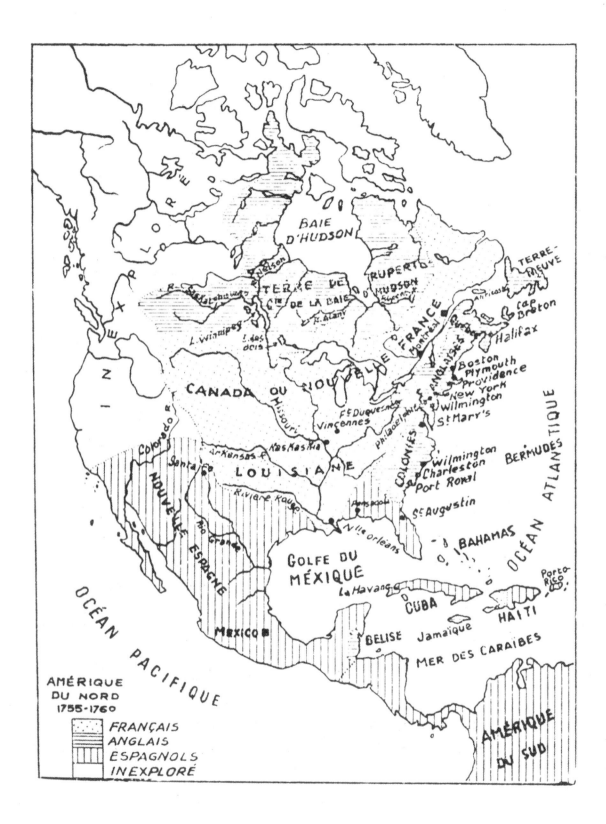

La dernière manche (1740-1760)

La colonie doit attendre les fantaisies des rois européens pour vivre en paix ou partir en guerre. Les années de paix de 1713 à 1740, télécommandées d'Europe, se transforment ensuite en années de guerre parce que Charles VI, empereur d'Autriche, n'a pas d'héritier mâle pour lui succéder sur le trône. Les pays européens (en fait les classes dirigeantes de ces pays) vont se prendre à la gorge pour savoir qui mettra la main sur l'Autriche. Ces querelles de rois assoiffés de pouvoir amènent comme toujours la désolation dans le peuple. Cette fois-ci, ce sera une colonie de 85 000 habitants qui sera avalée comme un pion sur l'échiquier de messieurs les rois européens.

En 1745, Louisbourg, la forteresse française sur l'île du Cap-Breton qui doit protéger l'entrée du fleuve, tombe aux mains des Anglais. La France qui veut se venger décide de reprendre l'Acadie et songe même à envahir la Nouvelle-Angleterre.

Mais Louis XV, roi de France, signe le traité d'Aix-la-Chapelle en 1748. Louisbourg revient aux Français, ce qui rend furieux les coloniaux de la Nouvelle-Angleterre. Le reste de l'Acadie demeure entre les mains des Anglais, ce qui rend furieux les coloniaux de la Nouvelle-France.

Déportation des Acadiens

Les administrateurs de la partie anglaise de l'Acadie veulent faire disparaître les Acadiens de cette région. Ils exigent que ces derniers prêtent serment d'allégeance au souverain britannique s'ils ne veulent pas quitter le pays. De plus, ces adversaires croient qu'en inondant la colonie d'immigrants anglais, les Français disparaîtront. Ils fondent Halifax pour cette raison en 1749. Si les Français ne s'assimilent pas assez vite, on les déportera. En 1755, le commandant d'Halifax, Charles Lawrence, trouve que les Acadiens ne sont pas devenus de bons sujets britanniques puisqu'ils refusent de signer le serment d'allégeance, qu'ils n'aident pas le commerce anglais, qu'ils occupent des terres fertiles que les Anglais pourraient cultiver. Solution : DÉPORTATION. Cette année-là, 7 000 Acadiens sont embarqués comme des animaux dans des barques et dispersés sur les côtes américaines. La barbarie blanche, qui s'était acharnée contre l'homme rouge, s'acharne aussi contre le Blanc. Des Acadiens réussiront à remonter en Acadie, d'autres se regrouperont en petits centres aux États-Unis, en particulier à la Nouvelle-Orléans où, avec quelques Français qui s'y trouvent déjà, ils formeront le groupe ethnique que les Américains appelleront les Cajuns (déformation de la prononciation anglaise du mot acadien). Les Anglais déporteront des Acadiens jusqu'en 1762, quatre ans après la conquête du reste de l'Acadie. Ils auront alors complété le « nettoyage » de la Nouvelle Écosse.

En 1755 toujours, des engagements ont lieu entre Anglais et Français dans la vallée de l'Ohio et sur le lac Champlain. Encore quelques années et la Nouvelle-France passera aux mains des Anglais.

1754	
Population blanche de la Nouvelle France	85 000
Population blanche de la « Nouvelle Angleterre »	1 485 634

La colonie un peu avant la Conquête

Avant de parler de la Conquête, voyons un peu la composition de la société de la colonie française au Canada.

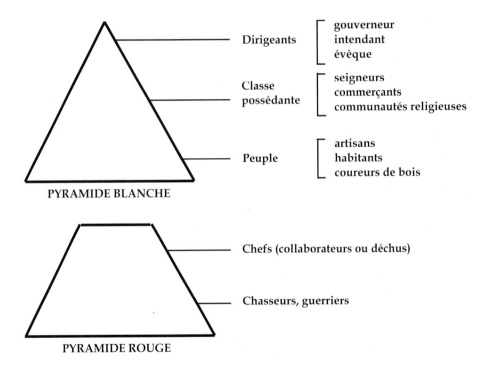

La caractéristique principale de la société humaine de la Nouvelle-France est la domination de la population blanche sur la population rouge. Tel que l'illustre le schéma, la pyramide blanche domine, opprime et écrase la société rouge. Les Rouges sont mis à mort s'ils se rebellent contre cette domination. S'ils se soumettent à l'ordre blanc ce n'est que pour se faire exploiter comme trappeur ou chair à canon contre les Anglais et leurs «alliés», les Iroquois[12]. L'homme rouge est le grand exploité de la colonie et l'oppression blanche sera si grande que l'homme rouge verra sa race dégénérer, se faire enfermer dans des camps de concentration qu'on appellera des réserves, tomber dans la passivité du colonisé et «survivre» grâce à la «générosité» du colonisateur. Le lent génocide de la race rouge est un autre crime sur la conscience de l'homme blanc, français, anglais, espagnol, portugais ou hollandais.

Dans la société blanche de la colonie qui exploite l'homme rouge, se trouve une structure de classes et un système d'exploitation semblables à ceux de la métropole. Tout au haut de la pyramide se trouve le gouverneur, représentant du roi. Il est de la noblesse française et très souvent ancien officier[13]. À ses côtés, on trouve l'intendant qui, lui, est un fonctionnaire d'origine bourgeoise ou de noblesse de robe[14]. Un troisième personnage

---

12. Les seigneurs et les communautés religieuses avaient le droit d'avoir des esclaves. Ces esclaves sont des Rouges qu'on a ainsi asservis ou des Noirs qu'on a achetés à des marchands d'esclaves des colonies anglaises.

13. *Ancien officier*: dans les armées de l'époque féodale, les officiers venaient toujours de la classe noble. Les simples soldats, eux, venaient toujours de la classe paysanne. Les structures de l'armée correspondent toujours aux structures de la société civile. Dans la société bourgeoise que nous connaissons, la plupart des officiers viennent de la classe bourgeoise ou petite bourgeoisie tandis que les simples soldats, eux, sont toujours tirés de la classe ouvrière et de la classe des habitants.

14. *Noblesse de robe*: titres de noblesse que le roi conférait à des bourgeois qui l'avaient bien servi dans la fonction publique.

fait concurrence à ces deux premiers pour le pouvoir. C'est l'évêque. Il est de la noblesse[15]. Il représente, comme on l'a vu, un genre de petit État à l'intérieur de l'État qui cherche à étendre son pouvoir sur toute la société. Lui et ses curés sont en perpétuel conflit avec les administrateurs (gouverneur, intendant, fonctionnaires) pour le pouvoir, la domination de la population. Le clergé a déjà obtenu qu'aucun protestant ne puisse s'établir en Nouvelle-France. Il a le monopole de la religion dans la colonie mais ça ne lui suffit pas. Il voudrait établir une théocratie dans la colonie, c'est-à-dire établir dans la colonie un gouvernement dans lequel le clergé exerce l'autorité «au nom de Dieu»[16]. Pour réaliser ses ambitions, le clergé a des moyens à sa disposition. D'abord, un triple revenu :

    1. sa propre taxation directe, la dîme ;

    2. une subvention de la compagnie ;

    3. les revenus des seigneuries qui lui ont été concédées.

En plus il a les connaissances et les contacts : le curé est souvent la seule personne «instruite». La colonie est interdite aux avocats. Le curé se charge des fonctions que remplissent en général

---

15. L'Église à l'époque féodale avait des structures semblables à celles de l'armée que nous venons de décrire. Les cadres supérieurs tels les cardinaux et les évêques étaient de classe noble. Des familles de l'aristocratie achetaient ses positions et les propriétés qui venaient avec. C'était ce qu'on appelle le Haut-clergé. Les simples curés étaient, eux, de la classe paysanne ou quelquefois de la bourgeoisie. Ils étaient tout près du peuple. C'était le Bas-clergé. On verra que certains curés étaient si près du peuple qu'ils faisaient cause commune avec lui. Cela se produira lors de la Rébellion de 1837.

16. Sommés de se présenter à la cour, les abbés de Fénelon, de Francheville et Rémy du Séminaire de Montréal refusent de s'y trouver en disant que seules les lois de l'Église pouvaient s'appliquer à eux et qu'ils n'étaient aucunement tenus de se plier aux lois civiles.

notaires et avocats. Une autre source de pouvoir : l'éducation. C'est le curé qui choisit l'enfant de la famille qui poursuivra ses études. Le séminaire de Québec, fondé dès 1663 par Mᵍʳ de Laval, était l'institution qui devait recevoir les plus doués pour en faire des prêtres.

Sous cette triple tête dirigeante se trouve la classe des seigneurs, commerçants et communautés religieuses. C'est la classe des propriétaires et des *businessmen*.

Les seigneurs sont rarement nobles. Ce sont plus souvent des commerçants, des fonctionnaires ou d'anciens officiers. Certains se donnent des titres de noblesse pour faire bien. Quelquefois ce sont des habitants qui deviennent seigneurs. Les congrégations religieuses se rattachent à cette classe parce que, sur le plan économique et politique, elles jouent le rôle de cette classe. Plusieurs seigneuries leur appartiennent et sous le couvert d'action missionnaire, elles accumulent du capital, se font concéder des terres, font le commerce et exploitent l'homme rouge comme elles exploitent la classe des petits blancs, les artisans et les habitants.

L'âme de cette classe c'est le commerçant, c'est le bourgeois. C'est l'agent de la compagnie dont le seul but est le profit qu'il peut tirer du commerce, celui des fourrures en particulier. C'est l'exploiteur-type qui vole l'homme rouge, exploite le coureur de bois, accumule du capital, se fait concéder une seigneurie, joue d'influence auprès du gouverneur pour obtenir des faveurs et des titres et gagner du prestige.

POSSESSIONS DU CLERGÉ EN 1763

	acres
Les Ursulines de Québec	164 615
Les Ursulines de Trois-Rivières	39 909
Les Récollets	945
L'évêque et le séminaire de Québec	693 324
Les Jésuites	891 845
Les Sulpiciens	250 191
Hôpital de Québec	73
Hôpital de Montréal	404
Hôtel-Dieu de Québec	14 112
Les Sœurs grises	42 336
	2 096 754

Ce chiffre forme le quart de toutes les terres concédées.
Source : Rapport du Lieutenant-gouverneur Milnes, le 1er novembre 1800.
Archives canadiennes, séries Q. Vol. 85. p. 228. Cité par Myers, *History of Canadian Wealth*, Chicago (1914). p. 17.

La troisième classe est le peuple, composé d'artisans, d'habitants et de coureurs de bois. Les artisans et les habitants sont dans la société blanche les travailleurs, les véritables producteurs de tous les biens de consommation. Ils vendent leur force de travail aux seigneurs [17], aux commerçants et aux communautés religieuses. Ils sont à la merci des classes supérieures et n'ont aucune voix au gouvernement de la colonie. Quant au coureur de bois, il n'est pas un véritable producteur puisque son travail consiste à aller chercher la fourrure chez le trappeur rouge. Mais

---

17. Moins de 400 seigneurs possèdent ensemble 5 888 716 acres à la fin du régime français.

il se trouve au bas de l'échelle sociale blanche parce qu'il est exploité par le commerçant et à sa merci.

Le peuple, lui, s'enracine dans le pays et se sent canayen[18]. Par contre, les administrateurs, le Haut-clergé, certains seigneurs et certains commerçants, eux, ne sont ici que pour gouverner ou exploiter. Ils sont Français et demeurent Français. Ils sont des métropolitains dans la colonie et se distinguent du peuple canayen non seulement par leur position de domination vis à vis le peuple mais par leurs dentelles, leurs manières «aristocratiques», leurs parties de plaisir à la façon de la «haute société».

Le Canayen de l'époque était assez bon vivant, n'aimait pas le travail assidu et cultivait un esprit d'indépendance. Il ne tenait pas plus que ça au travail de la ferme et quittait quelquefois la seigneurie pour devenir coureur de bois. Le clergé essayait bien de le mater, de le traîner à l'église, de lui imposer des règles

18. *Canayen*: le mot *canadien* est ambigü. Sous le régime français il identifiait les gens d'origine française nés au Canada. Après la Conquête il représente le peuple conquis, les 70 000 Français qui restent au Canada. Mais un peu plus tard, quand l'Angleterre crée le Haut et le Bas-Canada, le Canada se fait voler son nom car *Canadian* inclut les Anglais d'Ontario. Avec la Confédération et la création du Dominion of Canada, les Canadiens doivent s'appeler Canadiens-français pour garder leur identité. Aujourd'hui *Canadien* veut dire en réalité *Canadian*, c'est-à-dire habitants du Canada, d'une mer à l'autre. Le Canadien-français, qui n'en veut plus du colonialisme britannique, américain ou canadien, qui veut avoir une patrie qui lui soit propre, doit se définir et s'appeler Québécois.
Pour ne pas confondre les divers sens qu'a pris le mot *canadien* à diverses époques, nous allons employer *canayen* pour parler des 70 000 Français du Canada et leurs descendants sous le régime anglais. Nous employerons *canadien-français* pour nommer des Canayens qui se sont vendus aux Anglais, qui ont collaboré avec le colonisateur et ceux qui croient encore que le fédéralisme canadien a quelque chose à offrir au peuple québécois. Le Canadien-français est le Canayen qui a accepté son sort de colonisé et qui lèche les bottes du

strictes, de lui interdire la lecture des Encyclopédistes[19] et le théâtre de Molière, mais rien à faire. Le Canayen vit de l'air du temps, mange le fruit de son travail, s'amuse, chante et ne se soucie pas plus qu'il ne faut de l'avenir. Il est tout le contraire de l'Anglais de la Nouvelle-Angleterre qui, lui, imbu de puritanisme[20], mène une vie plutôt austère, amasse des biens, ne fait aucune dépense superflue et travaille avec grande assiduité. Le Canayen, lui, ne connaît pas cette discipline, cette austérité. Pour oublier sa pauvreté et sa condition d'exploité, il s'endette pour s'acheter un carrosse qui va lui permettre de faire croire aux autres qu'il ne vit pas dans la misère. Comme le Noir américain qui s'achète une Cadillac. Ou bien il disparaît dans la forêt pendant quelques mois pour connaître la liberté de l'animal sauvage.

---

colonisateur anglais ou américain. Il est comme le Noir américain (le Negro) qui cherche à perdre son identité de Noir et à s'intégrer à la société blanche. Le Québécois est le Canayen qui refuse le colonialisme, qui le combat, qui travaille pour que le peuple québécois se libère de la domination anglo-canado-américaine et que le Québec devienne un pays et une patrie. En ce sens il est comme le Noir américain qui refuse l'intégration à la société blanche qui s'identifie non comme *Negro* mais comme *Black* et veut libérer tous les Noirs américains de l'oppression qu'ils doivent subir dans la société américaine d'aujourd'hui.

19. *Encyclopédistes*: groupe d'auteurs du 18e siècle qui travaillèrent à la rédaction d'une encyclopédie qui était la compilation des connaissances scientifiques de l'époque. Ils contestaient par leurs simples recherches les vérités absolues de l'Église et s'attirèrent l'hostilité du clergé qui voyait en eux des concurrents au monopole qu'il avait dans le domaine intellectuel. Parmi les encyclopédistes on retrouve Voltaire, Rousseau, Diderot, Montesquieu, Condillac.

20. *Puritanisme*: tendance chez certains protestants à mener une vie sévère. Tout plaisir de vivre est rejeté comme œuvre du démon. Le travail dur est la seule activité louable après la lecture de la bible. Mais le travail doit être très fructueux, doit rapporter des sous pour accumuler du capital et étendre son empire sur l'économie.

La Conquête (1760)

En 1750, la Nouvelle-France forme un arc immense qui englobe toute la vallée du Saint-Laurent, les Grands Lacs et la vallée du Mississippi jusqu'au golfe du Mexique. Cet immense territoire est très peu peuplé (85 000 environ) avec quelques villes et des postes de traite.

Par contre la Nouvelle-Angleterre est un territoire 20 fois plus petit, serré entre l'Atlantique et les montagnes qu'on appelle les Appalaches. Mais sa population est d'un million et demi.

D'autre part, la métropole française concentre son effort de guerre sur le continent européen en luttant contre la Prusse, l'alliée de l'Angleterre. Celle-ci, en revanche, concentre ses forces sur la mer pour être la maîtresse de tous les réseaux maritimes et par là s'assujettir d'autres colonies. De plus, la bourgeoisie anglaise a déjà obtenu par de petites révolutions successives une voix dans le gouvernement et le souverain anglais compte beaucoup sur elle pour exploiter les colonies et étendre son empire en Amérique, en Asie et en Afrique. En même temps un autre facteur important stimule la ruée vers les colonies : l'Angleterre n'a pas tellement de richesses naturelles et l'exploitation de colonies est absolument indispensable pour son développement.

Par contre, la bourgeoisie française est encore bloquée par les structures féodales. Elle n'a pas encore de voix au gouvernement et il lui faudra faire la révolution française (1789) pour venir au pouvoir. De plus, la Nouvelle-France, riche en fourrures, a peu d'autres ressources qui intéressent vraiment les marchands. Les Antilles françaises les attirent davantage. Les deux puissances colonialistes ne voient donc pas l'Amérique du même œil et ce fait se traduit par une grande différence des forces en présence sur ce continent. La métropole française envoie Montcalm, Lévis, Bourlamaque et 450 soldats en 1756 tandis que les Anglais préparent une invasion en règle de la Nouvelle-France. L'affrontement final se prépare.

En 1758, les Français gagnent une victoire à Carillon : 3 500 soldats français et canayens repoussent Abercromby et ses 15 000 hommes.

Mais les Anglais prennent bientôt Louisbourg sur l'île du Cap-Breton et le fort Duquesne dans la vallée de l'Ohio. En 1759, ce sont les forts Niagara sur les Grands Lacs et les forts Carillon et Saint-Frédéric sur le lac Champlain qui tombent aux mains des Anglais. Puis Wolfe avec 30 000 marins et 9 000 soldats assiège la ville de Québec. Le 13 septembre, les Anglais débarquent, attendent les Français sur les Plaines d'Abraham. Québec tombe. L'année suivante, Montréal capitule. La Nouvelle-France se rend.

FIN DU RÉGIME FRANÇAIS

Plaisirs d'hiver aux chutes Montmorency. ▶

Le port de Montréal à la fin du XVIIᵉ siècle. ▼

RÉGIME ANGLAIS
(1760-1919)

Pour les Canayens, passer du régime français au régime anglais, *c'est changer de maître,* pas plus, pas moins. Sous le régime français, ils étaient exploités et menés par des colonialistes français. Maintenant ils le seront par des colonialistes anglais. La différence n'est pas si grande.

Ce qui est grave, cependant, pour le Canayen c'est la situation économique. Les soldats anglais ont brûlé des fermes, volé le bétail, détruit les récoltes. La monnaie de carte subit une dévaluation terrible parce que les Anglais, maintenant les maîtres de toute la vie de la colonie, y compris ses finances, ne donnent presque aucune valeur aux billets français. Ils peuvent donc acheter, eux, avec leur argent anglais, tout ce qu'ils veulent à des prix dérisoires. Quant aux administrateurs comme l'intendant Bigot, qui, à la fin du régime français avait «organisé» l'économie de la colonie pour qu'elle serve à son enrichissement personnel, ils peuvent partir pour la France avec des sacs d'or sonnant. Par contre, les petits marchands, les seigneurs et les habitants sont ruinés. Plusieurs Canayens ont laissé leur peau sur le champ de bataille ; 60 000 Canayens se retrouvent dans la misère après ces années de guerre.

La bataille entre les deux puissances colonialistes est terminée en Amérique, les 60 000 Canayens sont maintenant prisonniers sur un continent dominé par l'Angleterre. Mais la guerre n'est pas finie en Europe. Pendant qu'on attend ici qui la gagnera là-bas (ce qui pourrait changer la situation), c'est l'occupation militaire directe de la colonie.

Les administrateurs français (gouverneur, intendant, hauts fonctionnaires) les commerçants français, les officiers rentrent en France. C'est fini maintenant. Ils repartent. Mais qui reste? Les Canayens, ceux qui se sentent Canayens. D'abord les habitants, puis des soldats, des seigneurs, certains commerçants malgré la banqueroute, et le clergé.

Le clergé reste parce qu'il comprend vite qu'il peut profiter d'une situation politique particulière. Les administrateurs français, leurs grands rivaux pour le pouvoir, rentrent en France. L'État français disparaît de la colonie. Des administrateurs anglais les remplacent mais ceux-ci ont besoin d'un intermédiaire pour gouverner les Canayens. C'est le rôle que le clergé se donne. Il devient le porte-parole et le représentant officiel des Canayens auprès du Conquérant. Il devient le roi-nègre[21] de la colonie. Dès la capitulation, les Ursulines tricotèrent des bas de laine pour les soldats écossais. Les curés collaborèrent avec les

---

21 *Roi-nègre*: durant la conquête de l'Afrique, les puissances colonialistes blanches procédaient par étapes: 1. la conquête militaire brutale et la destruction de tout nid de résistance; 2. appel à la collaboration. Certains chefs de tribu acceptent de «gouverner» au nom de la puissance colonialiste. De cette façon, la domination colonialiste peut se camoufler derrière l'indigène collaborateur, le roi-nègre. Ici, au Québec, le clergé a accepté de jouer ce rôle de collaborateur.

capitaines de milice pour faire signer aux habitants le serment d'allégeance et leur confisquer leurs fusils. Monseigneur Briand, vicaire général, déclara comme un roi-nègre type : « Ces nobles vainqueurs ne vous parurent-ils pas, dès qu'ils furent nos maîtres, oublier qu'ils avaient été nos ennemis pour ne s'occuper que de nos besoins et des moyens d'y subvenir ? » Le Conquérant permet le « libre exercice de la religion » parce qu'il sait que c'est ainsi qu'il peut se gagner la collaboration du clergé jusqu'au moment où par une immigration anglaise massive les Canayens seront assimilés à la « grande civilisation » anglaise et protestante. Ce rôle de collaborateur, de roi-nègre, avec le Conquérant, le clergé le jouera systématiquement jusqu'à ces toutes dernières années, comme on va le voir par la suite.

Après la Conquête arrivent au pays marchands et commerçants anglais anxieux d'exploiter et les ressources du territoire conquis et les habitants. Ces exploiteurs sont les ancêtres de nos exploiteurs anglophones contemporains installés sur la montagne et ses abords, à Westmount, Hampstead, Town of Mount Royal.

Pour l'homme rouge la conquête signifie une spoliation encore plus rapide de son territoire. Les marchands anglais qui n'ont plus de concurrents français s'y lancent avec une avidité sans bornes. L'homme rouge réagit. Sous le chef algonquin Pontiac, il se forme une fédération des tribus qui s'empare de presque tous les forts de la région des Grands Lacs, de Saut-Sainte-Marie à Pittsburg. Mais la puissance anglaise ne se laisse pas bousculer et la rébellion de Pontiac est écrasée dans le sang à Détroit en 1763.

Après la Conquête la société humaine qui se retrouve sur les bords du Saint-Laurent se découpe ainsi :

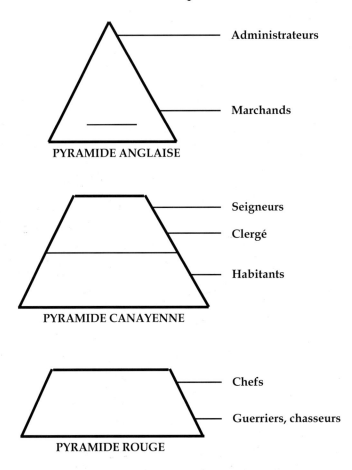

L'homme rouge, toujours le plus exploité, est maintenant presque totalement écrasé après le soulèvement de Pontiac. Le Conquérant fait de tout l'ouest de la colonie nouvellement conquise une immense réserve pour l'homme rouge afin de l'isoler du Canayen et empêcher celui-ci d'agiter le Rouge contre l'Anglais.

La société canayenne, elle, est maintenant totalement dominée par le Conquérant, c'est-à-dire les administrateurs et les marchands anglais. Elle conserve sa structure féodale. Pour l'habitant, rien n'a changé dans sa condition d'exploité. Les seules différences : la classe dirigeante parle maintenant anglais et le clergé étend encore davantage sa domination sur lui. La vie est dure.

Pour le petit commerçant qui reste au pays, c'est la banqueroute à brève échéance. Un certain nombre deviendront de simples habitants.

Pour les seigneurs, la vie ne change pas tellement après les émotions de la guerre. Le Conquérant leur demande de continuer à jouer le même rôle qui est de faire travailler l'habitant. Ils conservent leurs privilèges à condition qu'ils collaborent avec le nouveau régime. La plupart des seigneurs acceptent volontiers de jouer ce rôle.

Le clergé pour sa part, profite du changement de régime. Il devient la classe dirigeante de la société canayenne. Il va *gouverner* les Canayens au nom du Conquérant. Et pour ces services le Conquérant le récompensera en lui permettant de former une théocratie au Québec.

La société anglaise au Québec, celle du Conquérant, se divise en deux : les administrateurs et les marchands. Les administrateurs, militaires ou nobles, obéissent aux ordres de la métropole anglaise et gouvernent la colonie en son nom.

Des commerçants anglais arrivent comme des rapaces, après la Conquête, pour s'emparer du commerce des fourrures. Des marchands comme les McTavish, McGill, Todd, Frobisher,

Montréal en ses commencements citadins.

Patterson fondent la North West Company qui peut se vanter de faire des profits de l'ordre de 200 000 livres sterling annuellement après une dizaine d'années d'existence. Ces marchands ont un profond mépris pour les Canayens et les considèrent comme du cheap-labour à exploiter, des « esclaves de naissance », comme ils le disent eux-mêmes.

Le traité de Paris (1763)

Jusqu'en 1763, c'est l'occupation militaire sous le général Murray. Il faut attendre le résultat de la guerre de Sept Ans entre la France et l'Angleterre pour savoir quel va être le sort de la colonie. Le Traité de Paris confirme la conquête militaire. La France perd l'Acadie, le Canada, Terreneuve, l'Île du Cap-Breton et tout le territoire à gauche du Mississippi. Elle ne conserve que deux petites îles pour la pêche, Saint-Pierre et Miquelon. Les Français et Canayens qui veulent quitter la colonie ont 18 mois pour le faire. S'ils veulent vendre leurs biens, seul un Anglais peut en être l'acquéreur. Ceux qui restent peuvent pratiquer leur religion comme auparavant. La *Province of Quebec* (c'est le nouveau nom que le Conquérant donne à la colonie sur les bords du Saint-Laurent) est maintenant réduite à un rectangle qui encadre le fleuve Saint-Laurent de l'île d'Anticosti à la rivière Outaouais.

Le nouveau gouvernement de la colonie

Le gouverneur est le chef civil et militaire. Il a des pouvoirs dictatoriaux sur la colonie : faire prêter serment, décréter les lois qu'il veut, renverser toute décision du Conseil, établir des cours de justice, nommer les juges, shérifs, évêques et curés, lever des troupes, céder des terres ou concessions.

Un Conseil est créé pour assister le gouverneur dans son travail. Il est composé de lieutenants-gouverneurs dans les villes, juges et autres notables anglais.

Le général Murray est nommé premier gouverneur de la Province of Quebec.

Politiques anglaises

La métropole anglaise trouve qu'il faut tâcher de faire disparaître le *problème canayen*. Quels moyens peut-on adopter ? On exclut la déportation. On choisit l'assimilation. Il faut *civiliser* les Canayens, les faire adhérer à la religion protestante et les faire bénéficier des lois anglaises. Il faut inviter des colons anglais à venir s'installer en grand nombre au Québec pour noyer les Canayens dans une mer anglaise. On réserve des terres pour des maîtres protestants afin que les habitants puissent «embrasser la religion protestante».

La métropole exige le serment d'allégeance à la couronne britannique. Les Canayens prêtent serment.

La métropole exige le serment du Test (qui est le reniement du pape, de la transubstanciation et du culte de la Vierge) de tous les fonctionnaires de la colonie. Les gouverneurs, cependant, n'appliqueront pas ce décret afin de gagner le clergé à la collaboration. En même temps la métropole anglaise et Rome s'entendront en 1766 pour le choix de Mgr Briand comme évêque du Québec mais avec le titre de «surintendant de l'Église romaine».

Revendications des marchands anglais

Les marchands anglais qui s'installent à Montréal ne sont pas satisfaits du gouvernement de la colonie tel qu'il est, avec son gouverneur et son Conseil. Eux n'y ont pas de représentants. Ils veulent la création d'une Assemblée élue par eux et que le gouverneur consulterait. Ces Assemblées existent dans les autres colonies anglaises. Ils l'exigent ici. D'autre part, pour eux, il ne serait pas question que des Canayens soient élus à cette Assemblée ou aient même le droit de vote pour l'élection des membres de cette Assemblée. Un fonctionnaire du gouverneur du nom de François Maseres écrivait: «Une assemblée ainsi constituée pourrait prétendre être représentative de ce peuple, mais elle ne représenterait en réalité que 600 nouveaux colons anglais. Elle serait par conséquent dans leurs mains un instrument de domination de 90 000 Français.» Le gouvernement anglais n'est pas prêt à accorder cette Assemblée aux marchands anglais parce qu'il craint que ceux-ci vont pousser leurs privilèges trop loin et susciter une révolte chez les Canayens. D'autre part, il ne veut pas accorder une Assemblée qui comprendrait l'élection de Canayens parce que ceux-ci s'en serviraient pour combattre le Conquérant. Il croit qu'en remettant ça à plus tard, graduellement se formera, comme l'écrit Maseres, «cette coalition des deux nations où l'absorption de la française par l'anglaise en ce qui concerne la langue, les affections, la religion et les lois, qui est si désirable, et pourrait peut-être se réaliser en une ou deux générations, si des mesures appropriées sont adoptées dans ce but.»

Carleton remplace Murray comme gouverneur en 1766. Il considère le clergé et les seigneurs comme les vrais chefs des Canayens et va se servir d'eux pour garder ces derniers à leur place. Il ne veut pas d'Assemblée qui donnerait une voix trop grande aux marchands de Montréal. Il préfère le Conseil auquel on ajouterait quelques notables canayens. Il favorise le rétablissement des lois civiles françaises et veut laisser le champ libre à l'Église catholique pour l'avoir de son côté.

L'Acte de Québec (1774)

Quatorze ans après la Conquête, le Conquérant impose une première constitution aux Canayens. Cette constitution, on l'appelle le Quebec Act. En voici les clauses principales :

1. Le territoire de la province de Québec est agrandi. Du petit rectangle qu'il était, il comprend maintenant toute la vallée du Saint-Laurent, les îles du golfe Saint-Laurent, le Labrador, toute la région des Grands Lacs jusqu'à la rivière Ohio.

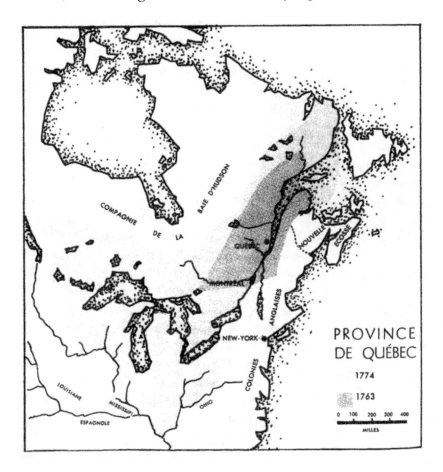

Avec cette expansion territoriale, la « réserve » pour l'homme rouge est absorbée dans la province parce qu'on ne craint plus l'agitation des Canayens parmi les Rouges et qu'on veut planifier l'exploitation des fourrures en intégrant les territoires de chasse dans la province vers l'est pour pouvoir contrôler les pêcheries dans le golfe. Ces modifications n'apportent rien aux Canayens. Elles favorisent les marchands de Montréal.

2. L'administration de la colonie n'est pas changée :

- un gouverneur avec des pouvoirs dictatoriaux ;
- un Conseil législatif composé de 17 à 23 membres. Il est législatif parce qu'il aide le gouverneur à faire ses lois.

Les membres en sont nommés par le gouverneur lui-même parmi les notables anglais et français. Ce Conseil peut lever des taxes seulement pour les routes et édifices publics. Toutes les décisions peuvent être rejetées par le gouverneur.

L'Assemblée que les marchands anglais voulaient à tout prix ne leur est pas accordée. La métropole ne veut pas commettre l'erreur qu'elle a commise en accordant des Assemblées aux colonies de la Nouvelle-Angleterre où l'agitation des marchands contre le gouvernement métropolitain se fait de plus en plus sentir. Les Canayens pour leur part ne tiennent pas à l'Assemblée parce qu'ils n'en ont jamais eu sous le régime français et ne la voient véritablement que comme une salle de discussion pour les marchands exploiteurs.

3. Les conflits relatifs au droit civil et à la propriété seront régis d'après le droit civil français. Quant aux actes criminels, ils seront jugés selon le code criminel anglais.

La concession du droit civil français aux Canayens est une façon de ne pas trop les bouleverser pour les garder à leur place. Quand ils se font des procès entre eux, on les laisse se poursuivre en cour selon les lois féodales françaises. Quand il s'agit d'actes criminels, ce sont les lois anglaises qui entrent en jeu. Le Conquérant juge les délits sérieux d'après ses propres lois.

Il faut noter ici que le système seigneurial est conservé pour les Canayens parce que c'est un bon système pour garder les habitants à leur place. Mais en même temps, le Conquérant se réserve le droit de distribuer des terres en tenure libre et commune plutôt qu'en fiefs. C'est-à-dire que les colons anglais, qui voudraient faire la culture de la terre, peuvent acheter des terres sans subir le «contrat» féodal. Cette liberté que se donnent les Anglais quant à la possession des terres, s'applique également aux testaments. Même si les testaments relèvent du droit civil, un Anglais peut le rédiger et l'appliquer selon les lois anglaises.

On voit que le Conquérant fait des «concessions» qui gardent le Canayen dans les structures féodales pendant qu'il se réserve à lui des droits qui lui permettent une plus grande liberté pour exploiter les ressources et les habitants.

4. Le Serment du Test est supprimé. Les catholiques peuvent pratiquer leur religion librement et peuvent devenir fonctionnaires sans avoir à renoncer à leur religion. Le clergé peut continuer à percevoir la dîme. L'Évêque a tous les droits qu'il avait sous le régime français.

On voit que le Conquérant a trouvé son roi-nègre. Il sait que le clergé est vraiment le groupe dirigeant qui va savoir maintenir les Canayens à leur place. C'est pour cela qu'il lui fait ces concessions. Le clergé peut étendre sa domination sur toute la société canayenne avec la bénédiction du roi anglais à la seule condition qu'il collabore étroitement avec le Conquérant pour garder les «nouveaux sujets» dans la servitude. Ce clergé est tout heureux de son rôle de roi-nègre et bénira le roi d'Angleterre à tour de bras. La seule petite difficulté que le clergé rencontre c'est une inspection du *pouvoir* économique des communautés religieuses. Le Conquérant est bien prêt à laisser ces communautés exploiter les richesses naturelles et le peuple canayen mais pas au point de faire concurrence aux marchands anglais. Les Sulpiciens, par exemple, devront attendre jusqu'en 1839 avant que le Conquérant approuve leur droit à leurs vastes propriétés foncières.

Réactions au Quebec Act

Les marchands de Montréal ne sont pas contents de l'Acte de Québec parce qu'ils n'ont pas obtenu l'Assemblée qui leur permettrait d'avoir un mot à dire dans les dépenses publiques.

Le clergé est tout heureux de l'Acte de Québec car cette constitution lui donne la liberté de dominer les Canayens et d'établir une théocratie au Québec.

Les seigneurs sont contents eux aussi parce que le système seigneurial demeure intact. Ils peuvent continuer à exploiter le peuple canayen.

Le peuple canayen lui n'est pas heureux du tout de l'Acte de Québec parce qu'il ne fait que le confirmer dans sa servitude. Il doit payer la dîme, il doit payer les taxes du seigneur, il doit prêter serment de fidélité au roi anglais. Rien n'a changé pour l'habitant. Lui n'a que des devoirs pendant que le clergé, les seigneurs, les marchands anglais se partagent les privilèges sur son dos de travailleur.

L'homme rouge, lui, n'a pas de réaction. La répression qui a suivi le soulèvement de Pontiac en 1763 l'a réduit à une sujétion plus grande que jamais. Il est un homme traqué dans son pays, massacré, exploité. De belles constitutions votées par le Parlement britannique ne sont que des bouts de papier qui lui disent qu'il est voué au massacre, au pillage et à la mort.

La Révolution américaine et ses répercussions dans la Province de Québec

Les treize colonies de la Nouvelle-Angleterre sont peuplées de puritains qui ont cherché refuge en Amérique pour fuir le règne des Stuart, et de catholiques qui ont fui le règne de Cromwell. Ce sont pour la plupart des mécontents qui ont peu d'affection pour la métropole. Ils se sont enracinés sur le littoral (New York, Boston), ils ont développé l'agriculture, refoulé l'homme rouge, exploité le commerce des fourrures, du rhum, du blé. Leur population augmente rapidement. Ils sont trois millions de colons divisés en treize colonies avec chacune son Assemblée. Ils se sentent plus Américains qu'Anglais et n'aiment pas le droit de regard qu'exerce la métropole sur leurs affaires.

La déclaration d'indépendance américaine.

Après la Conquête de la Nouvelle-France, la métropole anglaise possède presque toute l'Amérique du Nord et compte réorganiser ses territoires. Elle a limité les pouvoirs des coloniaux du Québec en leur refusant l'Assemblée. Elle voudrait bien de la même façon limiter les pouvoirs des coloniaux de la Nouvelle-Angleterre. Elle veut taxer le papier, la vitre, les teintures, le thé qui vont aux treize colonies pour défrayer le coût de la Conquête du Canada. Elle veut obliger les treize colonies à ne faire le commerce qu'avec elle, la métropole. Les treize colonies refusent de payer les nouveaux impôts. L'armée anglaise occupe Boston en 1767. Le conflit s'envenime. Plus la métropole presse les colonies, plus les colonies résistent. Elles se sentent assez fortes pour rompre le lien colonial. En 1774, les députés des colonies américaines tiennent un premier congrès à Philadelphie où ils dénoncent la politique métropolitaine. Ils veulent prélever leurs propres taxes, former leur propre armée et boycotter les produits anglais.

À ce même congrès, ils préparent une «Adresse aux habitants de la Province de Québec», enjoignant ceux-ci de se révolter comme eux contre la métropole anglaise et de se joindre aux colonies américaines dans leur lutte pour la liberté, le gouvernement représentatif (l'Assemblée) et la fin de la persécution économique.

Le peuple canayen entendit l'appel et comprit qu'il pourrait y gagner de se débarrasser au moins du clergé, des seigneurs et du Conquérant en se joignant aux Américains. Mais rapidement, le clergé, les seigneurs et le Conquérant se mirent à faire

de la propagande anti-américaine systématique. Les marchands anglais de Montréal, eux, favorisaient les Américains et tâchaient de gagner les habitants canayens à la cause de l'indépendance américaine.

Le gouverneur du Québec, Carleton, convoqua la milice après avoir demandé à son roi-nègre, Mgr Briand, d'appeler ses ouailles aux armes contre les rebelles américains. Celui-ci le fit volontiers parce que l'Angleterre venait d'accorder «l'usage de nos lois, le libre exercice de la religion et en nous faisant participer à tous les privilèges et avantages de sujets britanniques ». Le Canayen était menacé du refus des sacrements s'il ne prenait pas les armes pour défendre le Conquérant contre « des sujets britanniques rebelles », les Américains. Il était bien prêt à voir disparaître dîmes et redevances seigneuriales et se joindre aux rebelles américains mais il n'était pas organisé et, de plus, aucun chef ne se manifesta pour rallier le peuple et commencer la lutte de libération. Le Canayen opta pour la résistance passive. Il refusa de s'enrôler dans la milice. De plus, il désapprouva la part active prise par le clergé à la défense des intérêts anglais et certains critiquèrent sévèrement le roi-nègre Mgr Briand qui, d'après eux, devait s'occuper beaucoup plus de préparer des prêtres que des militaires. À Terrebonne, Verchères et Berthier, des habitants se révoltèrent contre les seigneurs qui les pressaient d'entrer dans la milice.

L'armée américaine commença l'invasion de la province de Québec pour chasser les Anglais métropolitains du Saint-Laurent. Toute la région au sud de Montréal fut vite envahie. Deux régiments canayens furent recrutés en quelques semaines dans cette région et incorporés à l'armée américaine qui s'avançait sur Montréal. D'autre part, Carleton recruta 1 200 habitants pour défendre Montréal mais ceux-ci retournèrent chez eux pour les labours d'automne. Montréal tomba après la fuite de Carleton à Québec, déguisé en habitant, évidemment.

Le général américain Montgomery, qui vient de prendre Montréal, s'avance sur Québec où il doit y rencontrer son collègue Arnold et ses troupes. Québec résiste. Une flotte anglaise avec le général Burgoyne arrive au printemps de 1776, chasse les troupes américaines et les poursuit jusque dans leur territoire. Le général Burgoyne et ses troupes seront vaincus à Saratoga en 1777 et expédiés en Angleterre.

Les Canayens qui ont été tentés de se joindre aux Américains se rendent compte que ceux-ci veulent leur «apporter la liberté» pour en réalité les assujettir dans leur nouvelle république. Ils sentent bien qu'ils se trouveraient probablement tout aussi colonisés sous le régime américain que sous le régime britannique. Leur libération ne peut venir que d'eux-mêmes.

Les Américains déclarent leur indépendance le 4 juillet 1776.

La France est heureuse de voir une colonie anglaise se rebeller contre sa métropole. Elle fournit des quantités énormes de poudre et de munitions aux Américains et reconnaît tout de suite l'indépendance des treize colonies qui s'appellent maintenant les États-Unis d'Amérique. La France voudrait bien reprendre le Québec mais les États-Unis ne tiennent pas à voir la France au nord comme elle a l'Espagne au sud.

En 1783, l'Angleterre est forcée de reconnaître à son tour l'indépendance des États-Unis. La frontière entre le Québec et le nouveau pays est ramenée à la ligne qui coupe les Grands Lacs Supérieur, Huron, Érié et Ontario.

Population canayenne en 1784 .... 113 000

Des Montagnais du Saguenay faisant voir leur artisanat aux… touristes !

Rue Bonsecours, à Montréal.

Des cageux sous le pont Victoria de Montréal.

L'arrivée des Loyalistes

Quand les États-Unis déclarent leur indépendance, un tiers de la population est contre. Ce tiers veut rester *loyal* à l'Angleterre. Le gouvernement américain leur enlève leurs droits de citoyens, on les chasse de leurs maisons. À la fin du conflit 100 000 Loyalistes quittent les États-Unis. Plusieurs rentrent en Angleterre, d'autres vont aux Antilles anglaises, 30 000 se retrouvent dans les provinces maritimes, 6 000 au Québec. Ces derniers s'installent sur les rives nord du lac Ontario et Érié sur des terres riches avec des subventions importantes en guise de récompense pour leur fidélité au roi anglais. Aussitôt arrivés, ils ne veulent rien savoir des Canayens, leur tenure seigneuriale et leurs lois civiles françaises. Les Loyalistes exigent un district séparé avec la tenure et les lois anglaises. La métropole le leur accorde tout de suite. Pour eux, on va créer le Haut-Canada en taillant dans la *Province of Quebec*.

Constitution de 1791

Il fallait une nouvelle constitution parce que :
1. les Loyalistes voulaient un district à eux et une Assemblée ;
2. les marchands de Montréal qui se trouvaient déjà maîtres de 90 % de l'économie de la province voulaient eux aussi une Assemblée mais pas de division de la province qui les séparerait des Loyalistes.

Certains Canayens se rendirent compte après la guerre d'indépendance américaine qu'une Assemblée pourrait bien servir à les sortir de leur situation d'infériorité.

Pour leur part, le clergé et les seigneurs étaient contre tout changement parce qu'ils étaient satisfaits du régime que leur faisait le Conquérant.

La Loi de 1791 divise la *Province of Quebec* en Haut-Canada et Bas-Canada avec entre les deux la frontière que l'on retrouve aujourd'hui entre l'Ontario et le Québec. Le Haut-Canada est le district des Loyalistes, le Bas-Canada est la colonie des Canayens.

Un gouverneur général nommé par Londres préside à l'administration des deux Canadas.

Dans chaque Canada on retrouve un lieutenant-gouverneur nommé par Londres, un Conseil exécutif nommé par Londres, un Conseil législatif nommé par Londres, une Assemblée élue.

Le gouverneur a toujours des pouvoirs dictatoriaux. Le Conseil exécutif est composé de notables qui aident le gouvernement à gouverner. Le Conseil législatif est composé de notables qui doivent contrecarrer les décisions de l'Assemblée.

L'Assemblée dont les membres seront les députés élus, aura le droit de « suggérer » certaines lois.

Le gouverneur, le Conseil exécutif et le Conseil législatif représentent la classe noble et ses valeurs féodales et aristocratiques. L'Assemblée représente les intérêts de la classe bourgeoise, la classe commerçante qui se développe toujours et veut de plus en plus de pouvoir.

Le peuple, lui, n'a pas de voix propre. Il est à la remorque de la classe bourgeoise qui veut se servir de lui, de ses votes, pour accumuler des pouvoirs politiques.

Élections de 1792

Aux élections de 1792, dans le Bas-Canada, on élit 35 députés de langue française, 15 de langue anglaise, une disproportion incroyable quand on sait que les Anglais ne formaient que le quinzième de la population. Les élus étaient surtout des seigneurs, des avocats, des notaires et des marchands anglais. Peu d'habitants. La langue officielle sera l'anglais. Le français sera admis comme «langue de traduction».

D'autre part, au Conseil législatif, 9 membres sur 16 sont des notables anglais et au Conseil exécutif, 5 sur 9.

Les Canayens se retrouvent donc dans une position d'infériorité même s'ils forment la majorité de la population. La «démocratie» anglaise qui pénètre dans la colonie avec la création de l'Assemblée ne doit servir que les intérêts des marchands anglais.

Et pendant ce temps-là, la Révolution française bat son plein

Le Conquérant surveille d'autant les Canayens à cette époque que la Révolution française secoue toute l'Europe et se fait sentir dans toutes les colonies. La bourgeoisie française est en train de renverser les vieilles structures féodales. Louis XVI est décapité, l'aristocratie perd ses privilèges et s'enfuit si elle ne se fait pas guillotiner, le Haut-clergé perd lui aussi ses privilèges et les curés doivent prêter serment à la Révolution, sinon se faire mettre à la raison.

La rumeur qu'une flotte française révolutionnaire était en route vers le Saint-Laurent se répandit dans la province. L'agitation s'étendit. Des habitants tentèrent d'envahir les prisons de Montréal. Ils parlent de renverser le gouvernement. Un vaisseau chargé de 20 000 mousquets destinés à armer les Canayens est intercepté dans la Manche.

Le clergé, les seigneurs et le Conquérant ont la frousse. Mᵍʳ Hubert, bon roi-nègre, adresse une lettre à son clergé où il dit que les « liens qui les attachaient à la France ont été entièrement rompus, et que toute la fidélité et l'obéissance qu'ils devaient précédemment au Roi de France, ils les doivent, depuis ces époques, à Sa Majesté Britannique. C'était leur devoir d'éloigner les Français de cette province ». L'année suivante, l'évêque signe avec d'autres notables un manifeste *loyaliste* condamnant « les attentats séditieux dernièrement faits par des personnes méchantes et malintentionnées en faisant circuler des écrits faux et inflammatoires, en excitant par de fausses nouvelles les craintes et les doutes de nos compatriotes contre les lois et le pouvoir du gouvernement ».

En 1796, Mᵍʳ Hubert écrit de nouveau à son clergé :

« Mais comme il ne suffit pas que nous soyons loyaux et fidèles sujets, si les *habitants* confiés à nos soins se laissent séduire par des ennemis du repos et du bon ordre, et s'ils perdent de vue les règles de dépendance et de subordination que leur prescrit la religion chrétienne, et sur l'observance desquelles repose leur félicité particulière et le maintien général de l'harmonie qui doit régner entre les sujets et le souverain ; nous croyons

qu'il est plus que jamais de votre devoir de remontrer au peuple, soit dans des instructions publiques, soit dans des conversations particulières, combien ils sont étroitement obligés de se contenir dans la fidélité qu'ils ont jurée au Roi de la Grande Bretagne, dans l'obéissance ponctuelle aux lois et dans l'éloignement de tout esprit qui pourrait leur inspirer ces idées de rébellion et d'indépendance, qui ont fait depuis quelques années de si tristes ravages, et dont il est si fort à désirer que cette partie du globe soit préservée pour toujours. »

En 1794, l'abbé Plessis, alors curé de Québec, louait le Conquérant en ces termes aux funérailles de Mgr Briand : « Nation généreuse, …nation industrieuse, …nation compatissante qui venez de recueillir avec tant d'humanité les sujets les plus fidèles et les plus maltraités de ce royaume auquel nous appartîmes autrefois, nation bienfaisante qui donnez chaque jour au Canada de nouvelles preuves de votre libéralité ; non, non, vous n'êtes pas nos ennemis, ni ceux de nos propriétés que vos lois protègent, ni ceux de notre sainte religion que vous respectez. Pardonnez ces premières défaillances à un peuple qui n'avait pas encore le bonheur de vous connaître… »

Le Conquérant ne pouvait certainement pas trouver mieux comme roi-nègre.

Ce même curé Plessis, futur évêque (on voit bien pourquoi) alla jusqu'à prétendre que Mgr Briand considérait que la Conquête était un bienfait pour la religion catholique.

En 1799, l'Assemblée du Bas-Canada (marchands anglais et notables canayens) vote 20 000 livres sterling pour aider l'Angleterre contre la France. En 1801, notables canayens et clergé souscrivent aux fonds *patriotiques* pour aider les Anglais à vaincre la France.

Il est clair que notre élite d'alors était plus attachée à sa classe sociale qu'à sa mère-patrie. Notables et clergé préfèrent obéir à un souverain étranger qui leur donnait la liberté d'exploiter le peuple sous le couvert du système seigneurial ou de la religion que de voir la bourgeoisie française soulever le peuple canayen contre eux.

Les seuls Français que Londres laissa passer au Canada furent une cinquantaine de prêtres qui fuyaient la France révolutionnaire et étaient tout heureux de s'installer ici pour prêcher contre les « sanguinaires révolutionnaires ». Ils ne perdirent pas de temps. Ils aidèrent à ouvrir sept nouveaux collèges classiques de 1802 à 1832 et de nombreuses écoles archi-catholiques et archi-loyalistes pour endoctriner le peuple contre toute forme de rébellion ou de révolution qui contesterait le doit divin des nobles et du clergé à exploiter le peuple.

Malgré tout, un profond malaise persistait chez les habitants. Ceux-ci continuaient à élire les capitaines de milice dans chaque village comme ils l'avaient appris des Américains pendant l'invasion américaine de 1775-76. Cette forme primaire de démocratie populaire était le début d'une vague profonde qui contestait l'ordre établi et revendiquait des changements importants. Les habitants s'opposèrent à la loi militaire de 1794 qui instaurait un service militaire obligatoire. Ce sont les notables de l'Assemblée qui votèrent cette loi sous l'instigation du gouverneur Dorchester. Étaient exclus du service militaire obligatoire, le clergé, bien entendu, les juges et autres personnes «indispensables à la vie civile», c'est-à-dire les notables et leurs amis.

Les habitants s'opposèrent également à la loi des Routes de 1796 qui créait un réseau routier et un système de corvées, de cotisations et de pénalités pour les contrevenants. Les habitants refusèrent de se faire imposer routes, corvées et amendes. Des émeutes éclatèrent. Les agents du gouvernement se firent casser la gueule. Les «meneurs» se firent arrêter. Et les lois furent appliquées.

Les seigneurs et le clergé avaient perdu la confiance des masses. Le clergé multiplia ses menaces d'excommunication. Les seigneurs, eux, se retirèrent progressivement de l'Assemblée et se réfugièrent dans les postes confortables et «rémunérateurs» des Conseils exécutif et législatif. Ce sont les membres des professions libérales, avocats, notaires et médecins, et certains habitants qui se firent élire à l'Assemblée. Ces membres des professions libérales commençaient à former à l'intérieur de la société canayenne une petite bourgeoisie. Cette petite bourgeoisie n'était ni commerçante ni possédante. Elle se voit comme l'élite du peuple canayen qui, comme les leaders de la révolution américaine, doit amener le peuple à rompre le lien colonial pour assumer ses destinées économiques et politiques. Elle s'inspire non seulement des Américains mais aussi des auteurs français comme Voltaire et Rousseau et des leaders de la Révolution française. Elle songe à instaurer au Québec un régime qui lui donnerait le pouvoir politique pour pouvoir ensuite s'emparer du contrôle économique. En attendant, elle fait ses premières armes dans l'Assemblée.

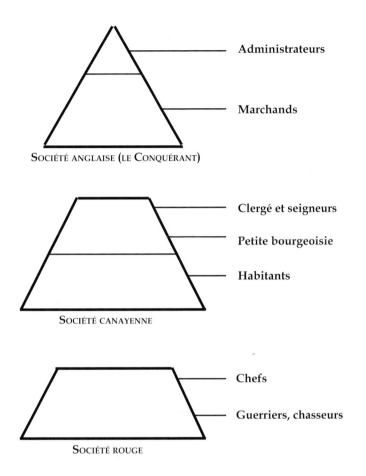

Situation économique vers les années 1800 *(italique)*

Situation économique vers les années 1800

Le commerce des fourrures perd de son importance. C'est le commerce du bois qui vient maintenant en première place. Ce changement provient surtout de la demande qu'en fait la métropole britannique. En effet, l'Angleterre est en guerre contre Napoléon et ne peut pas s'approvisionner en bois dans les pays scandinaves à cause du blocus économique qu'il lui fait subir.

Elle compte sur sa colonie canadienne pour cet approvisionne-
ment et lui fait un tarif spécial ou préférentiel. C'est Québec qui
est le port de chargement.

Mais dans ce commerce de bois, qui produit et qui fait
l'argent ?

La coupe du bois est faite par l'habitant tourné bûcheron. Il
en tire un salaire de pitance. Assez pour subsister.

Ce sont les marchands anglais de Montréal qui se sont fait
accorder (pour quelques pots-de-vin aux membres du Conseil)
des concessions forestières immenses. Ils ont donc le produit
brut, la matière première, pour rien. Tout ce qu'ils ont à débour-
ser c'est le salaire des bûcherons et le transport à travers l'Atlantique. Leurs acheteurs en Angleterre paient bien. Leurs profits ne se comptent pas.

D'autre part, les habitants font une culture de subsistance.
Ils produisent dans les seigneuries ce qu'il leur faut pour manger et se vêtir.

Éducation

La clergé avait quelques écoles dans certaines villes mais
elles n'existaient que pour préparer les « plus doués » au séminaire. La masse du peuple est maintenue dans une ignorance
médiévale. Le Conquérant trouve que ce n'est pas ainsi qu'on
va assimiler les Canayens. En 1801, l'évêque anglican Mountain
veut faire passer une loi établissant des écoles primaires gratui-
tes avec des instituteurs anglais dans le but de « supprimer

108

l'ignorance, stimuler l'industrie (c'est-à-dire la volonté de travailler) et confirmer la loyauté du peuple par l'introduction graduelle d'idées, coutumes, et sentiments anglais ». Cette campagne d'anglicisation était menée par la « clique du Château » qui regroupait les administrateurs anglais et les seigneurs « vendus ». Les commerçants anglais appuyaient bien entendu cette campagne. L'opposition vint d'abord des habitants eux-mêmes qui firent savoir à leurs « représentants » qu'ils n'avaient pas l'intention de se faire angliciser. Le clergé laissa passer le projet de loi sans dire mot quand on le modifia pour assurer l'indépendance des écoles confessionnelles et privées et laisser la population de chaque paroisse décider de la création des écoles anglaises.

CHAÎNE D'EXPLOITATION DU COMMERCE DU BOIS				
	1 CANAYEN	2 COMMERÇANT ANGLAIS	3 OUVRIER ANGLAIS	4 GOUVERNEMENT ANGLAIS
ACTIVITÉ	Coupe le bois, le transporte	Intermédiaire	Construit les navires	Achète les navires
TRAVAIL PRODUCTIF EN % RELATIF	60 %	0 %	40 %	
PROFITS EN % RELATIF	5 %	90 %	5 %	
CLASSE SOCIALE	Prolétaire	Bourgeois	Prolétaire	

Évolution de la situation politique
au début du 19ᵉ siècle

Les administrateurs anglais, représentants du gouvernement anglais ici, concentrent en leurs mains tout le pouvoir. Les marchands anglais, d'autre part, voudraient bien au moins partager le pouvoir avec les administrateurs comme les bourgeois de la métropole anglaise le partagent à travers le Parlement avec le roi. Le seul moyen pour eux, c'est l'Assemblée (à peu près l'équivalent du Parlement anglais). Mais ils ne peuvent jamais avoir la majorité dans l'Assemblée puisque la grande majorité des députés sont des Canayens. Ils ont beau acheter tous les seigneurs qui veulent se faire élire, peine perdue. La majorité leur échappe toujours. De plus, c'est maintenant la petite bourgeoisie canayenne qui se fait élire et qui commence à mener du train. L'Assemblée se divise nettement en deux partis : le parti Tory qui rallie le gouverneur, les fonctionnaires et les marchands anglais et les seigneurs vendus, et d'autre part, le Parti canadien qui regroupe presque tous les députés canayens. Le clergé, pour sa part, ne se manifeste pas directement sur la scène politique. Il travaille toujours dans les coulisses. Dans le conflit qui s'annonce, il est bien entendu du côté du parti Tory.

En 1807, élections. Malgré sa victoire numérique, le Parti canadien se sent menacé parce que certains députés ne peuvent pas venir siéger faute d'argent. Des députés du parti présentent un projet de loi qui indemniserait les membres de l'Assemblée qui viennent de loin. Le juge De Bonne (du parti Tory) combat cette proposition. Le Parti canadien contre-attaque en votant un projet de loi qui exclue les juges de l'Assemblée. Le Conseil législatif bloque ce projet pour mater le Parti canadien et le gouverneur déclenche des élections en espérant pouvoir jouer de son influence pour donner une majorité anglaise à l'Assemblée.

Le journal *Le Canadien* fondé en 1806 (les Anglais ont depuis longtemps deux journaux, le *Montreal Gazette* et le *Quebec Mercury*) entre dans la campagne et renverse tous les arguments des Anglais qui voudraient mettre les Canayens à la raison. Il fait comprendre à ses lecteurs que c'est la constitution de 1791 qui donne le droit aux Canayens d'élire des députés et le droit à ces députés de former un parti représentant les intérêts des Canayens. De plus, le journal dénonce, sans y aller par quatre chemins, l'alliance des donneurs de places (en particulier le gouverneur) et les membres anglais de l'Assemblée. Il dénonce vertement la spéculation sur les terres publiques. En effet, le gouverneur permettait à ses amis de la «clique du château» de faire des profits incroyables sur la vente des terres neuves à des Anglais dont la présence pouvait contrecarrer la force des Canayens à l'Assemblée. Un exemple parmi d'autres : 4 Anglais avec des «connexions» obtinrent la concession de 2 millions d'acres dans les Cantons de l'Est. Ils firent de la publicité dans les journaux américains et revendirent les terrains à ces acquéreurs américains. Dès 1805, cette région était peuplée de 5 000 fermiers d'origine américaine qu'on encouragea à se multiplier vite pour noyer les Canayens et qu'on poussa dans l'Assemblée pour contrecarrer le Parti canadien. Dans cet exemple flagrant, on voit comment le patronage donne toujours l'avantage aux businessmen anglais et comment, en même temps, le gouverneur

Louis-Joseph Papineau en jeune homme.

anglais et les businessmen anglais agissent pour noyer les Canayens tout en respectant pour la forme la constitution libérale qu'ils disent avoir donnée aux Canayens.

Le journal *Le Canadien* dit la vérité, mais cette vérité est intolérable pour les Anglais. Le gouverneur Craig, nommé en 1807, parle de « publication séditieuse et diffamatoire, largement distribuée dans toute la province, exprès pour avilir le gouvernement de Sa Majesté en créant un esprit de mécontentement parmi ses sujets, en même temps que de la désunion et de l'animosité entre les deux partis existants ».

Les élections redonnent une majorité au Parti canadien qui se remet à voter l'expulsion des juges. Craig dissout l'Assemblée. De nouvelles élections en 1810 ont lieu et de nouveau la majorité revient au Parti canadien. De nouveau le Parti canadien vote l'expulsion des juges. Le Conseil législatif se sent obligé de l'approuver mais ajoute un amendement protégeant le juge De Bonne, le plus vendu des vendus, pour la durée de son mandat. L'Assemblée vote son exclusion. Craig n'en peut plus. Pour lui, l'Assemblée menée par sa majorité du Parti canadien a dépassé les bornes. Il décrète la dissolution de l'Assemblée dès le lendemain. Quelques jours plus tard, il saisit les presses du journal *Le Canadien* et emprisonne l'imprimeur. Il remplit les rues de Québec de patrouilles armées et suspend le service des postes. Il fait emprisonner sans procès trois des fondateurs du *Canadien*, l'avocat Bédard, l'avocat Taschereau et le médecin Blanchet, tous trois membres de l'Assemblée. Il publie une proclamation où il dénonce des « semeurs de sédition » et se disculpe lui-même de tout acte d'oppression. Le peuple canayen n'est pas énervé par Craig. De nouvelles élections ont lieu. De nouveau, le Parti canadien obtient la majorité et les Canayens ont réélu Bédard et Blanchet qui sont toujours en prison. Craig est furieux. Il expédie à Londres son secrétaire avec des suggestions pour la solution du problème canayen.

En voici les principales :

- Il faut angliciser la province. On y parviendra en ayant recours à l'immigration américaine massive et en unissant le Haut et le Bas-Canada. De cette façon, les Canayens seront complètement submergés.

- De plus, pour mater le Parti canadien, il faudrait supprimer l'Assemblée. Si on ne supprime pas l'Assemblée, il faut exiger que chaque député soit propriétaire foncier et donner une plus grande représentation aux Cantons de l'Est qui sont, à cette époque, tous anglais.

- Pour garder le contrôle sur l'expansion de la religion catholique il faudrait que le gouverneur nomme les curés au lieu de laisser ce droit à l'évêque.

En somme, Craig répudiait la Constitution de 1791 et voulait retourner au régime de 1763.

Craig écrit dans sa dépêche à Londres que « la grande masse du peuple est complètement contaminée » et que les chefs du Parti canadien « déclarent publiquement qu'on ne doit accorder confiance à aucun représentant de la couronne, ni les élire en Chambre. Ceux-ci, avec tous les Anglais en général et leurs propres seigneurs, sont entièrement proscrits ». Il ajoute : « Cet esprit d'indépendance, cette totale insubordination, cette liberté de conversation qui leur permet de répandre leurs idées de

Le Corsica, le premier bateau à aube, sous le pont Victoria.

Vue du port de Montréal au XVIIIe siècle.

gouvernement telles qu'ils les apprennent de leurs chefs, tout cela qui s'est étonnamment accru pendant les 5 ou 6 dernières années, doit entièrement son origine à la chambre d'Assemblée, et aux intrigues qu'entraînent toutes les élections. » Il exprime son mépris pour le peuple colonisé en disant qu'il trouve que c'est «absurdité, My Lord, que les intérêts d'une colonie certainement importante, qui engagent en partie ceux des organisations commerciales de l'empire britannique, soient entre les mains de 6 petits boutiquiers, un forgeron, un meunier et quinze paysans ignorants qui sont membres de votre présente Assemblée; un docteur ou apothicaire, douze avocats et notaires et quatre personnes assez respectables pour au moins ne pas tenir boutique, avec dix membres anglais qui complètent la liste; il n'y a pas parmi eux une seule personne qui puisse être décrite comme un gentleman ».

L'évêque anglican Mountain de son côté voit la domination catholique — papiste comme il l'appelle — s'étendre sur toute la population et cherche à influencer Londres pour que le gouvernement britannique réduise les pouvoirs de l'évêque catholique. Pour Mountain, le clergé, roi-nègre du Québec, semblait prendre trop de liberté et de pouvoir pour lui-même et ne pas s'orienter suffisamment dans le sens du colonisateur.

Le gouvernement anglais entendit tout cela avec beaucoup d'intérêt mais jugea qu'il n'était pas temps de sévir contre les Canayens quand un nouveau conflit se dessinait avec les Américains. En usant de mesures répressives vis-à-vis les Canayens, ceux-ci pourraient bien se joindre aux Américains comme ils avaient été tentés de le faire pendant la guerre d'indépendance américaine en 1774-1776.

De nouveau, les Canayens vont profiter de la menace américaine pour gagner du temps sur leur arrêt de mort. Ces Canayens sont un peuple en sursis. Sa disparition est décrétée, mais un événement va lui permettre de nouveau de survivre « encore un bout de temps ».

Quel est cet événement extérieur en 1812 ?

Le jeune peuple américain connaît une crise de croissance assez poussée. Il se sent fort et dynamique et veut étendre sa puissance le plus vite possible sur toute l'Amérique du Nord. Au sud, il veut s'assimiler la Floride qui est une possession espagnole ; à l'ouest, il veut vaincre la résistance rouge et étendre ses frontières dans les plaines fertiles ; au nord, il voudrait bien prendre le fleuve Saint-Laurent qui est une voie commerciale importante. L'ennemi, pour l'Américain, est l'Anglais qui est l'allié de l'Espagnol au sud, l'allié de l'homme rouge à l'ouest et le maître des Canadas au nord. Un incident naval amène les États-Unis à déclarer la guerre à la Grande-Bretagne.

En 1812, les Américains attaquent le Haut-Canada. Quelques engagements et de peu d'envergure, à Détroit, à Queenston. Retrait des troupes de chaque côté de la frontière.

En 1813, les Américains s'emparent de York (aujourd'hui Toronto) et brûlent une partie de la ville dont le parlement, c'est-à-dire l'édifice qui abrite l'Assemblée du Haut-Canada. Deux défaites américaines suivent : à Châteauguay où de Salaberry devient un petit héros, et à Chrysler's farm, sur le fleuve Saint-Laurent dans le Haut-Canada.

En 1814, bataille à Lundy's Lane près de Niagara. Ni vainqueur, ni vaincu. Contre-attaque britannique violente par la baie de Chesapeake. Attaque contre la capitale, Washington, et incendie des édifices gouvernementaux. Les Américains finissent par repousser les envahisseurs anglais.

En 1817, le traité de Gand (en Belgique) rend à chacun les territoires conquis.

En 1818, l'Angleterre et les États-Unis fixent la frontière entre l'Amérique britannique et l'Amérique américaine au 49e parallèle du Lac des Bois aux Rocheuses.

Et les Canayens dans tout ça?

Prevost avait remplacé Craig comme gouverneur en 1811. Ce nouveau gouverneur, suisse huguenot (c'est-à-dire protestant), est très conciliant et ne cherche aucunement à provoquer les Canayens. Quand la guerre éclate, les Canayens n'ont pas envie de se joindre aux Américains parce qu'ils craignent les visées expansionnistes, impérialistes de cette jeune nation et n'ont pas de sympathie pour les frères de tous ces Américains qui sont venus s'installer dans les Cantons de l'Est pour les noyer. Pour les Canayens, l'Américain est aussi un «maudit Anglais». Le gouverneur va exploiter ce sentiment. Il demande au clergé de rallier le peuple canayen contre les Américains. L'Assemblée vote 982 000 dollars pour les dépenses militaires et une loi de milice qui permet d'enrôler 6 000 hommes. Salaberry recrute le premier régiment canayen, les Voltigeurs canadiens, en quelques jours.

Pour reconnaître la loyauté du clergé pendant la guerre, le gouvernement britannique ordonne à Prevost que «le traitement de l'évêque catholique (Mgr Plessis) soit dorénavant porté au montant recommandé par vous, soit 1 000 livres sterling par an,

en témoignage de l'estime de Son Altesse Royale pour la loyauté et la conduite de gentilhomme qui occupe ce poste et de tous
les autres membres du clergé catholique de la province ».

1812

Population blanche américaine 7 500 000

Population blanche canadienne 500 000

Après la guerre, reprise de la crise

Revoyons la situation dans les deux Canadas.

Dans le Haut-Canada, il y a une population blanche toute
anglaise qui compte 125 000 âmes. On y retrouve les trois classes :
petite noblesse, bourgeoisie et peuple.

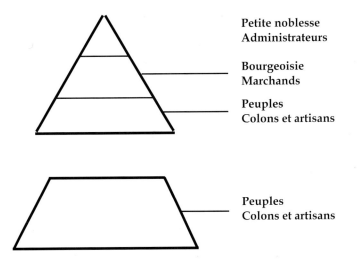

La petite noblesse qui comprend le gouverneur, le lieutenant gouverneur, l'évêque anglican et autres hauts fonctionnaires a le contrôle du Conseil exécutif et du Conseil législatif comme dans le Bas-Canada. Le groupe se fait coller un nom : le *Family Compact*. C'est l'équivalent de la *Clique du Château* qu'on trouve dans le Bas-Canada. Ce sont les donneurs de places et les grands propriétaires fonciers.

La classe des commerçants, avocats et médecins se fait élire à l'Assemblée et revendique plus de pouvoir dans le gouvernement de la province. Elle critique vertement le *Family Compact* qui spécule sur les terres, joue de patronage et gouverne en despote.

Le peuple, colons et artisans, considère la classe bourgeoise comme sa propre élite et l'appuie dans ses revendications.

Par contre, dans le Bas-Canada, la situation est plus complexe parce qu'il y a, de plus, l'affrontement de groupes ethniques. La population blanche comprend 420 000 âmes dont 80 000 Anglais et 340 000 Canayens.

À l'intérieur du groupe anglais, il y a conflit. Les marchands veulent plus de pouvoir et font pression sur les administrateurs pour l'obtenir. Ils sont très présents, quoique minoritaires, dans l'Assemblée, et poussent celle-ci à revendiquer plus de contrôle sur le gouvernement dans la mesure où cela sert davantage leurs intérêts économiques.

Les colons anglais des Cantons de l'Est considèrent les marchands anglais comme leur élite et appuient ceux-ci dans leurs revendications.

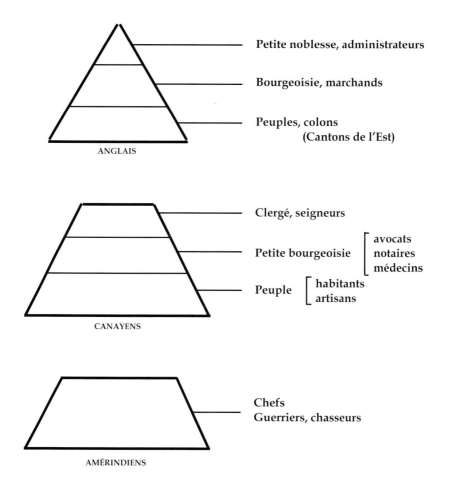

ANGLAIS

Petite noblesse, administrateurs

Bourgeoisie, marchands

Peuples, colons
(Cantons de l'Est)

CANAYENS

Clergé, seigneurs

Petite bourgeoisie ⎡ avocats
⎢ notaires
⎣ médecins

Peuple ⎡ habitants
⎣ artisans

AMÉRINDIENS

Chefs
Guerriers, chasseurs

À l'intérieur du groupe canayen, il y a conflit. La petite bourgeoisie conteste de plus en plus le rôle joué par les seigneurs et le clergé. Elle les considère de plus en plus comme des vendus, veut les remplacer comme leaders du peuple canayen et amener celui-ci à se débarrasser des Anglais, des seigneurs et du Haut-clergé. Cette petite bourgeoisie exploite à son profit toutes les ressources légales que lui offre l'Assemblée pour arriver à ses fins.

Le peuple, lui, écoute de plus en plus la petite bourgeoisie et va l'accepter comme élite dirigeante pour ensuite la dépasser dans l'action pendant la Rébellion de 1837-38.

Le conflit le plus important cependant est celui qui oppose Anglais et Canayens. Les Canayens refusent l'assimilation. Ils sont décidés à survivre comme peuple et exploitent les situations qui leur permettent de mettre la main sur des leviers de pouvoir.

Le point faible du Conquérant est l'institution qu'il a lui-même créée : le Parlement. Dans la métropole anglaise, la bourgeoisie a obtenu graduellement un certain contrôle du gouvernement. La bourgeoisie, élue au Parlement, a réussi à limiter les pouvoirs du roi et à assumer elle-même certains pouvoirs comme, par exemple, le contrôle des dépenses publiques. Dans les colonies, la bourgeoisie anglaise a exigé les mêmes droits et a obtenu dans les deux Canadas l'équivalent du Parlement de la métropole, l'Assemblée. L'Assemblée est élue par le peuple et, à part les lois qu'elle peut suggérer au gouverneur et à son Conseil exécutif, a droit de taxation (taxes sur les ventes, douanes, permis de taverne).

Mais ce qui embête les Anglais dans le Bas-Canada, c'est que l'institution que la bourgeoisie anglaise s'est donnée pour exercer un certain pouvoir se trouve dominée par le groupe majoritaire, les Canayens. Les Canayens sont majoritaires à l'Assemblée pour la simple raison que la population canayenne qui forme les 5/6 de la population blanche réussit toujours à faire élire une majorité des siens à l'Assemblée malgré les manigances et les jeux de coulisse des Anglais pour influencer le vote.

Les Anglais ici sont pris à leur jeu « démocratique ». On a vu comment le gouverneur Craig a essayé de mater les Canayens. Pas moyen. Les gouverneurs qui le suivent sont tous plus embêtés les uns que les autres. Prevost, Drummond, Sherbrooke, Richmond, qu'ils emploient la trique ou la carotte, ne réussissent pas à étouffer les poussées de la nation québécoise.

L'Assemblée a accumulé de l'argent des taxes qu'elle a levées. En 1795, elle en prête au gouverneur et à son Conseil exécutif pour que ceux-ci puissent payer les frais généraux d'administration. C'est que les dépenses de l'administration du gouvernement ont augmenté et que l'Angleterre n'a pas envie de combler les déficits. Cette situation donne un puissant levier à l'Assemblée. Le gouverneur et son Conseil exécutif deviennent son débiteur. Elle exige en retour, pour les prêts qu'elle accorde, le contrôle des dépenses de la colonie, ce qui comprend non seulement les dépenses pour les routes, canaux, armée, etc., mais les *salaires* des membres des Conseils et des fonctionnaires. Évidemment, le gouvernement britannique refuse de lui donner ce contrôle. Les gouverneurs ne savent pas comment s'y prendre pour obtenir l'argent qu'il leur faut pour boucler leur budget sans toutefois laisser l'Assemblée avec sa majorité canayenne exercer le contrôle sur les dépenses publiques. L'Assemblée cède de moins en moins volontiers. Chaque année elle se fait plus agressive et plus vigilante.

En 1820, le gouverneur Dalhousie essaie de faire passer le budget dans l'Assemblée en l'étudiant non pas en bloc mais par chapitre. Son idée est que les députés auront l'impression de vraiment avoir le droit de regard et voteront le budget assez facilement. Mais voilà que les députés découvrent peu après que 90 000 livres manquent et que c'est le procureur général, Caldwell, qui s'est servi dans le trésor public pour faire des spéculations sur les terres de la Couronne. (On voit où nos patroneux d'aujourd'hui ont appris à voler la population.) L'Assemblée hurle son indignation et réclame plus que jamais le droit de regard sur toutes les dépenses publiques.

Pour les Anglais, administrateurs, marchands et colons des Cantons de l'Est, la façon de donner le contrôle des finances à l'Assemblée sans le laisser dans les mains du Parti canadien, c'est de rendre les Canayens minoritaires à l'Assemblée. Mais comment faire ?

La solution : unir le Haut et le Bas-Canada. Ils présentent un projet en ce sens au Parlement anglais : la colonie se diviserait en deux sections avec 60 députés chacune dans une seule Assemblée. Ils calculent que dans le Bas-Canada les Anglais éliraient une vingtaine de députés. Le Haut-Canada élirait 60 députés anglais. Ça ferait 80 députés anglais contre 40 Canayens. Ainsi les Anglais représentant une population anglaise de 200 000 auraient la majorité élue contre une population canayenne de 300 000 Canayens.

D'après ce projet, la seule langue officielle serait l'anglais. Et tout membre de l'Assemblée devrait avoir une propriété foncière d'au moins 500 livres sterling.

Le gouvernement britannique essaie de hâter l'adoption de ce projet de loi mais l'opposition au Parlement freine cet élan. Entre-temps, le projet vient aux oreilles des Canayens et les réactions sont vives comme on peut bien l'imaginer.

Portrait de Louis-Joseph Papineau.

Louis-Joseph Papineau, avocat, fils de notaire (donc de la petite bourgeoisie), membre de l'Assemblée depuis 1808, devient le fer de lance de l'opposition canayenne. Son second est John Neilson, Écossais imbu de sympathies radicales, qui avait fondé le *Quebec Gazette* en 1796, avait été élu à l'Assemblée en 1818 et se ralliait tout de suite au Parti canadien.

Ces deux députés partent pour Londres avec une pétition réunissant 60 000 signatures. Le gouvernement britannique les reçoit bien, un comité parlementaire se forme et prépare son rapport. Il recommande que le budget de la colonie soit sous le contrôle de l'Assemblée, sauf le salaire du gouverneur, des membres du Conseil exécutif et des juges.

1820

Population blanche des États-Unis	9 637 000
Population blanche du Bas-Canada	420 000
Population blanche du Haut-Canada	125 000
Population blanche des Maritimes	200 000

On est en 1828. Le gouverneur Dalhousie est rappelé et remplacé par un homme plus conciliant, Sir James Kempt, qui approuve tout de suite la nomination de Papineau comme président de l'Assemblée. Le Parti canadien (qu'on appelle aussi le Parti populaire), a gagné une manche. Un calme momentané s'installe au Québec. Le gouverneur dans sa tactique de conciliation va jusqu'à proposer à Papineau et Neilson de devenir membres du Conseil exécutif. Ils refusent tous deux de se faire ainsi acheter.

Il est à remarquer que la puissance coloniale alterne systématiquement entre un gouverneur tyrannique et un gouverneur
conciliant. Il ne faut pas être leurré par «l'erreur» de nommer
un gouverneur conciliant. Les deux font partie d'une stratégie
de domination. C'est la technique de la carotte et du bâton. Si le
bâton ne marche pas pour «gagner» les colonisés à être de bons
colonisés, essayons la carotte, le bonbon. Si la carotte ne marche
pas, on pourra toujours revenir au bâton. Cette tactique, on l'a
bien connue au Québec, surtout durant cette période où les Canayens ont combattu leurs oppresseurs avec acharnement.

En 1830, Aylmer devient gouverneur. Il est prêt à remettre le
budget à l'approbation de l'Assemblée si celle-ci consent à ne
pas prétendre à un droit de regard sur le salaire du gouverneur
et des juges, et sur *certaines pensions*. L'Assemblée refuse, disant
que ce n'est pas conforme au rapport de 1828. Neilson propose
des résolutions modérées tandis que Papineau se montre plus
radical. Cette divergence entre les deux chefs du Parti canadien
divise le parti entre *modérés* et *Patriotes*.

Aylmer modifie sa proposition, réduit le montant affecté
aux salaires des gouverneurs, des magistrats et autres hauts fonctionnaires. Les Patriotes refusent de l'approuver. En fait, le gouvernement britannique vient d'accéder à toutes leurs demandes
formulées depuis 1818. Mais pour les Patriotes, le combat ne
fait que commencer. Pour eux, il ne s'agit pas de se satisfaire de
ces concessions de la part de l'autorité impériale. Il faut aller
plus loin. Le peuple l'exige. Il faut devenir un État souverain.
Le peuple canayen a droit à un État souverain. Pourquoi pas

*Après avoir pris le traversier, les voyageurs s'embarquent
à Longueuil sur le St Lawrence & Atlantic R.R.*

La gare du Lac Édouard.

l'indépendance et la création de l'État du Québec qui négocierait des relations commerciales avec l'Empire ? La petite bourgeoisie fonde la Banque du Peuple et boycotte la Bank of Montreal (la banque fondée par les marchands-bandits de Montréal John Molson et Peter McGill en 1817). C'est le devoir de l'Assemblée de restreindre le commerce des Britanniques dans le Bas-Canada et de limiter les profits des capitalistes anglais qui exploitent le peuple. La liberté politique d'un peuple dépend de son économie. Il faut limiter aussi la domination du clergé. Les Patriotes appuient fortement une motion qui mettrait les biens du clergé sous le contrôle des *conseils paroissiaux* élus par le peuple. Neilson, le modéré, est contre cette motion. C'est le protestant anglophone qui, pour ne pas donner le pouvoir au peuple québécois, préfère favoriser le clergé catholique. C'est l'anglophone « modéré » qui donne du pouvoir à son roi-nègre, le clergé, au détriment du peuple qui veut sa libération. (Ce genre d'Anglais « modéré », « libéral », notre ennemi masqué de son libéralisme, on le retrouve tout le long de notre histoire. On en trouve encore aujourd'hui qui sont sympathiques à notre cause pourvu qu'on « aille pas trop loin ».) La motion est votée malgré le « modéré » Neilson pour garder le Québec dans un état colonial avec le clergé comme roi-nègre.

Les choses s'aggravent à une élection partielle à Montréal en 1832. Les Canayens manifestent. Les soldats chargent la foule et tuent trois Canayens. Les deux officiers responsables de cette action sont acquittés et le gouverneur Aylmer approuve le verdict rendu. Les Canayens ragent et le journal *Le Canadien* exprime leur colère.

À la reprise de la session de l'Assemblée, les Patriotes votent une motion de censure contre le gouverneur et une autre motion qui rendrait le Conseil législatif électif. La session se termine sans vote sur le budget. Le gouverneur doit se servir de moyens illégaux pour payer son salaire et celui des autres notables de *la clique du château*. Il prend par exemple 47 000 livres sterling du revenu net de 49 000 provenant des biens des Jésuites qui devaient être consacrés à l'éducation selon le rapport de 1828.

La tension monte toujours. L'immigration qui amène au pays jusqu'à 50 000 Anglophones[22] par année irrite les Canayens qui comprennent que c'est pour les noyer, eux, dans une marée anglophone.

De plus, le choléra se déclare. Les Canayens sont certains que c'est l'Angleterre qui en est responsable en envoyant ces milliers d'immigrants dans des conditions hygiéniques douteuses. Dans la seule ville de Québec 3 000 personnes sont emportées par le choléra dans la seule année 1832.

À la session de 1832-33 de l'Assemblée, les mêmes conflits surgissent : le budget et la transformation du Conseil législatif en Conseil élu par le peuple. Aylmer bloque tout. De plus, la British American Land Co. formée à Londres, achète 500 000 acres dans les Cantons de l'Est. Le gouverneur Aylmer songe à établir 600 000 Britanniques dans cette région et dans la région de l'Outaouais.

À la session de 1834, les Patriotes proposent 92 résolutions qui résument les griefs et les revendications de l'Assemblée. Le

---

22. *Anglophones* : des parlants-anglais. Cela comprend les Anglais et d'autres groupes à qui les Anglais ont imposé leur langue, tels les Écossais, les Irlandais, les Gallois.

Conseil législatif doit être élu. Le budget doit être contrôlé par l'Assemblée. L'Assemblée doit avoir tous les pouvoirs, privilèges et immunités qu'a le parlement britannique. Il s'y trouve des menaces d'indépendance de la province de Québec et d'annexion aux États-Unis.

Les 92 résolutions sont adoptées par l'Assemblée même si les modérés réformistes[23] comme Neilson votent contre.

Aux élections de 1834, les Patriotes remportent une victoire écrasante tandis que tous les modérés comme Neilson perdent leur siège.

De plus, la situation économique est très mauvaise. On est au début d'une dépression. En 1833, il y a panique financière aux États-Unis qui a ses répercussions sur les transactions des marchands anglais de Montréal. Papineau met ceux-ci au comble du désespoir quand il demande aux Canayens de boycotter les marchandises anglaises et de retirer leurs dépôts dans les banques contrôlées par les marchands. Les Canayens retirent leurs économies de la Quebec Branch et la Bank of Montreal. Les Tories (le parti anglais) se réunissent pour définir une stratégie qui anéantirait le Parti canadien. Les Patriotes, de leur côté, se rappellant comment les Tories ont fait appel à des « bouncers » pour intimider les électeurs aux dernières élections, savent qu'à cette réunion a été définie une stratégie où la violence physique serait systématisée. Eux-mêmes envisagent pour la première fois le recours aux armes. La ligne de démarcation est tirée. Les deux partis s'affrontent. Le conflit armé est inévitable.

---

23. *Réformiste* : celui qui aime mieux de petites améliorations au système que des changements radicaux.

Le conflit armé

Gosford remplace Aylmer en 1835. Il a comme mission d'enquêter sur la situation des deux Canadas, «de maintenir la paix et l'intégrité de l'empire, et d'agir avec un médiateur entre les partis». On lui a suggéré d'essayer de se concilier les modérés canayens, de les faire entrer dans le gouvernement pour neutraliser les Patriotes et les éliminer en douce. Diviser pour régner. Et toujours faire appel aux modérés quand on ne peut acheter les « rebelles ».

La session de 1835 de l'Assemblée commence avec des appels de Gosford à la paix et la concorde. Papineau fait voter un budget de 6 mois seulement. Rien à faire. Les partis sont inconciliables. Gosford essaie toujours. Il dissout le British Rifle Corps, une bande armée d'Anglais de Montréal qui veulent défendre les «droits» des Anglais qui ne peuvent compter sur l'armée britannique parce que la métropole est trop conciliante. Un équivalent contemporain de cette petite armée est l'OAS durant la guerre d'Algérie de 1954-62. L'OAS (Organisation de l'Armée Secrète) regroupait les Français colonialistes d'Algérie qui voulaient garder l'Algérie française et nier aux Algériens leur droit à l'indépendance et à la souveraineté.

Les tactiques de «modération» de Gosford réussissent jusqu'à un certain point. Le Patriote Bédard et quelques autres rejoignirent le rang des modérés réformistes de Neilson. Gosford avait réussi à réduire la majorité des Patriotes à une seule voix quand les Patriotes apprirent, grâce à MacKenzie, un rebelle du Haut-Canada, que Londres, dans ses instructions à Gosford,

Le député manchot tirant au poignet pour convaincre ses électeurs.

disait en toutes lettres qu'il fallait se servir de la conciliation pour anéantir le Parti canadien et assimiler les Canayens. Les Patriotes se ressaisirent.

La session spéciale de 1836 convoquée par Gosford dure 12 jours et n'amène rien que la confirmation du conflit. Les marchands anglais de Montréal multiplient leurs attaques verbales contre les Canayens et appellent la confrontation armée.

Les récoltes sont mauvaises. Le chômage augmente. La dépression économique ne semble pas vouloir finir. L'Angleterre elle-même est gravement touchée par la crise et ne peut donc relever l'économie de sa colonie pour calmer les «rebelles».

En 1837, Lord Russell soumet ses recommandations pour la «solution» au problème du Canada: pas de Conseil législatif électif; pas de Conseil exécutif responsable à l'Assemblée; advenant le refus de l'Assemblée de voter le budget, le contrôle du budget par le gouverneur; la confirmation du titre légal de la British American Land Co.

Les Patriotes s'organisent, systématisent leur action. Ils organisent des assemblées populaires dans les villes et villages. À Saint-Ours sur le Richelieu, une assemblée de 1 200 personnes adopte 12 résolutions préparées par le Comité Central Permanent des Patriotes qui dénoncent le gouvernement britannique comme un «pouvoir oppresseur» et le «machiavélisme»[24] du colonialisme britannique depuis la Conquête. La 5e résolution reconnaît l'amitié des États-Unis. La 7e considère que les Canayens ne sont «plus liés que par la force» au gouvernement anglais.

---

24. *Machiavélisme*: exploitation de tous les moyens pour arriver au pouvoir et le maintenir.

La 8ᵉ ordonne le boycottage des articles importés tels le thé, le tabac, les rhums, les vins, et commande la consommation de produits fabriqués au pays par des compatriotes. Cette même résolution *légalise* la contrebande. La dixième demande à tous les Canayens de se rallier « autour d'un seul homme », Papineau, et de créer le « tribut Papineau », genre de taxe prélevée par les Patriotes pour lutter contre l'oppresseur.

La Minerve, journal des Patriotes et le *Vindicator*, journal des Irlandais sympathisants, diffusent largement ces résolutions. Gosford interdit les assemblées populaires des Patriotes mais elles continuent. D'autre part il aide le parti anglais à organiser les siennes qu'il appelle « assemblées constitutionnelles ». La répression commence.

Gosford appelle le roi-nègre pour qu'il joue de son influence sur le peuple en révolte. Mᵍʳ Lartigue rappelle à son auditoire composé surtout de curés lors du sacre de Mᵍʳ Bourget, « qu'il n'est jamais permis de se révolter contre l'autorité suprême ni de transgresser les lois du pays ; qu'ils ne doivent point absoudre dans le tribunal de la pénitence quiconque enseigne que l'on peut se révolter contre le gouvernement sous lequel nous avons le bonheur de vivre, ou qu'il est permis de violer les lois du pays, particulièrement celle qui défend la contrebande ». Le clergé qui nous a tant répété que c'est grâce à lui qu'on a survécu, manifeste de nouveau en 1837 qu'il est contre la libération du peuple et pour la domination coloniale. *L'Ami du peuple* est le journal anti-patriote qui va être le porte-parole du clergé durant la Rébellion.

À l'été de 1837, la reine Victoria monte sur le trône anglais. Dans toutes les églises du Québec on chante le *Te Deum* mais partout les églises se vident quand les curés entonnent ce « chant de joie et d'allégresse ».

Gosford convoque l'Assemblée au mois d'août pour tenter encore la « conciliation ».

Les Patriotes refusent toute tentative du genre. Gosford dissout l'Assemblée.

De jeunes patriotes, André Ouimet, Amédée Papineau, (fils de Louis-Joseph), et Thomas Brown (né au Nouveau-Brunswick et élevé aux États-Unis) organisent un groupe para-militaire, les Fils de la Liberté. Les Anglais se regroupent dans l'association para-militaire du Doric Club.

Les Patriotes poussent l'organisation d'institutions parallèles. Le comité des Deux-Montagnes décide d'élire ses propres juges de paix et l'assemblée d'habitants le fait effectivement le 15 octobre. Pour le journal anti-patriote *Le Populaire*, « la révolution commence ! » Le 23 octobre, assemblée de 5 000 personnes à Saint-Charles.

À cette assemblée, le leader commence à flancher. Papineau conseille de ne pas recourir aux armes. Pour lui, la lutte doit demeurer « constitutionnelle » et le plus loin qu'il faut aller, c'est le boycottage des produits anglais. Le docteur Wolfred Nelson, petit bourgeois anglais qui s'était rallié aux Patriotes, réplique « que le temps est arrivé de fondre nos plats et nos cuillers d'étain pour en faire des balles ». L'Assemblée populaire demande aux citoyens des six comtés du Richelieu d'élire leurs juges et leurs officiers de milice. Le lendemain, les délégués demandant la

Monseigneur Bourget.

réunion d'une Convention, c'est-à-dire d'une Assemblée élue qui rédigerait une nouvelle constitution pour le Québec.

À Montréal, les Fils de la Liberté prêtent serment de fidélité à la patrie, de vaincre ou mourir.

En même temps, dans un autre quartier de Montréal, Peter McGill préside un rassemblement *constitutionnaliste* anti-patriote.

Mgr Lartigue publie une lettre pastorale qui appuie à fond Gosford et met en garde tout catholique contre la complicité avec les «rebelles». Cette lettre provoque des manifestations à travers la province. À Montréal, 1 200 Patriotes défilent devant la cathédrale Saint-Jacques ; à Chambly, Mgr Bourget se fait huer sur les perrons d'églises, les Patriotes chantent *La Marseillaise* et se disent que l'attitude réactionnaire du clergé va hâter la révolution. Mgr Lartigue a la frousse et offre sa démission à Rome. Le système de propagande du clergé continue de prêcher la fidélité au roi d'Angleterre, le respect des lois, en d'autres mots, la soumission à la puissance coloniale.

Le Canadien, le journal qui avait appuyé la lutte des Canayens, devient de plus en plus anti-patriote. Il est dans les mains d'Étienne Parent qui défend maintenant la position des évêques. C'est *La Minerve* qui est l'organe des Patriotes à Montréal et le *Libéral* (journal bilingue) dans la ville de Québec.

Les Patriotes identifient avec précision leurs ennemis : les marchands anglais, les seigneurs, le clergé et les Chouayens (les Canayens vendus aux Anglais).

Le 6 novembre, des membres du Doric Club, l'organisation para-militaire des Anglais, veulent «étouffer la rébellion dans l'œuf» et attaquent les Fils de la Liberté au sortir de l'une de leurs réunions. Ceux-ci se défendent tant bien que mal mais le nombre favorise leurs adversaires. La bande d'Anglais gagne la bagarre et va saccager l'imprimerie du *Vindicator*, le journal anglais pro-patriote du docteur irlandais O'Callaghan, puis s'attaque à la maison de Papineau. Les autorités font patrouiller les rues par des gardes armées qui ménagent la bande du Doric Club et surveillent les Fils de la Liberté. Gosford vient d'écrire à Londres pour demander l'autorisation de suspendre la loi de l'*habeas corpus*[25], de proclamer la loi martiale[26]. Il appelle des renforts des Provinces Maritimes et du Haut-Canada. Des régiments volontaires composés d'Anglais violemment anti-patriotes sont recrutés à Montréal, Québec et dans les Cantons de l'Est. Sir John Colborne est le commandant en chef de l'armée de répression. Le 12 novembre, toute assemblée et tout défilé sont interdits. Le 16 novembre, des mandats d'arrêt sont lancés contre 26 Patriotes qu'on accuse de trahison. Papineau, O'Callaghan, Desrivières, T. S. Brown, Ovide Perreault fuient vers le Richelieu. André Ouimet, président des Fils de la Liberté, est pris et jeté en prison. Le même jour, la Montreal Volunteer Cavalry envoyé de Saint-Jean pour arrêter le docteur Davignon et le notaire Demaray, tombe dans une embuscade entre Chambly et Longueuil dressée par des Patriotes commandés par Bonaventure Viger et le docteur Timothée Kimber, chefs locaux du mouvement. Les

---

25. *Habeas corpus* : loi qui empêche l'emprisonnement prolongé sans que l'individu emprisonné passe devant un juge.

26 *Loi martiale* : pouvoirs dictatoriaux que se donne le gouvernement en temps de crise pour réprimer systématiquement la révolte. C'est la justification légale que se donne un gouvernement pour écraser les soulèvements populaires.

Patriotes tirent, la Montreal Volunteer Cavalry s'enfuit en abandonnant Davignon et Demaray.

Première victoire patriote. On s'organise. On se regroupe, on s'arme du mieux qu'on peut. À Saint-Denis c'est le docteur Wolfred Nelson qui commande la troupe patriote. À Montréal, c'est T.S. Brown.

Colborne a un bon service d'espionnage grâce aux vendus de Chouayens. Il connaît les déplacements des Patriotes. Il expédie le lieutenant-colonel Wetherall avec un régiment d'infanterie, une troupe de Montreal Volunteer Cavalry et deux canons pour établir la jonction à Saint-Denis avec le colonel Gore, commandant cinq compagnies de réguliers, une troupe de cavaliers volontaires et un canon qui devaient partir de Sorel. La nuit du 22 novembre, Gore s'éloigne de la route pour éviter Saint-Ours qui est aux mains des Patriotes. L'attaque-surprise qu'il devait faire sur Saint-Denis en pleine nuit devient une attaque en plein jour avec des soldats épuisés et gelés contre un Saint-Denis prêt pour le combat. Pendant 5 heures, la lutte est acharnée. Les Patriotes tuent 6 soldats et en blessent 18 autres. Gore se retire à Sorel. Il compte ses soldats. Il lui en manque 117. Où sont-ils passés ? Les Patriotes comptent onze morts et sept blessés. Le jeune George-Étienne Cartier (qui vendra le Québec à Ottawa plus tard) est parmi les Patriotes qui combattent avec le plus d'acharnement. Où est Papineau, le « chef de Rébellion » ? Il est parti dès le début du combat pour Saint-Hyacinthe avec O'Callaghan. De là, ils doivent s'enfuir aux États-Unis.

Papineau était contre le soulèvement armé. Quand le soulèvement armé a lieu malgré ses protestations, il ne sait pas

Wolfred Nelson, un des chefs de la Rébellion de 1837.

assumer le leadership du mouvement révolutionnaire. Le peuple, lui, a compris que le pouvoir est au bout du fusil. Le peuple a compris que seule la révolution armée peut libérer le peuple québécois du colonialisme anglo-saxon. La logique de l'habitant est simple et puissante : « Nous sommes opprimés par une classe d'exploiteurs anglais et leurs valets, les seigneurs et le clergé. Cette classe se sert de l'armée pour maintenir sa domination sur le peuple québécois. La seule façon de renverser la classe d'oppresseurs est la lutte armée. Aux armes, Patriotes. » Papineau, lui, n'a pas compris cette argumentation simple. Sa logique est plus tortueuse. Il croit que l'Anglais est un oppresseur. Mais il croit aussi que l'Anglais oppresseur cessera d'être un oppresseur si on fait des déclarations éclatantes où on le menace de boycottage économique et de séparation avec annexion aux États-Unis. Papineau ne comprend pas la nature de l'impérialisme, de la domination colonialiste. Il croit aux Anglais et au « gentlemen's agreement ». Il ne comprend pas que la libération d'un peuple soumis à un colonialisme économique ne peut se faire que par le lutte armée. C'est que Papineau est un bourgeois et le demeure. Comme bourgeois, il demeure un « gentleman », un homme avec qui on peut s'entendre si on sait lui accorder les privilèges de « gentleman ». En somme, Papineau ne veut pas réellement une révolution qui amènerait l'habitant au pouvoir. Il veut une révolution qui donnerait à la petite bourgeoisie canayenne les mêmes droits et privilèges que possèdent les bourgeois britanniques et les bourgeois américains. En réalité il veut une révolution française au Québec, une révolution bourgeoise mais sans recours aux armes.

Cette trahison de Papineau à la cause du peuple québécois va amener une scission au sein du mouvement patriote et l'affaiblir d'autant. Le chef s'enfuit. Comment poursuivre la lutte ? Il faudra improviser. À Saint-Charles, les Patriotes, sous le commandement de T. S. Brown, fortifient le manoir du seigneur Debartzch qui s'est réfugié à Montréal. Ils sont 200 hommes avec une centaine de fusils en mauvais état.

Ici, il faut critiquer les Patriotes pour leur manque de stratégie militaire. Ils pensent en termes de places fortes, de batailles rangées à la Napoléon. Ils s'enferment dans des manoirs (comme à Saint-Charles) ou dans des églises (comme à Saint-Eustache un peu plus tard) et deviennent des cibles parfaites pour l'armée colonialiste bien armée, bien équipée, bien ravitaillée. Il aurait fallu au contraire adopter la stratégie de la guérilla[27] qui, 25 ans plus tôt, avait réussi aux Espagnols tout autant qu'aux Russes quand la grande et invincible armée de Napoléon avait envahi l'Espagne en 1808 et la Russie en 1812. Les Patriotes étaient chez eux, tous les habitants étaient des patriotes. Ils tenaient le pays. Par contre, l'armée anglaise était en territoire étranger, en territoire hostile. Il aurait fallu que les Patriotes sortent des villages, se fondent dans le décor et harcèlent systématiquement, à petits coups durs et cuisants, la troupe colonialiste pour la démoraliser, la décimer et la détruire. Un an de guérilla contre les colonialistes anglais et le Québec se libérait du colonialisme et de l'impérialisme britanniques. La stratégie de guerre classique a mal servi les Patriotes.

_____

27. *Guérilla*: mot espagnol qui veut dire: petite guerre. C'est la stratégie de l'attaque-surprise et l'embuscade par des petites bandes armées contre l'armée du régime à abattre.

Le 24 novembre, Wetherall avance sur Saint-Charles, bien équipé, avec des renforts. Bonaventure Viger avec un petit groupe ralentit son avance en détruisant les ponts et en attaquant les pelotons de reconnaissance (Viger semble être le seul patriote à avoir une notion de la guérilla comme il l'a déjà manifesté le 16 novembre à Longueuil.) Wetherall incendie le village et se concentre sur le manoir. Il envoie le message classique aux assiégés. Il leur fait dire que s'ils se dispersent ils ne seront pas molestés. Brown donne une réponse classique et quelque peu ridicule. Il offre libre passage aux troupes anglaises vers Sorel si elles consentent à déposer leurs armes. Wetherall attaque le manoir avec des pièces d'artillerie puis lance ses troupes, la baïonnette au clair. Le manoir est vite nettoyé. Viger s'échappe en traversant le Richelieu à la nage. Brown tente de rallier ses troupes mais inutilement. Il s'enfuit vers Saint-Denis. La bataille était très inégale : 2 soldats coloniaux contre un Patriote. Bilan du combat : Patriotes tués : 40 ; blessés : 30 ; prisonniers : 30 ; troupes colonialistes : tués : 3 ; blessés 18.

Wetherall rentre à Montréal en triomphe avec les prisonniers et le mât de la liberté de Saint-Charles.

Le 1er décembre, Gore retourne à Saint-Denis, lieu de sa défaite. Tout est paisible. Les Patriotes combattants ont déserté le village. Il découvre dans le Richelieu le corps d'un soldat anglais que les Patriotes avaient fusillé, quand, prisonnier, il avait tenté de s'échapper. La furie anglaise se déchaîne. Ses soldats profanent l'église, pillent et incendient le village où les habitants avaient pris grand soin des soldats anglais blessés et laissés en arrière après la bataille de la semaine précédente.

4,000 Piastres de Recompense !

GOSFORD.

Province du Bas-Canada.

Par son Excellence le Très-Honorable ARCHIBALD, COMTE DE GOSFORD, Baron Worlingham de Beccles, au Comté de Suffolk, Capitaine Général et Gouverneur en Chef dans et pour les Provinces du Bas-Canada et du Haut-Canada, Vice-Amiral d'icelles, et Conseiller de Sa Majesté en son Très-Honorable Conseil privé, &c. &c. &c.

PROCLAMATION.

ATTENDU que, par information sous serment, il appert que,

LOUIS JOSEPH PAPINEAU,

de la cité de Montréal, Ecuyer, est accusé du crime de Haute Trahison ; Et attendu que le dit Louis Joseph Papineau s'est retiré du lieu de sa résidence ordinaire, et qu'il y a raison de croire qu'il a fui la justice ; et attendu qu'il est expédient et nécessaire à la due administration de la justice et à la sécurité du Gouvernement de Sa Majesté, en cette Province, qu'un si grand crime ne reste pas impuni. A ces causes, sachez que je, le dit Archibald, Comte de Gosford, de l'avis du Conseil Exécutif de Sa Majesté pour cette Province, ai jugé à propos de faire sortir cette Proclamation, et par icelle je requiers tous sujets affectionnés de Sa Majesté en cette Province, et leur commande de découvrir, prendre et appréhender le dit Louis Joseph Papineau, en quelque lieu qu'il se trouve en icelle, et de l'amener devant un juge désigné pour conserver la paix, ou Magistrat Principal, dans l'une ou l'autre des cités de Québec ou de Montréal susdit ; Et pour encourager toutes personnes à être diligentes à s'efforcer de découvrir et d'appréhender le dit Louis Joseph Papineau, et à l'amener devant tel Juge désigné pour conserver la Paix ou Magistrat comme susdit, j'offre par les présentes une

RECOMPENSE DE MILLE LIVRES,

du cours de cette Province, à quiconque appréhendera ainsi le dit Louis Joseph Papineau et le livrera entre les mains de la Justice.

Les chefs patriotes réfugiés aux États-Unis reçoivent un accueil chaleureux mais l'appui qu'ils sollicitent demeure purement verbal. Les Patriotes tentent un retour à partir du territoire américain le 6 décembre avec une troupe de 200 hommes. Ils comptent rallier des volontaires. Mailhot et Bouchette commandent la troupe. Les Missisquois Volunteers sous le capitaine Kemp les refoulent au-delà de la frontière. Bouchette est blessé et fait prisonnier. Entre temps, Wolfred Nelson et Bonaventure Viger se sont fait prendre et incarcérés à Montréal. Pendant les mois qui vont suivre, les Patriotes exilés aux États-Unis vont être divisés en deux tendances bien distinctes: Papineau qui parle de paix et de conciliation, et d'autre part, Robert Nelson (frère de l'autre), le docteur Côté, Rodier, Mailhot, Gagnon et Duvernay (qui avait fondé la Société Saint-Jean-Baptiste en 1834) qui eux, veulent pousser la lutte armée jusqu'à la victoire finale.

Il faut mentionner ici le rôle de vendu que joua durant cette époque Hipolyte Lafontaine qui, aussitôt que le conflit devint sérieux, se retourna contre les Patriotes, passa son temps à supplier Gosford de convoquer une assemblée «modérée», essuya un refus, partit pour Londres pour y faire la même requête et s'enfuit à Paris quand on lança un mandat d'arrêt contre lui. Ce petit bonhomme jouera un rôle important comme roi-nègre après la répression.

Le 5 décembre, Gosford décrète la loi martiale. Les têtes des leaders patriotes sont mises à prix. Les habitants sont sommés de rendre leurs armes. Les autorités comptent sur l'Église comme force d'apaisement. Les curés n'avaient pas besoin d'encouragement. La chaire et le confessionnal étaient remplis des menaces de l'enfer contre les Patriotes et leurs sympathisants. Il y eut cependant un ou deux curés qui sympathisèrent avec les Patriotes mais ils furent vite relevés de leurs fonctions. Mgr Bourget, coadjuteur de Mgr Lartigue, évêque de Montréal, avait lui aussi des sympathies patriotes mais ne les manifesta pas.

Au nord de Montréal, les Patriotes s'organisent. Le 29 novembre, le docteur Jean Chénier et Amury Girod, agronome et aventurier suisse, mènent 299 Patriotes dans les magasins de la Hudson's Bay Co., à la mission indienne d'Oka où ils s'emparent de fusils et d'un petit canon. À Saint-Eustache ils établissent leur quartier-général dans un couvent nouvellement construit. Le curé Paquin, anti-patriote mordu, les dénonce violemment. Chénier le met en résidence surveillée. Le curé Chartier de la paroisse de Saint-Benoît appuie à fond les Patriotes. Girod rassemble 1 000 hommes, irlandais et canayens, mais ils n'ont aucune discipline. Ce sont querelles et beuveries au lieu d'exercices d'entraînement.

Le 13 décembre, Colborne avance contre Saint-Eustache avec 3 régiments de réguliers, 2 de cavalerie volontaire ainsi que de l'artillerie : 2 000 hommes bien équipés.

Le 14 décembre, il arrive à Saint-Eustache où 250 Patriotes se sont réfugiés dans l'église, le presbytère, le couvent et la maison de Scott, Anglais sympathique à la cause. Les canons endommagent la facade de l'église. Les soldats mettent le feu à l'arrière de l'église et au presbytère. Les Patriotes sautent par les fenêtres et se font abattre les uns après les autres. Chénier et 70 autres Patriotes subissent ce sort. Des dizaines d'autres brûlent dans l'église. Cent Patriotes sont faits prisonniers. L'ennemi a un soldat de tué et neuf de blessés. Girod a fui à Saint-Benoît et se suicide 4 jours plus tard. L'abbé Chartier s'enfuit aux États-Unis. L'armée colonialiste incendie et pille le village puis le lendemain fait de même à Saint-Benoît qui n'offrait pourtant aucune résistance. Tout le long de son retour à Montréal, l'armée brûle toutes les fermes sur son passage.

1838

Le 10 février, le Parlement britannique suspend la constitution du Bas-Canada et nomme Lord Durham gouverneur général et haut-commissaire pour enquêter sur la Rébellion. Durham est le fils d'un riche propriétaire de mines de charbon et un des leaders des whigs[28] réformistes. Il arrive avec une suite royale nombreuse. Il commence par dissoudre le Conseil spécial que Colborne avait institué quand il avait remplacé Gosford malade et découragé.

Les chouayens et les modérés sortent de leurs cachettes pour rendre hommage au nouveau gouverneur. Étienne Parent publie dans *Le Canadien* un poème élogieux écrit par François-Xavier Garneau.

Premier problème de Durham: que faire des Patriotes emprisonnés? Un procès avec jury canayen les acquitterait. Avec un jury anglais ce serait leur condamnation à mort. Il obtient de huit Patriotes, dont Wolfred Nelson, Bouchette et Bonaventure

28. *Whigs*: Parti politique à tendance libérale qui regroupait vers 1830 la bourgeoisie industrielle montante.

Viger, une lettre où ils s'en remettent à sa merci. Il les exile aux Bermudes. Seize autres leaders enfuis reçoivent l'interdiction de revenir au Canada, dont Papineau, O'Callaghan, Robert Nelson, Rodier, Brown, Duvernay, Chartier, Gagnon, Cartier, les deux John Ryan, Perrault, Demaray, Davignon et Gauthier. Les autres prisonniers sont libérés sous caution de bonne conduite.

Durham fait son enquête et rédige son rapport. Voilà qu'entre temps la nouvelle des mesures prises contre les prisonniers arrive en Angleterre et agite le gouvernement et les Lords qui trouvent que la condamnation sans procès va à l'encontre de la tradition anglaise. Quand Durham apprend cette réaction il s'en offense et décide de quitter le Canada. Le 3 novembre, cinq mois après son arrivée, il rentre en Angleterre.

Pendant tout ce temps, les Patriotes réfugiés aux États-Unis sont très actifs. Robert Nelson a déjà proclamé la République du Bas-Canada le 28 février 1838. Le document décrète l'indépendance du Bas-Canada (le Québec); la séparation de l'Église et de l'État; la suppression de la dîme; l'abolition des redevances seigneuriales; la liberté de la presse; le suffrage universel pour hommes y compris les hommes rouges, le scrutin secret; la nationalisation des terres de la couronne et celles de la British American Land Co.; l'élection d'une Assemblée constituante; l'emploi de deux langues dans les affaires publiques. Robert Nelson est le président du Gouvernement Provisoire du Bas-Canada.

Nelson et Côté fondent une armée de Libération appelée les Frères Chasseurs qui s'organise dans les États américains et prépare l'invasion du Canada. On dit que cette armée a la collaboration de 200 000 personnes au Canada et aux États-Unis.

Avant son départ, Durham parle «d'élever la Province du Bas-Canada à un caractère profondément anglais, d'élever les institutions défectueuses du Bas-Canada au niveau de la civilisation et de la liberté anglaises, de faire disparaître tous les obstacles au progrès de l'entreprise anglaise de cette province, de toucher aux anciennes lois et coutumes, tout comme aux abus profondément enracinés». Cet avant-goût de son rapport provoque des réactions violentes. Tous les Canayens peuvent y lire leur extinction nationale. Les modérés comprennent enfin que les extrémistes ont raison et beaucoup se joignent à ces derniers. Le clergé qui voit sa propre disparition si les Canayens disparaissent, révise quelque peu ses positions. Mais cela n'empêche pas la presse patriote d'accuser Mgr Lartigue de haute trahison envers la nation canayenne. Celui-ci se réfugie à Québec de peur de se faire juger et pendre par un tribunal du peuple. Il offre de nouveau sa démission à Rome.

L'armée de Libération prévoit une invasion pour le début de novembre et compte sur des soulèvements populaires à travers tout le Bas-Canada. Québec, Sorel Chambly, Montréal doivent se soulever mais seul le sud de Montréal répond à l'appel; 400 hommes s'emparent du manoir de Ellice (marchand anglais) à Beauharnois; 150 hommes prennent le bateau-vapeur Henry Brougham près de Lachine. Les Patriotes de Château-guay désarment les loyalistes écossais et essaient de prendre les armes des Iroquois de Caughnawaga mais ceux-ci les font prisonniers. À Saint-Charles, Saint-Denis et Saint-Ours, les Patriotes attendent les chefs et les armes promises. Ils attendent en vain et se dispersent.

Le 4 novembre, à Napierville, Nelson rejoint Côté et 3 000 Patriotes rassemblés. Les armes à leur disposition : 250 fusils, des piques, des fourches et des bâtons pointus. Côté essaie d'aller récupérer une cargaison d'armes qui l'attend sur la frontière mais en est empêché par un détachement de loyalistes volontaires.

Le 8 novembre, Colborne qui remplace Durham s'avance contre Nelson avec une armée de 6 000 hommes. Nelson l'attend à Odeltown près de la frontière avec 1 000 hommes. La garnison loyaliste du village le met sur la défensive. Des partisans se mutinent. Le 9, Nelson s'enfuit au-delà de la frontière, ses hommes se retirent à Napierville en laissant 50 morts et 50 blessés. Colborne entre le lendemain à Napierville. Les Patriotes fuient, pourchassés par les troupes. En même temps, les Glengary Volunteers, Écossais d'Ontario, dispersent les Patriotes à Beauharnois et brûlent le village. Toutes les maisons des Patriotes connus sont incendiées.

Colborne avait proclamé la loi martiale le 4 novembre et suspendu l'*habeas corpus*. Le 19 novembre, Colborne a 753 prisonniers. On les passe devant la cour martiale[29]. Pas d'avocats canayens, 99 sont condamnés à mort. Adam Thom du *Montreal Herald* réclame des exécutions tout de suite. D'après lui, «il serait ridicule d'engraisser cela tout l'hiver pour le conduire plus tard à la potence». Colborne ordonne l'exécution publique de 12 Patriotes devant la prison de Montréal au Pied-du-Courant (angle des rues Notre-Dame et De Lorimier).

---

29. *Cour martiale* : tribunal militaire qui *d'habitude* ne juge que les soldats et officiers coupables de désertion, espionnage et autres délits du genre. Les juges de cette cour sont des militaires. Il n'y a pas de jury.

La pendaison des Patriotes au Pied-du-Courant à Montréal.

Les Patriotes exécutés par le dictateur Colborne sont :

- Joseph-Narcisse Cardinal, notaire et député, 30 ans, marié, 5 enfants.
- Joseph Duquette, étudiant en droit, 22 ans, célibataire.
- François-Xavier Hamelin, cultivateur, lieutenant de milice, 23 ans, célibataire.
- Jacques Robert, cultivateur, capitaine de milice, 54 ans, marié, 5 enfants.
- Ambroise Sanguinet, cultivateur, 38 ans, marié, 2 enfants.
- Charles Sanguinet, cultivateur, 36 ans, marié, 2 enfants.
- Amable Daunais, cultivateur, 21 ans, célibataire.
- François-Marie Thomas Chevalier de Lorimier, notaire, 30 ans, marié, 3 enfants.
- Pierre-Rémi de Narbonne, peintre et huissier, 36 ans, marié, 2 enfants.
- François Nicolas, instituteur, 44 ans.
- Charles Hindelang, d'origine française, militaire, 29 ans, célibataire.

Des autres condamnés, 58 sont déportés aux colonies pénitentiaires d'Australie[30], deux sont bannis du pays, 27 libérés sous caution.

Les Tories gueulent pour voir couler plus de sang patriote. Les Canayens murmurent contre la « tyrannie assoiffée de sang » de Colborne.

Il faut remarquer que les exécutés n'étaient pas parmi les chefs de la Rébellion mais de simples militants. Le tyran Colborne se

---

30. L'Australie à cette époque est une colonie anglaise qui sert de camp de concentration pour tous les criminels et prisonniers politiques de l'empire britannique.

disait qu'il fallait en exécuter pour «faire des exemples». En même temps, il craignait qu'en exécutant des meneurs, l'indignation populaire soit violente. En exécutant des inconnus, il concilierait les deux facteurs.

Pour sa part, Papineau quitte les États-Unis pour la France en février 1839 où il écrit une *Histoire de l'Insurrection du Canada*. Il pourra revenir en 1845 et siègera au Parlement canadien de 1847 à 1854.

Lafontaine, Morin, Cartier et Taché deviendront tous premiers ministres. Wolfred Nelson sera réélu au Parlement canadien en 1844. T. S. Brown retournera à ses affaires et rédigera ses mémoires. Bouchette deviendra percepteur de douanes à Ottawa. Robert Nelson et O'Callaghan resteront aux États-Unis.

La Rébellion a été un échec. Beaucoup de Canayens sont découragés. Certains quittent le Québec pour les États-Unis où l'industrialisation des États comme le Massachussetts crée des emplois, en particulier dans l'industrie du textile. Un demi-million de Canayens passeront aux États-Unis entre les années 1837 et 1910. Pourquoi ne pas rester sur les fermes? C'est d'abord qu'il n'y en a plus. Toute la terre cultivable de la province a été défrichée. Les récoltes sont mauvaises. Il n'y a pas «d'avenir» au Québec. Pour bien des Canayens, la défaite de la Rébellion veut dire la domination anglaise indéfinie et, avec ce colonialisme, la domination du clergé. Plusieurs choisissent l'émigration aux «États».

Un déménagement à Montréal au XIXe siècle.

Le rapport Durham

En février 1839, Durham remet son rapport aux Communes de Londres. Ses deux recommandations principales :

1. l'union des deux Canadas,
2. le gouvernement responsable.

La première recommandation est la « solution » au « French-Canadian problem ». En unissant le Haut et le Bas-Canada, en ne faisant des deux qu'une grande province avec une seule Assemblée, un gouverneur, un exécutif, les Canayens seront mis en minorité, puis éventuellement assimilés. La deuxième recommandation donne à l'Assemblée élue le contrôle du budget et, de ce fait, un pouvoir sur le Conseil exécutif et le gouverneur lui-même. La première satisfaisait les Tories du Haut comme du Bas-Canada. Ils n'auraient plus à s'inquiéter des visées nationalistes et indépendantistes des Canayens. La deuxième satis-

La lutte ethnique en caricature.

faisait les réformistes du Haut-Canada qui se voyaient accorder le contrôle de l'administration de la colonie. Pour les Patriotes, pour les vrais Canayens, les recommandations étaient leur arrêt de mort. Durham est un impérialiste, un raciste et un libéral. Il est impérialiste dans la mesure où les solutions qu'il propose sont faites en fonction des intérêts de la métropole : faire dispa-raître les Canayens et offrir la participation au gouvernement aux coloniaux anglais pour les rattacher à l'Empire. Il est raciste par la solution qu'il apporte au problème canayen. Il considère la race anglaise supérieure et voit dans l'assimilation à celle-ci la chance pour les Canayens de s'élever à la civilisation. Il est libéral dans la mesure où il accorde aux coloniaux anglais le gouvernement responsable.

Des extraits de son rapport nous démontrent bien ceci.

« Les Français paraissaient s'être servis de leurs armes dé-mocratiques pour atteindre des buts conservateurs, plutôt que ceux d'un mouvement libéral et éclairé : et les sympathies des amis de la réforme sont naturellement acquises aux partisans des saines améliorations que la minorité anglaise tenta vrai-ment d'introduire dans les antiques lois de la province. » Ici son racisme l'aveugle. Il dit que les Canayens visaient des buts con-servateurs. Or rien de moins conservateur que de vouloir ren-verser le régime colonial et d'instaurer une république comme celle que proposait Nelson dans sa Proclamation de 1838. C'est en réalité les Tories qui étaient les conservateurs puisqu'ils vou-laient maintenir les Canayens dans un état d'infériorité, dans un régime colonial où eux, la classe dirigeante, pourraient les ex-ploiter à leur guise. Mais pour le raciste Durham, de prime abord, rien de progressiste ou de constructif ne peut sortir du peuple canayen. Seul l'Anglais a le sens du progrès et de la liberté.

Il dit que « la contestation, qui avait été représentée comme une lutte de classes, était en réalité une lutte de races ». Mais pour les Canayens, ce n'était pas une lutte entre Anglais et Canayens. Si tel avait été le cas, ils n'auraient jamais accepté dans leurs rangs et encore moins comme leaders, Wolfred Nelson, Robert Nelson, O'Callaghan, Brown et les deux John Ryan.

Ils n'auraient pas non plus attaqué les citoyens qui étaient canayens, les chouayens qui étaient canayens. Pour les Patriotes, la lutte était ENTRE une classe d'exploiteurs, les administrateurs anglais, les marchands anglais, les seigneurs canayens, le roi-nègre attitré, le clergé canayen, ET une classe d'exploités, les habitants et leur élite éclairée, les médecins, les avocats et les notaires. Même si dans la classe d'exploités, il y avait en fait deux classes, les habitants d'une part et la classe des professions libérales, classe petite-bourgeoise, d'autre part, ces deux classes se sentaient solidaires et faisaient cause commune contre la classe d'exploiteurs. Si Durham avait dû accepter le fait de la lutte de classes, il aurait dû reconnaître, à cause de ses principes libéraux, le droit de la classe majoritairement canayenne exploitée à la revendication. Mais le racisme chez lui était bien plus fort que le libéralisme et en cachant la réalité de classes sous le schéma facile du conflit de races, il pouvait résoudre le problème en évoquant la « supériorité » anglo-saxonne.

Pour Durham, les Canayens sont « une race d'hommes habitués au labeur incessant d'une agriculture rude et primitive et habituellement friands des réjouissances sociales, se rassemblant

Lord Durham.

Les Orangistes anglais mettent le feu au Parlement fédéral de Montréal en 1849.

en des groupements ruraux, occupant des parties d'un sol totalement inapproprié, mais suffisantes pour procurer à chaque famille des conforts matériels… ils sont demeurés sous les mêmes institutions le même peuple sans instruction, inactif, sans idée de progrès… Les hautes classes et les habitants des villes ont adopté quelques coutumes et sentiments anglais; mais la négligence continue du gouvernement britannique a laissé la masse du peuple sans aucune des institutions qui auraient pu les élever à la liberté et à la civilisation ».

Il loue l'impérialisme britannique quand il dit que « les habitudes actives et régulières du capitalisme anglais chassaient de toutes les sortes d'industries les plus lucratives leurs compétiteurs inertes et négligents de la race française… » Les Anglais « ont mis en valeur les ressources du pays, ils ont construit ou amélioré ses moyens de communication, ils ont créé son commerce intérieur et extérieur. Tout le commerce de gros et une grande partie du commerce de détail de la province, ainsi que les fermes les plus florissantes et les plus productives, sont maintenant entre les mains de cette minorité numérique de la population. La grande masse de la population ouvrière est française et à l'emploi des capitalistes anglais ».

Il décrit sans s'en rendre compte les attitudes de domination du colonisateur et les réflexes de haine du colonisé. « Les Français ne pouvaient que sentir la supériorité de l'entreprise anglaise; ils ne pouvaient fermer les yeux devant le succès de toutes les entreprises avec lesquelles ils venaient en contact, et devant la constante supériorité qu'elles acquéraient. Ils regardaient leurs rivaux avec inquiétude, avec jalousie, et finalement avec

Les cageux sur le Saint-Laurent.

haine. Les Anglais leur opposèrent un dédain qui prit bientôt la même forme que la haine. »

Il rend hommage au clergé pour « les services éminents, rendus en résistant aux activités des agitateurs » durant la Rébellion en disant : « En l'absence générale de toute institution permanente de gouvernement civil, l'Église catholique a présenté presque le seul semblant de stabilité et d'organisation et a fourni le seul support effectif de la civilisation et de l'ordre. » Le roi-nègre a fait un bon travail pour le colonisateur. Il allait de soi qu'il ajoute que « les sentiments et les intérêts du clergé catholique et de la population devraient toujours obtenir la considération qu'ils méritent de la part du gouvernement ».

Le plan d'assimilation, il le voit en ces termes : « Je n'entretiens aucun doute au sujet du caractère national qui doit être donné au Bas-Canada ; ce doit être celui de l'Empire britannique ; celui de la majorité de la population de l'Amérique britannique ; celui de la grande race qui doit, dans un laps de temps de courte durée, être prédominant sur tout le continent nord-américain.

« Sans opérer le changement ni trop rapidement ni trop rudement pour ne pas froisser les sentiments et ne pas sacrifier le bien-être de la génération actuelle, ce doit être désormais la première et ferme intention du gouvernement britannique d'établir une population anglaise, avec les lois et la langue anglaise, dans cette province, et de ne confier son gouvernement qu'à une législature décidément anglaise. »

La condescendance du despote raciste va loin :

«On peut dire que c'est une mesure sévère pour un peuple conquis ; que les Français étaient originellement la totalité et sont encore la masse de la population du Bas-Canada ; que les Anglais sont de nouveaux venus qui n'ont pas le droit de réclamer la disparition de la nationalité d'un peuple au milieu duquel les a attirés leur esprit d'entreprise commerciale.

«On peut dire que si les Français ne sont pas une race aussi civilisée, aussi énergique, aussi avide de gain financier que celle qui les environne, ils sont un peuple aimable, vertueux et satisfait, possédant tout l'essentiel du confort matériel et qu'ils ne doivent être méprisés ou maltraités parce qu'ils cherchent à jouir de ce qu'ils ont sans imiter l'esprit d'accumulation qui influence leurs voisins.» En d'autres mots, pour Durham, le sens de l'exploitation capitaliste est une grande qualité que seuls possèdent les Anglais. Il ne faut pas mépriser les Canayens s'ils ne l'ont pas. L'échelle des valeurs de Durham établit comme première vertu celle qu'on retrouve au premier plan des valeurs bourgeoises : l'accumulation du capital par l'exploitation. Toujours d'après Durham, cette «vertu», les Canayens ne l'ont pas. Ils ont plutôt tendance à jouir de ce qu'ils ont.

Pour justifier la disparition du peuple canayen, Durham évoque des raisons commerciales :

«Les prétentions des Canadiens français à la possession exclusive du Bas-Canada priveraient la population anglaise déjà plus nombreuse du Haut-Canada et des Townships de l'accès par le grand canal naturel (le Saint-Laurent) à ce commerce qu'eux seuls ont créé et maintenant poursuivent.

«La possession de l'embouchure du Saint-Laurent ne concerne pas seulement ceux qui accidentellement se sont établis sur l'étroite bande qui le borne, mais tous ceux qui maintenant habitent ou qui à l'avenir habiteront dans le grand bassin de ce fleuve.»

Pour Durham, les Canayens sont sur les bords du Saint-Laurent «par accident», comme sans nécessité. Il ne veut pas se rappeler les raisons commerciales qui ont amené les Français et qui servent à justifier non seulement la Conquête par les Anglais mais la disparition de ce peuple Canayen «ignorant, inactif et stationnaire».

La façon la plus rapide de noyer les Canayens est «l'immigration venant des Îles Anglaises ou des États-Unis… Tout l'intérieur des possessions britanniques doit avant longtemps se remplir d'une population anglaise qui, chaque année, augmentera sa supériorité numérique sur les Français… Les Anglais détiennent déjà la majorité des plus grandes propriétés du pays ; ils ont pour eux une incontestable supériorité d'intelligence ; ils ont la certitude que la colonisation doit augmenter leur nombre jusqu'à devenir une majorité ; et ils appartiennent à la race qui détient le gouvernement impérial et qui domine sur le continent américain».

D'ailleurs, pour Durham, «cette nationalité canadienne-française en est-elle une?… Je ne connais pas de distinction nationale marquant et continuant une infériorité plus désespérée. C'est pour les tirer de cette infériorité que je désire donner aux Canadiens de notre caractère anglais».

C'est clair. Nous sommes inférieurs. La façon de sortir de notre infériorité c'est de devenir des Anglais.

Le colonialiste Durham veut notre disparition parce qu'il nous aime. «Je le désire dans l'intérêt des classes instruites que les distinctions de langue et de manière tiennent à l'écart du Grand Empire auquel elles appartiennent... Je désire la fusion encore plus dans l'intérêt des classes inférieures... Si ces gens essaient d'améliorer leur condition, en s'étendant sur le pays environnant, ils se trouvent nécessairement de plus en plus mêlés à une population anglaise; s'ils préfèrent rester sur place, la plus grande partie parmi eux deviendront des manœuvres à l'emploi des capitalistes anglais... Les maux de la pauvreté et de la dépendance seraient tout bonnement aggravés ou décuplés par les sentiments d'une nationalité jalouse et rancunière qui sépareraient la classe ouvrière de la société des possesseurs de la richesse et des employeurs de la main d'œuvre.»

La procession de la Fête-Dieu (Edmond-J. Massicotte).

Le colonisateur anglais nous a dépossédé, nous a réduit à un état d'infériorité, de pauvreté et de dépendance. Le «généreux» colonisateur nous offre, pour en sortir, de devenir de bons ouvriers anglais qui travaillent en anglais pour des capitalistes anglais dans une paix anglaise et une harmonie anglaise.

«Ils sont un peuple sans histoire et sans littérature.» Pour le raciste Durham, nous sommes un tas de crétins. «Leur nationalité a pour effet de les priver des plaisirs et de l'influence civilisatrice des arts.»

Ce racisme que manifeste Durham ne se limite pas à l'individu Durham, à Lord Durham, gouverneur de sa majesté. Durham exprime l'attitude raciste du colonialisme international de toutes les époques. Ce racisme, émanation naturelle de l'exploitation capitaliste, s'est retrouvé dans notre siècle chez le Français en Algérie, en Indochine, en Afrique noire, chez l'Anglais en Inde, au Moyen-Orient, en Afrique, chez l'Américain aux Philippines, en Amérique latine, au Vietnam, en Thaïlande, et dans son propre pays vis-à-vis la population noire.

Réactions au Rapport Durham

Chez les Canayens

Le rapport est l'arrêt de mort du peuple canayen. Comment, comme Canayen, ne pas être contre? La réaction est unanime. Même les vendus sont contre.

Le clergé se déclare ouvertement contre le rapport par la bouche de Mgr Lartigue, l'anti-patriote. Cette réaction se comprend facilement : le clergé est devenu roi-nègre, a pris le parti des colonisateurs pour pouvoir établir une théocratie dans la société canayenne. Si le colonisateur décide de faire disparaître cette société, il n'y a plus de place pour le clergé et sa théocratie. Donc le clergé s'oppose aux conclusions du rapport.

Les seigneurs, vendus qu'ils sont au colonisateur, réagissent timidement et osent dire que le rapport va tout de même un peu loin.

La petite bourgeoisie canayenne, divisée entre Patriotes vaincus et « modérés », est unanime à condamner la disparition du peuple canayen. Les Patriotes, vaincus, n'auront plus l'influence d'avant et leur voix ne sera pas entendue. Ce sont les « modérés », ceux qui ont « décroché » avant que ça chauffe, les Cartier, Lafontaine et Cie, les « hommes du compromis », qui vont devenir les porte-parole de la petite bourgeoisie canayenne. Ceux-là sont contre le rapport et vont lancer une campagne systématique contre l'assimilation du peuple canayen.

Les habitants pour leur part, tous patriotes, ne sont pas heureux du rapport. Mais que peuvent-ils faire maintenant qu'ils ont été vaincus par les armes ? Résistance passive. Ceux qui ne s'exilent pas vont s'établir dans le refus de l'assimilation avec un entêtement sans bornes.

Chez le colonisateur

À Londres, on est très satisfait du rapport et on est prêt à en appliquer une partie tout de suite : l'union des deux Canadas, c'est-à-dire, la disparition des Canayens. Quant à l'autre, le gouvernement responsable, on trouve qu'il ne faut pas aller trop vite.

Dans *la clique du château*, où se retrouvent les administra-teurs coloniaux, on est heureux de la première recommandation : il n'y aura plus de « Damn Frenchmen ». Quant à la deuxième, le gouvernement responsable, qui donne le contrôle du budget à l'Assemblée, on en est pas très heureux parce que ça veut dire, pour eux, accepter que les élus du peuple surveillent de près leurs actions dans l'administration des affaires publiques.

Les marchands anglais de Montréal sont aux oiseaux.

Pour eux, le rapport règle le « French-Canadian Problem », et de plus il leur donne une voix dans l'administration du pays par la création du gouvernement responsable.

Conséquences de la Rébellion

Avant d'aborder l'application des recommandations du Rapport Durham, il faut voir les conséquences de la défaite de la Rébellion sur la société canayenne.

La Rébellion était une tentative de Révolution française ici. C'était la tentative de rattacher le Québec à l'évolution historique du monde occidental. En France, en Angleterre, aux États-Unis, la classe bourgeoise avait réussi à partager le pouvoir avec la monarchie si elle n'avait pas réussi à l'assumer complètement.

En Angleterre, la bourgeoisie partageait le pouvoir avec le roi à l'intérieur des cadres de la monarchie constitutionnelle. En France, la Révolution française avait balayé la royauté, amené la dictature de Napoléon puis une monarchie constitutionnelle où la bourgeoisie assumait le pouvoir avec les rois Bourbon entre 1815 et 1830, puis avec les rois de la famille d'Orléans jusqu'en 1848. Aux États-Unis, la bourgeoisie était venue au pouvoir quand les treize colonies s'étaient déclarées indépendantes de l'Angleterre.

Au Québec, la petite bourgeoisie, les professions libérales surtout, voulait elle aussi réintégrer l'histoire, revenir dans le courant historique de l'époque en faisant une révolution bourgeoise. Pour cela il lui fallait mobiliser le peuple, renverser le pouvoir colonial, déclarer l'indépendance, réduire le rôle et l'influence du clergé et s'établir, elle, comme bourgeoisie, à la direction de l'État canayen. Les luttes dans l'Assemblée entre 1800 et 1837 avaient été une tentative de s'emparer du pouvoir, graduellement, par la voie légale.

Cette petite bourgeoisie avait réussi à mobiliser le peuple, à le soulever contre la puissance coloniale et ses valets, le clergé et les seigneurs. Mais elle n'avait pu mener la lutte à bonne fin parce qu'elle n'avait pas la puissance économique nécessaire. Elle n'avait pas en mains les industries et le commerce de la bourgeoisie française, anglaise ou américaine. De plus, son ennemi n'était pas seulement les seigneurs et le clergé. Son ennemi était avant tout la classe bourgeoise anglaise, présente ici par l'administration coloniale et surtout par les marchands anglais de Montréal. Or cette classe bourgeoise était à l'époque la plus puissante au monde. La preuve est son expansionnisme durant tout le 19e siècle. Comment une petite bourgeoisie, sans assises commerciales, financières, industrielles, regroupant quelques milliers d'individus, pouvait-elle compter combattre et vaincre cette bourgeoisie anglaise ? La petite bourgeoisie canayenne avait bien compté sur l'appui de la bourgeoisie américaine mais là-dessus elle s'était trompée. La bourgeoisie américaine était prête à donner un appui moral mais c'était tout et cela, parce qu'elle s'entendait en fait très bien avec la bourgeoisie anglaise et faisait bon commerce avec elle. Ces « cousins anglo-saxons » malgré leur querelle de la guerre d'indépendance américaine de 1774-1776 ne pouvaient se voir divisés par les aspirations de ce petit peuple conquis sur les bords du Saint-Laurent. Le président des États-Unis, Van Buren, avait rassuré Durham en lui faisant dire que l'annexion du Canada était « contraire aux intérêts des États-Unis ».

Cette petite bourgeoisie canayenne avec ses aspirations bourgeoises était vouée à la défaite. La seule chance de victoire était la guerre populaire, la guerre de libération du peuple canayen. Il est clair que le peuple, les habitants, ont participé à la Rébellion. Plusieurs y sont morts. Cette participation en a fait une guerre populaire. Mais les chefs patriotes dans leur ensemble ne l'ont jamais vu ainsi. Ils n'ont jamais vu la lutte mener à la révolution où le peuple, les habitants, prendraient le pouvoir et établiraient une démocratie populaire véritable. Ils voyaient les habitants appuyer la lutte de la petite bourgeoisie pour qu'elle accède au pouvoir et s'établisse comme élite du peuple canayen. En fait, les chefs patriotes exploitaient le ressentiment des habitants pour leurs fins personnelles.

On voit que les chefs patriotes n'avaient pas vraiment confiance dans les habitants. Ils ne menaient pas une guerre populaire par le simple fait que leur refuge et leur base d'attaque n'était pas la campagne canayenne mais les États-Unis. S'ils

Habitation de colon de deuxième année.

Colon et sa famille. – Normandin

avaient mené une guerre populaire, c'est chez l'habitant que les leaders auraient commencé leur lutte, c'est en travaillant avec lui que les deux groupes, leaders et habitants, se seraient politisés, qu'ils auraient entrepris la lutte commune contre le colonisateur et c'est par la guérilla rurale que le peuple canayen aurait réussi à se libérer de la domination anglaise.

Au lieu de compter sur le peuple canayen, les leaders patriotes ont compté sur les bourgeois américains. Cette erreur leur a valu une défaite retentissante dont on ressent encore les effets aujourd'hui. L'échec de la Rébellion a vraiment cassé les reins du peuple canayen et il ne s'en est pas encore remis.

Les habitants qui ont versé leur sang pour produire un tel échec ont été profondément déçus, se sont sentis trahis, se sont repliés sur eux-mêmes, se sont résignés à leur sort de colonisés, d'hommes toujours diminués, réduits au rôle de porteurs d'eau nés pour un petit pain. L'effort des habitants durant le Rébellion a été si grand que l'échec les a abattus pour un siècle.

Plusieurs d'entre eux, écœurés, ont choisi l'exil aux États-Unis ou dans l'Ouest. Les autres ont accepté de vivoter au fond des campagnes dans la crainte, la méfiance et la résistance passive.

L'échec de la Rébellion a été l'éclatement de la petite bourgeoisie canayenne. Les patriotes les plus irréductibles ne sont pas revenus au pays. D'autres, moins irréductibles, se sont ralliés par la suite. Les « modérés », ceux qui ont lâché le mouvement de Rébellion très tôt, se sont vu appelés à prendre la direction de la société canayenne avec le clergé sous le contrôle encore plus strict du pouvoir colonial. Les aspirations économiques et politiques de la petite bourgeoisie canayenne s'étaient complètement effondrées et il ne restait à ces éléments «modérés» qu'à se rallier et à collaborer avec le colonisateur. Pour des années à venir le groupe qui dominerait la société canayenne sous la direction du colonisateur serait la classe clérico-bourgeoise, c'est-à-dire une classe composée du clergé et de la petite bourgeoisie catholique collaboratrice.

Le clergé est heureux de l'échec de la Rébellion. Son concurrent pour le pouvoir, la petite bourgeoisie canayenne, radicale et anticléricale, a été écrasée. Le clergé peut respirer à nouveau. Son pouvoir n'est plus menacé. Les curés pourront reprendre l'exploitation du peuple maintenant que les Patriotes ont été battus, vaincus et chassés. Le parfait roi-nègre qu'est le clergé a joué son rôle pro-colonialiste et anti-patriotique. Maintenant il attend sa récompense du colonisateur. Le colonisateur, pour sa part, a dû envoyer des troupes, voir ses soldats se faire maganer. Sa solution est la disparition du peuple canayen. Le clergé qui attendait sa récompense reçoit plutôt son propre arrêt de mort avec celui du peuple canayen. La réaction est de se liguer avec les «modérés», l'élite laïque, pour continuer à collaborer avec le colonisateur tout en tâchant de résister à la tentative d'assimilation. Le clergé et cette élite laïque qui vont former ensemble l'élite clérico-bourgeoise vont bien accepter l'union des deux Canadas mais en même temps tâcher de garder leur emprise sur la population canayenne.

Cette élite vendue, comme celle de tout peuple colonisé, va chercher à oublier et à faire oublier au peuple la réalité de sa défaite, sa déchéance, sa sujétion, en fabriquant des mythes[31] qui deviendront l'idéologie[32] officielle que cette élite propagera dans le peuple.

Le clergé va exploiter la défaite des Canayens et l'abattement qui l'a suivie pour faire croire que leur mission n'est pas dans le commerce matériel qu'il faut d'ailleurs «laisser» aux peuples moins civilisés comme les Anglais, mais dans le commerce spirituel, dans la propagation de la foi chrétienne et catholique, dans la conversion du monde païen au Christ. Le clergé qui contrôle l'éducation des Canayens et a fondé des collèges classiques pour recruter des candidats à la prêtrise, va pousser le peuple vaincu à croire qu'il est le peuple Élu. Appelé à convertir le monde. Pendant que le peuple, vaincu deux fois, croupit dans la misère, se fait exploiter économiquement par les marchands anglais, le clergé va expédier nos jeunes les plus doués comme missionnaires en Afrique, en Asie et dans l'Arctique. Nos meilleurs intelligences apprennent le grec, le latin, la philosophie catholique, la théologie médiévale pour aller perpétuer le colonialisme blanc anglais en Chine, au Basutoland et dans les pays esquimaux. Les finissants des collèges, auxquels le clergé ne réussit pas à passer le collet romain, entreront dans les professions libérales, médecine, barreau, notariat, et travailleront comme élite laïque main dans la main avec le clergé, imbus qu'ils sont du complexe de ne s'être pas faits prêtres… Le clergé

31. *Mythes*: explications imaginaires de phénomènes et de situations qu'on sert au peuple pour le maintenir dans un état de sujétion.
32. *Idéologie*: l'échelle de valeurs d'un groupe ou d'une classe et tous les mythes et les justifications qu'invente ce groupe ou cette classe pour se donner une image rassurante d'elle-même et cacher ses intérêts égoïstes.

réussira même à mobiliser 135 zouaves en 1867 pour aller défendre les biens temporels du pape l'année même où le colonisateur rédigeait dans une constitution son occupation pour une période indéfinie de notre territoire national.

L'élite laïque se verra assigner une vocation elle aussi, celle de répandre en Amérique la «civilisation française». Nous sommes colonisés économiquement, politiquement, culturellement et notre élite trouve moyen de rêver en couleur, se croire l'héritière de la «civilisation française», assumer le rôle de civilisateur de la France en Amérique parce que celle-ci n'y est plus comme telle et que, après tout, la France, «Fille aînée de l'Église», n'a plus droit à ce rôle parce qu'elle a fait une sale révolution qui a combattu le clergé. Cette mission laïque n'ira pas plus loin que les beaux discours nationalistes où l'élite vendue essaie de se donner un beau rôle.

Cette même élite va prêcher aux habitants la vocation de paysan. On va lui crier du haut de la chaire que l'homme idéal, après le curé, c'est l'habitant qui travaille dur, qui élève une «grosse» famille, qui va à la messe le dimanche, est le représentant du prêtre dans sa famille, donne un fils au clergé et quelques filles aux communautés religieuses féminines, meurt d'épuisement pour aller s'asseoir au ciel à la droite du Père éternel. La femme pour sa part doit passer de l'état de jeune fille pure à l'état de mère de famille nombreuse qui travaille dans l'étable et dans les champs avec son homme si elle n'est pas en train de mettre un enfant au monde. L'élite clérico-bourgeoise prêche le défrichement de nouvelles terres pour y planter le blé du Seigneur quand il ne reste même plus un seul arpent de terre cultivable.

COLONISATION

*La tentative désespérée de la colonisation du ministre Vautrin
par Albéric Bourgeois.*

Faire les foins.

Cette élite va pousser le défrichement des forêts dans les régions comme la Gaspésie ou les Laurentides pour que le Canayen y cultive des cailloux. On sait aujourd'hui que ces régions qu'on doit reboiser doivent être exploitées comme forêts et non comme terres agricoles.

Ces trois vocations du peuple canayen, la vocation missionnaire du clergé, la vocation «civilisatrice» de l'élite laïque, la vocation agricole de l'habitant, notre élite clérico-bourgeoise va si bien la propager par ses moyens de propagande que sont l'église et l'école que le peuple canayen sera contraint à vivre cent ans d'obscurantisme, cent ans de moyen âge, cent ans en marge de l'histoire avant de pouvoir réorienter son destin.

L'Acte d'Union (1840)

Dans le Bas-Canada, le nouveau gouverneur, Thomson, futur baron Sydenham, fait approuver l'Union par le Conseil spécial constitué par Colborne, composé d'Anglais et de quelques vendus canayens. Le peuple canayen, bien entendu, n'est pas consulté; mais le clergé non plus.

Dans le Haut-Canada, c'est une autre affaire. Il y a des Anglais et leur opinion compte. Ceux-ci exigent, avant d'accepter l'Union, que le Haut-Canada obtienne une représentation supérieure à celle du Bas-Canada dans l'Assemblée même si sa population est inférieure à celle du Bas-Canada. Ils exigent que la tenure des terres soit anglaise et que la tenure seigneuriale soit limitée aux rives du Saint-Laurent.

Ils exigent que la langue anglaise soit proclamée langue officielle.

Quand on leur fait comprendre que par l'Union la dette du Haut-Canada qui est de 1 200 000 livres sterling serait en fait payée par le Bas-Canada qui est au-dessus de ses affaires, l'accord se fait rapidement. Les Haut-Canadiens acceptent.

La loi de l'Union (1840) établit la Province of Canada :
- Un conseil législatif nommé à vie ;
- Une Assemblée élue composée de 42 membres du Haut-Canada, 42 du Bas-Canada ;
- L'anglais sera la seul langue officielle de l'Assemblée ;
- Pour être député, il faut posséder une propriété foncière d'au moins 500 livres ;
- Les revenus sont remis à l'Assemblée excepté pour 45 000 livres sterling qui paient le salaire du gouverneur et des juges, et 30 000 livres qui paient les salaires des principaux fonctionnaires ;
- Le gouverneur a le droit de veto ;[33]
- La reine peut bloquer une loi pendant un maximum de 2 ans ;
- Le gouverneur peut créer des comtés et y nommer ses représentants personnels.

Les Anglais s'accordent une représentation supérieure pour dominer l'Assemblée. Par là, ils allaient à l'encontre de leurs propres lois démocratiques. On voit que leur démocratie, ils la

---

33. *Veto* : le droit de bloquer le passage d'une loi ou d'un règlement voté par une assemblée ou un conseil.

fabriquaient sur mesure pour eux-mêmes, et se laissaient bien de garder les Canayens en jouir. En même temps, ils nous chantent depuis ce temps, qu'ils nous ont apporté la démocratie mais que nous n'avons jamais su nous en servir, en insinuant par là que nous sommes trop bornés pour comprendre le processus de la démocratie bourgeoise.

Un autre petit accroc est le fait de ne pas avoir consulté le peuple canayen quand ils ont consulté la population du Haut-Canada. Ceci est un autre exemple du despotisme colonial dont nous avons été l'objet. L'élite canayenne eut beau présenter une pétition rassemblant 10 000 signatures au Parlement britannique, rien à faire. Les colonisés avaient osé se révolter. On allait donc les mettre à leur place.

1812

Population blanche du Haut-Canada 450 000

Population blanche du Bas-Canada 650 000

Une autre raison pour l'adoption rapide de l'Acte d'Union fut l'intervention d'un des ministres du gouvernement britannique dont la compagnie de finances Baring Brothers avait été le principal créditeur du Haut-Canada. Par l'Union, Baring se faisait rembourser parce que le Bas-Canada « acceptait » de rencontrer cette dette.

Le jeune Pierre Chauveau dénonça les manigances financières en ces termes :

« C'est le jour des banquiers ! Demain sera notre heure.
Aujourd'hui l'oppression, demain la liberté ;
Aujourd'hui on fustige un peuple entier qui pleure,
Demain l'on voit debout tout un peuple ameuté ;
Aujourd'hui le forfait, et demain la vengeance ;
Aujourd'hui, c'est de l'or et demain c'est du fer. »

L'Acte d'Union est passé. Il n'y a plus qu'un Canada uni où la minorité anglaise est assurée de la majorité, et la majorité française condamnée à la minorité.

La première recommandation de Durham est passée. La deuxième, celle du gouvernement responsable, va tarder. Mais qu'est-ce que le gouvernement responsable ? C'est le contrôle de l'Assemblée sur le gouvernement, c'est-à-dire sur le Conseil exécutif qui gouverne le pays avec le gouverneur. Jusque-là les décisions étaient prises et appliquées par le Conseil exécutif qui, lui, était nommé par le gouverneur par le système de patronage. Le gouverneur et son Conseil exécutif avaient en fait des pouvoirs dictatoriaux. L'Assemblée, élue par le peuple, avait bien obtenu un certain contrôle du budget mais ça ne suffisait pas. Elle voulait que le Conseil exécutif rende des comptes non pas au gouverneur (ce qui est dictature féodale) mais à l'Assemblée (ce qui est démocratie bourgeoise).

L'Assemblée exige donc que le gouverneur n'ait plus de pouvoir exécutif et que les membres du Conseil exécutif soient nommés parmi les membres de l'Assemblée. Comme il y a des partis qui se partagent l'Assemblée (en l'occurrence Tories et Réformistes), l'Assemblée veut que le Conseil exécutif soit nommé

Louis-Hypolite Lafontaine.

parmi les membres du parti *majoritaire* de l'Assemblée. Ainsi le parti majoritaire à l'Assemblée se verrait accordé les postes du Conseil exécutif (ou cabinet comme on l'appellera plus tard, ou encore gouvernement).

Le premier gouverneur du Canada-Uni, Sydenham, est contre le gouvernement responsable. Aux premières élections, il appuie et fait élire des candidats Tories qui sont moins portés sur le gouvernement responsable que les Réformistes. Il change même les limites des comtés à Montréal et à Québec pour favoriser ses propres candidats. Quand ces mesures ne marchent pas, il se sert de «bouncers» pour intimider les électeurs canayens qui veulent voter réformiste et contre l'Union. Les manigances de Sydenham réussissent. Il fait élire 19 de ses députés à lui sur les 42 du Bas-Canada. (On voit d'où viennent les mœurs électorales que nous connaissons au Québec. On voit que Duplessis n'a rien inventé mais l'a simplement bien appris de nos «Maîtres», les Anglais.)

Lafontaine, le timide, le «modéré», le Patriote tourné collaborateur, voit sa chance, maintenant que les Patriotes sont vaincus, de jouer son rôle de leader vendu du peuple vaincu. Il décide de se présenter aux élections et publie un manifeste où il accepte de lécher la botte anglaise. Il y parle d'un Canada, pays des Canadiens français mais aussi pays d'adoption des Anglais, il dit que notre bonheur dépend de l'égalité sociale et de la liberté politique.

Il dénonce bien l'Union mais accepte de jouer le jeu anglais. Au lieu de refuser toute collaboration au régime comme un patriote qui se respecte, il demande aux Canayens de participer, d'aller voter, d'accepter le jeu «démocratique»; il agit comme le brave roi-nègre qui sait au fond qu'il n'obtiendra jamais rien du colonisateur mais espère contre tout espoir obtenir quelques miettes.

Lafontaine se présente dans Terrebonne. Sydenham envoie plusieurs centaines de «bouncers», des Anglais de Montréal et des Écossais de Glengarry (Ontario) pour «appuyer» son candidat. Lafontaine se retire de la lutte et peut dire «qu'il y a de ces défaites qui sont plus honorables que la victoire». En l'occurrence son honneur est bien mal placé et cette façon de placer son honneur dans les valeurs plus hautes que les combats de rue va mener notre élite à se réfugier dans les nuages pour ne pas voir l'abjection de son à-plat-ventrisme.

Étienne Parent, du journal anti-patriote *Le Canadien*, et Augustin Morin sont élus. Ils abondent dans le sens de Lafontaine. Jouer le jeu anglais. Se rapprocher surtout des Réformistes du Haut-Canada parce qu'ils favorisent le gouvernement responsable qui pourrait donner une voix aux Canayens.

Durant la session, les Réformistes mènent la lutte pour le gouvernement responsable mais Sydenham les bloque systématiquement. Il meurt peu après, Bagot le remplace.

On est en 1842. Lafontaine qui entretient de bonnes relations avec le Réformiste Baldwin du Haut-Canada se fait élire à Toronto grâce aux soins de Baldwin.

Bagot demande à Lafontaine et Baldwin d'assumer les postes de procureurs-généraux, le premier pour le Bas-Canada, le deuxième pour le Haut-Canada. En fait Bagot accordait aux Réformistes le gouvernement responsable. Mais Bagot meurt en

1843. Metcalfe le remplace et revient à des mesures à la Sydenham. Il est obligé de dissoudre l'Assemblée.

Des élections suivent ; vingt-huit Réformistes sont élus au Bas-Canada, onze au Haut-Canada. Les Tories ont la majorité et favorisent le gouvernement par le gouverneur. L'Assemblée se réunit à Montréal, la nouvelle capitale. Elle vote un certain nombre de lois, entre autres 40 000 livres sterling pour compenser les pertes subies par le Haut-Canada pendant leur petite insurrection de 1837. Aucune indemnité pour le Bas-Canada malgré les protestations timides de Lafontaine.

En 1845, Metcalfe meurt. En 1846, arrive pour le remplacer Lord Elgin. Les Whigs (le Parti libéral) sont arrivés au pouvoir en Angleterre et enjoignent Elgin d'accorder le gouvernement responsable au Canada. Aux élections de 1847, les Réformistes ont une forte majorité, Baldwin et Lafontaine sont invités à former le nouveau gouvernement.

Dorénavant c'est le parti majoritaire à l'Assemblée qui va gouverner la colonie. Le gouverneur sera simplement le représentant de la reine et l'agent de liaison entre la métropole et la colonie. Le Colonial Office, c'est-à-dire le Ministère des colonies du gouvernement anglais, se réserve tous les pouvoirs relatifs au commerce, aux affaires étrangères, à la défense et aux amendements à la constitution.

L'Angleterre peut bien accorder le gouvernement responsable à sa colonie canadienne parce que maintenant elle n'a plus rien à craindre des Canayens. Ils ont été vaincus comme il faut, leur élite joue le jeu parlementaire, parle anglais sur commande, s'intègre aux institutions britanniques. On peut même leur faire quelques concessions qui ne feront que les rallier avec plus de force au pouvoir colonial. La langue française devient officielle en 1849.

Tout a été prévu. Les Canayens sont gagnés si on sait appliquer les lois colonialistes, la première étant de *diviser pour régner*. Lord Elgin l'écrit en toutes lettres à Grey au Colonial Office : « Je crois que la manière de gouverner le Canada ne serait plus un problème dès lors que les Français se scinderaient en un parti libéral et un parti conservateur qui s'uniraient aux partis du Haut-Canada portant les noms correspondants. La grande difficulté jusqu'ici a été que le gouvernement conservateur a signifié gouvernement par les Haut-Canadiens, ce qui est intolérable pour les Français, ce qui n'est pas moins détestable pour les Britanniques… L'élément national se fondrait dans la politique si la scission que je propose était réalisée. »

L'Assemblée s'appelle maintenant *Parlement*.

Papineau est revenu au pays en 1845. Il publie un manifeste qui critique ouvertement la Grande-Bretagne, l'Union, le gouvernement responsable, toutes les institutions présentes mais il accepte d'être élu par acclamation et de siéger dans le Parlement à côté de Lafontaine et des autres Réformistes.

En 1848, la révolution éclate de nouveau en France. L'Italie s'agite. En Irlande, la lutte contre le colonialisme anglais reprend de plus belle. Lord Elgin craint que Papineau exploite cette agitation pour soulever le peuple et est prêt à l'acheter en lui donnant un poste ministériel. Mais Elgin n'a pas à craindre. Les Réformistes eux-mêmes craignent l'influence de Papineau et le combattent. Mgr Bourget joue son rôle et dit dans une lettre pastorale : « Car enfin nous sommes tous enfants du même Père qui est aux cieux ; nous vivons tous sous un même gouvernement qui n'a pas d'autre but que le bonheur de ses sujets et qui doit mettre sa gloire à commander à des peuples parlant toutes les langues du monde ; nous avons tous les mêmes droits ; nous formons tous la grande famille du puissant empire britannique ; enfin nous sommes tous appelés à posséder ensemble la même terre des vivants, après que nous aurons fini notre pèlerinage sur cette terre d'exil. »

Papineau attaque les Réformistes. Il fonde le Parti démocratique, mouvement qu'on appelle aussi les *Rouges* et qui regroupe des jeunes radicaux. Ils demandent l'abrogation[34] de l'Union et essaient de réveiller le nationalisme canayen. Mgr Bourget, avec la bénédiction de Lord Elgin, lance la campagne de colonisation des terres pour contrer l'émigration vers les États-Unis. Entre 1844 et 1849, 20 000 Canayens ont quitté le Québec. Le clergé, « la plus puissante influence du Bas-Canada » selon Elgin, pousse les jeunes Canayens à aller couper le bois pour le capitaliste William Price dans la région du Lac-Saint-Jean et pour le capitaliste américain Philémon Wright dans les vallées du Saint-Maurice et de l'Outaouais.

Pendant ce temps, Lafontaine par la *Revue canadienne*, répond aux jeunes *rouges* : « …dites-nous donc à quelle époque de notre histoire, la nationalité franco-canadienne a été plus brillante, plus honorée, plus respectée, a occupé une position plus avantageuse que celle qu'elle occupe aujourd'hui ? »

---

34. *Abrogation* : annulation, abolition d'une loi.

En même temps, le gouvernement britannique s'oriente vers des rapports commerciaux nouveaux : le libre-échange. C'est l'abolition des droits préférentiels pour les colonies. Le commerce du blé et l'industrie du bois s'en ressentent. C'est que la métropole n'a pas envie de payer plus cher dans ses colonies ce qu'elle peut avoir ailleurs meilleur marché. Les marchands de Montréal sont mécontents. De plus, 100 000 immigrants miséreux arrivent au Canada dans la seule année 1847.

En janvier 1849, le parlement se réunit. Lafontaine et Baldwin forment le ministère. Ils proposent des indemnités pour les pertes subies dans le Bas-Canada comme on l'a fait pour le Haut. La loi est adoptée par le Parlement. Le jour où Elgin la signe, 1 500 Anglais descendent de Westmount. *La Gazette* les éperonne en publiant : « La fin est commencée ! Anglo-Saxons ! Vous devez vivre pour l'avenir, votre sang et votre race seront désormais votre loi suprême, si vous êtes fidèles à vous-mêmes. Vous serez Anglais, dussiez-vous n'être plus britanniques. » Ils pillent et incendient le Parlement. Pendant une semaine des bandes d'Anglais rôdent dans Montréal en saccageant les maisons des Réformistes.

Une loi visant à aider les habitants qui avaient vu leurs fermes brûlées par Colborne, est l'occasion pour les racistes de Westmount de raser l'institution qu'ils vénèrent le plus, le Parlement. Ils se servent de cette même occasion pour manifester leur opposition à la politique commerciale de libre-échange de la mère-patrie. Ils forment la British American League qui prône la rupture avec la Grande-Bretagne et l'annexion aux États-Unis.

L'Union ne marche pas

L'alliance entre les Réformistes du Haut et du Bas-Canada, entre Baldwin et Lafontaine, avait permis de donner une majorité au Parlement. Mais maintenant, de nouvelles tendances se font sentir et de ce fait de nouveaux partis se manifestent. Aucun parti ne peut maintenant réussir à avoir la majorité du Haut et du Bas-Canada à la fois. Baldwin et Lafontaine se retirent de la vie publique, fatigués qu'ils sont des pirouettes politiques qu'ils ont dû faire pendant dix ans.

Il y a maintenant dans le Bas-Canada :

- Les Tories qui regroupent les marchands anglais et les colons anglais des Cantons de l'Est ;
- Les Réformistes modérés qui regroupent pour la plupart les Canayens de l'élite collaboratrice ;
- Les Rouges, héritiers des Patriotes qui dénoncent l'Union et exigent les réformes constitutionnelles. C'est le programme patriote mais la lutte armée en moins. Papineau est membre de ce parti.

Les Tories et les modérés vont se rapprocher pour former les « Bleus ». Morin et Cartier sont les leaders de ce regroupement.

Dans le Haut-Canada :

- Les Tories, qui regroupent les administrateurs et les marchands conservateurs ;
- Les Réformistes qui représentent la petite bourgeoisie du Haut-Canada ;

Georges-Étienne Cartier.

- Les Clear-Grits qui regroupent des fermiers radicaux qui s'opposent aux intérêts commerciaux urbains, réclament des écoles non-confessionnelles et l'élection des gouverneurs.

Ces derniers sont anti-canayens à mort. Ils réclament la représentation proportionnelle à la population quand la population du Haut-Canada dépasse celle du Bas-Canada en 1851. Leur leader est George Brown. C'est Boulton, un de leurs porte-parole, qui dira lors d'un banquet que les «nègres sont la grande difficulté des États-Unis et les Canadiens français celle du Canada».

Comme dans le Bas-Canada, les Tories vont se rapprocher des Réformistes pour former le Liberal Conservative Party. MacDonald en sera le leader.

On voit que dans le Haut comme dans le Bas-Canada, la bourgeoisie possédante (Tories) et la petite bourgeoisie (Réformistes) sont en train de faire la paix, de s'entendre et de travailler ensemble pour leurs intérêts communs. Les Tories ont appris qu'il fallait accepter certaines réformes (comme le gouvernement responsable) et s'allier les éléments de cette petite bourgeoisie. D'autre part, les Réformistes, ayant obtenu les réformes désirées, trouvent leur place tout à côté des Tories et voient qu'il est dans leur intérêt de collaborer avec eux. C'est ainsi qu'un type comme Cartier qui avait été sympathique à la cause patriote devenait un «Bleu», un conservateur, travaillant pour les intérêts des capitalistes Tories en devenant l'avocat de la compagnie de chemin de fer, Le Grand Tronc.

De plus, le regroupement *bleu* (Tories et Réformistes) au Bas-Canada rencontrait les mêmes intérêts que le regroupement conservateur (Tories et Réformistes) du Haut-Canada. Les Bleus du Bas et conservateurs du Haut pouvaient travailler ensemble. C'est de là que viendra la collaboration MacDonald-Cartier.

Par contre, le parti rouge au Bas-Canada s'oppose violemment aux bleus, aux conservateurs et aux Clear-Grits. Il ne peut y avoir de collaboration entre les rouges du Bas-Canada et un quelconque parti du Haut.

De même dans le Haut-Canada, les Clear-Grits s'opposent violemment à tout autre parti et à toute collaboration avec un parti du Bas-Canada.

Quand les Clear-Grits obtiennent la majorité des sièges dans le Haut-Canada en 1857, le gouvernement est vraiment paralysé. Les bleus, qui ont la majorité dans le Bas, ne peuvent pas former le gouvernement parce que les Grits hurleraient contre la «French Domination». Si les Grits le forment, le Bas-Canada ne peut être représenté au gouvernement. Ce dilemme sera résolu quand les Grits vont collaborer avec MacDonald en 1864 à la seule condition de changer la constitution, c'est-à-dire d'adopter le système fédéral. Les Grits vont obtenir leur confédération qui signifiera pour eux une plus grande autonomie pour le Haut-Canada. Pour l'obtenir, ils auront l'appui des bleus et des conservateurs qui voient dans cette confédération l'expansion de leur domination économique. Les rouges eux, les représentants des éléments radicaux du Bas-Canada, n'auront qu'à se la fermer. La confédération va se faire sur le dos de tout le peuple québécois.

PARTIS POLITIQUES SOUS L'UNION

Bas-Canada	**Haut-Canada**
Tories	Tories
Réformistes	Réformistes
Rouges	Clear-Grits

Réorganisation des partis

Tories et réformistes se rapprochent pour former les *Bleus* dans le Bas-Canada et le *Liberal Conservative Party* dans le Haut-Canada. *Bleus* et conservateurs *(Liberal Conservative Party)* vont fonctionner ensemble dans le parti conservateur. Les *Rouges* deviendront le Parti libéral.

Bas-Canada	**Haut-Canada**
Rouges	Conservateurs
Bleus	Clear-Grits

Les intérêts économiques qui amènent la Confédération

Avec la défaite de la Rébellion, les Anglais sont les maîtres incontestés du Canada. Les marchands anglais de Montréal vont pouvoir étendre leur domination économique sans opposition et se servir du cheap-labour canayen selon leur bon plaisir. Ils ont à leur disposition le roi-nègre clérical et le roi-nègre laïque. Le clergé continue à jouer son rôle et l'élite laïque avec des vendus comme Georges-Étienne Cartier va le jouer parfaitement aussi. Ces marchands comptent sur le commerce du blé et du bois. Ces produits entrent en Angleterre sans frais de douane. Les marchands exploitent cette situation et vont jusqu'à acheter ces produits aux États-Unis pour les vendre en Angleterre.

Le Saint-Laurent est donc une importante voie pour le transport de ces marchandises et Montréal et Québec, les deux ports importants. Les rapides et les chutes qui empêchent le transport sont détournés par une série de canaux: le canal Welland qui évite les chutes Niagara, le canal Rideau qui relie le lac Ontario à la rivière Outaouais, le canal Lachine qui évite les rapides de Lachine, celui de Cornwall et de Beauharnois qui relient le lac Ontario à l'embouchure de l'Outaouais près de Montréal.

Ces marchands anglais exploitent le cheap-labour canayen comme bûcherons au lac Saint-Jean, dans la Mauricie, dans la vallée au nord de l'Outaouais. Ils exploitent le cheap-labour des immigrants irlandais qui arrivent au nombre de 30 000 par année. C'est qu'en Irlande une maladie de la pomme de terre amène la famine et les Irlandais immigrent aux colonies. Ils ont été empilés dans les bateaux qui ont amené blé et bois en Angleterre. Ils amènent le typhus et le choléra qui prennent des proportions épidémiques dans le Canada en 1847-48. Ils seront 800 000 à venir. Les marchands anglais sont heureux de voir ces immigrants parlant anglais remplacer les Canayens qui eux émigrent en grand nombre aux États-Unis. Les marchands anglais sont heureux de voir partir les Canayens pour les États parce qu'ils débarrassent le pays et de voir ceux qui restent s'engager comme bûcherons et draveurs pour les compagnies comme la Price Brothers. Dans le domaine agricole, le même processus. Les marchands anglais en 1840 possèdent les deux-tiers des seigneuries. Les habitants sont leur cheap-labour.

Ces marchands ont des problèmes malgré tout, mais pas du côté cheap-labour. C'est le marché britannique qui leur donne du fil à retordre. La métropole trouve plus avantageux pour elle d'adopter une politique de libre-échange. C'est que les marchands et la bourgeoisie industrielle de la métropole trouvent peu économique d'acheter à des tarifs préférentiels des produits qu'ils peuvent avoir moins cher aux États-Unis. La métropole coupe ces tarifs préférentiels sur le blé et le bois en provenance du Canada. Résultat : les Américains ne vendent plus blé et bois aux marchands anglais de Montréal mais directement en Angleterre, et les marchands de blé et de bois du Haut-Canada expédient ces produits par les canaux américains vers New York. La solution que trouvent les marchands anglais de Montréal c'est de se tourner vers les États-Unis. L'annexion les tente mais ils optent finalement pour un traité de réciprocité en 1854 avec le voisin américain, un traité qui supprime, réciproquement, pour une durée de 10 ans, les tarifs douaniers sur le blé, le bois, le poisson, le charbon.

Une autre solution pour les marchands c'est de développer le réseau de chemin de fer. (En 1850, les États-Unis ont 9 000 milles de voies ferrées, le Canada, 66.) Avec des voies allant des Grands Lacs aux ports de l'Atlantique, ils peuvent acheminer bois et blé vers l'Angleterre hiver comme été. Mais il faut beaucoup de capital pour la construction d'un tel réseau. Les marchands ne sont pas prêts à risquer le leur. Mais encore là, l'État est trop petit pour leur expansionnisme économique. Le Canada-Uni se limite aux bords du Saint-Laurent et au nord des Grands-Lacs. Pourquoi ne pas réunir les colonies maritimes (Nouvelle-Écosse, et Terreneuve) au Canada-Uni pour former un pays qui prendrait des proportions à la grandeur de leurs ambitions économiques ? Une confédération de l'Atlantique au lac Supérieur avec un gouvernement central fort servirait parfaitement les intérêts des marchands anglais de Montréal, de Toronto et des colonies maritimes. Qu'est-ce qu'on attend pour créer un État à la grandeur de ces rêves commerciaux ? De plus, dans un pays d'une telle grandeur les Canayens seraient réduits au tiers de la population et ne pourraient empêcher les maîtres du pays de le gouverner comme ils l'entendent. Une autre raison de se fédérer est le malaise avec le voisin américain. Les États-Unis sont sur le bord de la guerre de Sécession (1861-1866). Les États du sud veulent se retirer de la fédération à cause de la domination des intérêts des États du nord sur eux. L'Angleterre appuie les États du sud et amène le ressentiment du nord qui, pour cette raison, ne renouvelle pas le traité de réciprocité canado-américain en 1864. Au Canada-Uni, on craint même l'invasion américaine et l'annexion par la force.

Où se trouve l'opposition à cette confédération ? La métropole est d'accord. Un regroupement de ses colonies nord-américaines lui permettrait de couper certaines dépenses en les faisant assumer par un État colonial plus grand et plus fort.

Les marchands anglais, du Haut-Canada, du Bas-Canada et des colonies maritimes sont bien d'accord parce que ce sont eux qui, en somme, ont conçu le projet et vont être les premiers à en bénéficier.

Les fermiers du Haut-Canada, regroupés dans le parti Clear-Grits de Brown sont d'accord aussi parce qu'une confédération réduirait l'influence canayenne à moins de zéro (elle est déjà à zéro) et leur permettrait, à eux, de dominer le Parlement fédéral avec des sympathisants des provinces maritimes.

Dans le Bas-Canada, les bleus sont pour la confédération parce que, vendus comme ils le sont avec leur leader Georges-Étienne Cartier, aux marchands anglais, ils ne peuvent pas faire autrement.

Le peuple canayen est contre mais on ne le consulte pas.

Le parti rouge essaie bien de manifester cette opposition du peuple canayen à une confédération qui fait simplement confirmer la défaite de la Rébellion et le réduit à une minorité encore plus insignifiante.

Les hommes rouges, les premiers habitants du pays, ne sont même pas mis au courant des jeux politiques des Blancs. On pensera à eux à la rédaction du British North America Act pour donner au gouvernement central le pouvoir de les mettre dans des camps de concentration appelés « réserves ».

En somme, pas d'opposition à la confédération. Les marchands peuvent y aller à fond de train. Le Canada-Uni s'est déjà endetté de 19 000 000 $ pour construire les canaux qui profitent aux marchands. La dette va passer à 54 000 000 $ vers 1860 et cela pour financer la construction des chemins de fer qui vont eux aussi profiter aux marchands.

Arrêtons-nous un instant pour examiner les rapports entre les marchands et l'État. L'État, c'est l'administration du pays ; un gouvernement qui administre et un Parlement qui approuve certaines lois pour la « bonne » administration du pays. Cet État, ce gouvernement, est à cette époque (et encore aujourd'hui) entre les mains des marchands, des commerçants, des industriels, en un mot, de la bourgeoisie. Cette classe se fait élire par le peuple mais n'est pas responsable au peuple. Elle se fait élire pour donner l'impression de démocratie mais en fait, comme classe, elle établit sa dictature sur le peuple sous le couvert d'institutions dites démocratiques. Il n'empêche qu'un homme du peuple peut se faire élire mais il se trouve bientôt à jouer le jeu de la classe bourgeoise. Il devient le valet de la bourgeoisie.

Pour des projets d'envergure, comme la construction du chemin de fer, les marchands demandent de l'aide de l'État. L'État dit oui parce qu'il est contrôlé par eux. L'État prend de l'argent des taxes que les contribuables ont dû payer et le prête aux compagnies de chemin de fer (formées par les mêmes marchands) à un taux d'intérêt très bas. Si l'État n'a pas assez d'argent des taxes, il l'emprunte. Il l'emprunte à qui? Aux banques qui, elles aussi, appartiennent à des marchands. Mais là, il l'emprunte souvent à un taux d'intérêt élevé. L'État emprunte donc à des marchands à des taux élevés pour le prêter aux mêmes marchands à taux bas et reste avec une dette que les contribuables ont la tâche de combler. Les marchands, eux, ont fait des profits fantastiques qui leur permettent d'acheter les prochaines élections, d'investir davantage et d'étendre leur domination économique, politique et culturelle sur le peuple.

Ces trucs politiques, la bourgeoisie anglaise du pays les a joués sur le dos du peuple canayen d'une façon systématique. Mais pour que ça ne paraisse pas, elle a enrôlé des Canayens. L'un d'eux est Georges-Étienne Cartier.

Le père de Georges-Étienne Cartier était l'un des fondateurs de la Bank of Montreal et du chemin de fer Saint-Laurent-Lac-Champlain. Son grand-père avait fait de l'argent dans le commerce du sel, du poisson et du blé. La famille avait de grandes propriétés. On voit tout de suite que ses intérêts de classe le prédisposaient à collaborer avec la bourgeoisie anglaise. Il reçut la « bonne » éducation chez les Sulpiciens et devint avocat. Il se joignit au mouvement patriote qui regroupait des membres de la petite bourgeoisie non-possédante ; mais il revint très vite au bercail. Il devint « modéré » et combattit les jeunes rouges. Il fut élu député de Verchères en 1848 et commença aussitôt à demander l'aide de l'État pour la construction du St-Laurence & Atlantic Railway dans laquelle sa famille et ses amis bourgeois anglais avaient des intérêts. Quelques années après, il devenait l'avocat de la compagnie de chemin de fer, le Grand-Tronc, où les mêmes intérêts jouaient et où il se retrouvait avec des marchands anglais comme Hincks, Galt et Merritt qui jouaient comme lui le double rôle de marchand et de politicien. De même en 1871, lors de la création du Canadian Pacific. Il travailla si bien avec la bourgeoisie anglaise qu'elle l'adopta et il devint procureur général, puis forma le ministère MacDonald-Cartier qui amena la confédération.

Vendu qu'il était à la bourgeoisie anglaise, il avait le rôle de faire avaler la confédération aux Canayens qu'il avait l'audace d'appeler ses compatriotes. Il parla de « l'isolement dangereux » du Québec, il parla du danger d'absorption par les États-Unis si le Québec n'entrait pas dans la confédération. Il dit des choses incroyables comme : « La population française, en confiant ses intérêts à un gouvernement fédéral, fait preuve de confiance en nos compatriotes anglais». Comme traître à la nation canayenne, il pouvait parler de «confiance en nos compatriotes anglais» parce que lui avait partie liée avec eux, était bourgeois comme eux. Mais le peuple, lui, qui avait été vaincu deux fois par les armes, ne pouvait pas «avoir confiance». On ne peut avoir confiance au colonisateur qui se sert de tous les moyens pour maintenir sa domination.

Sous le régime du Canada-Uni avec deux provinces représentées également au Parlement, le peuple canayen, bien qu'il n'ait rien à dire, freinait, par sa seule existence, le bon fonctionnement du gouvernement. C'était au moins une forme d'opposition. Mais avec la confédération, la bourgeoisie anglaise et Cartier éliminaient même cette sourde opposition. Il y aurait deux niveaux de gouvernement, le fédéral (ou central), et le provincial (ou local). Au niveau fédéral où tous les pouvoirs importants étaient centralisés, le Québec se retrouvait non plus avec la moitié de la députation au Parlement mais avec moins d'un tiers. Moins d'un tiers c'est moins de la moitié, mais ce vendu de Cartier essayait de faire croire aux Canayens que la confédération était à leur avantage. Comme il ne pouvait pas faire mentir les chiffres, il disait alors que les Canayens pourraient vraiment faire ce qu'ils veulent avec le deuxième niveau de gouvernement, le provincial. (On verra plus loin les pouvoirs restreints de ce niveau de gouvernement.)

Le clergé voyait son intérêt dans la confédération aux côtés de Cartier qui pouvait proclamer : «Ceux qui sont élevés en dignité, comme ceux qui occupent des positions humbles, sont en faveur de la confédération parce qu'ils voient dans ce projet toute la sécurité possible pour les institutions qu'ils chérissent, mais aussi parce que leurs concitoyens protestants y trouveront des garanties comme eux. Le clergé, en général, est ennemi de toute dissension politique, et s'il est favorable au projet, c'est qu'il voit dans la confédération une solution des difficultés qui ont existé depuis si longtemps. »

Cartier ne faisait pas que rallier tous les éléments les plus conservateurs, les plus anti-démocratiques de la société canayenne. Il se servait de la guerre de Sécession aux États-Unis pour noircir même le principe de la démocratie et louer les bienfaits de la monarchie : « ... la grande fédération des États-Unis s'est rompue d'elle-même, mais nous, qui avons eu l'avantage de voir le républicanisme à l'œuvre, durant une période de 80 ans, de voir ses défectuosités, nous avons pu nous convaincre que les institutions purement démocratiques ne peuvent produire la paix et la prospérité des nations, et qu'il fallait en arriver à une fédération pour perpétuer l'élément monarchique. »

L'opposition à la confédération s'organisa au Québec sous la direction du parti rouge qui dénonça les intérêts des capitalistes anglais derrière le projet et l'adoption de cette nouvelle constitution sans consulter le peuple. Des pétitions réunissant 20 000 signatures furent présentées au Parlement. Rien à faire. La bourgeoisie anglaise, Cartier et le clergé ne craignent pas le peuple canayen parce qu'on lui avait cassé les reins en 1837-38 et ils sentaient qu'ils pouvaient maintenant le mener comme ils l'entendaient.

GUIDE DU COLON
PROVINCE DE QUÉBEC

LES RÉGIONS DE
COLONISATION
PROVINCE DE QUÉBEC

PUBLIÉ PAR LE DÉPARTEMENT DE LA COLONISATION, DE LA CHASSE ET DES PÊCHERIES

Le silence du peuple

En relatant l'histoire de 1837 à 1867 (la confédération), on parle beaucoup de gouvernement responsable, rapport Durham, élections, difficultés ministérielles, mais on parle aussi du colonisateur qui essaie de nouveaux arrangements pour maintenir le peuple dans la sujétion. Pendant ce temps, que se passe-t-il dans le peuple?

Le peuple canayen qui avait répondu avec un enthousiasme révolutionnaire bouleversant aux cris de révolte des leaders patriotes, se retrouve, après l'échec de la Rébellion, dans un état de découragement collectif très grave. Les leaders patriotes ont, en fait, laissé tomber le peuple. Le peuple a lutté, s'est sacrifié, a versé son sang, a été battu et les leaders en sont sortis presque tous indemnes. Le peuple sent qu'il a été leurré, sinon trahi par les leaders qui lui ont fait miroiter sa libération. Certains habitants, comme on l'a vu, s'exilent aux États-Unis. Les autres, méfiants, se replient sur eux-mêmes. Ils se réfugient dans la passivité et écoutent la voix du clergé qui, lui, maintenant plus que jamais, va exploiter la situation de la défaite de la Rébellion pour promouvoir son leadership et établir sa domination sur le peuple.

Le parti rouge essaie bien de maintenir vivante la ferveur patriote, mais, pour le peuple, ce parti présente une opposition stérile au colonisateur après la défaite. Est-ce que le parti rouge songe à poursuivre la lutte, sérieusement, en fondant une armée populaire de libération? Non. Le parti rouge mène la lutte au niveau de la propagande seulement, avec journaux et distribution de livres. Le peuple verra le parti rouge comme un club d'intellectuels jusqu'à ce que ce parti devienne de moins en moins radical, devienne réformiste et se transforme en Parti libéral inoffensif.

Ce parti rouge qui regroupe les quelques éléments de l'élite canayenne petite-bourgeoise radicale publie les trois journaux *L'Avenir, Le Pays* et *Le Défricheur,* mène un combat verbal acharné contre le rapport Durham, contre l'Union des Canadas, contre les Réformistes, contre la confédération. Il devient la force dominante de l'Institut Canadien de Montréal, une association littéraire et scientifique fondée en 1844 pour donner un centre intellectuel aux diplômés des collèges classiques en l'absence d'une université laïque française. (Rappelons que les Anglais ont déjà leur université, McGill, depuis 1821.) Les jeunes du parti rouge lisent à la bibliothèque de l'Institut Canadien des œuvres de Voltaire, Lamartine, Pascal, Montesquieu, Montaigne, Lamennais, auteurs à l'Index des livres défendus et se livrent à des discussions animées sur les libertés politiques, la liberté de parole et de pensée. En 1857, l'Institut Canadien de Montréal comptait 700 membres. Le clergé contre-attaqua bientôt en essayant de créer des instituts parallèles, L'Œuvre des bons livres et Le Cabinet de lecture. C'est Mgr Bourget, successeur de Mgr Lartigue, qui menait la bataille. Il fit circuler des lettres pastorales condamnant l'Institut. Les membres de l'Institut tâchèrent de faire comprendre aux autorités que les livres de leur bibliothèque n'attaquaient pas la religion ni la morale catholique. En 1869, Mgr Bourget réussit à mettre l'annuaire de l'Institut à l'Index, ce qui voulait dire l'excommunication pour ceux qui oseraient l'ouvrir. Cette même année, l'imprimeur Guibord, membre de l'Institut, mourut sans les derniers sacrements à cause de son affiliation à l'Institut. Le curé de Notre-Dame refusa également de l'enterrer dans la partie consacrée du cimetière. Les amis de Guibord, membres de l'Institut, devant ce refus, s'amenèrent avec le corps au cimetière de Côte-des-Neiges le dimanche après-midi suivant. Le gardien refusa de les laisser entrer. Ils allèrent donc l'enterrer temporairement dans le cimetière protestant et commencèrent des poursuites contre le curé. Le procès devint vite une querelle entre, d'une part, les partisans farouches des droits, des privilèges et de l'autoritarisme de l'Église et, d'autre part, les partisans des libertés civiles, la liberté de parole, la liberté de pensée. Ce conflit montre à quel point la société canayenne avait régressé en si peu de temps après le grand conflit économique et politique de la Rébellion. Le colonisé, vaincu, mis à l'écart du grand courant de l'Histoire, retournait maintenant des siècles en arrière et se retrouvait à orienter toute son énergie dans les querelles du Moyen Âge. Le colonisateur trouvait très amusant de voir les colonisés trimbaler un cadavre d'un cimetière à l'autre en s'engueulant profusément. La chicane stérile était prise chez le colonisé. Le colonisateur dont la tactique de *diviser pour régner* réussissait parfaitement, n'avait qu'à *watcher la game*.

Le juge, qui avait des sympathies libérales, condamna la paroisse à l'inhumation dans le cimetière catholique. Ce jugement fut annulé l'année suivante par la Cour d'Appel qui dit que le clergé était dans ses droits. Les amis de Guibord allèrent en appel devant la Cour du Banc de la Reine qui confirma le jugement de la Cour d'Appel. Ils portèrent ensuite l'affaire devant le Conseil Privé à Londres. Celui-ci ordonna à la paroisse d'inhumer Guibord dans la partie catholique du cimetière en évoquant la subordination du droit canon aux lois civiles sous le Régime français. Le 2 septembre 1875, les amis de Guibord exhumèrent le cercueil, le couvrirent d'un drapeau anglais et le transportèrent vers le cimetière catholique où les attendaient des milliers de catholiques enragés qui leur bloquèrent le passage et les chassèrent vers le cimetière protestant à coups de pierres. Le 16 novembre, après de nouvelles poursuites et des débats enragés dans les journaux, le cercueil partit de nouveau du cimetière catholique mais sous la garde de 1 235 soldats. On remplit la tombe de ciment pour empêcher sa profanation et on y plaça une garde. Mgr Bourget dit dans une lettre pastorale que malgré l'enterrement dans le cimetière catholique, la tombe serait toujours séparée du sol consacré. Il suggérait comme épitaphe : « Là repose un révolté que l'on a enterré par la force des armes. »

Si Londres avait eu en tête le bien-être de ses « sujets », elle aurait avancé un compromis qui aurait réduit le conflit. En prenant parti pour les libéraux contre le clergé, elle accentuait la division entre les Canayens et envenimait des querelles stériles et ridicules qui empêcheraient les colonisés de s'organiser contre le colonisateur.

Pourquoi le parti rouge tomba-t-il dans ce panneau ? Il semble que ceux qui se disaient les héritiers des Patriotes en étaient de fait de pâles reflets. Pourquoi vouloir donner une sépulture chrétienne à Guibord ? Pourquoi ne pas l'avoir enterré dans un cimetière neutre qu'ils auraient inauguré pour l'occasion ? Comment pouvaient-ils penser faire avancer la cause des libertés civiles en forçant l'Église à accepter des récalcitrants dans son sein ? Pourquoi le drapeau anglais sur le cercueil ? Ne pouvaient-ils voir que ce symbole les identifiait au colonisateur et que, comme progressistes qui voulaient gagner le peuple à leur cause, ils se contredisaient stupidement et s'aliénaient le peuple qui, comme de raison, ne voulait suivre une bande d'intellectuels paradant avec un cercueil couvert du symbole de leur oppression. Ces membres du parti rouge, ces libéraux, étaient en somme des catholiques modérés qui s'acharnaient à combattre les catholiques extrémistes, plus catholiques que le pape.

C'était une querelle entre paroissiens et nullement, en fait, un combat entre partisans de libertés civiles et religieuses d'une part, et partisans de la théocratie absolue d'autre part. Le parti rouge qui se croyait progressiste, ne l'était pas. Il prenait le vocabulaire des forces progressistes de l'époque, il essayait d'adopter des idées progressistes contre la séparation de l'Église et de l'État, mais en fait, dans son combat, on voit qu'il menait une lutte d'arrière-garde, qu'il réunissait des conservateurs déguisés en radicaux. En constatant ce conservatisme profond sous le masque progressiste, on comprend comment ce parti rouge dit radical soit devenu le Parti libéral qu'on connaît aujourd'hui.

Quand on voit que l'élite progressiste en était rendue à se bagarrer sur un pauvre cadavre au fond d'un cimetière catholique, on se rend compte de l'empire fantastique que l'Église avait réussi à étendre sur le peuple canayen depuis la Rébellion. Voyons quelques autres exemples de cette domination.

L'historien François-Xavier Garneau voulut relever le défi de Durham dont le rapport nous définissait comme un peuple « sans littérature et sans histoire ». Il écrivit l'*Histoire du Canada depuis sa découverte jusqu'à nos jours*. Dès la publication de son premier volume en 1845, il eut des difficultés avec le clergé qui trouvait qu'il ne faisait pas assez ressortir le caractère religieux de la Nouvelle-France. Garneau, qui avait eu des sympathies patriotes, les oublia le plus possible et dans les volumes suivants tâcha de se corriger en affirmant que la survie du peuple canayen était absolument liée à la foi catholique. Mais ce n'était pas suffisant. L'édition de 1859 de son *Histoire* fut soumise à la censure du clergé qui coupa des paragraphes et demanda à l'auteur d'en réécrire certaines pages. Notre premier historien se soumit à la dictature du clergé.

Le clergé comprit, lors de la Rébellion, la force du nationalisme. Le clergé vit des habitants mourir pour la libération du Québec. Le clergé comprit qu'il fallait s'emparer du nationalisme des Canayens pour les tenir sous sa tutelle. C'est pour cela qu'il exigea que Garneau dise dans son Histoire que le peuple canayen ne pouvait pas survivre sans la foi catholique, c'est-à-dire sans le clergé. Il répandit l'idée dès cette époque que « c'est grâce au clergé que les Canayens existent toujours ». On entend encore aujourd'hui cette grossière fabrication. Mais la vérité est ailleurs. Si le peuple canayen a survécu c'est malgré le clergé qui, lui, était prêt aux pires trahisons nationales pour conserver sa domination. Des nationalistes comme notre poète Crémazie osait cependant dire que la langue avait un rôle à jouer pour conserver notre nationalité. Il affirmait que notre langue était

François-Xavier Garneau, notre premier historien.

«le second boulevard de notre nationalité, puisque la religion en est le premier».

L'abbé Casgrain s'érigea lui-même en critique littéraire et gouverna la littérature de l'époque comme un dictateur. Il disait: «Si comme cela est incontestable, la littérature est le reflet des mœurs, du caractère, des aptitudes, du génie d'une nation… la nôtre sera grave, méditative, spiritualiste, religieuse, évangélisatrice comme nos missionnaires, généreuse comme nos martyrs, énergique et persévérante comme nos pionniers d'autrefois. Mais surtout elle sera essentiellement croyante et religieuse… C'est la seule condition d'être: elle n'a pas d'autre raison d'existence.»

Il commanda des retouches à Philippe Aubert de Gaspé dans ses *Anciens Canadiens*, œuvre pourtant déjà si anti-révolutionnaire, si catholique, si monarchiste qu'on la croirait écrite par un zouave anobli. Les poètes de l'École de Québec qui regroupait Crémazie, Garneau, l'abbé Ferland, Gérin-Lajoie et quelques autres, soumettaient toujours leurs œuvres au ciseau archi-catholique de Casgrain.

Les œuvres littéraires les plus appréciées étaient celles du genre de *Jean Rivard, le défricheur* de Gérin-Lajoie qui prêchait le retour à la terre, la nécessité de la frugalité et du labeur. Le héros du livre décide, après ses études, de servir son pays en allant défricher des terres vierges, bâtir une maison pour sa bien-aimée, créer dans la région défrichée une paroisse qui attirera d'autres jeunes tentés par l'émigration aux États-Unis.

Le nationalisme révolutionnaire de la Rébellion devient, par la propagande cléricale exercée sur le peuple vaincu, un nationalisme tourné vers le passé, un nationalisme avec des mythes de peuple choisi. En 1855, l'arrivée de *La Capricieuse*, le premier bateau français à venir dans un port du Saint-Laurent depuis la Conquête, amena des manifestations de ce nationalisme. Ce fut la joie, l'allégresse ; on chante ; on danse : « la France est revenue », festivités, démonstration de ferveur patriotique.

On tâchait de réveiller chez le peuple l'allégeance à une mère-patrie qu'il avait rejetée depuis longtemps, à cette bonne vieille maman qui avait fauté, il faut le dire, en tombant dans les bras de la Révolution, mais dont on était confortablement séparée par un océan et que la puissance britannique materait si elle essayait de pousser ici ses idées libérales. *La Capricieuse* était venue faire une visite d'amitié après que la reine Victoria avait fait une alliance avec Napoléon III, empereur des Français. La France n'était pas revenue. Elle faisait une petite visite. On moussait chez le colonisé canayen une dépendance vis-à-vis une mère qu'il ne pourrait jamais revoir mais dont on lui montrait quelques portraits. En fait on développait chez lui le colonialisme culturel vis-à-vis la France. On le maintenait dans *l'ailleurs*, dans des rêves de grandeur passée quand la France dominait le Canada. De cette façon, on empêchait le colonisé canayen de compter sur lui-même, de se définir comme canayen, de s'identifier à l'homme d'ici, colonisé, certes, mais prêt à lutter contre ce colonialisme. On essayait de le maintenir dans l'enfance. Le clergé *infantilisait* le peuple, le gardait dans l'ignorance la plus crasse et la dépendance la plus aveugle pour établir sa domination la plus totale sur lui.

Un autre exemple de ce nationalisme aberrant, de ce nationalisme pénétré de catholicisme réactionnaire est la levée de l'armée de zouaves pontificaux en 1867. L'année même où l'élite clérico-bourgeoise, le clergé, Cartier et consorts, enfermaient le peuple canayen dans la prison de la confédération et l'assujettissaient encore davantage à un colonialisme économique, politique et culturel, 135 volontaires sont expédiés pour aller défendre les intérêts économiques du pape.

À cette époque, l'Italie qui est morcelée en plusieurs petits États, dont les États pontificaux, est en train de faire son unité. Garibaldi et ses troupes rallient la population italienne de tous ces États, et même ceux des territoires pontificaux. Le Pape qui voit s'effondrer son pouvoir temporel crie au secours et déclare une guerre sainte. Napoléon III, pas plus catholique que Garibaldi mais non plus anxieux de voir une Italie qui pourrait être une menace à la puissance française, envoie des troupes, qu'on appelle zouaves pontificaux, défendre le Pape contre Garibaldi. Mgr Bourget croit de son devoir d'en faire autant, bien que le pape ne lui ait demandé que de l'aide financière. Il lève un contingent de 135 volontaires choisis davantage pour leur moralité que pour leur valeur militaire. Ils partent pour Paris en 1868 mais ne voient pas le feu de la bataille parce que le mouvement de Garibaldi s'effondre et la reddition des territoires pontificaux à l'Italie unifiée se fait par la guerre diplomatique. En même temps une campagne de propagande contre le libéralisme bat son plein au pays.

Selon Mgr Laflèche, le Canada français «avait sans aucun doute reçu de la Providence une mission, celle de maintenir et d'étendre le royaume de Dieu dans le Nouveau-Monde». Il fallait donc éviter toute contamination de libéralisme.

Ces archi-religieux, qu'on appelait ultramontains, prônaient la suprématie de l'Église sur l'État, le contrôle absolu du clergé sur toutes les activités du citoyen. Mgr Bourget fait venir des ordres religieux de France. Les Jésuites étendent encore davantage leur influence. De nombreux collèges sont fondés. L'Université Laval, sous contrôle clérical absolu, est fondée en 1852 alors que l'Institut Canadien que les intellectuels libéraux avaient voulu transformer en une université laïque est écrasé! Au niveau social, le clergé surveillait sa domination. Quand des ouvriers canayens commencèrent à se regrouper en syndicats vers 1850, le clergé les accusa de former de «dangereuses sociétés secrètes». Le syndicat américain, Knights of Labour, qui représentait un mouvement ouvrier qui voulait transformer les structures sociales en faveur de la classe ouvrière, réussit à s'implanter au Québec en 1881 mais, cinq ans après, il disparaissait du Québec à la suite des attaques virulentes de Mgr Taschereau. Le clergé se mit ensuite à créer des syndicats catholiques qui n'étaient que des syndicats de boutique, vendus d'avance à la bourgeoisie.

Au niveau politique proprement dit, le clergé dans son ensemble était bleu. On y retrouvait quelques rouges mais ils étaient réduits au silence. Les ultramontains ne trouvaient pas leur influence suffisante dans le parti et ils tentèrent même de fonder au sein du parti conservateur un *parti catholique* avec un *programme catholique*, qui aurait obligé les députés conservateurs à légiférer sur le mariage, l'éducation, la fondation des paroisses «selon que Nos Seigneurs les Évêques de la Province pourraient le demander afin de les mettre en harmonie avec les doctrines de l'Église catholique romaine».

Le clergé instaurait un régime théocratique et enfermait le peuple canadien dans les catacombes de l'Histoire pour un siècle à venir.

Situation démographique

Au recensement de 1871, la population blanche du Québec est de un million environ. Les trois quarts sont Canayens. Le reste est anglophone (anglais, écossais, irlandais).

Les Canayens, majoritaires au Québec, sont minoritaires au Canada dans son ensemble. Ils ne sont que le tiers de la population blanche.

Au Québec, 85 % de la population est rurale. La plupart de cette population rurale est canayenne. Les villes, elles, sont plus anglaises que françaises. La ville de Québec est anglaise à 40 %.

La ville de Montréal, avec sa population de 115 000 habitants, a une majorité anglaise. Les marchands, banquiers et industriels anglais, habitent les magnifiques domaines sur les pentes du Mont-Royal construits par les marchands de fourrures dont ils sont les descendants. La classe bourgeoise anglaise habite à l'ouest de la St-Lawrence-Main, la classe bourgeoise française à l'est, entre Sainte-Catherine et Sherbrooke. Les ouvriers peuplent les villages sordides qui entourent les manufactures.

Situation économique

Vers 1850, le bouleversement qu'apporte l'industrialisation a déjà affecté les États-Unis et attire dans les usines du cheap-labour canayen. Les Canayens se ressentent de tous ces changements de l'ordre économique même s'ils se concentrent surtout sur l'agriculture. La ville de Québec perd toute son importance économique quand les chemins de fer s'étendent jusqu'à l'Atlantique.

La construction navale de Québec qui faisait vivre la moitié de sa population disparaît presque totalement parce que le bateau d'acier remplace le bateau en bois. Tout ce qui reste à la ville de Québec c'est 35 tanneries, 8 fonderies, des menuiseries et des brasseries. Pour subsister, elle dépend maintenant de l'Église et de l'État, centre administratif de l'Église et capitale provinciale. Trois-Rivières et Sorel souffrent également de ne pas se trouver sur le parcours de la voie ferrée du Grand Tronc qui suit la rive jusqu'à Rivière-du-Loup.

Montréal par contre devient la métropole du Canada. Son port est aménagé pour recevoir le premier océanique en 1857. Elle devient le centre d'importation et d'exportation. En 1861 l'exportation de produits agricoles est plus importante que celle de produits forestiers. Elle devient un centre ferroviaire important étant liée au Grand Tronc par le pont Victoria, et une plaque tournante du réseau fluvial. Elle devient aussi le centre administratif de beaucoup de compagnies et le centre bancaire du Canada, mais tout ceci au profit de marchands anglais et de quelques

Mackenzie King, premier ministre du Canada,
devant un portrait de Wilfrid Laurier,
son maître à penser.

bourgeois canayens comme Cartier. Le peuple canayen en bénéficie un peu et ceci, indirectement, par les emplois mal payés que ces activités commerciales offrent aux jeunes habitants qui quittent les fermes pour aller faire fortune à la ville.

Sherbrooke se développe d'une façon semblable aux villes des États-Unis avec ses usines de papier et de textile.

Les habitants du Québec, dans de petites fermes pas toujours rentables, ne peuvent pas concurrencer les producteurs de blé du Middle West américain. Ils tâchent de se diversifier en s'orientant vers l'industrie laitière.

En fait, pour le peuple canayen la situation économique est déplorable et cela découle non pas de son manque de sens des affaires comme on l'a tant répété, mais simplement de sa situation de peuple colonisé, de peuple à qui on a enlevé tous les leviers politiques et économiques de développement. Politiquement, on l'a vu, les Canayens n'ont aucun pouvoir. Économiquement non plus. La grande majorité se trouve sur des fermes mais l'exploitation agricole du Québec est insignifiante par rapport à l'Ontario et aux États-Unis et cela, pour deux raisons : 1° Les terres le long du fleuve, les seules productives appartenant à des Canayens, sont en fait peu nombreuses comparées aux étendues du Middle West et 2° les Canayens n'ont aucun contrôle sur le marché. Il est dans les mains de marchands anglais qui se fichent éperdument du développement économique du Québec s'ils peuvent faire plus d'argent à vendre du blé américain à l'Angleterre. Il ne faut jamais oublier que le marchand est motivé strictement par le profit. Le marchand va être nationaliste, va favoriser le développement national si ça lui rapporte de l'argent (rappelons-nous la fabrication de la confédération par les marchands).

Par contre, s'il peut faire de meilleurs profits en vendant la nation, il va le faire (pensons à Cartier et à sa participation à la confédération).

Le jeune habitant dont le curé du village a payé le cours classique se sent redevable et va le plus souvent entrer en religion. En même temps, devenir prêtre c'est monter dans l'échelle sociale, c'est en fait devenir membre de la nouvelle aristocratie canayenne. Ce terme n'est pas trop fort. Le clergé en établissant la suprématie de l'Église au Québec, en établissant sa théocratie, a donné un statut privilégié à tout membre du clergé, a fait de ses prêtres une classe privilégiée à qui on doit révérence, respect, obéissance, soumission, à qui on doit rendre hommage. Les curés n'exigeaient-ils pas les mêmes marques de respect, courbettes et révérences, que l'aristocratie sous Louis XV ? Le clergé n'avait-il pas la même idéologie que ces nobles en prêchant l'obéissance aveugle et la soumission absolue à leur autorité de droit divin ? Ne favorisent-ils pas la monarchie comme ordre social plutôt que la démocratie bourgeoise avec ses tendances libérales ? Il faut noter que même si on emploie l'expression d'élite *clérico-bourgeoise* pour désigner la tête dirigeante de la société canayenne qui comprenait clergé et petite bourgeoisie collaboratrice, il ne faut pas croire que cette élite est imbue de l'idéologie bourgeoise. En fait, elle est beaucoup plus imprégnée de l'idéologie aristocratique de la France pré-révolutionnaire que de l'idéologie bourgeoise qui a cours dans les milieux libéraux français, anglais et américains. Cette élite clérico-bourgeoise au Québec va prêcher les valeurs de l'Ancien Régime (foi en Dieu, respect de l'autorité religieuse et civile, mépris pour le commerce, culte de l'honneur) et non celles de la classe bourgeoise (foi en Dieu tempérée par la foi en la rationalité et la force créatrice de l'homme, respect de l'autorité des élus du peuple, culte de l'exploitation commerciale et mépris pour « l'honneur », ascension sociale par les ressources de l'individu). Mais en fait, tout en prêchant les valeurs de l'aristocratie, le clergé pratique l'activité bourgeoise. Il va, sans le dire trop fort, investir dans l'économie capitaliste nord-américaine et faire de gros profits, il va jouer avec les « élus du peuple » pour garder son contrôle sur la démocratie bourgeoise du Québec. Il va mépriser l'honneur de tous les Canayens qui contesteront son autorité, il va exploiter le désir d'ascension sociale des Canayens pour les recruter dans ses rangs. Cette schizophrénie[35] de l'élite clérico-bourgeoise va maintenir des générations de Québécois en dehors de la réalité, en dehors du monde réel, en dehors de l'Histoire et expliquera l'avortement de toute tentative de recherche intellectuelle, la banqueroute de nos projets politiques et l'exil de nos fils les plus doués.

Les jeunes qui ne choisissent pas la prêtrise en sortant du collège deviennent avocats, notaires, médecins. Ils deviennent membres de cette élite, eux qui ont subi le lavage de cerveau intensif du clergé pendant 8 ans de cours. Les avocats et notaires

---

35. *Schizophrénie* : Maladie mentale dans laquelle le malade a perdu tout contact avec la réalité et le monde extérieur et vit dans un monde intérieur créé par lui. Ici, le mot n'est pas pris au sens strict. Il est employé pour indiquer les contradictions entre ce que le clergé prêche et ce qu'il fait en réalité.

travaillent à leur compte ou pour des compagnies anglaises ou encore deviennent fonctionnaires. Si des membres de cette élite laïque réussissent à amasser un peu d'argent, ils l'investissent dans de petites industries de famille. Vers 1850-1860, on en trouve déjà un certain nombre. Le petit capital canayen exploite la fabrication de la brique, de la chaussure, du bois fini, quelques scieries et plusieurs tanneries. En 1871, l'industrie canayenne exploitait 7 300 travailleurs canayens pendant que l'industrie anglaise, elle, en exploitait de 50 000 à 75 000 dans le bois ou dans l'usine, et que l'industrie américaine dans les États du Maine, du Massachusetts et du Vermont en exploitait un autre 75 000 à peu près.

Vers la fin du siècle, la principale industrie de la province sera celle de la pâte à papier. Le capital américain s'y installe, obtient des concessions forestières immenses pour presque rien et embauche le cheap-labour québécois. La pénétration du capital américain dans le secteur primaire, c'est-à-dire l'extraction (comme le bois pour le papier, l'amiante à Thetford) et la subordination graduelle du capital anglais à ce capitalisme américain dans la province annonce le nouveau régime sous lequel tombe le peuple canayen.

Étienne Taché.

La Confédération

Le Canada-Uni qui se composait du Haut et du Bas-Canada est maintenant transformé.

La nouvelle colonie s'appelle le Canada. Le Canada comprend quatre provinces : l'Ontario, le Québec, la Nouvelle-Écosse et le Nouveau-Brunswick. Il est administré par un gouvernement fédéral (ou central) dont la capitale est Ottawa, et par des gouvernements provinciaux (ou locaux) dans chaque province. Le gouvernement fédéral a tous les pouvoirs importants et surtout ceux de l'ordre économique. Les gouvernements provinciaux ont des pouvoirs pour la plupart insignifiants, des pouvoirs de concierge.

Le partage des pouvoirs

Le gouvernement fédéral s'arroge les pouvoirs suivants :

1. Les mécanismes de contrôle des finances du pays : la banque du Canada et l'émission de monnaie et de papier monnaie, la dette publique, le droit de regard sur les banques de caisses d'épargne, droit de tout mode de taxation, emprunts sur le crédit public, faillites.

2. Les mécanismes de contrôle du commerce : le transport par eau, par chemin de fer, les communications, les postes, la navigation, les pêcheries, les ports, le commerce extérieur, les douanes, la propriété publique.

3. Les mécanismes de contrôle de la défense nationale : milice, service militaire, marine.

4. Les mécanismes de contrôle de la justice : droit criminel, pénitenciers.
5. Les mécanismes de contrôle de droit civil : mariage et divorce, droits d'auteur, brevets d'invention.
6. Contrôle de la population : recensement, statistiques, immigration.
7. Les relations extérieures, ambassades, etc.
8. Droit de contrôle sur toute matière sauf celles attribuées expressément et exclusivement aux provinces.

Les pouvoirs des provinces se limitent à l'administration purement locale :
1. Droit de taxation directe pour des fins provinciales et droit d'emprunt sur le seul crédit de la province.
2. Administration et vente de terres publiques appartenant à la province, y compris les forêts.
3. Administration des municipalités.
4. Administration des institutions scolaires, réglementation de l'éducation (mais sujet au désaveu fédéral).
5. Administration des hôpitaux et asiles.
6. Administration de prisons publiques.
7. Administration de tribunaux provinciaux aussi bien civils que criminels.
8. Émission de permis de vente de boutiques et débits de boisson, émission de chartes de compagnie.
9. Construction de routes locales.
10. Célébration des mariages.
11. Réglementation de la propriété privée.

M.BARNARD W.A.HENRY E.PALMER Sir F.B.T.CARTER Sir AMBROSE SHEA
Secretary Nova Scotia P.E.Island Newfoundland Newfoundland

W.H.STEEVES
New Brunswick

E.B.CHANDLER
New Brunswick

CHAS.FISHER GEO.COLES
New Brunswick P.E.Island

J.C.CHAPAIS A.G.ARCHIBALD
Canada West Nova Scotia

COL.J.H.GRAY
P.E.Island

ALEX.CAMPBELL Sir JOHN A.MACDONALD
Canada Canada West

E.WHELAN
P.E.Island

S.L.TILLEY
New Brunswick

Sir H.L.LANGEVIN Sir GEO.C
Canada East Canada

LES PÈ

CONFÉDÉRATIO

I JU

Les deux langues, anglaise et française, sont officielles au niveau fédéral, strictement dans les procès-verbaux et les lois du Parlement et dans les débats. Dans toute autre activité fédérale l'anglais est la langue d'usage.

Au niveau provincial, la langue officielle est l'anglais, sauf au Québec où les deux langues sont officielles.

Le Parlement du Canada se compose de deux chambres : le Sénat (ancien Conseil législatif) dont les membres sont nommés par le parti au pouvoir. La Chambre des Communes (anciennement Assemblée) élue.

Le gouverneur-général représente la Reine.

Les gouvernements provinciaux se composent d'un lieutenant-gouverneur et de l'Assemblée législative.

La province de Québec a cependant, en plus du lieutenant-gouverneur et de l'Assemblée législative, un Conseil législatif nommé par le parti au pouvoir.

Dès 1867, c'est le fédéral qui prend la part du lion. La taxation directe à l'époque est impopulaire et à peu près inexistante. C'est en fait la taxation indirecte qui est la source principale de revenu du gouvernement. Or, le fédéral s'est donné le revenu des douanes qui représente 80 % de tous les revenus tandis que le revenu d'autres taxes indirectes (permis de coupe de bois, de vente) ne rapporte que 20 % et est donné aux provinces. Dès les premières années de la dite confédération, les provinces comme le Nouveau-Brunswick et la Nouvelle-Écosse sont obligées de quêter des subventions d'Ottawa pour boucler leur budget. La dépendance des provinces vis-à-vis d'Ottawa est assurée dès le début et s'accentuera avec les années et surtout durant des périodes de crises (guerres mondiales, dépressions économiques).

Les provinces sont en fait des colonies du fédéral. Mais le fédéral lui-même demeure, au niveau politique, colonie de la Grande-Bretagne car « toute loi canadienne est nulle dans la mesure où elle contredit une loi impériale appliquée au Canada », et en fait les relations internationales du Canada sont gouvernées par le Colonial Office. Une déclaration de guerre par l'Angleterre entraîne le Canada dans cette guerre. De plus, le Canada ne peut signer de traités internationaux.

À l'été de 1867, ont lieu des élections fédérales et provinciales. Au fédéral, les conservateurs de MacDonald et Cartier remportent les deux tiers des sièges et forment le ministère qui va gouverner jusqu'en 1874.

La première mesure du gouvernement d'Ottawa est l'achat des plaines de l'Ouest. Ces immenses territoires sont exploités par la Compagnie de la baie d'Hudson depuis longtemps. Cartier et un certain McDougall se rendent à Londres pour négocier l'affaire. La compagnie cède le territoire pour 1 500 000 $ mais se réserve les terrains près des postes de traite. Le territoire couvre 2 500 000 milles carrés. On ne demande évidemment pas l'avis des populations qui l'habitent, des 75 000 habitants dont des milliers d'hommes rouges, des 10 000 Métis canayens, de quelques milliers de Canayens et d'Écossais et de quelques milliers d'Esquimaux.

J.-A. MacDonald, premier ministre du Canada.

Riel

La confédération était en vigueur depuis à peine quelques années quand la crise du Manitoba démontra que cette confédération avait été conçue pour faire du Québec une réserve pour les Canayens et que les Anglais se battraient à mort pour empêcher que les Canayens et les Métis canayens de la Rivière Rouge créent une province française à l'ouest de l'Ontario. Pour les Anglais du Canada, une province de Québec c'était déjà trop. Il fallait détruire dans l'œuf les volontés de regroupement des Métis canayens dans l'Ouest, les massacrer et y installer des Anglais qui feraient du Manitoba une province anglaise.

Ottawa sut s'organiser pour réaliser ce projet et ne recula pas devant le meurtre de Louis Riel en 1885.

Dans l'Ouest, la Compagnie de la Baie d'Hudson exploite le commerce des fourrures. Les Rouges, les Métis canayens et des trappeurs canayens sont le cheap-labour de ce commerce. Les 10 000 Métis et les quelques milliers de Canayens sont également établis sur les terres le long de la Rivière Rouge et de ses tributaires selon le système de peuplement du Québec, des bandes de terres étroites qui partent des cours d'eau pour pénétrer loin dans les terres. Ils se regroupent aussi à Saint-Boniface où Mgr Plessis a envoyé des missionnaires dès 1818. De l'autre côté de la Rivière Rouge, quelques milliers d'Écossais venus avec Lord Selkirk en 1812, cultivent les terres très fertiles de la région. La majorité de la population est métisse canayenne et très consciente de son identité propre.

La Compagnie de la Baie d'Hudson a, comme les compagnies de l'époque, des privilèges fantastiques. Elle a établi une administration politique dans la région. Elle nomme un Gouverneur et un Conseil qui ont des pouvoirs dictatoriaux sur la population.

La Compagnie s'entend assez bien avec les Écossais, qui, eux, se limitent à la culture de la terre, mais elle exploite d'une façon ignoble les Métis. Ceux-ci se sont déjà soulevés en 1826-27.

En 1849, la Compagnie a traduit, devant sa propre cour de justice, un Métis qu'elle accuse de trafic « illicite » de fourrures. Ce dernier, en effet, s'est permis de vendre le produit de sa chasse à des Américains qui lui offraient davantage. Durant son « procès » devant un agent de la Compagnie, une bande de Métis envahit la salle d'audience et imposa l'acquittement de leur camarade. Jean-Louis Riel, meunier de Saint-Boniface, père de Louis, est l'âme dirigeante de cette insurrection.

Dans les années 1850 et 1860, quelques milliers de Canayens qui quittaient le Québec mais ne tenaient pas à immigrer aux États-Unis, allèrent s'installer le long de la Rivière Rouge, s'adonnèrent au défrichement, à l'agriculture et fondèrent des paroisses.

En même temps, les Américains qui s'étendaient vers le Pacifique, avaient des visées sur ces riches plaines. De leur côté, les Anglais d'Ontario lisaient les articles anti-canayens de George Brown et de William McDougall qui, eux, voulaient faire de l'Ouest une extension de l'Ontario. Dans ce but, il fallait empêcher d'une part les Canayens de s'y regrouper et, d'autre part, les Américains d'annexer la région.

En 1864, les promoteurs de la confédération, réunis à Québec, discutent de l'admission de cette région qu'on appelle les territoires du Nord-Ouest (les actuelles provinces du Manitoba, de la Saskatchewan, de l'Alberta, du Yukon et du Keewatin). Lorsque les Métis apprennent qu'on est en train de décider de leur sort sans les consulter, leur ressentiment s'accroît.

En 1868, Ottawa envoie, tout à fait illégalement, une équipe de construction de routes dans la région de la Rivière Rouge. On dit que c'est pour donner du travail aux Métis dont la situation économique est mauvaise après la dévastation des récoltes par les sauterelles.

L'été suivant, ce sont des arpenteurs canadiens qui procèdent à leurs tracés, sans respecter les divisions de terrain propres aux

Le conseil métis.

Métis, en se moquant d'ailleurs dédaigneusement des protestations de ces derniers. Lorsque ces protestations parviennent aux oreilles du Premier ministre MacDonald, tout ce qu'il trouve à en dire est injurieux pour les Métis. Il les traite de « half-castes », de dégénérés.

Les négociations entre Ottawa et la Compagnie de la Baie d'Hudson se terminent.

Le 1er décembre, le territoire passe officiellement entre les mains du Canada pour la somme de 300 000 livres sterling. Le gouvernement canadien nomme un gouverneur et un Conseil pour la région.

Willliam McDougall est nommé gouverneur. Il doit s'y rendre pour prendre son poste le 1er décembre. Tous les membres du Conseil sont des protestants militants anti-canayens à l'exception d'un Canayen vendu.

Mais, dès octobre, les Métis ont organisé la résistance.

Le 11 octobre, le jeune Louis Riel, à la tête d'un groupe de Métis, disperse une équipe d'arpenteurs.

Le 20 octobre, les Métis se réunissent et élisent un Gouvernement provisoire sur le modèle de leur organisation pour la chasse au bison. John Bruce, Métis écossais, est élu président, Riel, secrétaire. Leur but est d'obtenir du Canada la reconnaissance de leurs droits avant le 1er décembre, date à laquelle le territoire est censé passer des mains de la Compagnie dans celles du Canada.

Le Conseil de l'Assiniboia, conseil local de la Compagnie, somme Riel de comparaître devant lui pour s'expliquer. Riel se présente et défend les droits des Métis en protestant contre tout gouvernement qui viendrait du Canada sans que les Métis soient consultés.

Entre temps, McDougall et son Conseil font route vers la Rivière Rouge par les États-Unis.

À Pembina, en territoire américain, une ambassade métis vient lui dire de ne pas franchir la frontière s'il ne veut pas se faire massacrer.

Le 30 octobre, il essaie de traverser mais un commando métis, sous le commandement d'Ambroise Lépine, l'en empêche.

Le même jour, Louis Riel s'empare du Fort Garry, poste de traite de la Compagnie, au nom du Gouvernement Provisoire.

Entre temps, le Colonel Dennis, chef des arpenteurs, organise un « coup d'État » pour faire entrer McDougall par la force. Le 6 novembre, Riel invite les paroisses écossaises à choisir des représentants pour rencontrer les Métis canayens le 16 novembre.

Le 16 novembre, MacTavish, gouverneur de la Compagnie, lance une proclamation qui proteste contre les décisions du Gouvernement Provisoire et demande un retour à la légalité.

En d'autres termes, il veut que le Gouvernement Provisoire disparaisse mais il n'ose pas y aller de front, de crainte d'aggraver la situation. Un de ses collègues anglais propose un compromis. Anglais et Métis canayens devront se mettre ensemble pour former un nouveau Conseil qui, lui, négociera avec Ottawa.

Riel a envie d'accepter mais flaire le piège à temps.

Le 23 novembre, lui et ses troupes s'emparent des provisions et de l'argent du Fort Garry et en contrôlent toutes les entrées et sorties.

À la fin de novembre, McDougall, qui attend toujours à la frontière, reçoit une lettre du premier ministre MacDonald, lui disant de ne pas tenter de s'installer par la force dans ce « pays étranger ».

En même temps, le colonel Dennis, chef des arpenteurs, tente avec 20 Canadiens et 70 hommes rouges de renverser le Gouvernement Provisoire en attaquant le Fort Garry, mais il échoue misérablement.

Le 5 décembre, Louis Riel fait connaître sa *Liste des Droits*, où il proclame la nécessité de consultation de la population métisse sur son intégration dans le Canada.

Le 9 décembre, il s'empare des chefs du parti pro-canadien et les emprisonne dans le Fort Garry. Il arbore sur le fort le drapeau du Gouvernement Provisoire, le trèfle et la fleur de lys. Les partisans du parti pro-canadien osent à peine sortir le leur qui n'est que le Union Jack avec le mot Canada brodé dessus.

Le Gouvernement canadien est bien embêté : le territoire qu'il convoite ne lui tombe pas dans les mains comme un fruit mûr.

MacDonald décide d'envoyer deux émissaires bien choisis, un prêtre, le Père Thibault, qui a passé 27 ans dans la région, et Charles de Salaberry, fils du héros de Châteauguay. Il y a un troisième personnage, un dénommé Donald Smith, dirigeant de la Compagnie de la Baie d'Hudson, qui porte un petit sac, l'argent qu'il faut pour acheter les chefs rebelles.

Le plan est le suivant : offrir aux Métis deux sièges sur le Conseil dont les deux tiers seraient élus par la population de la colonie ; on respecterait les titres de propriété ; et offrir à Riel un poste dans la police du territoire.

L'assassinat de Scott par les Métis à Fort Garry.

*Louis Riel, quelques jours
avant son arrestation.*

Toutes ces promesses seraient accompagnées d'argent sonnant «pour construire, comme le disait McDougall, un pont d'or sur lequel McDougall pourra passer pour entrer dans le pays».

Le 6 décembre, proclamation royale qui demande aux Métis de mettre bas leurs armes avec promesse d'amnistie[36].

Riel assume la présidence du Gouvernement Provisoire.

Quand les émissaires du gouvernement impérialiste canadien arrivent, il les empêche de parler au peuple mais accepte de discuter avec eux. Les leaders métis ne se laissent pas acheter. Riel exige qu'Ottawa reconnaisse son Gouvernement Provisoire comme le seul corps constitué qui puisse négocier l'entrée de la région de Rivière Rouge comme province à part entière dans la confédération.

Les émissaires d'Ottawa doivent reconnaître officiellement le Gouvernement Provisoire le 20 février, et Ottawa lui-même le reconnaît de fait. À ce moment-là, le Gouvernement Provisoire accepte d'envoyer une délégation de trois hommes : le Père Ritchot pour les Métis Canayens, le juge John Black pour les Métis anglais et Alfred H. Scott pour les colons américains et anglais.

Pendant ces discussions entre les émissaires d'Ottawa et les chefs métis, les partisans du parti pro-canadien qui ne peuvent absolument pas accepter la négociation avec les Métis qu'ils méprisent, décident de faire un nouveau raid sur le fort pour y massacrer tous les Métis.

Dans cette bande de colonisateurs assoiffés de sang se trouve Thomas Scott qui avait réussi à s'échapper du Fort Garry où il

---

36. *Amnistie* : pardon accordé par une loi spéciale.

avait été emprisonné par Riel avec d'autres leaders du parti pro-canadien le 7 décembre.

Au cours de la nuit du 14 février, cette bande, commandée par le major Boulton, descend sur le Fort Garry mais se retire quand Riel leur promet de ne pas leur faire de mal s'ils se dispersent. En s'en allant, ces lâches ne peuvent s'empêcher de s'attaquer à un Métis nommé Parisien et à le faire prisonnier. Celui-ci s'échappe et le lendemain tire sur un colon anglais qui, croit-il, le poursuit. Le chef métis Lépine cerne la bande de Boulton et l'emprisonne au Fort. Boulton passe au conseil de guerre du Gouvernement Provisoire. Il est condamné à être fusillé. L'émissaire Smith intercède pour lui et réussit à obtenir la sentence suspendue.

Thomas Scott passe en jugement et est condamné lui aussi à être fusillé. Smith essaie d'intercéder, mais c'est peine perdue. Thomas Scott avait tenté d'assassiner le chef arpenteur Snow quand il travaillait sous ses ordres. Il était l'un des leaders de l'agitation contre les Métis.

Durant son emprisonnement, il n'avait cessé d'injurier Riel et son Gouvernement Provisoire. Il s'était évadé en janvier. Il était l'instigateur de cette nouvelle attaque contre le Gouvernement Provisoire reconnu par Ottawa. Le Conseil de guerre ne peut pas revenir sur sa décision. Il est fusillé le 4 mars.

L'exécution de Thomas Scott envenime le conflit. Les colonialistes impérialistes d'Ontario écument de rage. M\gr Taché qui a été rappelé de Rome en vitesse par MacDonald met toute son influence à persuader les chefs métis de céder aux pressions d'Ottawa. Riel le traite d'agent du gouvernement canadien mais accepte tout de même de libérer les autres prisonniers le 16 mars, proclame la paix le 9 avril et, le 23 avril, permet de remplacer le drapeau du Gouvernement Provisoire sur le Fort par l'Union Jack. Le Gouvernement Provisoire continue cependant à gouverner, avec l'accord d'Ottawa, jusqu'à l'arrivée du nouveau gouverneur.

Mais les délégués du Gouvernement Provisoire qui se rendaient à Ottawa pour négocier l'entrée de cette région dans la Confédération ont été arrêtés à Toronto sous l'instigation du frère de Thomas Scott.

Ils sont cependant relâchés quand le Gouvernement ontarien refuse de les poursuivre.

Après un mois de négociation entre MacDonald et le Gouvernement Provisoire, la province du Manitoba est créée. Mais le gouvernement fédéral se réserve la propriété des terres publiques en échange des concessions faites aux Métis. Les écoles confessionnelles protestantes et catholiques sont garanties. Les langues française et anglaise sont officielles. Les Métis ont donc obtenu ce pour quoi ils s'étaient battus, mais ils tombent quand même dans le piège. Sur papier, ils ont gagné leur cause, le Manitoba est une province et non pas une simple extension de l'Ontario. Mais ils ne vont pas pouvoir bénéficier de leurs droits acquis par la création de cette nouvelle province car les Anglais vont les en chasser, modifier la loi sur les écoles et assumer le pouvoir entier pour en faire en réalité une province blanche anglo-saxonne protestante comme l'Ontario.

Le 15 juillet 1870, le Manitoba devient officiellement province du Canada.

Le lieutenant-gouverneur Archibald arrive avec une force militaire sous les ordres du Colonel Wolseley.

Les Métis ne comprennent pas ce déploiement militaire. Pour eux, la question est réglée : le Manitoba est une province avec des lois garantissant leurs droits.

Riel et ses troupes ont d'ailleurs déjà quitté le Fort Garry quand Wolseley s'y installe.

La répression commence. Smith émet un mandat d'arrestation contre Riel et quelques autres leaders métis.

Les immigrants qui arrivent par milliers d'Ontario commencent la chasse aux Métis. C'est la persécution et le massacre. Le gouverneur Archibald lui-même doit le reconnaître dans une lettre à son patron MacDonald : « Un grand nombre de Métis français ont été tellement battus et outragés par une section du peuple, petite mais tapageuse, qu'ils ont l'impression de vivre en état d'esclavage. » « Les nouveaux venus d'Ontario, ajoute-t-il, semblent croire que les Métis français doivent être effacés de la face du globe. »

En effet, les colons arrivés d'Ontario chassent les Métis de leurs terres à coups de fusil, brûlent leurs maisons et s'emparent de leurs terres. Tuer un Métis devient un sport, comme tuer un noir l'est pour les Sudistes blancs des États-Unis. Ainsi deux soldats des Ontario Rifles assassinent Elzéar Goulet comme on n'oserait pas abattre un chien, et au lieu de les arrêter, on les encourage et on loue leur bravoure.

Les Métis réagissent à cette persécution en émigrant plus loin, à l'ouest et au nord. Riel et Lépine sont plutôt isolés. Le gouverneur fait appel à eux pour combattre les raids des Féniens

(Irlandais réfugiés aux États-Unis qui attaquent le Canada pour affaiblir l'Angleterre et ainsi libérer leur patrie de la domination anglaise). Riel et Lépine recrutent 300 Métis à cet effet en octobre 1871. C'est que Mgr Taché a, en effet, réussi à convaincre Riel que la soumission à l'autorité canadienne et la collaboration avec celle-ci est la seule solution que tout chrétien manitobain doit accepter.

Aux élections fédérales de 1871, Riel est élu dans la circonscription de Saint-Boniface. Cartier qui a perdu ses élections dans Montréal-Est parce que les Canayens de ce comté le trouvent trop vendu, réussit à convaincre Riel de démissionner pour lui céder la place comme député de Saint-Boniface.

Mgr Taché et Cartier manipulent Riel d'une façon éhontée. Riel est un croyant et ces deux personnages exploitent son sentiment religieux pour lui faire faire ce qu'ils veulent.

En 1873, Lépine est arrêté, jugé, condamné à mort. Mgr Taché proteste contre le gouvernement qui contredit ses promesses d'amnistie. Lépine obtient la commutation à 2 ans de prison mais perd ses droits civils. Ce même évêque Taché remet à Riel de l'argent de MacDonald et Cartier pour qu'il aille se perdre aux États-Unis.

La mort de Cartier, cette même année, laisse vacant le siège du Comté de Saint-Boniface. Riel est réélu en 1874. Mais comment aller siéger à Ottawa quand toute la population d'Ontario veut sa peau ?

Sa tête est mise à prix : 5 000 $, à qui l'arrête et le remet entre les mains des autorités ontariennes.

Pourtant, malgré ce danger, Riel se présente à Ottawa, prête serment comme député mais l'hystérie est si grande qu'on l'expulse de la Chambre des Communes. On voit que les lois de la démocratie s'appliquent seulement aux maîtres, à messieurs les Anglais. D'après leur propre tradition, un député dûment élu est protégé de toute atteinte à sa liberté dans l'exercice de ses fonctions. C'est ce que l'on appelle « l'immunité parlementaire ».

Louis Riel n'y a pas droit.

Les maîtres font leurs lois à leur avantage et empêchent les sujets colonisés d'en jouir.

Riel est chassé de la Chambre des Communes comme un gueux.

Pour justifier cette action, les députés d'Ontario le déclarent officiellement en fuite.

Le cirque de la démocratie britannique ne s'arrête pas là : en 1875, on institue une Commission royale d'enquête pour savoir si oui ou non les insurgés jouissaient d'une amnistie. Cette Commission royale conclut que Scott avait été jugé et exécuté par un gouvernement légal, le Gouvernement Provisoire reconnu par Ottawa, qu'il y avait eu, en fait, amnistie d'après les promesses de MacDonald, Cartier et Cie. L'amnistie existait puisque le Gouvernement Archibald avait fait appel à Riel et à Lépine pour combattre les Féniens. Cette Commission d'enquête semonce un peu le gouvernement pour lui donner bonne conscience. Se faire dire qu'on aurait dû faire autrement, une fois qu'on a fait ce qu'on a voulu, est un petit « mea culpa » après le crime.

*Le lieutenant-gouverneur du Manitoba
à l'époque de la guerre des Métis, Joseph-Édouard Cauchon.*

Maintenant que les Métis sont matés, qu'est-ce que cela peut bien représenter pour le gouvernement fédéral de se faire dire qu'on aurait dû être plus gentil pour leurs chefs ?

À la lumière du rapport de cette Commission, le gouvernement décrète une amnistie générale pour tous les insurgés, excepté Riel, Lépine et un certain O'Donaghue qui, eux, sont bannis pour cinq ans.

Lépine, libéré de prison en 1876, se rend à Batoche, sur la rivière Saskatchewan, où beaucoup de Métis se sont réfugiés de la persécution des Anglais qui ont volé leurs terres sur la Rivière Rouge.

Riel, pour sa part, se réfugie au Québec, chez le catholique fanatique Alphonse Desjardins. À cette époque, Riel a des crises mystiques. Desjardins le fait interner à l'asile de Longue Pointe et à Beauport de 1875 à 1878. Riel en sort de temps en temps pour faire de la propagande pour la cause métisse. Il quitte Beauport en 1878, fait son chemin vers l'ouest américain. Il s'installe à la mission jésuite de Saint-Pierre au Montana, épouse une métisse et enseigne à la petite école. Il devient citoyen américain en 1883 mais ne renonce pas à promouvoir la cause métisse.

La création de la province du Manitoba ne réglait pas les problèmes de l'ouest. Les Métis se sont réfugiés à l'ouest du Manitoba, le long de la rivière Saskatchewan. Quant aux Anglais qui se sont emparés du Manitoba, ils ne sont pas satisfaits. Il leur faut tout le territoire, jusqu'au Pacifique.

Le colonialisme n'a pas de limites.

Les Métis qui vivent surtout de la chasse au bison voient cet animal disparaître de leurs territoires. Les Américains en massacrent des troupeaux entiers pour les peaux ou simplement

pour le plaisir ; de plus, la voie ferrée du Pacifique Canadien et les colons s'avancent dans leurs territoires de chasse. Les Métis se plaignent à plusieurs reprises à Ottawa du massacre des bisons et des spéculateurs qui leur volent leurs biens mais Ottawa fait la sourde oreille. Ottawa, en fait, encourage les spéculateurs pour pouvoir retirer des taxes sur les propriétés afin de payer le coût de la construction du chemin de fer. Peu importe le sort des Métis.

De nouveau, des arpenteurs se mettent à diviser les terres métisses pour les en chasser.

Les Métis envoient pétition sur pétition à Ottawa. Rien à faire. Il ne reste plus que l'auto-défense.

Au printemps de 1884, une délégation composée de Gabriel Dumont, Moïse Ouellet, James Isbister et Michel Dumas se rend au Montana presser Riel de revenir organiser la lutte. Riel accepte. Il compte même établir une nouvelle nation métisse à l'ouest du Manitoba.

Il arrive en juillet dans la région.

Il a l'appui des Métis, des hommes rouges et de certains blancs.

Il préconise la reconnaissance des droits de propriété des Métis sur toutes ces terres et la création des provinces d'Alberta et de Saskatchewan.

À certains moments, il a des visions fantastiques : la création dans l'Ouest d'une société libérée de l'exploitation où la pauvreté et la misère disparaîtraient, où les hommes s'aimeraient, travailleraient ensemble, créeraient ensemble un monde idéal.

Certaines de ses notions se rapprochent de « l'homme nouveau » de Che Guevara. Ces visions font peur aux missionnaires pour qui l'homme est un être nécessairement méchant, qui doit vivre dans la misère, la culpabilité et la crainte pour gagner son ciel.

Un homme qui parle d'une société meilleure ici-bas est à redouter. Le Père André refuse les sacrements à Riel, le juge fou et songe à lui faire quitter le pays.

Le Père André assiste aux négociations entre le gouvernement fédéral et Riel à la fin de 1885. Riel accepte de retourner aux États-Unis si le gouvernement lui donne 35 000 $ pour les terres qu'il abandonnerait. Le gouvernement refuse toute compensation et renforce la Royal North-West Mounted Police [37] créée exprès pour la répression des Métis. Il essaie d'acheter les chefs Métis en leur offrant des postes. On offre à Isbister et Dumas des postes d'instructeurs agricoles des hommes rouges, à Gabriel Dumont, un permis de traversier.

Riel sait qu'on veut l'acheter de nouveau. Il demande des sommes que le gouvernement fédéral ne peut pas payer.

En février 1885, il organise des réunions secrètes où il prépare ses hommes à la guérilla.

Lorsque les prêtres ont vent de ces préparatifs, ils s'y opposent en condamnant toute action qui ne soit pas légale et constitutionnelle.

Riel riposte. Il leur fait dire que « l'esprit de Dieu était en lui » et que « Rome était tombée ».

---

37. Cette armée spéciale de répression du gouvernement fédéral s'appellera plus tard RCMP, en français Gendarmerie royale canadienne.

Pour ces prêtres, ces paroles indiquent bien que Riel est fou. Comment Dieu peut-il être dans le cœur d'un homme qui prend les armes pour défendre les droits de ses compatriotes et qui ose dire, de plus, que Rome est tombée quand on sait que Rome, l'Église catholique, rayonne comme l'empire britannique sur une grande partie de la terre ?

Cependant, Riel dit vrai.

Il parle le langage de la vérité simple et brutale. Si l'on s'entend pour dire que le mot Dieu est synonyme d'amour, de vie, d'épanouissement, Riel possède bien ce Dieu en lui. Il est le leader qui veut mener son peuple par la lutte de libération à la création d'une société meilleure où règneront l'amour, la justice, la vie libre et épanouie. De plus, il est juste de dire que «Rome est tombée» parce que l'Église catholique, fondée par un révolutionnaire qui voulait établir un royaume d'amour, est devenue une institution capitaliste, exploitrice, assoiffée de pouvoir temporel et pénétrée de l'esprit d'oppression, de domination et de colonialisme.

L'Église s'entend en somme très bien avec la classe bourgeoise, le gouvernement britannique et le gouvernement impérialiste d'Ottawa.

Le Père André lui-même ne favorise-t-il pas la pénétration de l'impérialisme canadien dans l'Ouest à condition qu'il puisse garder sa «job» d'évangélisateur de Rome auprès des Métis ?

Si l'on sait rendre aux mots leurs sens vivants, les déclarations politico-religieuses de Riel nous montrent un homme mobilisé par une vision révolutionnaire du monde. Il se place parmi cette catégorie d'hommes qui, constatant la misère qu'amène l'exploitation de l'homme par l'homme, sous sa forme pharisaïque, ou sous sa forme capitaliste, engagent une lutte à mort contre cette oppression et ne reculent pas, même s'il leur faut payer le sacrifice suprême.

Le 17 mars 1885, Riel établit le Gouvernement Provisoire de Saskatchewan à Saint-Laurent.

Riel en est le président, Dumont, l'adjudant général.

Le 18 mars, Riel s'empare de l'église de Batoche.

Le Père Moulin proteste. Riel le repousse gentiment en le traitant de camarade « protestant » et fait quelques prisonniers.

Le 21 mars, il rédige un ultimatum destiné au major Crozier, commandant de la Police montée à Carleton et Battleford, lui demandant, sous la menace d'une guerre d'extermination, de livrer les postes de police et de se retirer du pays.

Le 6 mars, une trentaine de Métis ayant empêché des soldats d'entrer à Carleton, la police a contre-attaqué mais a dû abandonner le combat et laisser douze morts devant l'assaut de Gabriel Dumont et de ses chasseurs de bison.

La lutte armée commence.

Riel essaie de gagner à la neutralité, sinon à sa cause, les colons anglais, en leur promettant d'empêcher les hommes rouges d'entrer dans le conflit.

Mais les colons pensent à la défaite de George Custer aux mains des Sioux dans l'Ouest américain. Cette crainte de voir les Rouges se joindre à leurs frères Métis pour revendiquer leurs droits amène le gouvernement impérialiste d'Ottawa à lancer une grande expédition militaire pour écraser, et les Rouges, et les Métis. Ce sera plus facile qu'en 1870 parce que le Pacifique Canadien

Gabriel Dumont, au Fort Assiniboine, en mai 1885.

relie maintenant Winnipeg à Edmonton et Calgary, comme le télégraphe relie Ottawa à la plus humble gare de l'Ouest.

À part les centaines de gendarmes de la Police montée, Ottawa expédie 5 000 hommes de milice recrutés en Ontario, au Québec, en Nouvelle-Écosse et au Manitoba.

Les Ontariens font la guerre sainte contre les « rebelles français et indiens » et les Québécois qui participent à cette expédition croient qu'ils vont combattre un fou hérétique et ses alliés « sauvages ».

Les Cris et les Stoneys se font les alliés de Riel. Les Cris de Big Bear exécutent deux missionnaires catholiques et cinq trafiquants pendant que Poundmaker et ses Stoneys assiègent Battleford.

Les insurgés, Métis et Rouges, sont au nombre de 700.

Ils prennent plusieurs fois en embuscade les diverses colonnes de l'armée de 5 000 hommes qui s'avancent contre eux.

La guerilla de Gabriel Dumont sème la terreur dans les rangs canadiens.

Malgré tout, la place forte métisse, Batoche, tombe le 12 mai.

Le 15 mai, Riel se rend à deux éclaireurs. Les généraux télégraphient à Ottawa pour dire qu'ils l'ont « capturé ».

Dix jours plus tard, Poundmaker se rend.

L'insurrection est écrasée.

L'impérialisme canadien est victorieux.

L'expédition et la répression ont coûté 4 500 000 $.

La compagnie de la Baie d'Hudson, qui a fourni le ravitaillement et le transport par terre, réclame 1 737 032 $, le Pacifique Canadien 853 231 $.

On voit que la propagande canadienne a réussi à lever des troupes au Québec en faisant croire aux Canayens que les Métis et leurs alliés rouges sont tous de vicieux Sauvages. Mais avec la reddition de Riel, cette même propagande montre son vrai visage : cette guerre de répression est dirigée contre les Canayens établis au Manitoba et contre leurs cousins métis.

Un journal de Toronto tient à ce que « l'on étrangle Riel avec un drapeau français ».

Le gouvernement fédéral traduit Riel en justice le 20 juillet à Régina, sous l'accusation de haute trahison.

Les Canayens, trompés non seulement par la propagande canadienne mais par leur élite clérico-bourgeoise sur la guerre de répression des Métis, se rendent compte de la réalité.

Les Canadiens veulent la tête de Riel parce que celui-ci avait songé à faire de l'Ouest une province canayenne avec ses Métis canayens.

En Riel, c'est le peuple canayen que l'on vise.

Une campagne s'organise pour sauver Riel. Même si un journaliste comme L. O. David considère Riel comme l'héritier spirituel des Patriotes de 1837, la campagne devient un ballon politique lorsque les Libéraux s'en emparent pour attaquer le gouvernement conservateur de MacDonald.

Le procès de Riel est une farce judiciaire monumentale.

Les jeux sont faits d'avance contre lui.

Il est jugé par un magistrat anglais, assisté d'un juge de paix français, devant un jury de six hommes, tous colons et marchands anglais.

Le secrétaire anglais de Riel, William Henry Jackson, qui dit partager la responsabilité de Riel, subit son procès pendant un ajournement de celui de Riel. Il est déclaré aliéné en une demi-heure, interné dans un asile d'où il peut s'échapper pour se rendre aux États-Unis.

On voit comment la justice canadienne n'avait pas l'intention de poursuivre un Anglais même s'il se déclarait solidaire de celui que l'on accusait de haute trahison.

Riel, lui, demande la présence du ministre adjoint de l'intérieur avec ses documents officiels et les pétitions des Métis. Le juge rejette cette demande.

Riel demande qu'on lui rende ses papiers personnels saisis à Batoche. Le juge rejette également cette demande tandis que les avocats de la Couronne se servent des dits papiers pour monter leur accusation contre Riel.

Les avocats de l'accusé, intimidés d'avance ou vendus depuis longtemps, essaient de prouver que Riel est un malade mental dont les égarements doivent être excusés. Le Dr Roy, de l'asile de Beauport, témoigne en ce sens mais sa plaidoirie perd toute son efficacité pendant le contre-interrogatoire parce qu'il ne peut pas s'exprimer en anglais.

Le Dr Jukes de la Police montée déclare Riel sain d'esprit.

Avec une éloquence remarquable, Riel répudie toute l'argumentation de ses avocats, leur assurant qu'il est sain d'esprit et explique comment, comme *fondateur du Manitoba et prophète du Nouveau-Monde*, il a voulu faire de l'Ouest un pays libre pour toutes les nations opprimées, non seulement les Métis, les Rouges mais aussi pour les peuples opprimés d'Europe.

Il rappelle les manigances de MacDonald et Cartier pour l'acheter, les provocations de la Police montée, les promesses aux Métis que le gouvernement n'a pas tenues.

Il attaque le clergé pour sa complicité avec le gouvernement.

Il termine en demandant un procès devant un jury complet et un examen par une commission médicale.

Après 7 jours de séances, le jury rend un verdict de culpabilité avec une recommandation de clémence.

Le 1er août, le juge condamne Riel à être pendu le 18 septembre à Régina.

Riel en appelle à la Cour du Banc de la Reine du Manitoba qui confirme le verdict, et ensuite au Conseil Privé qui refuse d'entendre la cause.

Pendant ce temps, une campagne monstre bat son plein en Ontario pour l'exécution de la sentence.

Au Québec, par contre, une campagne s'organise pour que Riel obtienne grâce. Malgré les mises en garde du clergé contre Riel, les Canayens reconnaissent en lui un des leurs qui lutte vaillamment pour tous les opprimés de l'Ouest contre l'impérialisme d'Ottawa.

À Ottawa, la chose est réglée. MacDonald n'a-t-il pas dit « Riel must swing », « Riel doit balancer au bout de la corde » ?

Pour la forme, le gouvernement accorde trois sursis à l'exécution pour donner le temps au condamné de faire ses divers appels. De plus, il institue une commission médicale qui déclare que Riel n'est pas fou au sens de la loi, donc bon à pendre.

Pour finir, le gouvernement refuse de commuer la sentence et fait exécuter Riel le 16 novembre à Régina.

Caricature de Wilfrid Laurier (Henri Julien).

La justice des maîtres, des colonisateurs a suivi son cours ; les impérialistes ont de nouveau maté l'indigène, en perpétrant les meurtres nécessaires, tout en se donnant bonne conscience par des «shows» de justice, juges, tribunal, avocats, termes juridiques, toute la mascarade qu'il faut pour masquer le crime le plus ignoble de l'époque.

Le meurtre de Riel cause un remous politique considérable au Québec. La majorité de la population se dresse contre Mac-Donald, ses ministres canayens sont brûlés en effigie. Le 22 novembre, une assemblée populaire monstre (50 000 personnes) se tient au Champ-de-Mars à Montréal. La fièvre est à son comble. L'indignation du peuple canayen n'a jamais été aussi grande depuis 1837. Malheureusement, les hommes qui prennent la parole ne sont pas à la hauteur de la situation. Ils n'ont pas l'envergure des chefs capables de mobiliser le peuple, lui trouver les armes et commencer la lutte de libération. Ils ne sont même pas, en fait, dignes de parler au peuple car il s'agit là de petits politiciens intéressés à exploiter la situation pour leurs ambitions personnelles. Le libéral Wilfrid Laurier dit : «Si j'avais été sur les bords de la Saskatchewan, j'aurais moi-même épaulé mon fusil.» On aurait pu lui demander pourquoi, alors, il n'était pas allé rejoindre Riel sur les bords de la Sakatchewan. Est-ce qu'il lui manquait un ticket pour s'y rendre ? Est-ce qu'il lui manquait un fusil ? Riel lui aurait tout fourni, ticket, fusil, balles, capot de bison et pemmican[38].... Non. Laurier était de cette race de petits bonhommes qui exploitent les gestes et même la mort des autres pour se faire du capital politique.

---

38. *Pemmican* : viande séchée, pulvérisée et comprimée en tablettes.

L'honorable Honoré Mercier, premier ministre du Québec.

Cette belle phrase ronflante n'est que de la littérature, une belle tournure pour se faire prendre pour un autre. Il s'accapare l'héroïsme de Riel pour cacher ses manigances. Derrière ces belles phrases se trouve le « Votez libéral, votez pour moi, je veux être premier ministre du Canada ». Et l'on verra que lorsqu'il deviendra premier ministre, ses jeux politiques sur la question des écoles du Manitoba confirmeront sa bassesse.

Le deuxième orateur est l'archi-catholique leader des ultra-montains, F.-X. Trudel. Pour ce fanatique, Riel est mort pour défendre le catholicisme menacé dans l'Ouest par des protestants de toutes sortes. À l'écouter, les Canayens se sentent appelés à partir en croisade, comme les chevaliers du Moyen Âge, l'épée d'une main, la croix de l'autre.

Le troisième orateur, le libéral Honoré Mercier, avait préparé d'avance les *Résolutions du Champ-de-Mars* qui créent un parti national dont il serait le chef. Lui aussi exploite à des fins toutes personnelles le meurtre de Riel qu'il dit « victime du fanatisme et de la trahison ! » Parler de fanatisme et de trahison montre bien que Mercier ne comprend rien à l'impérialisme canadien. Ottawa veut prendre l'Ouest, l'exploiter économiquement. Le fanatisme des Anglais d'Ontario n'est qu'une robe de circonstance de cet impérialisme. Quant à la trahison, où est-elle, sinon dans la pensée brumeuse et les phrases très littéraires de Mercier. Les Canadiens-anglais ne trahissaient personne en conquérant l'Ouest. Ils sont fidèles à leur pensée colonialiste.

Ils n'avaient pas trahi les Canayens puisqu'ils ne leur avaient jamais rien promis, sauf l'oppression et la subjugation.

Les Canayens qui sont prêts à passer à l'action sont forts déçus par ces prétendus chefs. Malgré cela ils tiennent des assemblées un peu partout à travers le Québec, y chantent *La Marseillaise* et proclament Riel héros national.

Le clergé eut vraiment la frousse et rallia toutes ses forces pour combattre ce mouvement national qui prenait des allures révolutionnaires.

Mgr Taché, évêque de Saint-Boniface, qui avait été le conseiller de Riel jusqu'à ce que celui-ci prenne les armes, disait maintenant de lui qu'il était « un misérable fou et un sectaire ».

Le mouvement ultramontain était déchiré.

Les évêques étaient tous contre Riel et donc pour le conservateur MacDonald, pendant que le fanatique Trudel appuyait le rebelle Laurier.

Laurier ne tarda pas à se dissocier de Mercier et du mouvement. Pour lui, le mouvement avait servi à faire grandir les rangs du Parti libéral. Le but atteint, il fallait le freiner.

Quand le Parlement d'Ottawa s'ouvrit en 1886, la question de Riel vint tout de suite à l'ordre du jour.

Un conservateur canayen, le vendu Philippe Landry, déposa une motion de profond regret pour l'exécution de Riel. En d'autres mots, les tueurs disaient qu'ils regrettaient d'avoir tué Riel. En fait, ils ne regrettaient rien. Ils voulaient empêcher les Libéraux d'exploiter davantage l'affaire.

Mgr Taché, qui suivit le débat dans les galeries du public, conseilla à tous les députés conservateurs canayens de voter pour la motion Landry. Cela indique que certains conservateurs canayens avaient quelques principes de reste, mais aussi que la dictature du clergé était plus forte que leurs convictions.

Ce fut Laurier qui apaisa la tension en chambre le 16 mars. Ce vendu par excellence dit, dans un discours tout en anglais, que Riel « dans ses pires moments n'était bon qu'à interner dans un asile et que dans ses meilleurs moments, c'était un maniaque religieux et politique ». Il dit de plus que Mercier allait à son suicide politique en voulant former un parti national. Il semonça le gouvernement pour ne pas avoir entendu « les griefs des Métis ». Il affirma que le gouvernement aurait dû manifester de la clémence et non de la vengeance vis à vis de Riel.

Tout de suite, des Anglais virent en Laurier le successeur de Cartier, le roi-nègre laïque indispensable pour continuer à dominer les Canayens. Il lui suffira d'ailleurs de patienter dix ans pour devenir premier ministre.

Honoré Mercier, pour sa part, continua à promouvoir le mouvement national, si bien qu'en 1887, son Parti National prenait le pouvoir à Québec. Il devint premier ministre du Québec.

En 1867, Pierre Chauveau et ses conservateurs avaient formé le gouvernement provincial. Toutes les lois qu'ils passèrent n'avaient pas d'autre but que d'aider l'Église et l'entreprise privée à coloniser de nouvelles terres. En 1887, 60 % du budget de la province (1 535 536 $) provenait des subventions fédérales.

En 1873, le gouvernement conservateur de Ouimet démissionne, à la suite du *scandale des Tanneries* : des spéculateurs ont donné des pots-de-vin à des ministres pour que le gouvernement achète des terrains dans la région de Montréal à des prix forts (25 fois la valeur marchande).

Mais les conservateurs sont reportés au pouvoir avec Boucherville comme premier ministre, grâce surtout au clergé qui va jusqu'à menacer de refus des sacrements ceux qui voteraient pour les Libéraux.

En 1875, Boucherville, obéissant aux évêques, abolit le Ministère de l'instruction publique (Ministère de l'éducation).

L'éducation serait entièrement dans les mains du Conseil de l'instruction publique qui avait été fondé en 1869 et divisé en deux comités, un comité catholique et un comité protestant. Le Comité protestant s'occuperait des écoles anglaises protestantes et pourrait monter son système scolaire en toute liberté. Le Comité catholique serait composé de tous les évêques du Québec et d'autant de laïcs nommés, eux, par le gouvernement. Cette loi remettait toute l'éducation des Canayens entre les mains du clergé.

En 1878, Chapleau, un autre conservateur, devient premier ministre du Québec.

Tout ce que l'on retient de lui c'est la vente pour 7 000 000 $ du Quebec-Montreal-Ottawa and Occidental Railway qui en avait coûté 12 millions, ainsi que quelques autres fraudes avec le spéculateur Sénécal.

En 1882, le conservateur modéré Mousseau lui succède mais devra être remplacé en 1884 par un conservateur ultramontain John Ross.

Voilà pour les activités du gouvernement du Québec jusqu'à l'arrivée de Mercier.

En somme, jusque-là, ce gouvernement est l'instrument des intérêts des spéculateurs et du clergé.

Mais avec Mercier, avec celui qui a osé s'appeler le frère de Riel dans son discours du 22 novembre 1885, est-ce que quelque chose va changer? Ce chef libéral provincial, devenu chef du Parti National, va-t-il faire autre chose? En fait, rien ne va

changer. La même corruption va sévir et le clergé va étendre son pouvoir.

En 1854, le système seigneurial a été modifié. Les deux-tiers des seigneuries étant entre les mains de marchands anglais, ces derniers poussèrent le gouvernement à acheter les seigneuries à prix fort et à vendre les terres aux habitants à des prix encore plus forts. Même si les habitants étaient maintenant propriétaires des moyens de production dans ce secteur économique, la production restait entièrement à la merci d'un marché complètement dominé par la bourgeoisie canadienne. Les céréales en provenance de l'Ouest anéantissaient la production québécoise.

Le cultivateur canayen s'orienta alors dans l'industrie laitière mais là encore, il n'avait pas de débouchés importants ; il se repliait donc le plus souvent sur une production de subsistance en pratiquant la petite culture mixte : un peu de culture de céréales, un peu d'élevage, un peu de production de légumes, d'œufs, de lait, ce qu'il faut pour se nourrir, et un petit surplus que l'on vend pour obtenir les denrées que l'on ne produit pas.

Dans les autres secteurs économiques, le Canayen est ouvrier, dans les bois, dans les usines, dans les ports, sur les chantiers de construction.

Les conditions ouvrières sont si mauvaises et les ouvriers si mécontents qu'en 1886, MacDonald établit une Commission royale d'enquête sur les relations entre le capital et le travail. Le rapport révèle, entre autres : des amendes imposées aux ouvriers qui dépassent souvent leur salaire de la semaine ; le nombre incroyablement élevé d'ouvriers qui ne savent ni lire, ni écrire ; l'emploi d'enfants de 8 ans ; les journées de travail de 14 heures ;

l'envoi par mesure disciplinaire des enfants dans la prison de l'usine que l'on appelle «le trou noir»; le renvoi sans préavis; l'absence totale de sécurité; des logements insalubres et surhabités.

MacDonald cache le rapport au fond d'un tiroir car il déplairait aux patrons de changer les conditions de travail de la classe ouvrière. MacDonald et le gouvernement sont au service des patrons et s'ils osaient passer des lois favorisant les ouvriers, ils seraient vite renversés.

Mercier crée le Ministère de l'agriculture et de la colonisation, en occupe lui-même la direction et s'adjoint le curé Labelle, comme sous-ministre.

Il construit un chemin de fer jusqu'au lac Saint-Jean, prolonge la ligne de Montréal à Saint-Félix-de-Valois jusqu'à Saint-Gabriel de Brandon et donne une terre de 100 acres aux parents de 12 enfants et plus. Il parle beaucoup de l'autonomie des provinces et de la nécessité pour le Québec de s'affirmer comme province de la nation française et catholique.

En somme, il ne fait à peu près rien, sauf pousser les Canayens dans le défrichement inutile des terres, perpétuer le mythe de la vocation agricole du Canayen et exploiter le sentiment national du peuple pour se maintenir au pouvoir.

Que fait-il lorsque se pose le problème des écoles du Manitoba? La même chose, c'est-à-dire rien.

D'ailleurs, il subira la défaite avant que la question se règle. En effet, après une tournée triomphale en Europe où il est décoré par le Président de la République française, par le roi des Belges et par le pape Léon XIII qui lui confère le titre de comte

266

papal, un scandale éclate à son retour. Les contracteurs pour la construction du chemin de fer de la Baie-des-Chaleurs avaient payé 100 000 $ au trésorier libéral, Ernest Pacaud. Aux élections de 1892, le Parti National, bâti sur l'échafaud de Riel, s'effondre dans la corruption politique la plus abjecte. Pacaud et Mercier devaient subir leur procès peu après. Arthur Buies, journaliste des plus honnêtes, écrivit dans *La Patrie* : « Mercier avait en mains la partie la plus brillante qui jamais ait échu à un homme d'État canadien ; il avait un peuple derrière lui, et un rôle glorieux à remplir ; sa vanité, son égoïsme et son dénuement absolu de sens moral ont tout perdu. »

Les conservateurs reprennent le pouvoir à Québec. Taillon est premier ministre, puis Flynn.

Mais que se passe-t-il au Manitoba en 1890 ?

La constitution du Manitoba, établie en 1870, prévoyait l'existence d'un système d'écoles confessionnelles, une section catholique pour les Canayens et une section protestante pour tous les autres.

En 1870, les francophones forment la moitié de la population. En 1890, ils ne sont plus que le tiers. Dans cette position de force, le gouvernement libéral de Greenway abolit la section catholique. En fait, seules les écoles anglaises reçoivent des subventions de l'État.

Si les Canayens et les Métis canayens veulent des écoles françaises, qu'ils se les paient de leur poche.

On voit que l'impérialisme anglo-saxon qui a assassiné Riel continue son œuvre d'annihilation de toute trace de culture canayenne ou métisse dans l'Ouest.

Les Canayens du Manitoba réclament de MacDonald le désaveu de la loi d'après l'article 93 de la Constitution qui protège
les droits scolaires des groupes minoritaires. MacDonald refuse
évidemment et leur conseille de recourir aux tribunaux. La
Cour Suprême renvoie la balle au Conseil Privé de Londres qui
déclare que la province a le droit d'adopter une telle loi mais
que le fédéral peut voter une loi réparatrice. C'est donc au fédéral à défendre les Canayens du Manitoba. Mais la mort de Mac-
Donald en 1891 crée une instabilité ministérielle qui permet au
Parti libéral et à Laurier, devenu, entre temps, chef de ce parti,
d'exploiter la question des écoles du Manitoba pour gagner ses
élections. Dans les provinces anglaises, il se gagne des sympathisants en disant qu'il n'a pas l'intention de s'ingérer dans les affaires qui relèvent du domaine provincial. Au Québec, il dit
qu'il va faire quelque chose pour régler la question.

En 1896, les libéraux gagnent la majorité des sièges aux élections fédérales.

Laurier devient premier ministre grâce aux Québécois qui
ont voté à trois contre un en sa faveur.

Dans les autres provinces, les libéraux se sont tirés d'affaire
plus ou moins bien.

Pourquoi ce vote pour les libéraux ?

Quel choix les Québécois ont-ils fait ?

S'ils ne votent pas libéral, il leur faut voter conservateur.

Or conservateur veut dire le parti de MacDonald qui nous a
fait avaler la confédération de force, qui a assassiné Riel, qui
n'est pas intervenu en faveur des francophones du Manitoba.
De plus, conservateur signifie le clergé, la domination encore

plus étendue du clergé. Le Canayen, à qui les évêques déclarent qu'il y a « péché mortel » à voter libéral, vote donc contre le clergé et contre le pouvoir en place. Il vote pour Laurier qui s'était opposé à la pendaison de Riel.

Aussitôt arrivé au pouvoir, Laurier règle la question des écoles du Manitoba. Il négocie avec le premier ministre du Manitoba, le libéral Greenway.

Le compromis Greenway-Laurier est le suivant : le système scolaire du Manitoba reste neutre, c'est-à-dire anglais protestant. Cependant, en certains cas, un instituteur peut enseigner la religion de son choix et enseigner en français et en anglais dans les écoles où il y a un nombre élevé de francophones.

Avec ce système, les Anglais, en faisant preuve de patience, verront les Canayens disparaître bientôt du Manitoba.

Les Canayens du Manitoba comprennent que Laurier les a vendus.

Au Québec, les Canayens ne sont pas contents non plus.

Mais Laurier sait qu'il peut se permettre de perdre quelques partisans au Québec vu sa popularité dans cette province. Ce qui l'intéresse, ce n'est pas de protéger les Canayens contre la domination anglaise. C'est de gouverner un pays d'une mer à l'autre au nom de la Reine Victoria.

Un autre événement, international celui-là, va confirmer la traîtrise de Laurier.

La guerre des Boers

À la fin du 19ᵉ siècle, les Britanniques ont un empire immense et en viennent à se croire un peuple choisi, une race supérieure. Grâce à leurs «possessions» (le Canada, l'Australie, la Nouvelle-Zélande, l'Inde, la moitié de l'Afrique, Malte, Gibraltar), ils peuvent dire comme leur secrétaire aux colonies, Joseph Chamberlain, que la race anglo-saxonne «est la plus grande des races gouvernantes que le monde ait jamais connues».

Un autre haut-fonctionnaire britannique, Dilke, après avoir effectué un tour de l'empire, conclut que «l'empire saxon se lèvera triomphant de la lutte indécise avec les races inférieures».

Ce qui pousse le complexe de supériorité anglo-saxon à un racisme hystérique, c'est également la menace que représente la concurrence de l'Italie unifiée, de l'Allemagne unifiée et de l'accession des États-Unis au rang de puissance mondiale.

L'Angleterre avait eu une confortable avance sur toutes les autres puissances coloniales, y compris la France. Maintenant elle se sent rattrapée. Sa suprématie commerciale est mise en péril par l'Allemagne et les États-Unis. Sa politique de libre échange, avantageuse lorsqu'elle était incontestée, elle la modifie dorénavant en politique d'échange réciproque et ressert tous les liens qui l'attachent à ses colonies: économiques, politiques, sentimentaux. Elle veut même resserrer les liens à un tel point que les colonies deviendraient de simples parties d'une «Plus-Grande-Bretagne», avec une seule administration, une seule économie, une seule armée.

John Robert Seeley dit : « Nous devons absolument cesser de dire que l'Angleterre est une île située au large de la côte nord-ouest de l'Europe, qu'elle a une superficie de 120 000 milles carrés et une population d'environ 30 millions. Quand nous nous serons accoutumés à contempler l'empire dans son ensemble en l'appelant l'Angleterre, nous verrons qu'il existe, ici aussi, les États-Unis. Ici aussi, vit un grand peuple homogène, uni par le sang, la langue, la religion et les lois, mais dispersé dans un espace sans borne. » Il parle comme si les Canayens et les Rouges n'existaient pas au Canada, que les Indiens n'existaient pas en Inde, que les Noirs n'existaient pas en Afrique.

Dans cet esprit, l'Angleterre doit non seulement consolider son empire mais aussi l'agrandir, prendre tout ce qui reste des pays encore vierges de colonialisme avant que l'Allemagne et la France mettent la main dessus. Il faut étendre l'empire en Afrique pour la poursuite de « l'œuvre nécessaire de colonisation et de civilisation ». Dans sa campagne pour s'emparer du Soudan, en 1884, des officiers anglais ont sous leurs ordres 367 Canayens et une dizaine de Rouges de Caughnawaga qu'ils sont venus recruter surtout parmi les draveurs. Ces Canayens et ces Rouges portent l'uniforme anglais et se battent comme chair à canon anglaise dans le Gordon Relief Expedition.

Quand l'Angleterre décide, en 1899, de s'emparer de cette partie de l'Afrique du Sud, occupée par des colons d'origine hollandaise, appelés Boers, elle fait appel à des troupes coloniales. Les Canadiens anglais, imbus de chauvinisme, sont tout fiers de voir l'Angleterre invincible écraser ces « sales » Boers.

Wilfrid Laurier est *Sir* depuis les fêtes du Jubilé de Victoria en 1897, où il a déclaré des choses comme : « Le jour le plus glorieux de ma vie serait celui où je verrai un Canadien d'origine française appuyant le principe de la Liberté dans ce Parlement de la PLUS-Grande-Bretagne » et « je suis britannique jusqu'au fond du cœur ». Sir Laurier adopte un arrêté en conseil[39], le 13 octobre 1899, qui permet d'équiper et d'expédier 1 000 volontaires pour combattre dans l'armée anglaise contre les Boers.

Les Canadiens anglais sont comblés.

Le seul député canayen à s'élever contre cette participation aux guerres coloniales de l'impérialiste Angleterre est Henri Bourassa. Il démissionne. Quand Bourassa demande à Sir Laurier s'il a tenu compte de l'opinion du Québec, celui-ci lui répond : « Mon cher Henri, la province de Québec n'a pas d'opinion, elle n'a que des sentiments. » Dans cette réponse typique de Sir Laurier, on voit tout le mépris qu'a ce vendu pour son peuple d'origine. Il dit dans de beaux mots que les Canayens sont trop imbéciles pour avoir une idée sur la participation à l'impérialisme britannique.

Les officiers anglais recrutent à travers le pays. Au Québec, ils ont quelques difficultés (on comprend pourquoi). Ils réussissent à recruter une compagnie (une centaine d'hommes). Lors de leur départ, Sir Laurier leur déclare qu'ils vont combattre pour la cause de la justice, de l'humanité, des droits civils et de la liberté religieuse. Le fait est qu'ils vont aller se faire tuer pour

---

39. *Arrêté en conseil* : loi décrétée par le premier ministre et son cabinet sans qu'elle passe par la Chambre des Communes.

que les marchands anglais s'emparent des mines de diamants et d'or d'Afrique du Sud, les plus importantes au monde.

Une semaine après, Sir Laurier offre au gouvernement britannique de recruter un second contingent. En tout 7 500 hommes sont recrutés au Canada et cette guerre coloniale britannique coûte 2 800 000 $ au trésor canadien. Des Canayens se sont enrôlés à côté de Canadiens anglais dans l'armée anglaise et se sont fait tuer pour que l'Angleterre puisse faire aux Boers ce qu'elle avait fait aux Canayens eux-mêmes : les réduire à une situation de colonisés.

Mais c'est le petit nombre qui s'enrôle.

La plupart des Canadiens sont contre cette guerre.

En mars 1900, des combats de rues ont lieu à Montréal entre des étudiants de McGill, fanatiques de la guerre, impérialistes arborant l'Union Jack, et les étudiants de la succursale de Laval arborant, eux, le drapeau tricolore.

Bourassa, réélu par acclamation, continua à critiquer Laurier pour la participation du Canada à cette guerre. Pour lui, le Canada devait manifester plus d'indépendance vis à vis l'Angleterre. Il était un nationaliste canayen. Il ne voulait pas un Québec indépendant. Il voulait un Canada indépendant. Il était contre le colonialisme britannique mais pour un Canada d'une mer à l'autre.

Ces distinctions sont importantes parce qu'on a souvent confondu son nationalisme avec un certain désir d'indépendance du Québec. En disant que Bourassa était un grand nationaliste, il faut toujours l'entendre dans le sens nationaliste canadien et non pas québécois. Il favorisait un Canada formé de deux nations vivant en harmonie. Il est plus juste de le qualifier d'anti-impérialiste pro-canadien.

En mars 1901, quand l'Angleterre réussit à écraser les Boers, Bourassa présenta en Chambre une résolution qui demandait à l'Angleterre de donner l'indépendance à l'Afrique du Sud. Laurier le ridiculisa en disant qu'il était trop tard pour l'indépendance en vertu de «la terrible logique de la guerre» et que «lorsque le drapeau britannique flottera sur le Sud Africain, ces contrées possèderont ce que l'on possède ailleurs depuis les soixante dernières années à l'ombre du drapeau: liberté pour tous, justice pour tous et droits civils pour les Anglais et les Hollandais». La résolution de Bourassa fut battue à plate couture et la Chambre chanta le *God Save the King*.

L'anti-impérialisme de Bourassa, qui montait au Québec, fit ralentir l'enthousiasme impérialiste de Laurier qui dépendait, après tout, des votes libéraux du Québec pour se maintenir au pouvoir. Lors du couronnement d'Édouard VII, il refusa le titre de Lord, mais il continua tout de même à promouvoir l'expansion de l'empire. Cependant, au Québec, la réaction devenait de plus en plus forte et dans la vague que menait Bourassa avec son anti-impérialisme, on retrouvait des jeunes qui allaient plus loin que lui et parlaient de l'indépendance du Québec. Dans ce même courant, on retrouvait également le nationalisme réactionnaire de Mgr Paquet qui parlait de «la vocation de la race française en Amérique du Nord». Il disait:

«Nous ne sommes pas seulement une race civilisée, nous sommes des pionniers de la civilisation ; nous ne sommes pas seulement un peuple religieux, nous sommes des messagers de

Catéchisme

DE

Tuberculose

PUBLIÉ PAR LA

Ligue Antituberculeuse de Montréal

MONTRÉAL, 1908

RÉÉDITÉ PAR LE

Service Provincial d'Hygiène

QUÉBEC, 1933

l'idée religieuse ; nous ne sommes pas seulement des fils soumis de l'Église, nous sommes, nous devons être du nombre de ses zélateurs, de ses défenseurs et de ses apôtres. Notre mission est moins de manier des capitaux que de remuer des idées ; elle consiste moins à allumer le feu des usines qu'à entretenir et à faire rayonner au loin le foyer lumineux de la religion et de la pensée. »

Chez les jeunes nationalistes, il se forma la Ligue Nationaliste, avec un programme rédigé par Olivar Asselin, qui demandait la plus grande autonomie possible du Canada à l'intérieur de l'empire et la plus grande autonomie possible du Québec à l'intérieur du Canada. D'autre part, des prêtres, avec l'abbé Lionel Groulx, fondèrent l'ACJC (Association Catholique de la Jeunesse Canadienne-française), avec la devise : «Piété, Étude, Action», et propagèrent dans les collèges classiques un nationalisme mêlé de religiosité ; ils prêchèrent un nationalisme qui croit au Canada comme patrie où les Canayens répandraient leur culture dite française et leur religion catholique.

Le nationalisme québécois voit plutôt le Québec comme la patrie des Canayens où ils ont à reprendre l'économie qu'on leur a volée, prendre le pouvoir politique dont on s'est servi pour les dominer et exercer sa souveraineté comme peuple libre parmi les autres peuples du monde. Ce nationalisme québécois était inconcevable à l'époque. Il faudra attendre cinquante ans avant qu'il commence à se manifester.

L'ACJC, elle, rassemblait «tous les jeunes Canadiens-français qui croient au catholicisme et à son efficacité universelle, pour le bien des individus et des sociétés, à la race canadienne-française et à sa mission providentielle ; à ceux qui ont conscience des dangers que courent et notre foi catholique et notre race canadienne-française ».

Ce nationalisme manifeste une vive opposition à la politique du gouvernement fédéral, lors de l'entrée dans la confédération, en 1905, de la Saskatchewan et de l'Alberta.

Laurier cède, comme toujours, aux pressions canadiennes-anglaises qui exigent que dans ces nouvelles provinces, les écoles soient publiques anglaises protestantes. On permet l'existence d'écoles séparées, mais aux frais des parents. On permet l'enseignement du français, une heure par jour, de 3 à 4, dans les districts où les Canayens sont nombreux. Le catéchisme peut s'enseigner après la classe.

Bourassa fit plusieurs discours à Montréal pour dénoncer le sort fait aux minorités canayennes de l'Ouest, mais ce fut peine perdue.

Son collègue, Armand Lavergne, présenta un projet de loi pour l'émission de billets de banque et de timbres bilingues, mais le gouvernement le rejeta.

Devant ce refus continuel du fédéral, Bourassa et Lavergne s'orientèrent davantage vers le provincial pour promouvoir la cause canayenne dans la confédération.

Ils quittèrent la scène fédérale et se présentèrent comme candidats nationalistes, alliés aux conservateurs, contre les libéraux de Sir Lomer Gouin, aux élections provinciales de 1908.

L'abbé Lionel Groulx.

Bourassa et deux autres nationalistes gagnèrent leurs élections mais le gouvernement libéral Gouin garda une forte majorité.

Le mouvement nationaliste s'empêtrait dans la politique de parti, sans but précis et sans pensée rigoureuse. Bourassa parlait-il de libération du peuple québécois ? Non. Parlait-il de renversement du colonialisme anglo-saxon ? Non. Il parlait de la langue française protectrice de la foi catholique, d'un grand Canada où le Canadien français s'entend avec le Canadien anglais comme deux frères. Ce nationalisme réactionnaire était trop éloigné de la réalité pour que le peuple québécois embarque.

Le peuple avait voté libéral au fédéral comme au provincial pour se soustraire à la domination du clergé qui se servait du parti conservateur comme outil politique. Et voilà que Bourassa, l'homme qui semblait vouloir prendre le leadership d'un mouvement de libération, s'allie aux conservateurs et au clergé.

Le peuple ne pouvait absolument pas le suivre dans cette voie réactionnaire. Il se contenta de maintenir sa résistance passive au colonialisme anglo-saxon et de garder une attitude sceptique vis à vis tous ses « chefs » patroneux comme les conservateurs ou les libéraux, ou austères et intellectuels comme les nationalistes.

Pendant que Bourassa parle de la « langue, gardienne de la foi », le capital américain s'infiltre dans la province et s'empare de nos richesses naturelles.

Le régime américain s'annonce déjà, par la mainmise de compagnies américaines sur nos ressources hydroélectriques, l'industrie de la pâte à papier, le textile, la métallurgie, les chemins de fer. En graissant les pattes des politiciens au pouvoir, ces compagnies obtiennent des concessions presque illimitées, qui leur permettent de voler nos ressources et d'exploiter notre main d'œuvre.

En fait, qu'est-ce que les libéraux provinciaux ont fait depuis leur accession au pouvoir en 1897 ?

Sous le premier ministre Marchand, les capitalistes américains sont invités à venir nous exploiter.

Les bénéfices ?

Quelques dollars de plus dans le trésor provincial amenés par les droits de coupe et la vente de terres, bien des dollars dans la caisse électorale du Parti libéral, quelques emplois de plus pour les habitants comme bûcherons ou ouvriers non spécialisés.

Un Québécois sur cinq ne sait ni lire, ni écrire ; c'est le résultat de la loi qui a laissé l'éducation dans les mains du clergé. Quand le gouvernement Marchand veut remédier à cette situation en réinstituant un Ministère de l'éducation, Mgr Bruchési, évêque de Montréal, s'y oppose et le projet est rejeté.

En 1900, Parent remplace Marchand comme premier ministre.

La dette de la province mange le tiers de son revenu.

Le gouvernement provincial continue à faire le concierge qui nettoie la maison pour les capitalistes étrangers et le clergé. Il endette davantage la province, par la construction de routes qui servent d'abord les exploiteurs.

Lomer Gouin, qui remplace Parent en 1905, dépense 20 millions de dollars à cet effet.

Ce même Gouin passe une loi interdisant le travail en usine des moins de 14 ans, mais l'industrie ne l'applique pas. Une autre loi fixe la semaine de travail à 48 heures dans l'industrie textile.

Aucune loi sur le salaire minimum, aucune loi sur l'assurance-chômage.

Un petit réconfort: Ottawa remet l'Ungava (le Nouveau-Québec) à la province de Québec; cependant cette loi fixe à 3 milles des côtes la frontière entre Québec et Terreneuve dans le Labrador.

La question navale

Vers 1909, l'Angleterre sent sa suprématie des mers menacée par l'Allemagne. En effet, celle-ci est en train de se construire une flotte puissante. L'Angleterre a hâte d'agrandir la sienne et invite ses colonies à l'aider.

Laurier présente un projet de loi créant une marine canadienne à la disposition de l'Angleterre. Les conservateurs sont contre parce qu'eux favorisent une contribution directe en millions de dollars. Les nationalistes s'y opposent, estimant qu'il s'agit là encore d'impérialisme britannique.

Bourassa fonde *Le Devoir*, en 1910, et réunit comme collaborateurs Olivar Asselin, Jules Fournier, Omer Héroux et Georges Pelletier, ces deux derniers représentant le nationalisme religieux de l'ACJC.

Le Devoir attaque systématiquement le Naval Service Bill mais Laurier réussit à le faire passer.

Aux élections générales de 1911, les libéraux sont battus. Les conservateurs ont la majorité et Borden devient premier ministre. Les nationalistes, qui ont aidé les conservateurs à se faire élire au Québec, voient ceux-ci se tourner contre eux et suivre Borden dans une politique plus impérialiste encore que celle de Laurier.

Les nationalistes, par leur alliance avec les conservateurs, ont mené une politique désastreuse.

Borden a l'intention de faire un don de 35 000 000 $ à l'Angleterre pour qu'elle construise trois vaisseaux de guerre, mais son projet est bloqué au Sénat par la majorité libérale.

La Première Guerre Mondiale (1914-1918) lui donne l'occasion de se montrer généreux pour l'Angleterre sur le dos des Canayens.

Première Guerre Mondiale

Le capitalisme allemand s'est développé rapidement après l'unification du pays et l'administration efficace du chancelier Bismarck. L'Allemagne essaie de rattraper les autres pays capitalistes développés, l'Angleterre, la France, les États-Unis.

Elle s'industrialise rapidement, se lance dans le commerce international et colonise des régions de l'Afrique que les autres puissances ne se sont pas accaparées. La France et l'Angleterre voient d'un mauvais œil la montée de cette rivale.

La France sait qu'elle va perdre sa prédominance en Europe et l'Angleterre la sienne sur les mers. Ces deux puissances, la France et l'Angleterre, s'entendent pour former une alliance avec la Russie contre l'Allemagne et son alliée, l'Autriche-Hongrie. Les armées sont prêtes. L'Allemagne envahit la Belgique.

nos racines

histoire vivante des Québécois

107

La France et l'Angleterre contre-attaquent. Ce sera la guerre des tranchées pendant 4 ans dans le nord-est de la France. Les États-Unis entreront en guerre en 1917, contre l'Allemagne et enverront des troupes. L'Allemagne sera vaincue.

Au Canada, dès l'ouverture des hostilités, le Parlement vote 50 000 000 $ pour organiser une armée canadienne et fait appel à l'enrôlement volontaire. Les Canadiens anglais, soulevés par leur chauvinisme impérialiste, s'enrôlent rapidement. Les Canayens, eux, ne voient pas beaucoup le sens de s'enrôler. Pourquoi faire ? Le Canada n'est pas menacé. Pourquoi aller se battre pour défendre les intérêts impérialistes de la Grande-Bretagne et de la France ? De plus, comment s'enrôler dans une armée qui anglicise les Canayens et dans laquelle il n'y a aucune place pour des officiers canayens ? Comment s'enrôler dans une armée étrangère, à côté des Canadiens anglais qui veulent supprimer la langue française en Ontario ?

En effet, la question des écoles françaises d'Ontario bat alors son plein.

Les écoles françaises d'Ontario

Des milliers de Canayens habitent l'Ontario, surtout dans la région d'Ottawa, de Sudbury et de Windsor. Les orangistes d'Ontario, qui tolèrent mal l'existence du soulèvement de Riel, ne peuvent endurer les Canayens catholiques en Ontario. Le clergé catholique irlandais d'Ontario est lui aussi contre les Canayens et contre l'enseignement du français. En 1912-13, le Ministère d'éducation d'Ontario impose l'anglais comme seule langue d'instruction dans toutes les écoles d'Ontario, publiques ou séparées. L'étude du français est limitée à une heure par jour. Les écoles séparées catholiques doivent se soumettre à l'autorité d'inspecteurs protestants anglais. Les subventions aux écoles séparées d'Ottawa sont supprimées.

	1901	1911
Population blanche au Québec	1 648 898	2 005 776

Bourassa, Lavergne, Olivar Asselin, Jules Fournier, l'ACJC, le clergé, tous les éléments nationalistes et catholiques, lancèrent une campagne contre cette discrimination faite à leurs compatriotes d'Ontario.

On fait pression sur le gouvernement fédéral de Borden, sur le gouvernement provincial ontarien, on fait des discours, on fonde le journal *Le Droit* à Ottawa.

Quand la guerre se déclara et que les Canadiens-anglais poussaient l'enrôlement dans l'armée canadienne, les éléments nationalistes répliquaient en disant que les Canayens ne pouvaient aller se battre pour l'Empire britannique s'ils n'avaient même pas le droit d'apprendre le français en Ontario.

Le clergé, pour sa part, refusa d'aller aussi loin dans la critique du gouvernement et fit campagne contre Bourassa. Mgr Bruchési, parlant en faveur du Fond Patriotique, déclara : « L'Angleterre est engagée dans une guerre terrible, qu'elle s'est efforcée d'éviter à tout prix. Sujets loyaux reconnaissant en elle la protectrice de nos droits, de notre liberté, nous lui devons notre plus généreux concours. » On voit, ici, que notre élite clérico-bourgeoise, unanime à vouloir sauvegarder les droits religieux et linguistiques des Canayens d'Ontario, se divisait sur la question de la participation à la guerre.

D'une part, les nationalistes comme Bourassa et Lavergne continuaient leur lutte contre l'impérialisme britannique et pour une plus grande autonomie du Canada. D'autre part, le clergé et les éléments de la bourgeoisie canayenne vendue à Ottawa favorisaient l'impérialisme britannique.

Le gouvernement Borden demanda au clergé de prêcher la guerre sainte, ce qu'il fit avec empressement dans un mandement lu dans toutes les églises du Québec qui disait que le clergé approuvait la politique de guerre britannique et l'envoi de troupes.

Pour attirer les Canayens à s'enrôler, le gouvernement Borden créa, en 1914, le 22e bataillon royal, qui n'avait de canayen que les simples soldats et quelques sous-officiers. Mais malgré ce « truc », les Canayens ne s'enrôlaient pas vite. Ils étaient de l'avis de Bourassa, qui écrivait dans *Le Devoir* :

« Au nom de la religion, de la liberté, de la fidélité au drapeau britannique, on adjure les Canadiens-français d'aller combattre les Prussiens d'Europe. Laisserons-nous les Prussiens d'Ontario imposer en maîtres leur domination, en plein cœur de la Confédération canadienne, à l'abri du drapeau et des institutions britanniques ? »

Bourassa attaquait aussi le gouvernement Borden pour les profits que certains députés et leurs amis accumulaient grâce aux contrats de guerre.

Denis Chabot (*Québec en images*)

En 1916, le gouvernement d'Ontario supprime la Commission des écoles séparées d'Ottawa et la remplace par une autre commission qui compte seulement un Canayen, mais les institutrices canayennes continuent à enseigner le français, dans l'école, sans contrat ni salaire, et l'école elle-même est gardée par les mères de famille armées d'épingles à chapeau. Les orangistes[40] accusent Bourassa d'être l'instigateur de ce mouvement et demandent son arrestation. Les Québécois se mettent à boycotter les manufacturiers ontariens.

En 1916, onze bataillons de Canayens avaient déjà été constitués. Il y avait 12 000 Canayens dans l'armée canadienne, soit 4,5 % du total. Malgré l'encouragement des évêques, de tous les journaux, excepté *Le Devoir*, des discours de Laurier, l'enrôlement ne marchait pas. Les autorités commencèrent à dire qu'il n'y aurait jamais de service militaire obligatoire, c'est-à-dire de conscription. C'était une façon d'y préparer les gens. Le gouvernement Borden commença l'inscription au service national, appuyé par Mgr Bégin et Mgr Bruchési.

En mai, la conscription est annoncée par Borden. Des manifestations de masse ont lieu à travers le Québec. À Montréal, la foule en colère brise les vitres de *La Patrie* et de *La Presse*, journaux depuis longtemps vendus à Ottawa. À Québec, la foule fait de même aux bureaux du *Chronicle* et de *L'Événement*.

Devant le peuple en révolte, toute l'élite clérico-bourgeoise, y compris les rédacteurs du *Devoir* et Bourassa lui-même, prêchent le calme, la discipline. Le bas-clergé se désolidarise de la

40. *Orangistes*: regroupement de protestants anglais fanatiques et réactionnaires qui veulent la disparition du français et du catholicisme au Canada.

hiérarchie et se joint au peuple dans son opposition au service obligatoire. Tout l'été, des rassemblements ont lieu dans les divers quartiers populaires où l'on crie : « Vive la Révolution », « À bas Borden », suivis d'une marche sur des édifices gouvernementaux où l'on brise les vitres et tire des balles à blanc. À une de ces manifestations, les orateurs exhortent le peuple à prendre les armes. La police charge la foule. Un manifestant est tué. Le 9 août, la propriété de Lord Atholstan à Cartierville est dynamitée. Bourassa parle de violence stérile qui donne des armes à nos ennemis anglais.

Borden déclenche des élections avec un programme d'union des partis durant la période de guerre. Il récupère pour son gouvernement *unioniste* plusieurs libéraux mais Laurier refuse de faire partie d'une telle coalition. Ce gouvernement *unioniste* (union des conservateurs et des libéraux des provinces anglaises) gagne par une forte majorité. Tout le Québec, excepté évidemment les circonscriptions anglaises de Westmount, vote contre le gouvernement. La Chambre des Communes se divise clairement entre Canayens et Canadiens-anglais. Dans le nouveau Cabinet de Borden, pas un seul Canayen. Le peuple canayen signifiait à son élite clérico-bourgeoise qu'il n'en voulait plus de la confédération, de cette prison constitutionnelle, qui lui faisait subir la domination des Canadiens-anglais, intéressés à se servir de lui comme chair à canon dans les luttes impérialistes de leur mère-patrie. Mais l'élite clérico-bourgeoise, habituée à la servilité, ne répondit que timidement à la réaction populaire. Le député fédéral Francœur proposa à l'Assemblée législative du Québec une motion qui demandait timidement la séparation du Québec du reste du Canada.

Sir Lomer Gouin essaya d'empêcher le débat, mais il eut lieu malgré tout. En fait, il s'éternisa pendant des semaines, chaque député apportant son petit discours de pour et de contre, quand il s'agissait d'une décision vitale pour la nation québécoise. Francœur retira sa motion, déclarant être satisfait de l'effet produit.

Le peuple, lui, n'attendit pas la fin des débats pour agir. Au printemps de 1918, des centaines de Canayens se réfugient dans les bois devant la chasse aux conscrits qui commence. Le soir du 29 mars dans la ville de Québec, la police fédérale, la RCMP, arrête un Canayen qui ne peut produire ses papiers d'exemption de service militaire. Des milliers de Canayens se rassemblent rapidement et brûlent le poste des RCMP, puis en chantant *O Canada* et *La Marseillaise* vont aux bureaux du *Chronicle* et de *L'Événement* pour faire de même. Le lendemain, ils s'attaquent aux bureaux d'inscription pour y brûler les documents. La police municipale les laisse faire. La RCMP, débordée, appelle l'armée. Un bataillon de Toronto arrive, attaque le peuple à la baïonnette. Les manifestants se regroupent le lendemain. La cavalerie les repousse avec des manches de hache.

Le 1er avril, malgré toutes les menaces des autorités civiles et militaires et des appels au calme des autorités religieuses, le peuple armé de fusils de fortune tire sur les troupes d'occupation. Celles-ci sortent les mitrailleuses. La cavalerie attaque au sabre. Quatre manifestants sont tués, plusieurs sont blessés et on compte 58 arrestations. L'engagement armé se termine le 2 avril. L'Église et la presse condamnent ces nouveaux Patriotes et le gouvernement fédéral suspend l'*habeas corpus* et décrète l'enrôlement immédiat de ces rebelles.

Borden accepte qu'une brigade entièrement canayenne soit formée. L'Université Laval participe très activement au nouvel effort de recrutement ; 19 500 Canayens sont persuadés, amadoués ou battus et servent sous les drapeaux tandis que 18 827 autres se tiennent loin des bureaux d'inscription.

À la fin de la guerre, en octobre 1918, 15 000 Canayens avaient combattu au front, 5 000 autres dans la marine et 15 000 encore étaient à l'entraînement.

L'après-guerre

Malgré leur victoire sur l'Allemagne, l'Angleterre et la France sortent de la guerre diminués et endettés. Le pays qui, en fait, en sort vraiment victorieux est les États-Unis qui, bien qu'ils soient intervenus militairement dans les derniers mois, ont su exploiter la situation pour faire des profits sur la production des armements, munitions et ravitaillement. La guerre a, en somme, stimulé l'économie américaine et maintenant, les institutions financières et industrielles américaines étendent leur emprise sur le Canada et pénètrent dans une Europe épuisée par la guerre.

En fait, l'Angleterre, dès la fin de la guerre, perd du terrain au Canada et, graduellement, les États-Unis vont la remplacer comme métropole. Nous pouvons fixer à cette époque, la fin du régime anglais et le début du régime américain.

RÉGIME AMÉRICAIN

Les capitalistes américains viennent investir leurs capitaux dans l'exploitation de nos ressources naturelles.

Qu'est-ce que cela veut dire?

Des compagnies américaines florissantes, c'est-à-dire riches en capital, cherchent des ressources qu'elles peuvent extraire à peu de frais et vendre avec de gros profits.

Le Québec est riche en forêts, en minerais. Son potentiel hydroélectrique est immense. Il y a des marchés pour des produits du bois, pour les minerais, pour l'électricité. Pourquoi est-ce que les Canayens n'exploitent pas eux-mêmes leurs ressources? Errol Bouchette leur avait bien dit au début du siècle: «Emparons-nous de l'industrie.» Pour cela, il fallait les moyens. Les moyens étaient le capital, des sommes d'argent qui permettent de s'équiper pour lancer l'entreprise jusqu'à ce qu'elle rapporte.

Le gouvernement du Québec aurait pu exploiter les ressources du Québec au profit du peuple canayen. Il aurait pu emprunter du capital pour lancer notre économie. Mais il ne pouvait pas le faire, parce qu'il était dominé, à travers le clergé et les petits politiciens comme Sir Lomer Gouin, par la bourgeoisie anglo-saxonne. Le gouvernement provincial était au service du capital anglo-saxon.

Les petits politiciens venaient au pouvoir et s'y maintenaient grâce à l'argent anglo-saxon. Ils étaient élus par le peuple, mais gagnaient leurs élections grâce à l'argent anglo-saxon. Une fois élus, ils rendaient compte, non pas au peuple, mais à ceux qui avaient financé leurs campagnes électorales.

En 1931, on a découvert que la compagnie qui avait obtenu le contrat de la construction de la centrale hydro-électrique de Beauharnois avait versé 864 000$ dans la caisse électorale du Parti libéral.

Quelques petits capitalistes canayens, comme Dubuc à Chicoutimi, Rodolphe Forget à Montréal et Amyot à Québec, lancèrent des industries, mais leurs investissements étaient insignifiants comparés à ceux des Canadiens anglais et surtout des Américains. Ces derniers mirent la main sans difficulté sur le secteur primaire, l'extraction, toute l'industrie de la pâte à papier, les centrales hydro-électriques, les mines d'amiante, d'or, d'argent.

Il est clair que le gouvernement provincial n'était qu'un concierge pour les capitalistes anglo-saxons.

Les compagnies Duke-Price et Aluminium Company investirent 100 000 000$ dans la région du Lac Saint-Jean pour y installer des usines de pâte à papier et d'aluminium[41]. La construction des centrales électriques causa l'inondation des terres cultivables. Ceci est symbolique. Les Canayens voyaient leurs terres défrichées avec peine et misère disparaître sous

---

41. Ce site a été choisi non pour des gisements de bauxite, matière première pour la production de l'aluminium, mais pour l'énergie électrique que peut fournir le puissant Saguenay.

Maurice Duplessis vu par Albéric Bourgeois.

A la rude mémoire de

L'Union Nationale

décédée subitement d'une attaque

d'autonomico-conscripco-aigue

le 25 octobre 1939,

à l'âge de 3 ans et 2 mois.

R. I. P.

Le Nazional Photo, Shawinigan.

l'effet de l'industrialisation. L'habitant devait devenir l'employé des grandes compagnies qui venaient lui voler ses terres et ses ressources.

En 1926, l'industrie de la pâte à papier produit pour une valeur brute de 107 millions de dollars. Un beau gros chiffre. Mais, en somme, dans ce gros chiffre, qu'est-ce qui revient aux Canayens?

Les compagnies américaines de pâte à papier ont vendu à d'autres compagnies, canadiennes ou américaines, du papier pour une valeur de 107 millions. Où sont les profits pour les Canayens? Pourtant ce sont nos forêts qui y passent. Ce sont les habitants qui font le travail mais sur la production de 1926, pour les milliers d'heures de travail fournies par des milliers de Canayens, il n'y a pas un million qui est allé en salaires. Le gouvernement provincial récupère par l'impôt sur les bénéfices quelques milliers de dollars, qui servent à la construction de routes à l'avantage de ces mêmes compagnies. En somme, des 107 millions de la dite production, c'est 2 ou 3 % qui reviennent aux Canayens qui, eux, ont été les véritables producteurs comme ils sont les vrais propriétaires des richesses du Québec.

C'est de cette façon que les Américains et les Canadiens-anglais pillent systématiquement nos ressources, exploitent le cheap-labour des Canayens, font les gros profits et nous laissent des miettes. Ce banditisme légalisé, institutionnalisé, s'empare de notre pays et nous fait ses esclaves dans les chantiers, dans les usines. Nos politiciens collaborent avec ces bandits internationaux, le clergé collabore également et investit son argent dans les compagnies qui exploitent les Canayens. Les ouvriers canayens, qui se rendent compte de l'exploitation dont ils sont l'objet, s'organisent et s'affilient, comme on l'a vu, à des syndicats américains. Pour combattre le syndicalisme radical, le clergé crée la Confédération des travailleurs catholiques du Canada (CTCC) en 1921 et regroupe 26 000 membres dans des *syndicats de boutique*, des syndicats qui reconnaissent l'autorité et les droits d'exploitation des patrons et cherchent à amener les travailleurs à accepter leur situation d'infériorité « parce que Dieu le veut ainsi » et à collaborer avec les patrons, leurs supérieurs, parce qu'il faut respecter l'ordre et l'autorité établis. Le clergé fait exactement la même chose quand les fermiers du Québec veulent s'organiser en mouvement radical : il fonde L'Union catholique des cultivateurs.

Devant cette mainmise américaine sur nos ressources naturelles, une partie de l'élite clérico-bourgeoise qui avait adhéré au nationalisme canadien de Bourassa s'oriente vers un nationalisme québécois. L'abbé Lionel Groulx en est le leader. Son journal *L'Action française* fondé en 1917 (qui deviendra *L'Action canadienne-française* en 1929) veut défendre les droits de ceux qu'ils appellent les Canadiens-français. Il prône la revanche des berceaux, c'est-à-dire une natalité élevée chez les Canayens pour arriver à être la majorité de la population au Canada et ainsi imposer le respect de nos droits. Dans ce nationalisme, on retrouve un culte presque religieux de la patrie et de la langue française. Le catholicisme fervent est considéré comme une force d'unité nationale. La forme de gouvernement qu'il prône est le corporatisme comme celui de Salazar au Portugal, c'est-à-dire une dictature par un homme fort catholique qui encadre les professions, les métiers et la classe ouvrière de telle façon que chaque classe connaisse sa place et y reste ; sous le dictateur, se trouve le haut-clergé, l'état-major de l'armée et l'élite industrielle ; sous celle-ci, les professions libérales, les fonctionnaires, le bas-clergé et, au bas de l'échelle, les ouvriers et les paysans. Ce nationalisme voudrait donc instaurer un système presque féodal au Québec. Il voudrait voir naître un dictateur qui, avec son armée, chasserait les Anglais du Québec, instituerait comme seule religion la religion catholique, comme seule langue la langue française, aiderait le développement d'une bourgeoisie industrielle qui exploiterait les ressources du pays, encadrerait la classe ouvrière dans ses chantiers et ses usines. En somme, ce dictateur-miracle instaurerait l'ordre absolu « que Dieu veut », où le dictateur gouverne, l'armée maintient l'ordre, l'Église répand les bénédictions du ciel, les bourgeois exploitent, les médecins font la médecine, les ouvriers travaillent. Ce dictateur pourrait après quelque temps se faire couronner roi par l'évêque de Québec et tout irait pour le mieux dans le meilleur des mondes.

Les ennemis de ce nationalisme de *L'Action française* sont : l'athéisme et tous les mouvements de pensée qui ne reconnaissent pas l'Église comme seule source de vérité ; le libéralisme bourgeois et la démocratie bourgeoise avec son manque de respect des autorités religieuses ; et surtout le socialisme qui, lui, veut que la classe ouvrière lutte par tous les moyens pour renverser les dictatures et les classes dominantes afin d'instaurer une société sans classes.

L'abbé Groulx a écrit un livre au titre très significatif : *Notre maître le passé*. Il glorifie le passé, nos ancêtres, le régime français où, d'après lui, la religion catholique et la culture française ont rayonné magnifiquement sur l'Amérique du Nord. Il fait des héros de ceux qui ont exploité l'homme rouge, Dollard des Ormeaux, Jeanne Mance, Marguerite Bourgeoys et les autres.

Ces idées que *L'Action française* propage par ses publications et ses colloques ne touchent en fait que ces éléments de l'élite clérico-bourgeoise conscients du danger de la disparition du peuple québécois. L'autre partie de l'élite clérico-bourgeoise, celle déjà trop compromise dans le fédéralisme et les intérêts anglais, essaie de bloquer ce nationalisme qui, pour elle, peut déranger sa situation. C'est bien cette élite fédéraliste qui, à l'Université de Montréal, exigea de l'abbé Groulx qu'il signe un document disant qu'il n'attaquerait plus la confédération. Groulx refusa de signer mais, par après, accepta un arrangement où il se consacrerait strictement à la recherche historique.

Le clergé lui-même était partagé entre le nationalisme de Groulx et le fédéralisme confortable. Le père Villeneuve suivit Groulx avec plusieurs professeurs des collèges classiques. Les évêques, pour la plupart, restaient fidèles à leur collaboration avec le pouvoir fédéral.

Le peuple, lui, n'embarque pas dans le nationalisme de *L'Action française* parce que tout cela semble de belles théories d'intellectuels qui ne signifient rien de bon pour lui. Il y voit la description d'un système dans lequel il se retrouverait dans une situation aussi mauvaise que celle qu'il connaît alors. Pour lui, la culture française lui est étrangère et le sera toujours. Pour lui, le catholicisme c'est bien beau mais il y a déjà assez de curés et d'évêques qui lui disent quoi faire depuis assez longtemps. Et un dictateur, il n'a jamais aimé ça. En somme, pour le peuple, il n'y a rien de bon là-dedans et il s'en tient loin.

Plus ça change, plus c'est la même chose

Pendant que Groulx, le père Villeneuve, Édouard Montpetit, Olivar Asselin, Louis Durand et Anatole Vanier rêvent ensemble d'un État français qu'ils appelleraient peut-être *Laurentie*, les pouvoirs en place continuent à jouer leur rôle d'éteignoir et à vendre le pays.

Au fédéral, Meighen remplace Borden comme premier ministre conservateur. Les Libéraux tiennent une convention à la manière américaine et élisent un nouveau chef, MacKenzie King, qui avait passé la guerre non pas à combattre au front mais à servir comme conseiller aux relations industrielles de l'un des plus grands exploiteurs américains, le célèbre Rockfeller. MacKenzie King a besoin d'un lieutenant canayen. Il vient chercher le premier ministre du Québec, Lomer Gouin, qui est tout heureux de servir comme roi-nègre au fédéral. Mais King se rend compte que Gouin est trop lié aux financiers anglais de Montréal, ce qui peut lui faire perdre des votes dans l'Ouest où les fermiers craignent justement la domination des financiers de Montréal dans le gouvernement fédéral. Gouin est administrateur de la Bank of Montreal, du Royal Trust et de plusieurs autres institutions financières. King laisse tomber Gouin et appelle Ernest Lapointe qui accourt comme un chien fidèle.

Aux élections fédérales de 1921, aucun parti n'obtint la majorité à cause de l'entrée en scène des fermiers de l'Ouest et de leur parti appelé *progressiste*. Les libéraux, 117 sièges, les conservateurs, 50, les progressistes 65 et 4 indépendants. Le marchandage commence. Les libéraux font la cour aux progressistes. C'est un gouvernement boiteux.

Aux élections de 1925, de nouveau un gouvernement minoritaire, les manigances, le maquignonnage. Les libéraux sont pris dans le scandale des douanes, certains libéraux ayant tiré de fortes sommes sur l'alcool canadien qui passait en contrebande aux États-Unis où la prohibition[42] était en vigueur.

En 1926, nouvelles élections. De nouveau un gouvernement minoritaire. Bennett remplace Meighen comme chef conservateur. MacKenzie King essaie de former un gouvernement en concoctant des alliances avec les progressistes. Pendant ces années de prospérité, le gouvernement ne fait à peu près rien. Il jouit de cette prospérité qui vient de l'invasion du capital américain. Le pays passe aux mains des étrangers et le gouvernement fédéral devient un gouvernement concierge pour les exploiteurs américains.

---

42. *Prohibition*: de 1919 à 1933, la loi de prohibition de l'alcool interdit la consommation de toute boisson alcoolique sur tout le territoire des États-Unis. Cette loi qui voulait arracher le Mal à ses racines a provoqué plutôt la création de réseaux de contrebande et de débits illégaux. La consommation de l'alcool n'a pas cessé et cette loi a permis à des «hommes entreprenants» de faire fortune en quelques années. Pensons en particulier aux propriétaires des distilleries canadiennes qui, du jour au lendemain, devenaient les fournisseurs en alcool de contrebande de tout le nord des États-Unis. C'est un secret de polichinelle de savoir que le propriétaire de Seagram's a fait ses premiers millions durant la prohibition.

À la conférence impériale de Londres en 1926, les colonies anglaises deviennent membres à part entière d'un Commonwealth où l'Angleterre n'est qu'un pays parmi les autres dans cette nouvelle association. En d'autres mots, l'impérialisme britannique est mort. Les politiciens canadiens chantent sur tous les toits que le Canada est indépendant. Bourassa lui-même voit que ses idées d'un nationalisme canadien vont se réaliser. La blague, c'est que l'impérialisme américain sans le dire trop fort est en bonne voie de faire de tout le Canada sa colonie la plus facile à exploiter.

En 1927, fêtes du Jubilé de diamant de la confédération. Les élites se gargarisent de beaux discours. Les Canayens restent chez eux. On veut les gagner à la joie collective en sortant des timbres bilingues et en chantant *O Canada* en français et en anglais. Les Canayens continuent leur résistance passive.

Au Québec

En 1920, Taschereau remplace Gouin comme premier ministre libéral du Québec. Il fait exactement comme son prédécesseur. Les financiers anglais lui graissent les pattes et il devient concierge.

En 1926, le gouvernement fédéral amène la question du Labrador au Conseil privé de Londres qui décide sans consulter le Québec que le Labrador revient à Terreneuve. On vole 110 000 milles carrés au Québec et le gouvernement-concierge de Taschereau ne dit pas un mot. Ce même Taschereau donne

1 000 000 $ à l'Université McGill qui est déjà riche et bien partie pour fournir les cadres des compagnies qui nous exploitent. L'Université de Montréal qui vient de devenir autonome de l'Université Laval et qui devrait desservir une population 10 fois plus grande que McGill ne reçoit pas plus que l'université anglaise.

À part l'aide financière aux universités et aux hôpitaux qui reçoivent sans avoir à rendre des comptes, le gouvernement concierge construit des routes pour les compagnies qui nous exploitent. Le Québec a une dette insignifiante en 1930. Les concierges gardent le perron propre pour les exploiteurs internationaux. Belles routes, belles ressources, du cheap-labour en masse. Citation typique de Taschereau : « Oui, il y a de l'argent américain dans la province et il est le bienvenu… tant que moi-même et mes collègues, nous serons ici, nous inviterons le capital étranger à venir nous aider à développer notre province. »

Mais la fausse prospérité ne dure pas. Pour arriver à cette prospérité, les grandes institutions financières ont prêté bien au-delà de leurs capacités. Le crédit a ses limites. Le doute s'empare des spéculateurs. Tous veulent vendre leurs parts avant qu'elles perdent leur valeur. C'est la panique à la Bourse de New York, puis dans toutes les autres bourses à travers le monde. Les compagnies ralentissent leur production faute de capital, puis faute de marché, les acheteurs ayant eux aussi perdu leur crédit. Les usines s'immobilisent, le chômage se généralise. Plus de travail, plus de production, plus de consommation. Le capitalisme a connu des récessions avant celle-ci mais jamais d'aussi graves. On l'appelle la Dépression de 1929 qui durera toutes les années trente. On en sortira vraiment lorsqu'on commencera à produire pour la Deuxième Guerre Mondiale. La guerre stimule l'économie, c'est une loi du capitalisme.

Au Canada, le blé de l'Ouest ne se vend plus. Les compagnies minières ne peuvent plus vendre leur minerai. Aux élections de 1930, les conservateurs de Bennet prennent le pouvoir et votent 20 000 000 $ pour des travaux publics qui occuperaient les chômeurs. Ils votent aussi une hausse des tarifs douaniers pour protéger les industries canadiennes.

Cette crise économique amène la création de nouveaux partis politiques.

Woodsworth fonde en 1932 avec les ouvriers et fermiers de l'Ouest le CCF (Cooperative Commonwealth Federation) qui demande la nationalisation des services de santé, la socialisation des institutions financières, l'adoption d'un code de travail et une nouvelle répartition de l'impôt.

William Aberhart fonde le Social Credit dont la théorie principale est la distribution de dividendes à la population pour la relance de l'économie et la distribution des richesses.

En 1935, King revient au pouvoir avec ses libéraux. Le CCF et le Social Credit gagnent quelques sièges. Le fédéral se donne le droit exclusif sur les problèmes sociaux comme le chômage et s'empare du droit de taxation sur les successions et les corporations.

Au Québec, la crise fait ses ravages, les usines de pâte à papier s'immobilisent presque. Dans les villes, les fabriques de chaussures, de textiles, de vêtements sont paralysées. Les 394 compagnies américaines qui exploitent les Québécois sont réduites à les mettre à pied. Les congrégations religieuses perdent beaucoup. Des milliers de chômeurs se font la guerre pour un emploi aux travaux publics ou pour recevoir le secours de l'État. En 1932, 100 000 personnes reçoivent le secours direct. Quand le chômage atteint des proportions gigantesques en 1931, 27 % chez les syndiqués seulement, le gouvernement Taschereau vote une loi qui facilite la colonisation et le retour à la terre. On invite donc les ouvriers à quitter les villes, le monde industriel, pour aller faire de l'agriculture dans des terres aucunement propices à une telle exploitation. Ce fameux retour à la terre, le peuple colonisé québécois le retrouve comme un réflexe devant le danger. La première fois après la Conquête, repli dans l'agriculture. Après la défaite de la Rébellion, de nouveau des sermons sur le retour à la terre. La troisième fois, durant la crise des années trente.

Camillien Houde, chef des conservateurs provinciaux, qui a parlé contre les investissements américains, est élu maire de Montréal en 1930 et cède sa place de chef conservateur à Maurice Duplessis, jeune avocat de Trois-Rivières. En 1934, Paul Gouin mécontent de la corruption des libéraux de Taschereau, fonde le parti de l'Action libérale nationale qui voit la nécessité de la libération économique et sociale des Québécois. L'honnêteté et l'intégrité de Gouin lui valent des adhérents. Il parle de l'abolition des caisses électorales, de la corruption des politiciens, du manque d'intervention de l'État dans l'industrie et les problèmes sociaux. Il veut renouveler les mœurs électorales. Il réussit à faire 119 assemblées en un an et le peuple croit que le renouveau se prépare. Mais Duplessis, chef conservateur, fait une alliance

avec Gouin pour vaincre les libéraux aux élections de 1935. Si les libéraux sont défaits, Duplessis deviendrait premier ministre et Gouin nommerait les autres ministres. Aux élections de novembre, Taschereau revient au pouvoir avec une faible majorité. Les libéraux ont 48 sièges, l'ALN 26 et les conservateurs 16. Un scandale révèle que Taschereau et ses amis se sont fait graisser les pattes. Taschereau démissionne et laisse la place à Adélard Godbout qui en appelle au peuple. L'union sacrée de Gouin et Duplessis est rompue. Duplessis a exploité la situation pour rafler tous les collaborateurs de Gouin et laisse celui-ci en plan. Aux élections de 1936, le parti de Duplessis qui s'appelle l'Union nationale gagne 76 sièges. Les libéraux en conservent 14, Duplessis a donc recueilli tout le travail de Gouin et son programme de réformes. Mais, arrivé au pouvoir, il n'en fait rien. Il n'a pas l'intention de nationaliser les trusts de l'électricité. Il croit, comme Taschereau, à l'entreprise privée, à la liberté du capitalisme américain si celui-ci garnit bien la caisse électorale de l'Union nationale.

Le peuple s'est fait rouler encore une fois. Et un homme honnête mais naïf comme Gouin se retrouve nulle part.

Que fait Duplessis et son Union nationale à part s'enrichir en cédant nos richesses naturelles aux Américains ? Il passe une loi de pension de vieillesse, de mères nécessiteuses. Il passe une loi qui reconnaît les syndicats mais accorde au gouvernement le droit de changer les conventions collectives comme il l'entend, c'est-à-dire en faveur des patrons. Une autre loi dite des salaires raisonnables les fixe si bas que certains patrons baissent les salaires de leurs employés pour s'y conformer. Une autre belle loi à Duplessis est celle du Cadenas (1937) qui permet au gouvernement de fermer la maison ou la boutique de ceux qu'on soupçonne de vouloir renverser le gouvernement. Un journal communiste doit cesser sa publication sous cette loi. Mais la même année, Duplessis laisse Adrien Arcand et son parti nazi, appelé Parti national social chrétien, faire des réunions et aller organiser un congrès à Kingston pour se donner une organisation d'un océan à l'autre.

Durant la crise des années trente, l'Action canadienne-française de Groulx connaît un renouveau. En 1933, elle s'appelle l'Action nationale et a comme collaborateurs Esdras Minville, Arthur Laurendeau, René Chaloult. De nouveau ce sont des articles sur la mission du catholicisme, de la culture française, le retour à la terre, le corporatisme, la grandeur de Salazar et de Mussolini. De jeunes nationalistes, qui s'appellent Les Jeunes Canada avec André Laurendeau à leur tête, disciples de Groulx, organisent des réunions populaires pour dénoncer les politiciens en place, attaquer les trusts américains responsables de la dépression, promouvoir l'achat chez nous, dénoncer les tendances centralisatrices du fédéral et étaler les vertus du corporatisme. L'Action nationale et les Jeunes Canada collaboraient étroitement. Ensemble ils organisaient des colloques sur l'organisation corporatiste et le Canada dans le Commonwealth. On retrouvait chez eux de vagues allusions au séparatisme. Ils parlaient de l'État français d'Amérique, de *Laurentie*, indépendant, mais membre du Commonwealth. Ils prônaient l'adoption du drapeau de Carillon, le fleurdelisé actuel.

La Canadian Consolidated,
grande consommatrice de nos richesses naturelles.

La Deuxième Guerre Mondiale

La défaite de l'Allemagne en 1918 laisse le pays dans un état désastreux. Les puissances capitalistes qui l'ont vaincue, l'Angleterre, la France et les États-Unis, se sont vraiment vengé sur elle pour ses prétentions internationales. La défaite militaire est suivie de l'occupation par la France d'une partie de l'Allemagne riche en ressources. De plus, l'Allemagne doit payer des dettes de guerre impossibles à rencontrer. Les sociaux-démocrates[43] qui prennent le pouvoir en Allemagne ne peuvent absolument pas redresser l'économie. Le parti communiste allemand qui a des millions de membres veut provoquer le renversement du système capitaliste dans le pays mais les querelles entre eux et les sociaux-démocrates permettent à un dénommé Hitler de jouer sur l'humiliation du peuple allemand, de se bâtir une petite armée personnelle, et surtout de faire une alliance avec les capitalistes allemands pour arriver à se faire nommer chancelier et se donner des pouvoirs dictatoriaux. Hitler commence par massacrer les communistes qui représentent en fait l'opposition principale. Il fait un pacte avec les capitalistes allemands pour relancer l'économie. Avec le nouvel ordre qu'il instaure, le peuple allemand a du travail, l'Allemagne se remet sur pied. Mais pour continuer à se développer selon les lois de ce système, il faut conquérir d'autres pays, asservir d'autres peuples.

---

43. *Social-démocratie* : option politique selon laquelle on veut améliorer les conditions de vie de la classe ouvrière et des classes défavorisées en général sans toutefois changer les structures sociales existantes. Vouloir « civiliser » le capital, c'est-à-dire vouloir voir les riches un peu moins riches et les pauvres un peu moins pauvres, est l'objectif des sociaux-démocrates.

Hitler se concentre sur la production de guerre. Selon son idéologie, le peuple allemand est une race supérieure, les Anglais et les Français sont inférieurs et les Juifs, une race à exterminer. Ayant consolidé son pouvoir en Allemagne, par la force, contre les communistes, par la collaboration avec les capitalistes et par l'illusion de grandeur chez les ouvriers indécis, Hitler provoque un coup d'État en Autriche et l'annexe à l'Allemagne. Il fait un pacte avec Mussolini, le dictateur italien, qui veut devenir la grande puissance dans la Méditerranée, puis envahit la Tchécoslovaquie. Il signe un pacte de non-agression avec Staline, puis envahit la Pologne.

En Asie, le Japon suit un chemin parallèle. Il s'empare de la Manchourie et entreprend une invasion systématique de toute l'Asie. Le Japon signe un pacte avec Hitler.

Les puissances capitalistes dites alliées, l'Angleterre, la France et les États-Unis, voient leurs intérêts menacés par la poussée vertigineuse de l'Allemagne, de l'Italie et du Japon.

Quand Hitler envahit la Pologne, l'Angleterre et la France lui déclarent la guerre. On est le 3 septembre 1939. Le gouvernement canadien déclare la guerre à l'Allemagne le 10 septembre et le Parlement vote 100 millions de dollars pour les opérations de guerre. Un corps expéditionnaire canadien est mis sur pied. Le recrutement est volontaire. Hitler envahit le Danemark et la Norvège. Le 10 mai 1940, il envahit la Hollande et la Belgique, puis la France qui n'est aucunement capable de résister aux chars blindés et aux avions allemands. Le maréchal Pétain capitule et commence à collaborer avec les Allemands pendant que le Général de Gaulle se réfugie à Londres pour organiser les

Forces Françaises Libres. L'Angleterre se prépare pour contrer l'invasion allemande de son île. Hitler prend la Hongrie, la Roumanie, la Bulgarie, la Yougoslavie et la Grèce. En 1941, il se lance contre la Russie, mais son avance est stoppée à Stalingrad. Les Américains entrent en guerre le 7 décembre 1941 quand les Japonais attaquent leur base hawaïenne de Pearl Harbour. Les Allemands et les Italiens envahissent l'Afrique du Nord.

Au Canada, le gouvernement libéral de King proclame en juin 1941 le service militaire obligatoire, mais pour la défense du pays seulement. Les Québécois ne font aucune opposition à cette loi. Le peuple québécois est prêt à défendre le pays. Cette réaction contredit toutes les accusations de lâcheté que les Canadiens-anglais ont lancées contre le peuple québécois. Les Québécois sont prêts à lutter quand il s'agit de défendre le Québec mais ils n'ont aucune envie d'aller se faire massacrer pour défendre les intérêts des puissances colonialistes.

Quand le gouvernement fédéral interne Adrien Arcand en mai 1940 à cause de ses sympathies nazies, aucun Québécois ne manifeste contre son internement, ce qui démontre bien que le nazisme, le fascisme et l'hitlérisme n'ont aucun soutien au Québec. Même si une certaine élite a joué avec l'idée corporatiste, même si Groulx a eu des louanges pour Mussolini, le peuple, dès le début des hostilités, est contre Hitler. Quand la France capitule, il en est affecté. Mais pas plus qu'en 1914, il ne veut aller défendre l'Angleterre. Il est prêt cependant à lutter à mort contre une invasion allemande éventuelle au Québec. Cela n'empêche pas que les Québécois furent les premiers à remplir les rangs de volontaires pour le service outre-mer et dès janvier

ROBERT RUMILLY

de l'Académie canadienne-française

MON CAHIER No 2

LA TACTIQUE

DES GAUCHISTES

DÉMASQUÉE

(Suite et complément à
" L'Infiltration gauchiste au Canada français")

ÉDITÉ PAR L'AUTEUR

118, avenue LAZARD

MONTRÉAL, 16

1941, 50 000 Québécois s'étaient enrôlés. Il faut dire que bien de ces enrôlements ne se faisaient pas par goût, mais dans bien des cas, parce que c'était la seule façon de sortir du chômage, d'avoir une paie qui permettrait à la famille de manger et de se loger.

Quand les États-Unis entrent en guerre, King décide de demander aux Canadiens de le libérer de ses promesses de ne pas recourir à la conscription pour le service outre-mer. L'opposition conservatrice et tout le Canada anglais réclament la conscription. King tient un plébiscite sur la question le 27 avril 1942. Il demande à la population de répondre oui ou non à la question suivante : « Consentez-vous à libérer le gouvernement de toute obligation résultant d'engagements antérieurs restreignant les méthodes de mobilisation pour le service militaire ? », une façon entortillée de dire : « Est-ce que vous êtes pour la conscription ou contre ? » Le Québec répond non dans une proportion de 71,2 %. Les Québécois (c'est-à-dire la population du Québec, moins les Anglais de Westmount et des Cantons de l'Est, votent en fait à 85 % NON). Les autres provinces votent oui à 80 %. Les Québécois refusaient de se faire mettre l'uniforme sur le dos pour se faire expédier outre-mer comme chair anglaise à canon.

Ce sentiment fut confirmé le 18 août par le désastre de Dieppe. L'état-major britannique veut voir si les Allemands défendent bien les côtes françaises. Pour vérifier une évidence, il lance 6 100 soldats, dont les quatre cinquième sont Canadiens, dans 253 bateaux vers les côtes françaises. Les pauvres gars tombent sur un convoi allemand à trois milles des côtes et le massacre commence. Quand les soldats réussissent à débarquer sur la côte française près de Dieppe, les mitrailleuses allemandes les descendent comme des lapins. Après deux heures de cette boucherie, l'état-major comprend que les Allemands défendent bien les côtes. On donne l'ordre d'évacuer les lieux. Sur les 4 963 Canadiens, 2 752 meurent sous les balles allemandes. Les 2 211 qui restent, dont 617 sont blessés, réussissent à rentrer en Angleterre. Les colonisés servent toujours de chair à canon pour le colonisateur.

Au Québec, aux élections de 1939, les Québécois répudient Duplessis et ses manigances politiques pour donner le pouvoir aux libéraux de Godbout. Celui-ci collabore étroitement avec les libéraux fédéraux de King. Lors du plébiscite, André Laurendeau, Jean Drapeau, Georges Pelletier, directeur du *Devoir*, et Gérard Filion fondent la Ligue pour la défense du Canada qui incite les Québécois à répondre non. Puis en septembre, Maxime Raymond fonde le Bloc Populaire avec André Laurendeau, Paul Gouin et Jean Drapeau. Ce parti est *contre* la conscription mais ne sait pas s'il est corporatiste, capitaliste libéral ou socialiste.

Pendant ce temps, King présente à Ottawa son *bill* en faveur de la conscription (service obligatoire outre-mer). Ce même King, qui est premier ministre grâce aux votes libéraux du Québec, a l'audace de promouvoir la conscription quand la grande majorité des Québécois la rejette. Cette attitude est typique du gouvernement colonisateur qui vient chercher les votes avec de belles promesses puis fait le contraire des désirs du peuple. Les Québécois se voient trompés de nouveau par le fédéral. Rien à faire avec Ottawa. D'autant plus que ce même gouvernement fédéral profite de la guerre pour s'emparer des pouvoirs qui reviennent aux provinces, comme le pouvoir de taxer le revenu des particuliers et des corporations.

Économie de guerre

À cause de la guerre, le Canada et les États-Unis connaissent une prospérité inconnue jusqu'alors. Grâce à 50 millions d'hommes, de femmes et d'enfants tués par l'appât du gain des pays capitalistes, l'Amérique du Nord peut sortir de la crise économique et reconstruire son économie.

En effet, c'est grâce à la guerre entre les pays européens que les gouvernements américain et canadien peuvent trouver le capital nécessaire pour le prêter à des industriels qui, eux, fabriquent armes et munitions qu'ils revendent au gouvernement. Le gouvernement à son tour les vend à un pays allié en guerre ou bien s'en sert pour sa propre armée. Grâce à la guerre, le capitalisme américain retrouve sa confiance et sa vitalité. Il investit dans l'industrie de guerre canadienne. Il devient le grand fournisseur du matériel de guerre pour les Alliés, ce qui lui permettra d'avoir, après la guerre, un contrôle sur l'économie des pays d'Europe occidentale et des pays d'Asie comme il l'a déjà sur le Canada et toute l'Amérique latine.

Le gouvernement canadien vend des Bons de la Victoire aux Canadiens pour une valeur de 12 milliards de dollars.

Le gouvernement prête à faible intérêt (s'il ne les donne pas) des sommes importantes à des capitalistes anxieux de faire des profits fantastiques. En quelques années, l'industrie canadienne

Canadiens-Français Enrolez-vous!

NOTRE PREMIÈRE LIGNE DE DÉFENSE EST EN FRANCE.

N'ATTENDEZ PAS POUR DÉFENDRE NOTRE PAYS QU'IL SOIT ENVAHI, DÉVASTÈ.

ÉPARGNEZ CES HORREURS À CEUX QUI VOUS SONT CHERS.

*Le Coeur de la France saigne.
La voix du sang parle.*

N'oubliez pas, Canadiens-Français, que vous êtes descendants des compagnons de Dollard, des soldats de Montcalm & de Lévis; les fils des vainqueurs de Chateauguay et les frères des héros de St. Julien & de Festubert.

REFORMEZ LES RÉGIMENTS DE VOLTIGEURS DE SALABERRY

produit des chars d'assaut, des navires de guerre, du caoutchouc synthétique, des appareils de radar.

La guerre appelle la production, la production appelle les ouvriers. Le chômage disparaît. Les hommes de la classe ouvrière sont appelés à se faire tuer sur les champs de bataille. Bien des fils de bourgeois réussissent à se trouver des postes importants qui les rendent « indispensables », comme on dit, à la production de guerre.

Profitant de l'économie de guerre, les frères Simard de Sorel deviennent d'importants industriels canadiens-français en fabriquant bateaux et canons avec 6 000 employés. Les capitalistes américains continuent à s'infiltrer dans l'économie québécoise et se servent des Anglais de Montréal comme premiers alliés. Les industriels québécois comme les Simard sont si peu nombreux qu'ils ne représentent aucune concurrence mais, au contraire, des collaborateurs utiles dans l'exploitation des richesses du Québec et du peuple québécois.

Pendant que l'industrie capitaliste assujettit davantage le peuple québécois à l'économie de guerre et que le gouvernement fédéral entraîne notre jeunesse à épauler le fusil à l'anglaise, notre élite clérico-bourgeoise se débat dans des querelles d'arrière-garde. Durant la poussée capitaliste, devant le monopole des trusts, nombre de partisans du Bloc Populaire prônent comme solution le corporatisme. En même temps, on laisse entrer un millionnaire nommé Édouard Lacroix qui, lui, ne veut pas que le capitalisme soit bridé par le corporatisme mais, qu'au contraire, il puisse se développer en pleine liberté avec les institutions existantes à sa disposition. Sur la question nationale, le

Bloc ne sait pas s'il est séparatiste ou fédéraliste tant les opinions sont variées là-dessus. Des partisans du Bloc voient dans le mouvement socialiste une conspiration internationale contre le peuple québécois. D'autres encore voient dans les Juifs de Montréal nos pires ennemis.

Les immigrants juifs, venus de Russie, de Pologne, d'un peu partout en Europe au début du 20ᵉ siècle, s'étaient retrouvés en arrivant comme bien des immigrants au bas de l'échelle, mais avaient réussi, en jouant le jeu capitaliste d'exploitation, à sortir de la classe des exploités pour se retrouver propriétaires de petits commerces, boutiques, magasins d'alimentation, petites manufactures, et à se rapprocher ainsi dans leur style de vie de la classe bourgeoise anglaise de Montréal. Ils adoptaient la langue anglaise, langue de l'exploiteur, et se servaient du français strictement pour commander à leurs employés et à leurs domestiques québécois. Bientôt pour le Québécois, l'exploiteur était moins l'Anglais qui tirait les ficelles camouflées de la haute finance et des grandes entreprises, que le Juif de la rue Saint-Laurent, de la rue Craig et des manufactures de souliers et de vêtements qui l'exploitaient d'une façon plus évidente. L'antisémitisme québécois n'a jamais existé, sauf dans l'esprit des Anglais qui étaient tout heureux de voir, dans la révolte du Québécois devant son exploiteur juif, une autre preuve que les Québécois n'étaient pour lui qu'un peuple réactionnaire et fasciste. L'Anglais se réjouissait d'autant plus que les Québécois voyaient plutôt le Juif comme son exploiteur. Caché derrière les grandes entreprises et les institutions de la haute finance, l'Anglais et son frère le capitaliste américain se frottaient les mains de joie en jouant les Juifs contre les Québécois. En fait, l'antisémite était le colonisateur anglais qui bloquait l'entrée de ses clubs sociaux aux bourgeois juifs et voyaient d'un mauvais œil ces mêmes bourgeois juifs acheter des propriétés à Westmount.

Le fameux Bloc Populaire ramassait en fait les éléments mécontents de l'élite clérico-bourgeoise, mais n'avait aucune pensée politique cohérente. Il était contre les gros trusts, mais pour les petits trusts, pour Salazar et Franco, mais contre Hitler, pour la nationalisation de l'électricité mais contre le socialisme. Malgré cette confusion extrême, ce manque de pensée structurée, un sondage auprès de la population québécoise en 1943 indiquait que le Bloc avait pour lui 33 % des électeurs. Ce qui veut dire qu'une bonne partie du peuple québécois était prête à voter pour le Bloc, pour que ça débloque et qu'on commence enfin à se décoloniser.

Le parti CCF, qui copiait l'évolution du parti travailliste d'Angleterre, réussit à obtenir des évêques du Québec le droit à l'existence, mais comme il ne comprenait rien à la situation du colonisé québécois et qu'il demeurait fédéraliste, il n'eut aucune chance ici.

Pendant ce temps, le fin petit politicien chef de l'Opposition, Maurice Duplessis, organisait sa machine électorale et tirait des autres partis ce que, d'après lui, les Québécois aimeraient entendre. Il exploitait le nationalisme québécois, non pour libérer le peuple québécois, mais pour arriver au pouvoir en parlant d'autonomie provinciale. Il s'entendait avec les industriels américains pour garnir sa caisse électorale et, une fois arrivé au pouvoir, il leur laissait le champ libre pour l'exploitation du

peuple. Pendant que les partisans du Bloc se chicanaient entre eux à la radio, dans les journaux et à leur congrès, sur les trusts et le retour à l'économie agricole, pendant que Paul Gouin, Philippe Hamel et René Chalout refusaient le leadership d'André Laurendeau, Duplessis préparait sans bruit, tranquillement mais sûrement, son retour au pouvoir. Duplessis attaquait le gouvernement libéral de Godbout pour avoir nationalisé la compagnie d'électricité Montreal Light, Heat & Power Company et ainsi s'attirer les sympathies des industriels qui ont toujours une peur bleue de la mainmise du gouvernement sur les entreprises. Duplessis concentra son action sur les milieux ruraux que la carte électorale favorisait. En effet, les villes constituaient les deux tiers de la population, mais ne pouvaient élire qu'un tiers des députés. Il promit au clergé de ramener la Loi du Cadenas, sa fameuse loi qui lui permettait de saisir toute publication considérée subversive. Et, bien entendu, il parla contre la conscription. Le Bloc alla tirer Bourassa de sa retraite afin de rallier tous les votes nationalistes, mais Bourassa conseilla dans son discours à ses auditeurs de voter CCF.

Aux élections provinciales du 8 août 1944, le Bloc obtient 15 % des votes mais seulement 4 sièges ; les libéraux, 37 % des votes mais seulement 37 sièges ; l'Union nationale, 36 % des votes mais 48 sièges. Le CCF fait élire un de ses candidats. René Chaloult est réélu comme indépendant. Les campagnes ont voté presque unanimement pour l'Union nationale. Les autres partis se partagent les villes.

On voit que le système électoral existant permet à un parti qui sait jouer avec le système de recueillir seulement 36 % des votes, et d'avoir cependant la majorité des sièges qui lui permet de prendre le pouvoir.

Sur la scène fédérale

Pendant ce temps, à Ottawa, les Canadiens-anglais poussaient King à imposer la conscription. La guerre tirait sur sa fin mais il fallait des renforts. Malgré l'acharnement des conservateurs de Bracken en faveur de la conscription pour le service outre-mer, King refusa, sachant très bien que s'il l'imposait, le Québec se soulèverait avec encore plus de violence qu'en 1917. Mais les pressions se firent trop fortes et il demanda au Parlement d'approuver l'envoi de 16 000 hommes outre-mer. C'était ce qu'on peut appeler la conscription limitée. Trente-deux députés du Québec, libéraux pour la plupart, votèrent contre, mais le *bill* passa avec l'appui du CCF et du Social Credit.

À Montréal, le Bloc organisa un rassemblement où André Laurendeau accusa «la dictature de la majorité d'être aussi tyrannique que n'importe quel fascisme». Plus de 2 000 manifestants parcoururent le quartier financier, brisant les vitres de la Bank of Montreal, de la Montreal Trust Co., du Service national sélectif. À Chicoutimi et Rimouski des manifestants brûlèrent l'Union Jack. Certains Canadiens-anglais conseillèrent au gouvernement d'employer des mitrailleuses pour mettre le Québec au pas. Mais le ressentiment populaire fut canalisé dans la réélection de Camillien Houde à la mairie de Montréal après son internement pour subversion, c'est-à-dire pour avoir combattu la conscription.

FIFTH VICTORY LOAN

Certificate

On behalf of the
Dominion of Canada
I am pleased to acknowledge that

J.A. ANCTIL

has purchased Victory Bonds

Oct-Nov.
1943

Minister of Finance

Aux patriotes

VOUS aimez votre unique patrie, le Canada.

Vous le voulez grand, libre, honnête, prospère. Comme Canadien français, vous tenez au maintien de notre langue, de nos institutions et de nos traditions. Plus que tout, vous aspirez à la justice pour les vôtres.

Alors, en cette période critique de notre histoire, lisez, faites lire,

LE DEVOIR

et ainsi augmentez l'influence du quotidien qui défend ce que vous avez de plus cher.

En vente chez tous les dépositaires, 3 sous le numéro	 **LE DEVOIR** 430 est, rue Notre-Dame - Montréal	AU CANADA (Montréal et banlieue exceptés) $6.00 par année

L'OEIL, Montréal, 15 juin 1943

Les libéraux provinciaux rompirent avec les libéraux fédéraux et lancèrent leur journal *Le Canadien*. En même temps, ils concentrèrent leurs efforts dans les quartiers ouvriers de Montréal où le CCF et le parti ouvrier-progressiste (parti communiste) gagnaient du terrain. En effet, Fred Rose, candidat du parti ouvrier-progressiste, avait été élu au parlement fédéral dans le comté ouvrier de Cartier.

Quant aux soldats eux-mêmes, sur 10 000 devant se présenter pour l'Europe le 3 janvier 1945, 7 800 manquaient à l'appel. Sur un total de 18 943 déserteurs, le Québec en comptait près de 10 000. Ces Québécois, tous en uniforme et prêts à défendre leur pays jusqu'à la mort s'il était attaqué, refusaient d'aller se faire bousiller en Europe pour les intérêts de l'Angleterre, de la France et des États-Unis. Ces patriotes que les Canadiens-anglais traitaient de lâches et de traîtres, avaient le courage de combattre par cet acte individuel le colonialisme d'Ottawa, de Londres et de Washington, et d'en accepter les conséquences. Ils avaient d'autant plus raison que, en fait, les renforts n'étaient pas nécessaires parce que la guerre était à peu près finie. Cette crise de conscription avait été montée par le Parti conservateur qui se cherchait un cheval de bataille pour renverser les libéraux et prendre le pouvoir.

Aux élections fédérales de juin 1945, les Québécois ayant le choix entre les conservateurs qui voulaient les mettre au pas, le CCF qui travaillait avec les syndicats américains et le Bloc Populaire qui ne savait toujours pas ou il allait, préfèrent voter libéral de nouveau.

Les élections ne changèrent pas la composition de la Chambre des Communes. Les libéraux gardent la majorité et continuent à gouverner, les conservateurs ont 67 sièges, le CCF, 28, le Bloc populaire, 2, le Social Credit en a quelques-uns. Fred Rose, député communiste de Cartier, est réélu.

L'après-guerre voit donc les libéraux au pouvoir à Ottawa et l'Union nationale au pouvoir à Québec. Ces deux règnes vont durer longtemps.

L'après-guerre

La guerre a coûté au Canada 21 milliards de dollars. En plus, le Canada a donné à l'Angleterre une aide financière et matérielle de 4 milliards, lui a fait un prêt de 2 milliards et lui a vendu des vivres à prix réduit. Cet argent, venant des Québécois autant que des Canadiens, a été employé ainsi sans l'accord du peuple québécois. Le gouvernement fédéral, au service du capitalisme anglais et américain, s'est servi de son pouvoir de taxation sur le peuple pour lui soutirer de l'argent qu'il a mis ensuite à la disposition de l'Angleterre. Au lieu de laisser au peuple québécois la liberté de décider pour lui-même la façon d'aider les puissances alliées à combattre le fascisme hitlérien, Ottawa a imposé sa façon de participer à la guerre sans tenir compte de la volonté du peuple québécois.

Cette façon de gouverner, cette façon de garder le Québec comme réserve à exploiter, Ottawa l'a toujours maintenue. À la fin de la guerre, quand est venu le temps de convertir l'économie de destruction (économie de guerre) en économie de consommation, le gouvernement fédéral invite les capitalistes américains à venir nous exploiter encore davantage. Le gouvernement fédéral est un gouvernement-concierge pour les exploiteurs américains. Le gouvernement provincial fait de même. Les gouvernements fédéral et provincial sont des concierges élus par le peuple pour servir les monopoles industriels et financiers qui viennent nous voler nos richesses naturelles.

Les capitalistes américains, qui épuisent les ressources de leur sol à un rythme fou, cherchent au-delà de leurs frontières les matières premières indispensables à leurs industries. Des capitaux américains affluent au Québec, pour exploiter les forêts et les mines. Ils contrôlent avec les capitalistes canadiens-anglais tout le secteur primaire, le secteur d'extraction des ressources. Ils s'emparent graduellement du secteur secondaire, le secteur de transformation des matières premières en produits finis ou semi-finis. Le Québécois dans tout ça, c'est le gars au fond de la mine, le scieur de bois, le porteur d'eau, l'ouvrier qui travaille comme un chien pendant que les capitalistes américains et leurs agents canadiens-anglais nous volent nos ressources avec nos propres bras. Les gouvernements-concierges de Saint-Laurent (le successeur de King au fédéral) et de Duplessis nous répètent que le capital américain crée des emplois et nous permet de « prospérer ». Il est vrai que le capital étranger crée des jobs mais à quel prix ? Quand Duplessis laisse aller du minerai de fer québécois à une cent la tonne, qu'est-ce que ça veut dire ? Ça veut dire que 10 000 000 de tonnes de notre minerai passent directement aux États-Unis et rapportent au gouvernement provincial 100 000 $. L'extraction de ces 10 000 000 de tonnes a donné du travail pendant quelques années à quelques centaines de Québécois. C'est insignifiant. Surtout quand on sait que la compagnie qui a obtenu ces 10 000 000 de tonnes pour 100 000 $ va faire, elle, en transformant ce minerai en produits semi-finis, de 75 à 100 millions de dollars de profit. On peut penser que c'est à notre avantage si on croit qu'on est né pour un petit pain, qu'on est et qu'on sera toujours des porteurs d'eau. Mais quand on sait que les ressources du sol québécois sont la propriété inaliénable du peuple québécois, que c'est au peuple québécois à les extraire, les transformer pour sa propre consommation et, en deuxième lieu, pour un marché extérieur, on ne peut faire autrement que de constater que les Américains sont des voleurs internationaux et que nos gouvernements-concierges sont des traîtres et des vendus, des laquais et des parasites du capitalisme américain.

Que fait le gouvernement-concierge ? Tout d'abord il accepte des « dons » des compagnies pour la caisse électorale, ce qui lui permettra de rester au pouvoir et de continuer cette politique de servilité vis-à-vis les compagnies américaines. En deuxième lieu, il « concède » nos ressources à des prix ridicules comme nous venons de le voir au sujet du minerai de fer. En troisième lieu, il construit les ponts et les routes pour que les compagnies puissent exploiter nos ressources facilement. En quatrième lieu, il passe des lois qui gardent les ouvriers à leur place. Si les ouvriers bougent trop, il expédie sur les lieux la police qui, elle, ne se gêne pas pour taper sur les grévistes au nom de « l'entreprise privée ». Exemple : la grève d'Asbestos en 1949. La compagnie Canadian Johns-Manville Co. Ltd. (qui n'a rien de canadien malgré son nom, et encore moins de québécois) est la compagnie

Faire la classe au début des années cinquante.
À noter : l'inscription patriotique sur le tableau.

qui organise l'extraction de nos gisements d'amiante. Cette compagnie paie presque rien au gouvernement provincial pour le droit de voler notre amiante qu'elle expédie aux États-Unis pour la fabrication de produits finis. Cette compagnie emploie des ouvriers québécois pour extraire l'amiante. Elle leur paie des salaires de misère et les fait travailler dans des conditions impossibles. La poussière d'amiante en particulier leur pourrit les poumons. Ces Québécois travaillent pour des salaires de famine à extraire du minerai comme s'il ne leur appartenait pas. Ces Québécois croient vraiment que l'amiante appartient à la compagnie et qu'eux «ont de la chance» d'avoir une petite «job». Comme si la compagnie était généreuse, une espèce de bon Dieu qui leur apporte leur pain quotidien. C'est ce que leur prêchent Duplessis et les curés de paroisse. «Bénissons nos exploiteurs car ils nous donnent des miettes en volant nos ressources naturelles.» Mais les gars ne sont pas fous. Les ouvriers sont révoltés par leurs conditions de travail et l'exploitation dont ils font l'objet. Ils font la grève. La loi dit qu'ils sont censés aller à l'arbitrage avant de pouvoir déclencher la grève. Les gars se fichent de la «législation ouvrière» et font la grève quand même. La compagnie fait appel au roi-nègre Duplessis qui, pour rester au pouvoir, doit obéir aux compagnies. John Manville décide de congédier les ouvriers récalcitrants et d'en employer d'autres. (On appelle «scabs» les ouvriers qui acceptent de remplacer au travail les ouvriers en grève.) Pour cela, il faut mater les ouvriers récalcitrants. Il ordonne à Duplessis d'envoyer la police provinciale pour casser la gueule aux grévistes et protéger l'entrée des «scabs». Duplessis-concierge obéit. Le 19 février, Duplessis envoie 150 policiers pour «maintenir l'ordre». Les policiers arrêtent des grévistes, les menacent, les battent. Mais les gars ne se laissent pas intimider. La grève continue.

Le 5 mai, un convoi de 25 voitures de la police provinciale se dirige vers Asbestos. On arrête 180 ouvriers. On les bat à coups de poing, à coups de garcette, à coups de pieds dans les testicules. Des Québécois battent ainsi d'autres Québécois, salariés comme eux. Les policiers de la P.P., braves Québécois qui sont entrés dans la police parce que c'est un job, servent Duplessis qui sert John Manville qui exploite des ouvriers québécois. C'est John Manville qu'il fallait battre. Personne d'autre, même pas Duplessis-concierge. C'est Manville le responsable.

John Manville, grand capitaliste, exploite des ouvriers québécois. Pour continuer à les exploiter, il doit faire appel au gouvernement qu'il contrôle par la caisse électorale. Il commande au gouvernement (Duplessis-concierge) de mater les ouvriers. Duplessis-concierge commande à la P.P. qui, elle, fait la «job» qu'on lui demande de faire, battre les ouvriers.

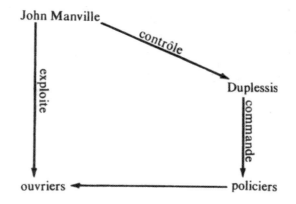

On voit clairement ici comment la classe bourgeoise possédante (John Manville) possède aussi l'État (représenté ici par Duplessis-concierge). Voilà l'essence de la démocratie bourgeoise. Le peuple élit les députés mais la démocratie s'arrête là. Les députés sont liés à un parti qui lui, est lié aux intérêts financiers par sa caisse électorale. On élit des députés qui se sentent responsables non pas vis-à-vis leurs électeurs mais vis-à-vis la classe de possédants, la classe de riches, la classe de ceux qui contrôlent les moyens de production.

Un seul membre du clergé a osé s'élever contre la brutalité policière et prendre partie pour les ouvriers. C'est Mgr Charbonneau, alors archevêque de Montréal. Voilà un homme qui malgré tout est resté sensible à l'oppression de la classe ouvrière et qui a eu le courage d'exprimer son indignation. Mais il a suffi de quelques mois pour que les jeux de coulisses le fasse exiler en Colombie-Britannique. John Manville a fait comprendre à Duplessis-concierge qu'il ne voulait pas d'évêque du côté de ces sales ouvriers. Duplessis-concierge a vite compris et a appelé les autres évêques pour leur faire comprendre que John Manville ne voulait pas d'évêque du côté de ces sales ouvriers et que s'ils voulaient garder leurs privilèges (pas de taxes, contrôle absolu sur l'éducation etc.), il fallait qu'ils soient du côté des patrons, des capitalistes exploiteurs et que Charbonneau disparaisse de la circulation. Les évêques ont vite compris. L'autorité vient de Dieu en passant par John Manville. Mgr Charbonneau se retrouva en exil, en Colombie-Britannique à baragouiner l'anglais et à se taire en français.

Pour réparer les dégâts faits par ce « méchant » Mgr Charbon-neau, un autre évêque, Mgr Camille Roy, archevêque de Québec, agit comme « médiateur ». En d'autres mots, le clergé met tout le paquet pour « convaincre » les ouvriers de retourner au travail. Et ça marche. Le clergé fidèle à son rôle de roi-nègre, de serviteur du colonisateur, le joue encore une fois. Les curés font comprendre aux grévistes qu'il faut respecter l'autorité (Dieu et John Manville), que le rôle de l'ouvrier est de travailler dans la misère (pour gagner son ciel) et que le monde est fait ainsi parce que Dieu le veut (c'est-à-dire John Manville). Les ouvriers reprennent le travail le 1er juillet sans contrat, sans convention collective, sans rien de réglé. Les ouvriers ont perdu.

Ce conflit nous permet de dégager la composition de la société québécoise de l'après guerre.

Structure politique apparente

(Ceci s'applique tant au niveau fédéral qu'au niveau provincial.)

Le peuple élit des députés.

Les députés du parti majoritaire (chapeaux carrés) forment le gouvernement, c'est-à-dire que le chef du parti devient premier ministre et choisit parmi ses collègues les divers ministres dont il a besoin pour gouverner le pays.

Les députés du parti minoritaire (chapeaux ronds) forment l'Opposition. Leur travail consiste à critiquer le gouvernement pour qu'il passe de bonnes lois pour le peuple.

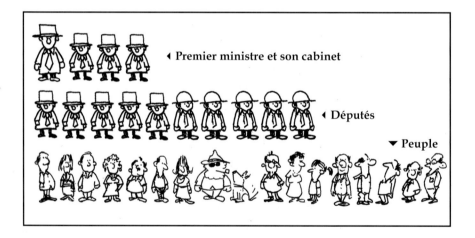

◄ Premier ministre et son cabinet

◄ Députés

▼ Peuple

Structure politique réelle

Le peuple élit des députés rattachés à des partis. Les partis « gagnent » leurs élections avec des campagnes électorales financées par des compagnies.

Le parti au pouvoir passe d'abord des lois qui favorisent les compagnies, et ensuite d'autres lois qui doivent apaiser le peuple (allocations familiales, lois ouvrières, assistance sociale, etc.).

Le gouvernement est au service de compagnies. C'est un gouvernement-concierge.

Ce genre de démocratie s'appelle la démocratie bourgeoise.

Cette démocratie bourgeoise est en somme la dictature de la classe possédante.

Structure sociale apparente

On nous dit que :

- Les riches sont plus riches que les autres parce qu'ils ont travaillé plus fort, qu'ils méritent bien la grosse vie qu'ils mènent.

- Tout le monde peut devenir riche comme eux.

- La classe moyenne, c'est tout le monde ou presque ; c'est le travailleur, le juge, le médecin, le concierge, le premier ministre, le cultivateur, vous et moi. Si on voulait travailler un peu plus, on pourrait devenir très riche. Cependant on reste où on est parce qu'on n'a pas la volonté, le courage, les capacités. Mais on n'est pas si malheureux que ça, parce qu'il y a plus pauvre que nous.

- Les pauvres sont des gens bêtes qui n'ont pas le courage de travailler. Voyez. On leur donne de l'argent et ils le gaspillent à la taverne. Ils méritent bien leur sort.

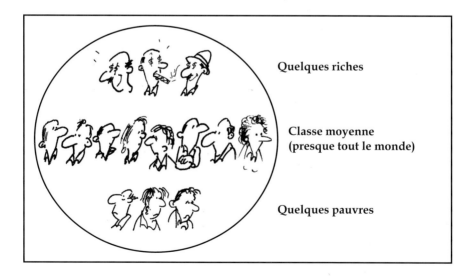

Quelques riches

Classe moyenne
(presque tout le monde)

Quelques pauvres

Structure réelle de la société québécoise

Structure économique

Il y a, d'abord, deux groupes en présence, les ouvriers et les bourgeois. L'ouvrier est celui qui fait du travail productif au sens strict, c'est-à-dire celui qui transforme de la matière pour en faire un produit qui sert à la subsistance et au développement de la société. Il est le producteur par excellence. Son niveau est le niveau fondamental de la production.

Le bourgeois est celui qui s'est approprié les moyens de production et d'échange, c'est-à-dire qu'il a sous son contrôle :

1. la matière,
2. l'équipement.

Il achète ensuite *la force de travail* de l'ouvrier et s'approprie toute la production.

La matière peut être les richesses naturelles (forêts, mines, etc.) ou des produits semi-finis qu'il soumettra à une nouvelle transformation.

L'équipement comprend les bâtisses, les machines, les outils, tout ce qu'il faut pour transformer la matière.

La force de travail, c'est l'énergie que l'ouvrier emploie pour transformer la matière à l'aide de l'équipement.

Le bourgeois contrôle le processus de production sans toutefois faire lui-même de travail productif. Il est essentiellement un non-producteur.

SON ÉMINENCE LE CARDINAL
J·M·R· VILLENEUVE, O.M.I.

Cheminement du bourgeois

Le bourgeois veut faire des profits. Pour cela :

1. Il cherche des besoins humains à exploiter.
2. Il cherche de la matière à transformer pour satisfaire ces besoins.
3. Il s'équipe avec l'argent qu'il a accumulé.
4. Avec l'installation et la matière, il ne lui manque plus que la force de travail pour produire sa marchandise. Des hommes qui n'ont rien d'autre que leur force de travail comme marchandise acceptent de la lui vendre pour un salaire.
5. L'industrie fonctionne. Le bourgeois vend sa marchandise à un prix qui lui permet de payer son équipement, la matière à transformer et le salaire des ouvriers et en même temps d'avoir des profits qu'il utilisera pour ses besoins, mais aussi pour grossir son industrie.

Cheminement de l'ouvrier

L'ouvrier n'a en fait de propriété que sa force de travail et quelques biens personnels.

Dans une société d'exploitation comme la nôtre, sa force de travail, il est obligé de la considérer comme une marchandise. Pour survivre, il est obligé de vendre sa force de travail. L'énergie qu'il a à dépenser, il la vend comme marchandise au bourgeois, son employeur. Ce qu'il reçoit de la vente de sa force de travail, c'est son salaire, juste ce qu'il faut pour qu'il reste en vie et puisse continuer sa vie d'esclave. Il a beau essayer de travailler davantage pour s'en sortir, c'est impossible. Son salaire disparaîtra toujours dans l'achat des nécessités et de quelques loisirs indispensables pour fuir sa condition d'esclave.

Il y a donc, d'abord, ces deux groupes dans un rapport de dominateur et dominé.

LE BOURGEOIS	LE DOMINATEUR	L'EXPLOITEUR
L'ouvrier	Le dominé	L'exploité

Mais il n'y a pas que les ouvriers dans les usines qui sont dominés par les bourgeois. Tous ceux qui travaillent *à salaire et sans pouvoir de décision* sont exploités comme les ouvriers. Employons le mot *travailleur* pour comprendre tous ces gens-là. C'est autant la secrétaire, la serveuse, le concierge, que le fonctionnaire, le professeur, ou le technicien de laboratoire.

Cols bleus ou cols blancs, la différence n'est pas grande. Les cols bleus travaillent davantage avec leurs bras tandis que les cols blancs travaillent davantage avec leurs doigts et leur cerveau. Mais, en somme, ils sont tous exploités, tous *à salaire*, tous *sans pouvoir de décision*. Les différences entre couleurs de chemise ont été créées par les bourgeois pour diviser les travailleurs, les empêcher de s'unir, de devenir une force qui menacerait leur position privilégiée.

Bourgeois :
- propriétaire des moyens de production
- celui qui prend des décisions.

Travailleurs :
- à salaire
- sans pouvoir de décision.

Les travailleurs comprennent :

1. Les travailleurs du secteur primaire (extraction de la matière) :
   - les bûcherons
   - les mineurs
   - les ouvriers agricoles salariés
   - les contre-maîtres.

2. Les travailleurs du secteur secondaire (transformation de la matière) :
   - ouvriers manuels dans les usines
   - techniciens, ingénieurs dans les usines
   - contre-maîtres
   - ouvriers de la construction
   - plombiers
   - charpentiers
   - électriciens
   - maçons.

3. Les travailleurs du secteur tertiaire (distribution des produits, services) :
   - débardeurs
   - camionneurs, chauffeurs d'autobus, mécaniciens, postiers
   - livreurs, messagers, concierges, domestiques
   - pompiers
   - policiers
   - employés des municipalités
   - petits fonctionnaires
   - secrétaires et employés de bureau
   - agents d'assurance, de voyage
   - cuisiniers, serveurs, waitress

- fiers-à-bras de la pègre
- danseuses de cabaret
- artistes commercialisés
- annonceurs, techniciens de radio et de TV
- employés d'hôpitaux, de clinique
- vendeurs
- militaires
- avocats salariés
- médecins salariés
- chauffeurs de taxi
- infirmières.

4. Les travailleurs du secteur idéologique :

(Le secteur idéologique est le secteur qui emploie des travailleurs pour transmettre l'idéologie, c'est-à-dire les façons de penser et les attitudes qui permettent à la classe dominante de se maintenir au pouvoir et de garder la classe des travailleurs à sa place.)

- enseignants à tous les niveaux
- députés (ils sont salariés, n'ont aucun pouvoir de décision et servent à perpétuer le mythe de la démocratie bourgeoise)
- juges
- curés de paroisse
- artistes
- auteurs et réalisateurs de radio et de TV
- journalistes.

On peut s'objecter à cette classification en disant que l'enseignant ou le député ne se voit pas comme un *simple travailleur*, que l'annonceur à Radio-Canada ne voit rien de commun entre lui et le concierge qui lui a ouvert la porte.

Ici il faut distinguer entre la vision subjective et la réalité objective. La vision subjective est la façon de se voir soi-même par rapport aux autres. L'annonceur de Radio-Canada se voit en chemise blanche, se mire dans l'écran de télévision, fait l'admiration de nombreux spectateurs grâce à sa belle voix et son *charme*. Le concierge, lui, se voit en uniforme de concierge ouvrant la porte à ces messieurs et dames importants.

Les deux visions sont radicalement différentes. Et ces deux visions correspondent à deux réalités différentes. Mais ces réalités différentes (parler à la TV, d'une part, et ouvrir une porte à la journée longue, de l'autre) reposent sur une *réalité fondamentale commune* : les deux sont *salariés* et les deux sont *sans pouvoir de décision*. Les deux sont soumis à un système d'exploitation qui les oblige à vendre leur *force de travail* et qui les empêche de participer aux décisions qui affectent leur vie dans tous ces aspects.

Le député peut croire qu'il n'a rien de commun avec une institutrice de maternelle. Il peut croire qu'il est au-dessus des enseignants, qu'il a, lui, des pouvoirs de décision et un salaire qui le met dans la classe bourgeoise. Mais, en fait, il est *salarié*, et pour son gros salaire il a vendu son pouvoir de décision. Il accepte les décisions que lui dicte le parti et le parti, lui, accepte les décisions que les bourgeois lui dictent.

Le juge, pour sa part, peut se voir comme un bourgeois avec un gros salaire et un pouvoir de décision fantastique. Il peut, croit-il, envoyer des hommes à l'échafaud. En fait, il est *salarié*, et il l'est pour prendre des décisions qui sont déjà prises pour lui dans les livres de lois. Il est bon juge dans la mesure où il sait interpréter la loi selon la lettre. Il n'a aucun pouvoir de décision autre que celui de choisir entre une Cadillac noire ou bleu foncé.

Parmi ces travailleurs, tous *salariés* et *sans pouvoir de décision*, il faut distinguer entre ceux qui font un travail productif et ceux qui font un *travail non-productif*.

Un travail productif au sens large est un travail qui enrichit de son produit la société et l'humanité toute entière. Un travail donné peut paraître insignifiant d'une certaine façon. Cependant, s'il contribue au mieux-être humain, il est productif. Par contre, un travail important, mais qui va à l'encontre du mieux-être humain en général, est non-productif.

Ainsi, dans le secteur primaire, les bûcherons, mineurs et ouvriers agricoles salariés font un travail productif au plus haut degré.

Dans le secteur secondaire, les ouvriers d'usine, techniciens, ingénieurs salariés, ouvriers de la construction font de même.

Le contre-maître fait du travail productif seulement dans la mesure où il aide les ouvriers dans leur travail comme, par exemple, l'initiation à telle ou telle technique. Mais dans la mesure où il transmet des ordres d'en haut, il fait du travail non-productif. Il participe à l'exploitation des ouvriers. Transmettre des ordres à des ouvriers c'est les empêcher, eux, de prendre des décisions. C'est aller à l'encontre du mieux-être humain.

Dans le secteur tertiaire, les débardeurs, les camionneurs, les messagers, les pompiers, les employés de municipalités, les petits fonctionnaires, les employés de bureau, les cuisiniers, les

"Soyez avisés — Choisissez chez Bélanger"

UN ACTIF ÉCONOMIQUE

L'organisation Bélanger, tant par ses activités manufacturières que par ses magasins de détail répartis à travers la province, est un actif économique dont nous devons être fiers. Une entreprise essentiellement canadienne dirigée par des canadiens.

●

Etablie à Montmagny
en 1867

●

Ameublement pour toutes les pièces du foyer

A. BÉLANGER LTÉE.

SPECIALISTES EN POELES

chauffeurs de taxi, les employés d'hôpitaux, les médecins salariés, les annonceurs et techniciens de radio et de TV font en
général du travail productif.

Cependant, les policiers font, dans notre société, un travail
productif et un travail non-productif. Quand ils dirigent la circulation ou arrêtent un maniaque, ils font du travail productif.
Mais quand ils battent des ouvriers en grève ou des étudiants
qui manifestent contre le régime bourgeois, ils font du travail
non-productif. À ce moment-là, ils ne sont que des instruments
dans les mains d'une classe, de la classe bourgeoise, qui veut
empêcher les exploités de changer leurs conditions et d'atteindre
un mieux-être humain généralisé.

Les domestiques font un travail non-productif puisqu'ils
passent leur temps à essuyer derrière ceux qui croient qu'il serait indigne d'eux de nettoyer leurs propres déchets.

Les agents d'assurance font un travail non-productif puisqu'ils exploitent l'insécurité qui vient du fait de vivre dans
une société où c'est chacun pour soi. Ils perpétuent le système
d'exploitation.

Les vendeurs font un travail productif dans la mesure où le
produit qu'ils vendent contribue au mieux-être général. Vendre
du napalm à l'armée américaine est du travail non-productif.

Les fiers-à-bras de la pègre font un travail non-productif. Ils
défendent des intérêts d'exploiteurs.

Les danseuses de cabaret font un travail non-productif dans
la mesure où elles ne font qu'aggraver la frustration générale
des spectateurs.

Les artistes commercialisés font du travail non-productif dans la mesure où ils participent à la vente de biens de consommation qui flattent l'individualisme des consommateurs sans apporter un mieux-être généralisé.

Dans le secteur idéologique, les enseignants font un travail productif quand ils transmettent des connaissances. Mais leur travail est non-productif dans la mesure où ils transmettent par leur enseignement l'idéologie du système d'exploitation. Dans le même sens, un enseignant fait un travail productif quand il fait prendre conscience à ses élèves que le système que nous connaissons est un système d'exploiteurs et d'exploités.

Les artistes, les journalistes, auteurs et réalisateurs de radio et de TV, sont dans la même situation que les enseignants. Ils transmettent des messages. Ils ont la même responsabilité.

Les curés font du travail non-productif dans la mesure où ils défendent les intérêts de la classe bourgeoise en prêchant la soumission et le respect de l'autorité. Cependant, ils font un travail productif s'ils se désolidarisent de la classe bourgeoise, s'intègrent à la classe ouvrière et luttent avec elle contre les exploiteurs.

Quant aux députés, ils font un travail non-productif. Ils sont vendus aux intérêts bourgeois à travers leurs partis politiques. Ils sont les administrateurs de la société *pour* la classe bourgeoise, *contre* le peuple. Leur travail n'amène pas un mieux-être humain généralisé. Quant aux juges, leur travail n'est pas productif. Ils acquittent ou condamnent selon les lois qui servent la classe d'exploiteurs.

Petite bourgeoisie

Il y a d'autres métiers qu'on qualifie de professions et qui regroupent des gens qui ne sont pas à salaire. On y retrouve des médecins, des dentistes, des avocats, des notaires, des architectes, des ingénieurs-conseils. Grâce à leurs connaissances spécialisées, ils peuvent faire payer très cher les services qu'ils donnent. Ils ont en main des instruments d'exploitation. Ils se désolidarisent des travailleurs justement pour cette raison, et ils tendent, de ce fait, à s'identifier aux exploiteurs. De plus, ils ont un certain pouvoir de décision dans leurs domaines respectifs.

Ils ne sont donc pas des travailleurs comme les autres parce qu'ils ne sont pas à salaire mais fixent jusqu'à un certain point le traitement qu'ils reçoivent; ils ne sont pas des travailleurs comme les autres parce qu'ils ont un *certain pouvoir de décision*. Quant au travail productif, certains d'entre eux en font. Les médecins, les dentistes, les architectes, les ingénieurs sont de ceux-là. Les avocats et les notaires dans bien des cas existent seulement grâce au système d'exploitation, grâce aux conflits qui naissent d'un système où le chacun-pour-soi est la règle.

Ces professionnels, on les regroupe dans ce qu'on appelle communément la petite bourgeoisie. Ils ne sont pas des bourgeois comme tels parce qu'ils ne possèdent pas de moyens de production. Ils exploitent la distribution des biens. Ils ne sont pas salariés. Leurs revenus résultent de profits.

Ils ont un certain pouvoir de décision dans leur domaine. Ce pouvoir s'exerce dans la sélection des marchandises et le jeu des prix.

Ils font un travail productif dans la mesure où ils distribuent des biens à la population mais ce travail est non-productif dans la mesure où ils s'accaparent des biens qu'ils vendent à profit seulement à ceux qui peuvent les payer. Ils ne travaillent pas en fait pour le mieux-être humain généralisé mais à l'accumulation d'argent en exploitant la distribution des biens.

Les agriculteurs

Les fermiers du Québec, propriétaires de quelques arpents de terre, travaillent et font du travail productif. Mais est-ce qu'on peut les considérer comme de simples travailleurs?

Ils ne sont pas salariés.

Ils ont un certain pouvoir de décision dans leur domaine.

Ils font un travail productif.

Ils sont propriétaires de moyens de production dans leur domaine.

Ils ont, du simple travailleur, la caractéristique du travail productif. Ils ont du bourgeois la caractéristique de la propriété des moyens de production. Mais à l'encontre du bourgeois, ils n'ont pas en général d'ouvriers qui travaillent pour eux.

Ils ont du petit bourgeois deux caractéristiques:

- Ils ne sont pas à salaire;
- Ils ont un certain pouvoir de décision dans leur domaine.

Pour les situer dans la pyramide d'exploitation économique, il faut les mettre entre les travailleurs et les petits bourgeois.

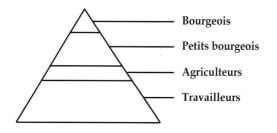

Bourgeois

Petits bourgeois

Agriculteurs

Travailleurs

Cependant, il faut noter qu'aujourd'hui l'agriculture au Québec est en train de subir les chocs de la société industrielle et ne forme maintenant plus que 6 % de la population au travail. De ce fait le petit fermier est appelé à changer de vie. Soit qu'il quitte la ferme et devienne un travailleur dans la ville, soit qu'il réussisse à acheter des terres, se constituer en gros fermier avec des employés et devenir un vrai bourgeois des campagnes, ou encore qu'il se regroupe avec d'autres fermiers pour former des fermes collectives. Dans le premier cas, il devient un travailleur. Dans le deuxième cas, il devient un bourgeois. Dans ces deux cas, il est soit exploité, soit exploiteur. Dans le troisième, il s'oriente vers une société où il n'y a plus d'exploiteurs ni d'exploités.

Les chômeurs

Les chômeurs sont des travailleurs.

Ils sont à salaire. On les paie pour ne rien faire jusqu'à ce qu'on ait besoin d'eux. Ce sont des travailleurs de réserve. Ils font partie de la banque de travail du système capitaliste.

Ils n'ont aucun pouvoir de décision.

Ce qui les distingue du travailleur ordinaire c'est qu'ils ne font aucun travail productif.

LE PAIN D'HABITANT

PAROLES DE **G.B.**

MUSIQUE DE **J.B.Mathieu,ptre**

1 - J'ai près de qua-tre-vingts ans, Et ma femme a le même â-ge,
2 - Puis j'é-pou-sai Cé- li - na, Elle é - tait ro-buste et bel-le;

Je suis fort même à pré- sent, J'ai tou-jours mê- me cou - ra -ge;
Pour dot on ne lui don - na Ni bra-ce- let ni den-tel- les.

Quand j'é-tais pe-tit en- fant, A l'âge où la vie est ro-se,
Mais son père en la quit-tant, Lui dit:"E - cou-te, ma fil-le,

Je n'ai-mais rien au- tre cho- se, Que du bon pain d'ha-bi - tant.
Pour ton ma - ri sois gen-til- le, Fais-lui du pain d'ha-bi - tant."

3. J'abattis pins et bouleaux,
   Je bâtis une chaumière,
   Ce n'était pas un château,
   Mais on vivait sans chimère.
   Puis je semai le froment,
   Confiant, parmi les souches,
   Sans me soucier des mouches,
   J'eus du bon pain d'habitant.

4. Dieu me donna douze enfants,
   Voilà toute ma richesse,
   Ils sont tous forts et vaillants,
   Vont le dimanche à la messe,
   Voulez-vous vivre contents,
   Imitez vos pères et mères,
   Tout en défrichant la terre,
   Mangez du pain d'habitant.

Ce sont des travailleurs qui n'en sont pas. Et on leur demande de vivre avec cette contradiction.

Les assistés sociaux

Il y a tout un groupe de gens que la société bourgeoise rejette parce qu'elle ne les considère pas aptes à produire dans le système capitaliste, soit à cause de handicaps physiques, émotifs ou intellectuels, soit à cause de dossiers judiciaires chargés. Elle les entretient cependant avec des allocations de pitance pour se donner bonne conscience et se croire généreuse pour les « déshérités ».

Les assistés ne sont pas des travailleurs.

Ils ne sont pas à salaire. Leur allocation ne peut être considérée comme un salaire. C'est plutôt une simple pension de démobilisé.

Ils n'ont aucun pouvoir de décision sur quoi que ce soit.

Ils sont à la merci des autres.

Ils ne font aucun travail productif.

Les étudiants

Les étudiants forment un groupe complexe.

De prime abord, comme étudiants, ils ne sont ni bourgeois, ni travailleurs. Ils ne sont pas à salaire, mais ils n'ont pas non plus de pouvoir de décision. Quant au travail productif, le leur n'existe que dans l'avenir selon la carrière qu'ils suivront.

Ce sont des gens qu'on prépare à devenir bourgeois, petit bourgeois ou travailleur spécialisé.

Comme ils ne font pas partie de la production, soit comme exploiteurs soit comme exploités, ils se retrouvent en marge. Ils peuvent donner leur sympathie et apporter un appui moral soit aux exploiteurs, soit aux exploités. Tant qu'ils sont étudiants, tant qu'ils ne sont pas définitivement engagés dans les rapports de production, soit comme bourgeois, petits bourgeois ou travailleurs, ils sont, dans la société bourgeoise, démobilisés, comme les assistés sociaux. Ils sont entretenus, gardés en dehors des rapports de production, c'est-à-dire en dehors du couple exploiteur-exploité au niveau de la production. De ce fait, ils n'ont pas de prise réelle dans la lutte entre exploiteurs et exploités.

La révolte étudiante résulte pour une bonne part de cette démobilisation, de cet état d'attente en marge des rapports de production, de cet état d'assistés sociaux privilégiés qu'on prépare pour des *rôles* spécifiques dans le système d'exploitation.

La bourgeoisie

Le bourgeois proprement dit est celui qui détient les moyens de production et d'échange.

Ses revenus ne sont pas des salaires mais des profits, de l'argent qu'il s'accapare en exploitant la production et l'échange. Il achète la force de travail de l'ouvrier à un prix bien inférieur au produit du travail de ce même ouvrier. La différence entre les deux est le profit du bourgeois.

Il a un pouvoir de décision non seulement sur son propre mode de vie mais sur la vie des travailleurs. C'est le bourgeois qui a *tous les pouvoirs de décision*.

Il ne fait aucun travail productif. Il passe son temps à commander ceux qui font le travail productif. Grâce à l'argent qu'il a accumulé, il commande la production mais ne produit, lui, absolument rien. Il est le parasite par excellence.

Le système de production bourgeois, c'est le monde à l'envers. Les véritables producteurs, ceux qui produisent les biens, n'ont aucun pouvoir de décision sur leur vie et se retrouvent avec tout juste ce qu'il faut pour survivre. Les non-producteurs, eux, jouissent des pouvoirs de décision et des biens produits par d'autres.

Haute bourgeoisie et moyenne bourgeoisie

On peut distinguer deux groupes dans la bourgeoisie proprement dite, la moyenne bourgeoisie et la haute. Mais il faut dire tout de suite que la différence entre la moyenne et la haute n'est pas une différence essentielle. C'est plutôt une différence de degré.

La haute bourgeoisie regroupe les riches capitalistes dont les investissements et le pouvoir de décision économique dominent de larges secteurs de la vie d'un pays et dans bien des cas s'étendent dans d'autres pays.

La moyenne bourgeoisie regroupe les capitalistes dont les investissements et le pouvoir de décision économique sont plus modestes, dépendent beaucoup des décisions de la haute bourgeoisie et se limitent dans la plupart des cas à un territoire national. Les propriétaires des compagnies américaines qui exploitent non seulement aux États-Unis mais dans d'autres pays, soit en Amérique latine, en Europe, au Canada ou au Québec, sont des membres de la haute bourgeoisie. Par contre, une compagnie comme les Biscuits Vachon situe ses propriétaires dans la moyenne bourgeoisie.

Cette différence de degré entre des membres de la classe bourgeoise cause des conflits entre eux. La haute bourgeoisie tend à devenir de plus en plus puissante parce qu'elle a plus de capital à sa disposition. De ce fait, elle cherche à absorber les entreprises de la moyenne bourgeoisie. Des exemples de ce phénomène d'absorption des moyens par les gros sont nombreux. Canadair, entreprise de la moyenne bourgeoisie, s'est fait acheter par General Dynamics, grosse compagnie de la haute bourgeoisie américaine.

Les cadres supérieurs de la pègre se retrouvent dans la moyenne bourgeoisie dans la mesure où ils possèdent des moyens de production ou d'échange. On sait que dans certaines régions c'est la pègre qui contrôle la distribution des cigarettes comme elle contrôle la prostitution, le marché de la drogue et une partie du monde du spectacle. En dominant ainsi le marché d'exploitation des « passions humaines », la pègre se trouve confortablement installée dans la société bourgeoise où l'exploitation est de rigueur. C'est ainsi qu'on peut rencontrer dans des clubs privés, où se prennent les décisions importantes, côte à côte et placotant aimablement, certains ministres du gouvernement et certains chefs de la pègre. On se rappelle la visite de Vic Cotroni, chef de la pègre du district de Montréal, lors du congrès de nomination de l'Union nationale à Québec en juin 1969. Monsieur Cotroni était venu faire des « pressions délicates » pour son candidat à la chefferie de l'Union nationale, de la même façon que les industriels soucieux de contrats gouvernementaux.

La pègre, en fait, est une partie intégrante du système capitaliste et elle n'existe que dans un système d'exploitation de ce genre. Elle est cependant reléguée à l'exploitation des « passions humaines », prostitution, jeu, drogues et, de ce fait, considérée comme le frère infirme qu'on cherche à cacher. Les capitalistes propriétaires de Seagram ou de Dupont of Canada sont plus exploiteurs, plus vils et plus rapaces que les grands de la pègre, mais ceux-là passent pour des bienfaiteurs parce qu'ils entretiennent une exploitation acceptée par la morale officielle tandis que ceux-ci passent pour des malfaiteurs parce qu'ils entretiennent une exploitation interdite (en principe seulement) par cette même morale.

Capitalistes acceptables et pègre dénigrée sont les deux côtés de la même pièce d'argent, l'exploitation de l'homme de toutes les façons possibles.

Classes sociales et nationalités au Québec

La bourgeoisie

Au Québec, la bourgeoisie qui exploite nos ressources et notre main-d'œuvre est pour la plupart étrangère.

La haute bourgeoisie est étrangère. Les grandes compagnies et les institutions financières qui exploitent et gouvernent le Québec sont américaines et canadiennes-anglaises. Les compagnies qui font l'extraction de nos ressources naturelles (bois et mines) sont entre les mains des capitalistes américains. Dans le secteur secondaire (transformation de la matière première, usine de pâte à papier, textiles, etc.) c'est le capital américain ou canadien-anglais qui domine.

QUELQUES EXEMPLES

Noranda Mines	américain et canadien-anglais
Iron Ore Co.	américain et canadien-anglais
General Motors	américain
Canadair	américain
General Electric	américain et canadien-anglais
CIP	américain
Dupont of Canada	américain
Canada-Packers	canadien-anglais
Domtar	américain et canadien-anglais
Seagram	canadien-juif
Dominion Textile	américain et canadien-anglais
CPR	américain et canadien-anglais
Bell Telephone	canadien-anglais et américain
Alcan	américain et canadien-anglais.

Il n'y a pas de haute bourgeoisie québécoise.

Au niveau de la moyenne bourgeoisie, de cette bourgeoisie qui possède de petites usines, de petites banques, de petites compagnies de transport, de construction, des magasins, radios, TV, journaux, nous retrouvons surtout des propriétaires canadiens-anglais, juifs et québécois. Il s'y trouve aussi maintenant des propriétaires italiens, allemands, français d'immigration récente qui ont réussi à s'implanter dans certains secteurs de l'économie.

Dans la moyenne bourgeoisie, ce sont les Canadiens-anglais qui dominent. Mais les capitalistes juifs leur font une vive concurrence dans l'alimentation, la chaussure, la fourrure, le vêtement. Les capitalistes canadiens-français et les communautés religieuses cherchent à rattraper les deux autres groupes dans les banques, le transport, la construction (édifices, habitations, routes), dans les média (journaux, radio, TV), dans l'alimentation.

Quant aux exemples à donner ici, tout Québécois en a de nombreux à l'esprit. Eaton, Simpson, Ogilvy, c'était canadien-anglais ; Steinberg, c'était juif ; Dupuis, Sicotte Construction, Poupart, c'était canadien-français.

La petite bourgeoisie

Absent de la haute bourgeoisie, minoritaire dans la moyenne bourgeoisie, le Québécois se retrouve majoritaire dans les autres classes, petite bourgeoisie, travailleurs, agriculteurs, assistés sociaux.

Dans la petite bourgeoisie, sa majorité n'est pas très forte. Les Canadiens-anglais et les Juifs sont fort bien installés dans les professions libérales et les petits commerces.

Les travailleurs

Chez les travailleurs, la très grande majorité est québécoise. On retrouve des Canadiens-anglais, des Juifs, des Britanniques, des Allemands et autres parmi les cols blancs. On retrouve quelques Canadiens-anglais, des Italiens et des Portugais parmi les Québécois dans la masse des travailleurs cols bleus.

Les agriculteurs

Presque tous les agriculteurs sont québécois. On retrouve évidemment un certain nombre de cultivateurs canadiens-anglais dans les Cantons de l'Est.

Les assistés sociaux

La plupart des assistés sociaux sont québécois. On retrouve aussi une bonne proportion d'hommes rouges entretenus dans les «réserves».

Si on met toute la population du Québec dans une même pyramide sociale, on retrouve les Québécois qui forment 82 % de la population pour la plupart dans les échelons inférieurs. Les 12 % de Canadiens-anglais et les 6 % de Juifs et d'Allemands se retrouvent pour la plupart dans les échelons supérieurs.

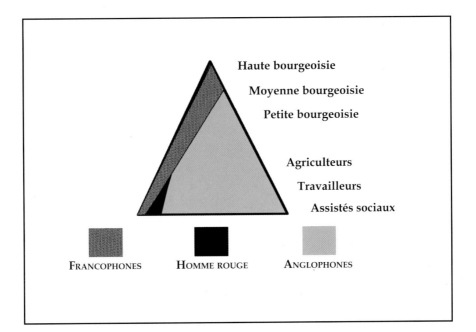

361

Les années 50 et 60

Le capitalisme américain ayant bénéficié de la Deuxième Guerre Mondiale pour se remettre sur pied et reprendre son expansion à travers le monde, étendit encore davantage son emprise sur l'économie canadienne et de ce fait, sur l'économie québécoise. L'industrialisation du Québec continua à désarticuler la société traditionnelle québécoise. L'immigration des habitants vers les villes et leur intégration à la classe des travailleurs s'accentuèrent. Bientôt la majorité des Québécois se retrouvaient dans les centres industriels comme cheap-labour des capitalistes américains, canadiens-anglais, juifs et canadiens-français. Bien qu'ils amenaient en ville la mentalité qu'ils avaient à la campagne, ils devaient nécessairement la transformer. Un ouvrier ne peut pas penser comme un habitant propriétaire de 30 arpents. Duplessis et le clergé qui avaient maintenu les Québécois dans l'ignorance au fond des campagnes et dans les petits centres industriels pour les exploiter avec les capitalistes américains et canadiens-anglais, ne pouvaient pas empêcher que *les gars de la ville* se posent des questions et commencent à vouloir changer les vieilles façons de penser et d'agir.

En même temps, la petite bourgeoisie et la moyenne bourgeoisie québécoises qui bénéficiaient toutes les deux de la relance de l'économie après la guerre commençaient à se sentir assez fortes pour tenter de s'établir comme bourgeoisie nationale, comme véritable élite nouvelle capable de dominer la société québécoise. Les capitalistes américains et la bourgeoisie canadienne-anglaise étaient prêts à collaborer avec cette bourgeoisie québécoise parce qu'ils voyaient en elle une alliée qui «moderniserait» le Québec, qui ferait des Québécois une masse de travailleurs plus qualifiés pour travailler dans leurs usines et une masse de consommateurs qui consommeraient à l'américaine.

Pour nos colonisateurs (capitalistes américains et bourgeois canadiens-anglais), les anciens rois-nègres qu'étaient Duplessis et le clergé ne jouaient plus un rôle efficace dans le système d'exploitation moderne. Pour nos colonisateurs, il ne fallait plus tant un roi-nègre qui prêche le travail dur et la vie austère. Il fallait un nouveau roi-nègre qui ferait comprendre au peuple québécois qu'il faut toujours travailler dur mais mener la grosse vie, c'est-à-dire consommer. Consommer. Consommer. Il fallait donc une nouvelle élite, une élite libérale, laïque, qui adopterait et prêcherait l'american way of life, angliciserait graduellement les Québécois, en ferait des vrais Canadiens, c'est-à-dire des Américains de seconde zone, producteurs apprivoisés et consommateurs obéissants de l'impérialisme américain.

Nos colonisateurs appuyèrent donc moralement et financièrement notre petite et notre moyenne bourgeoisie qui se concentraient dans le Parti libéral provincial, et ce fut la prise du pouvoir à Québec en 1960 de l'équipe du tonnerre de Jean Lesage et le début de la Révolution tranquille.

Nos colonisateurs étaient heureux. Le roi-nègre Lesage allait moderniser le système d'éducation en créant un Ministère de l'éducation et en appliquant le Rapport Parent qui intégrerait toute la population au capitalisme moderne. Tous les Québécois auraient un minimum d'éducation américaine, un enseignement professionnel et technique américain pour devenir de bons producteurs et consommateurs américains.

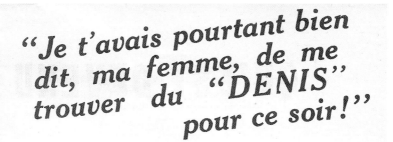

"*Je t'avais pourtant bien dit, ma femme, de me trouver du "DENIS" pour ce soir!*"

Le roi-nègre Lesage allait nationaliser l'électricité pour permettre une distribution planifiée de cette source d'énergie à l'industrie et à tous les centres d'importance. Rien de révolutionnaire là-dedans. L'Ontario avait fait de même au début du siècle. C'est l'État qui se charge d'offrir de meilleurs services à l'industrie comme il le fait pour la construction de routes.

Le roi-nègre Lesage allait créer Soquem (Société québécoise d'exploitation minière) qui devait aider les capitalistes à trouver nos minerais dans le sous-sol québécois.

Le roi-nègre Lesage allait créer un régime de rentes, l'assurance-hospitalisation, augmenter l'assistance aux défavorisés, moderniser le Code du Travail, toutes des mesures dites sociales pour apaiser le mécontentement général et lier plus intimement toute la population québécoise au système capitaliste d'exploitation, pour que chacun y trouve sa place et y reste : les travailleurs au travail, les assistés chez eux, les bourgeois dans leurs beaux quartiers propres, les étudiants aux études et tout le monde consommant au-dessus de ses moyens avec un système de crédit bien huilé, chaînes d'or de l'esclavage moderne.

Pendant que Lesage commençait à jouer son rôle de roi-nègre, quelques éléments de la petite bourgeoisie et certains travailleurs cols blancs comprirent que la bourgeoisie québécoise devait dépasser son rôle de roi-nègre et aller plus loin, c'est-à-dire devenir la bourgeoisie nationale d'un pays indépendant. Le RIN naquit en 1960 et lança la lutte pour l'indépendance du Québec. Pour le RIN, les Québécois ne devaient plus être dominés par la bourgeoisie canadienne-anglaise avec son centre de domination à Québec. La bourgeoisie québécoise devait assumer son rôle de bourgeoisie nationale indépendante de toute autre bourgeoisie. C'étaient nos nouveaux Patriotes.

Mais ces nouveaux Patriotes oubliaient, du moins au début des années 60, que ceux qui nous dominaient à travers la bourgeoisie canadienne-anglaise et à travers notre moyenne bourgeoisie étaient les capitalistes américains.

Un groupe de jeunes, emballés par le renouveau au pays du Québec, voulurent faire plus vite. Le FLQ-63 fit éclater des bombes. Ses membres croyaient que le peuple québécois se soulèverait spontanément comme un seul homme au bruit des bombes et ferait l'indépendance rapidement.

Mais comme le premier réflexe du colonisé est la peur de tout ce qui menace de changer sa situation, le peuple québécois en général eut peur. «Des Québécois violents? Pas possible.» Mais sous cette peur se cachaient une complicité et un vague espoir.

Les bombes sont contestataires. Les bombes contestaient tout le système. Le roi-nègre Lesage, obéissant aux ordres des colonisateurs, se hâta de mettre en prison ces jeunes qui dérangeaient la Révolution tranquille, l'évolution du Québec vers la société de consommation confortable.

Quand la reine d'Angleterre vint voir ses sujets en-voie-d'américanisation en 1964, Lesage permit à Claude Wagner, Ministre de la justice, de lancer les policiers municipaux de Québec sur des étudiants qui chantaient en mineur: «Nous sommes joyeux, nous débordons de joie». Le samedi-de-la-matraque fit ressortir les qualités de défenseur de l'ordre du ministre Wagner.

Cette même année, la revue *Parti Pris* qui publiait depuis octobre 1963 des analyses solides de la société québécoise regroupa des jeunes qui voulaient changer les choses. Le MLP (Mouvement de Libération populaire) vit le jour en 1965. Son manifeste proclamait la nécessité de la politisation des travailleurs, de manifestations dans les rues, le soulèvement des masses pour la prise du pouvoir et le renversement du système d'exploitation bourgeois.

En 1966, Pierre Vallières et Charles Gagnon, avec quelques autres camarades, se séparèrent du MLP pour se joindre au FLQ-66 tandis que les autres du MLP allèrent se joindre au PSQ (Parti socialiste du Québec) où des aînés comme Michel Chartrand tâchaient de regrouper les travailleurs syndiqués avec un programme semblable à celui du NPD (Nouveau Parti Démocratique).

Durant l'été 1966, le FLQ fit sauter une bombe à La Grenade Shoe. Vallières et Gagnon se rendirent au siège des Nations-Unies pour faire connaître la lutte de libération au Québec. On les arrêta, puis on les ramena au Québec où ils furent accusés de meurtre, de vol, de conspiration, etc., tout ce qu'il fallait pour les garder longtemps derrière les barreaux.

Pendant ce temps, le RIN gagnait des adhérents à la cause du Québec Libre avec Pierre Bourgault comme leader.

Aux élections de juin 1966 : surprise ! Les libéraux du tonnerre de Lesage étaient battus. L'Union nationale revenait au pouvoir avec Daniel Johnson. Le RIN, sans obtenir de sièges, avait le suffrage d'environ 10 % des électeurs.

L'Union nationale revenait au pouvoir avec pourtant moins de voix que les libéraux. C'est que la carte électorale est déséquilibrée : l'Union nationale prenait presque toutes les campagnes où les comtés sont sur-représentés à l'Assemblée, tandis que les libéraux tenaient les grands centres urbains où la population par comté est plus grande et, de ce fait, sous-représentée à l'Assemblée.

Mais l'important dans cette élection c'est le fait que pendant ces six années au pouvoir, le Parti libéral n'avait pas pu faire croire aux Québécois ruraux qu'il représentait leurs intérêts. Les habitants voyaient en Lesage celui qui américanise le Québec. Ils refusaient d'embarquer. C'est ainsi que l'Union nationale put exploiter la situation en leur promettant un retour à la « sécurité » d'autrefois.

Le colonisateur ne vit pas d'un bon œil le retour de l'Union nationale mais s'en accommoda rapidement en s'entendant avec Daniel Johnson qui était prêt, lui, à tous les compromis pour jouer à son tour le rôle de roi-nègre. Avec les nationalistes, il parlait d'indépendance, avec les financiers américains de stabilité interne bonne pour l'investissement ; avec les agriculteurs de meilleure agriculture, avec le clergé de renouveau liturgique, avec les Canadiens-anglais de fédéralisme renouvelé, avec les citadins de relance de la Révolution tranquille. Subtil et calculateur, il savait donner le spectacle de gouverner sans jamais le faire.

Pendant ce temps, le RIN connaissait des tensions entre son aile gauche qui voulait un rapprochement avec les travailleurs, l'appui aux grèves, un programme radical, et son aile droite qui cherchait plutôt à s'attirer les faveurs de la petite bourgeoisie.

Puis, René Lévesque quittait le Parti libéral pour former le MSA (Mouvement Souveraineté-Association) en novembre 1967.

Au printemps de 1968, la gauche du RIN quittait le parti et quelques mois après, ce qui en restait se dissolvait avec la promesse de se retrouver dans le MSA de Lévesque.

En octobre 1968, le MSA devenait le Parti québécois.

René Lévesque était de l'équipe du tonnerre de Lesage qui représentait la nouvelle élite laïque au service des intérêts américains et canadiens-anglais. Mais il s'y trouvait mal à l'aise. Il se rendait compte du rôle de roi-nègre que l'équipe du tonnerre devait jouer et n'aimait pas ça. Ayant un certain respect de soi-même comme individu et comme Québécois, il ne pouvait plus se voir dans le rôle de marionnette comme ses collègues libéraux ou de l'Union nationale. Comme Québécois, il se devait de lutter pour les Québécois. Dans la structure économique capitaliste, cela voulait dire lutter pour l'émergence d'une bourgeoisie québécoise nationale qui serait maîtresse des destinées du peuple québécois dans son ensemble. Par cette option, il rejoignait les nouveaux Patriotes du RIN.

Pour René Lévesque, il ne s'agit pas de faire disparaître le capitalisme et l'impérialisme américain du Québec. Il s'agit de rompre avec la confédération pour récupérer des impôts qui serviront mieux le peuple québécois dans un système de sécurité sociale plus équitable. Il s'agit de « civiliser » les capitalistes étrangers en leur demandant de réinvestir leurs profits au Québec et de penser davantage à la population qu'ils exploitent. Il s'agit d'aider, par le crédit de l'État, les entreprises québécoises, la bourgeoisie québécoise, pour que celle-ci puisse dominer au Québec et ne plus être à la merci des Américains et des Canadiens-anglais.

Nous l'avons vu, nos Patriotes de 1837 voulaient exactement cela, parvenir comme bourgeoisie à prendre la tête du peuple québécois; en d'autres mots, faire une révolution bourgeoise nationale.

Après cent trente ans de répression, le mouvement renaît. Les nouveaux Patriotes veulent faire une révolution bourgeoise nationale au Québec. Ils veulent que la moyenne bourgeoisie québécoise remplace jusqu'à un certain point la bourgeoisie canadienne-anglaise et négocie de nouveaux rapports d'exploitation avec les capitalistes américains. Pour atteindre ses buts, cette bourgeoisie québécoise doit s'emparer de l'État par des élections, déclarer l'indépendance du Québec, négocier des arrangements diplomatiques, financiers et commerciaux avec Ottawa et se servir de tous les pouvoirs de l'État pour financer une économie capitaliste québécoise.

René Lévesque a regroupé dans son parti une bonne partie de la petite bourgeoisie et nombre de travailleurs cols blancs. Il essaie maintenant de convaincre la moyenne bourgeoisie québécoise de l'appuyer et de se joindre au parti parce que c'est en somme pour elle qu'il travaille. Quant aux travailleurs de toute catégorie, Lévesque les invite bien à intégrer son parti à condition qu'ils ne parlent pas de changements sociaux importants, à condition qu'ils acceptent le système bourgeois d'exploitation, à condition qu'ils acceptent que la bourgeoisie québécoise s'établisse au pouvoir à Québec et commande plus qu'avant les destinées du peuple québécois.

Pendant que le PQ recrute tranquillement mais sûrement, consolide ses bases et se prépare à la lutte électorale, d'autres mouvements canalisent de plus en plus le mécontentement général grandissant.

Le peule québécois commence à se rendre compte comment il est exploité comme producteur et comme consommateur, comment il a été manipulé par les capitalistes américains, la bourgeoisie canadienne-anglaise et son élite qui joue aux rois-nègres. Le réveil est pénible et dur. La conscience de son droit à la souveraineté comme peuple et à la dignité comme travailleur productif se fait chaque jour davantage.

Les étudiants se révoltent, font la grève, occupent des écoles et des universités. Ils ne veulent pas se faire équarrir la tête pour se retrouver bons «jobbeurs» ou bons «professionnels» dans un système d'exploitation qui les considère comme de simples instruments de production.

Des citoyens des quartiers dits «défavorisés» se regroupent pour former des comités et engager la lutte directement avec le pouvoir municipal.

Des comités ouvriers se forment pour développer la solidarité des travailleurs, leur conscience comme exploités et leur lutte contre tous ceux qui les retiennent dans cette situation.

Le LIS (Ligue pour l'intégration scolaire) avec Raymond Lemieux a lancé la lutte pour l'unilinguisme. À partir de Saint-Léonard, le LIS veut généraliser la lutte pour la langue des Québécois dans tous les milieux où elle est battue en brèche.

La CSN s'éloigne de la mentalité du «bon» syndicat qui obtient la petite augmentation de salaire. Elle se radicalise, parle de *deuxième front*, de lutte politique des travailleurs contre les exploiteurs. Élu à la présidence du Conseil Central de la CSN à

LE MAGAZINE MACLEAN

NOVEMBRE 1963   15c

LA BATAILLE
DE L'ACIER

LES CANADIENS
DE TOE BLAKE
FONT FAUSSE ROUTE

Pour ou contre
l'indépendance
du Québec?

*Le premier
sondage
scientifique
révèle:*

13% POUR

43% CONTRE

23% INDÉCIS

21% "SÉPARATISME?
CONNAIS PAS!"

Montréal, Michel Chartrand multiplie ses attaques contre le système capitaliste et tous ceux qui le soutiennent au Québec, les Américains, les Canadiens-anglais et notre élite vendue aux deux autres.

Des « groupes de gauche » organisent des manifestations qui doivent « réveiller la population ».

Le défilé de la Saint-Jean-Baptiste en 1968 devient un combat acharné entre les manifestants et la police de Montréal devant l'estrade d'honneur dans le parc Lafontaine. Par la suite les autorités municipales créent une escouade anti-émeute, c'est-à-dire une petite armée spécialisée dans le combat contre les manifestants.

En février, l'Opération McGill français amène 15 000 manifestants devant l'université McGill pour faire comprendre que cette université est un des châteaux-forts du capitalisme canadien-anglais et américain qui maintient les Québécois dans un état de servitude économique, politique et culturelle.

Plusieurs bombes éclatent à Montréal dont quelques-unes chez Eaton, une autre à la Bourse de Montréal et 300 policiers spécialisés cherchent les membres de ce nouveau réseau, le FLQ-69. Pierre-Paul Geoffroy est arrêté, jugé et condamné à la prison à perpétuité.

Le FLP (Front de Libération populaire) organise une manifestation à la suite du défilé de la Saint-Jean-Baptiste en 1969. Quelques échauffourées. Le char portant Saint-Jean-Baptiste est renversé. Le symbole de la servitude du peuple québécois est à terre. La jeunesse québécoise renverse l'image traditionnelle que l'élite imposait au peuple québécois depuis la défaite de la Rébellion.

En juin 1969, l'Opération anti-congrès amène des milliers de travailleurs aux portes du Colisée de Québec pour ridiculiser le cirque qu'est le congrès du leadership de l'Union nationale. La police attaque au gaz lacrymogène par hélicoptère.

Le 7 octobre, durant la journée de grève des policiers de Montréal, le MLT (Mouvement de Libération du Taxi) et des sympathisants s'attaquent au garage de Murray-Hill, compagnie qui jouit du monopole du transport de passagers entre l'aéroport et le centre-ville. Les manifestant brûlent plusieurs autobus. Le fils du propriétaire Hershorn commande à ses employés de garder le garage de papa en tirant sur les manifestants s'il le faut. Ceux-ci installés sur le toit et dans les fenêtres tirent en effet sur la foule. Plusieurs manifestants sont blessés. L'un d'eux est tué. En fait, c'est le policier Dumas de la Sûreté du Québec, agent provocateur déguisé en manifestant. L'enquête sur sa mort conclut qu'il est impossible de déterminer qui a tué Dumas. Exemple frappant de la justice qui protège Hershorn et ses tueurs à gages parce que M. Hershorn est de la classe de ceux qui font les lois pour eux. Pour la «justice», il est tout à fait acceptable qu'un bourgeois défende sa propriété en descendant des individus au fusil à plomb. La propriété du bourgeois a priorité sur la vie humaine. La propriété de Hershorn est plus sacrée que la vie d'un homme.

En octobre, le gouvernement Bertrand veut faire passer un projet de loi (Bill 63) qui donne aux parents le choix de la langue d'enseignement dans les écoles, ce qui veut dire le droit aux anglophones et à tous les immigrants qui choisissent l'anglais d'avoir des écoles anglaises. Le français, déjà assez battu en brèche, voit sa position d'infériorité couchée dans des articles de lois.

Le Bill 63, c'est la confirmation dans la loi de la domination de la langue du colonisateur. Le roi-nègre Bertrand est forcé par le colonisateur de passer le *Bill* à la vapeur même si tous les Québécois sont contre. Le colonisateur veut que ses privilèges soient inscrits dans la loi pour pouvoir se servir de celle-ci pour contrer les mouvements en faveur de l'unilinguisme français au Québec. Et il joue sur la caisse électorale de l'Union nationale pour faire obéir Bertrand-concierge.

Le peuple québécois est contre le Bill 63. Des manifestations se déroulent pendant deux semaines à travers tout le Québec. Teach-ins, débrayage général dans les universités, cégeps, écoles secondaires, manifestations dans les rues. L'une de ces manifestations à Montréal rassemble 45 000 personnes. Trente mille personnes se retrouvent devant le Parlement de Québec pour manifester leur opposition. Le FQF (Front du Québec Français) mène officiellement cette lutte d'opposition au Bill 63. Le FQF regroupe des centaines d'associations de toutes sortes, entre autres les Sociétés Saint-Jean-Baptiste, la CSN, la CEQ (Corporation des enseignants du Québec), l'Alliance des Professeurs de Montréal, le LIS. C'est cependant le Front Commun contre le Bill 63 regroupant des mouvements plus radicaux (FLP, MSP (Mouvement Syndical politique), LSO (Ligue socialiste ouvrière), le LIS et des comités ouvriers) qui mobilise la population pour la plupart des manifestations durant la lutte contre le Bill 63.

Le Bill 63 passa avec l'appui des libéraux et malgré l'opposition de René Lévesque et quelques démissionnaires de l'Union nationale.

Le 7 novembre, le Comité de défense de Vallières et Gagnon organise une manifestation de quelques milliers de personnes devant le Palais de justice à Montréal. À la suite de la manifestation, certains manifestants brisent les vitres des banques et des institutions financières pour montrer à la population que ce sont les capitalistes qui oppriment le peuple québécois.

Un climat d'insécurité règne dans les milieux bourgeois de la province. Des anglophones déménagent en Ontario. Certains commerces déménagent à Toronto. Les impérialistes américains surveillent de près l'évolution de la province.

Le peuple québécois ressent la nécessité de grands changements.

Le peuple québécois a subi le vieux colonialisme qui le maintient comme cheap-labour dans les mines, les forêts, les usines.

Le peuple québécois a subi le nouveau colonialisme qui le maintient dans la situation d'exploité mais, de plus, l'appelle à se renier lui-même pour devenir un Américain moyen, consommateur-robot, petit individualiste borné, conditionné, comme un rat en cage, dans son travail, dans sa vie de famille, dans ses loisirs, à ne penser qu'à lui-même, à ses petites possessions, aux bébelles qu'il peut accumuler, à la sécurité du ver dans son cocon.

Le peuple québécois qu'on a voulu faire disparaître, qu'on a refoulé au fond des campagnes, qu'on a attiré dans les villes pour le rendre esclave de la production capitaliste, qu'on a

écrasé brutalement toutes les fois qu'il a voulu se révolter, veut faire son entrée dans l'Histoire.

1970

Le gouvernement Bertrand est arrivé au bout de son mandat et au bout de sa corde. Les colonialistes américains et canadiens-anglais qui ont toléré le retour de l'Union nationale en 1966 mais n'y ont jamais mis leur confiance, ont bien hâte de voir les libéraux revenir au pouvoir.

Bertrand-mauvais-concierge déclenche des élections pour le 29 avril.

Le Parti québécois se lance à fond de train dans la campagne en présentant un programme de réformes politiques (l'indépendance du Québec) et sociales (meilleure répartition des richesses à l'intérieur du système capitaliste).

Le Parti libéral, avec son nouveau chef-pantin Robert Bourassa, compte sur la peur séculaire des Québécois pour revenir au pouvoir. Il parle de fuite de capitaux, d'effondrement de l'économie québécoise et de révolution sanglante si le PQ parvient au pouvoir. Il mène une vraie campagne de concierge.

L'Union nationale, fidèle à sa tactique de vouloir plaire à tout le monde à la fois, déplaît à de plus en plus de gens.

Le Crédit social, parti fédéral réactionnaire qui regroupe dans les campagnes québécoises les petits bourgeois et les agriculteurs affolés par les grands monopoles capitalistes, se lance sur la scène provinciale pour contrer le PQ et ses méchants «sales barbus révolutionnaires communisses».

L'enthousiasme pour le PQ fait trembler le rocher de Westmount. « Le peuple va-t-il élire des méchants séparatistes qui veulent nous manger tout rond ? » se demandent les bourgeois anglosaxophones.

On craint un raz-de-marée péquiste qui va balayer la province toute entière. Certains Anglais ont leurs valises prêtes.

Rien à craindre. Le système électoral est organisé pour favoriser les bourgeois en place et contre les petits bourgeois nationalistes qui essaient de les remplacer. L'ordre est rétabli.

Les libéraux avec Bourassa-concierge-parfait reviennent au pouvoir avec 44 % du vote populaire, mais 72 députés.

Le PQ obtient 24 % des voix mais seulement 7 sièges.

L'UN n'obtient que 20 %, mais ramasse tout de même 17 sièges et devient l'Opposition officielle.

Les créditistes obtiennent 11 % des voix et 12 sièges.

La déception est grande. Les Québécois apprennent lentement que la démocratie bourgeoise est la dictature de la bourgeoisie et que vouloir accéder au pouvoir selon les règles de ceux qui le détiennent et ne veulent pas le lâcher, c'est donner un coup de tête contre le mur.

Les Québécois apprennent aussi que les comtés qui ont élu des députés péquistes sont des comtés ouvriers de Montréal. En d'autres mots, ce sont des ouvriers québécois qui optent pour ce qui semble le changement tandis que les comtés bourgeois et petits bourgeois francophones de la métropole se réfugient dans la sécurité-payée-chère du Parti libéral.

Le PQ se trouve en fait dans un dilemme. Il travaille pour les petite et moyenne bourgeoisies québécoises et c'est la classe ouvrière qui l'appuie. Cette contradiction parmi d'autres coupe le souffle du parti.

Les libéraux, forts de leur écrasante majorité frauduleusement acquise, font les généreux. Ils libèrent Vallières sous cautionnement, Gagnon ayant été libéré quelque temps avant les élections par le gouvernement Bertrand.

La déception électorale amène des jeunes Québécois à reprendre les attentats à la bombe. Il ne se passe pas une semaine sans que certaines maisons privées de Westmount ou certaines maisons d'affaires du centre-ville soient secouées par des explosions. Ça fait maintenant partie de la vie normale des Montréalais.

Malgré le bruit intermittent des bombes, il règne un lourd silence dans la société québécoise. C'est un creux de vague qui prépare un nouvel élan.

Le sigle du Rassemblement pour l'indépendance nationale (RIN) : un bélier agressif.

La piastre de la Banque de la république du Québec.

Octobre 1970

Le lundi 5 octobre, James Richard Cross, haut-fonctionnaire britannique au commerce à Montréal, reçoit une visite non prévue à son horaire dans son confortable manoir sur les flancs du Mont Royal. Les visiteurs, revolver au poing, se réclament du FLQ et l'invitent à sortir avec eux.

Madame Cross appelle la police. Les médias d'information répandent la nouvelle. Un tremblement de terre aurait causé moins d'émoi.

La cellule Libération qui revendique cet enlèvement tâche de remettre, par voies indirectes, des communiqués à certains journalistes. La police les intercepte et le Ministre de la Maintenance, Jérôme Choquette, dévoile ce que la cellule exige pour la libération de M. Cross :

1. cessation immédiate des recherches policières
2. publication du manifeste du FLQ
3. libération de certains prisonniers politiques
4. leur transport assuré vers Cuba ou l'Algérie
5. ré-embauchement des gars de Lapalme
6. 500 000 $ en lingots d'or
7. dénonciation du délateur de la dernière cellule du FLQ.

Par cette action, le FLQ-70 veut polariser les forces en présence : d'une part la classe bourgeoise et l'appareil d'État qu'elle a à sa disposition, et d'autre part, la classe des travailleurs, la classe des exploités québécois. Le FLQ-70 croit qu'en posant ce geste, en s'attaquant directement à l'appareil d'État par l'enlèvement d'un diplomate étranger, la classe des travailleurs va se rendre compte de son état d'exploité tout autant que de la force qu'elle peut trouver dans l'unité pour renverser l'État bourgeois. Mais comme cette action ne se situe pas dans le concret de la lutte des travailleurs, comme cette action semble se faire *pour* les travailleurs québécois plutôt qu'*avec* eux, elle peut éveiller une sympathie mais peut difficilement amener une mobilisation.

Cette action du FLQ-70 ébranle toute la structure de la société québécoise et canadienne. L'ordre existant est menacé. Les concierges ont du travail à faire. Le Grand Concierge lui-même va s'en charger. Le gouvernement fédéral prend donc l'affaire en mains et remet au gouvernement-sous-concierge de Bourassa l'exécution de ses décisions.

La Presse, dans un éditorial du Frère Untel, fait appel au calme et rappelle que « le terrorisme ne prend pas racine dans la population ».

De multiples arrestations ont lieu.

Ottawa indique qu'il est disposé à négocier avec la cellule Libération à travers un médiateur. Celle-ci fait savoir par un message à un poste radiophonique qu'elle refuse tout médiateur.

Ottawa diffuse le manifeste du FLQ-70. Celui-ci réduit maintenant ses demandes à deux, cessation des recherches et libération des prisonniers politiques.

Le vendredi 10 octobre, Jérôme Choquette, dont le bureau de Montréal est relié par ligne directe à Ottawa, offre le sauf-conduit vers un pays étranger aux ravisseurs s'ils rendent la liberté à M. Cross.

Jérôme Choquette a à peine fini de lire le communiqué d'Ottawa que Pierre Laporte, ministre québécois du Travail et de l'Immigration, est enlevé devant sa demeure de Saint-Lambert.

La cellule de financement Chénier qui revendique cet enlèvement revient aux sept demandes initiales pour la libération de Pierre Laporte.

Ces enlèvements font passer à l'arrière-plan les négociations entre le gouvernement provincial et les médecins spécialistes sur l'assurance médicale tout autant que la campagne municipale de Montréal où le maire Jean Drapeau voit naître une opposition dans le FRAP (Front d'action politique) qui regroupe des comités d'action politique de divers quartiers de la ville.

Le gouvernement fait semblant de vouloir négocier pour gagner du temps et permettre aux forces policières de découvrir le repère des ravisseurs, mais le jeudi 15 octobre, il refuse de se plier aux demandes. Le même soir, 3 000 personnes réunies au Centre Paul-Sauvé manifestent leur appui au FLQ-70.

Un mouvement de débrayage s'amorce dans les écoles, cégeps et universités. On discute du manifeste partout, on suit avec passion le match entre le gouvernement et le FLQ-70. Dans la population québécoise, une sympathie pour le FLQ-70 prend de l'ampleur. Des milliers de Québécois appuient les objectifs du FLQ-70 même s'ils n'endossent pas tout à fait les moyens que celui-ci se donne pour les atteindre. Le FRAP et le Conseil Central de la CSN de Montréal font des déclarations en ce sens.

Devant le mouvement d'appui qui semble se manifester, le gouvernement est pris de panique et décrète la Loi sur les mesures de guerre. Le vendredi 16 octobre, le Québec voit de nouveau l'armée étrangère occuper son territoire. L'*habeas corpus* est de nouveau suspendu. La police a le droit d'arrêter, de perquisitionner sans mandat et, de plus, de détenir des suspects pendant trois semaines.

Le ministre Pierre Laporte.

Plus de 12 000 militaires et policiers poursuivent arrestations et perquisitions à travers la province. Plus de 340 Québécois seront jetés en prison dans les jours qui suivent.

Les forces de répression agissent vis-à-vis des suspects comme les SS de Hitler. Ils défoncent des portes en pleine nuit, réveillent les « suspects » avec des canons de mitraillettes, les bousculent, les emmènent comme des criminels en laissant derrière eux des femmes terrifiées, des enfants terrorisés. Parmi les détenus on retrouve Michel Chartrand, président du Conseil Central de la CSN de Montréal, Mᵉ Robert Lemieux, défenseur de plusieurs prisonniers politiques, Pierre Vallières, Charles Gagnon, le docteur Serge Mongeau, président du Mouvement pour la défense des prisonniers politiques québécois (MDPPQ), le poète Gaston Miron, la chanteuse Pauline Julien, le journaliste Gérald Godin.

L'État frappe et terrorise. Les sympathisants du FLQ-70 qui ne se retrouvent pas en prison se taisent et se terrent. La colère de l'État se déchaîne. Les bourgeois sont rassurés.

Le samedi 17, un appel anonyme à un poste radiophonique indique l'endroit où on peut retrouver le cadavre de Pierre Laporte. La police se rend à Saint-Hubert, découvre le corps dans le coffre d'une voiture. Descentes, fouilles, perquisitions, arrestations, interrogatoires se poursuivent.

Marcel Pépin, président de la CSN, Louis Laberge, président de la FTQ, Yvon Charbonneau, président de la CEQ, Claude Ryan, directeur du *Devoir*, René Lévesque, chef du Parti québécois prient le gouvernement de négocier la libération de M. Cross.

Malgré les événements, les élections municipales se tiennent à Montréal, le 25 octobre. Le Parti civique du maire de Montréal,

Jean Drapeau, exploite la situation. Pour chercher des votes, il associe le FRAP au FLQ. Le truc réussit. Le Parti civique remporte tous les sièges, le FRAP recueille 15 % des voix malgré l'emprisonnement de plusieurs de ses candidats et la campagne terroriste de Drapeau.

Le 6 novembre, Bernard Lortie, présumé membre de la cellule Chénier, est arrêté.

Le 9 novembre, le ministre de la Maintenance, Jérôme Choquette, tient une conférence de presse où il fait savoir à la pègre qu'il n'est pas question de se servir des pouvoirs spéciaux de la Loi des mesures de guerre pour s'attaquer à elle. La pègre est rassurée.

Le 11 novembre, l'abbé Charles Banville, curé de la paroisse Saint-Paul-de-Matane (Gaspésie), déclare: «Dans une forte majorité, la population et les prêtres des comtés de Matane et Matapédia sont fondamentalement d'accord avec les revendications exprimées dans le manifeste du FLQ.»

Quelques jours plus tard, le député de Matane (Gaspésie) à l'Assemblée nationale préconise le rétablissement de la peine capitale, la carte d'identité obligatoire, le contrôle sévère de toute manifestation, la censure de la presse, de la radio, de la TV, du cinéma, le «nettoyage» des cégeps et universités, l'encadrement idéologique des professeurs, le service militaire obligatoire.

La police entreprend une fouille systématique de la région de Montréal. Des quartiers sont bouclés et ratissés.

La police affiche des *posters* de Marc Carbonneau, Jacques Lanctôt, Paul Rose et Francis Simard avec une offre de 150 000 $

en échange de renseignements qui amèneraient l'arrestation de ces individus.

Le 25 novembre, à l'enquête du coroner sur la mort de Pierre Laporte, Lise Rose, sœur de Paul Rose, refuse de témoigner et révèle que les policiers l'ont déshabillée et battue dans sa cellule. Le juge la condamne à six mois de prison pour outrage au tribunal.

Les policiers de la Sûreté du Québec menacent de débrayer à la suite de critiques à leur égard de la part de certains politiciens.

Le 3 décembre, le 10 945 de la rue des Récollets dans Montréal-Nord est cerné. La cellule Libération qui y détient M. Cross négocie la libération de ce dernier et leur sauf-conduit vers Cuba. Jacques Lanctôt, sa femme et leur enfant, Jacques Cossette-Trudel et sa femme, Marc Carbonneau et Yves Langlois partent pour Cuba dans un avion des Forces armées canadiennes et M. Cross recouvre sa liberté.

Le 28 décembre, Paul Rose, Jacques Rose et Francis Simard sont arrêtés dans une maison de ferme près de Saint-Jean et accusés de meurtre.

L'appareil d'État considère qu'il a les coupables en mains, qu'il peut donc desserrer l'étau de la répression et commencer à redorer son image.

Quelques centaines de détenus sont libérés sans accusation. D'autres, plus connus, se voient accusés d'appartenance à une association illégale et de conspiration séditieuse.

C'est maintenant le bras judiciaire de l'appareil d'État qui se voit aux prises avec ceux qui contestent son ordre. Les accusés accusent les juges et les procureurs de la Couronne. Les juges se défendent avec des accusations d'outrage au tribunal, des expulsions, des huis-clos et des ajournements. Battu en brèche, l'appareil judiciaire trouve tout à coup moyen de libérer Chartrand et Lemieux sous cautionnement pendant que Paul Rose se voit empêché d'assister à son propre procès.

L'ordre régnant se défend pendant que les Québécois réfléchissent.

L'Histoire continue.

1970-1975

La répression qui suit la crise d'octobre montre bien toute l'importance que le gouvernement fédéral et celui des États-Unis accordent au mouvement de libération nationale du Québec. Les emprisonnements, les nombreuses perquisitions et la surveillance policière font l'effet d'une douche froide parmi les Québécois. Ceux-ci comprennent qu'il faut tirer les leçons du passé et trouver de nouveaux moyens pour continuer la lutte contre l'exploitation et la domination impérialistes.

Ceux pour qui la lutte révolutionnaire n'est qu'une forme de valorisation personnelle ou encore une pseudo-thérapie sont ébranlés par les événements d'octobre et ses retombées et ils se réfugient dans la contre-culture. L'ennemi étant trop puissant, mieux vaut trouver des échappatoires à l'intérieur du système pourri.

Mais ceux qui maintiennent leurs convictions révolutionnaires comprennent que la tâche immédiate n'est pas de mener une guérilla urbaine qui, en fait, aliène la classe ouvrière. La lutte sera longue et il faudra mobiliser toutes les forces progressistes du Québec. La tâche principale de l'heure devient la politisation du peuple. C'est par l'étude et l'analyse critique du système, de même que par une plus grande insertion dans les luttes et conflits qui opposent la classe ouvrière et la classe capitaliste qu'on pourra susciter une prise de conscience parmi les couches exploitées et opprimées.

Le FLQ se meurt. Deux de ses dirigeants les plus en vue s'en retirent. Pierre Vallières pour se joindre au Parti québécois, Charles Gagnon pour fonder en 1972 le journal *En Lutte*! qui prône la lutte des classes et la création d'un parti prolétarien. En juillet et août, des grèves sauvages éclatent, impliquant 13 000 travailleurs tandis que 5 500 autres participent à des grèves dites légales.

Le FRAP

Le FRAP, que la crise d'octobre a durement secoué, tient une assemblée générale au printemps de 1971 pour réévaluer sa stratégie. Il entend accorder davantage d'autonomie à ses noyaux de base, les CAP (Comité d'action politique) afin que ceux-ci puissent mener avec plus d'efficacité une action politique aussi bien dans les usines qu'au niveau des quartiers. Cette réorientation constitue en fait une grande victoire pour les secteurs les plus radicaux, les CAP Saint-Jacques et Maisonneuve, et une défaite des éléments réformistes qui entendent limiter leur action à la mise sur pied de cliniques populaires et de coopératives

d'alimentation. Mais très tôt les conséquences du conflit d'orientation se font sentir. En mars 1972, les CAP Saint-Jacques et
Maisonneuve se retirent du FRAP: celui-ci ne s'en remettra pas
et il sera dissous en 1973.

Cabano

Cabano est un village du Témiscouata dont l'économie dépend entièrement de l'exploitation forestière de la compagnie
K.C. Irving. En juillet 1970, la population barre les chemins
d'accès du village pour protester contre la décision de Irving de
ne pas bâtir une usine de transformation de bois, laquelle était
attendue depuis fort longtemps. Le gouvernement Bourassa essaie de calmer la population et promet d'intervenir auprès de la
compagnie pour la faire revenir sur sa décision.

En juillet 1971, la population, avec le maire en tête, crée une
coopérative, la Société populaire des pâtes et papiers, qui entend
prendre en main la construction de l'usine projetée. Mais pour
mener à bien ce projet, il faut du capital. On fait donc appel aux
ressources du milieu. On veut faire ce qu'on pourrait appeler du
capitalisme populaire — un moyen terme entre le capitalisme
et le socialisme. On se propose de vendre 7 500 000 dollars de
parts à des Québécois ordinaires, aller chercher 8 millions de dollars en subventions gouvernementales et emprunter 16 autres
millions pour bâtir l'usine et commencer la production. Les ouvriers de l'endroit adhèrent au projet car celui-ci est susceptible
de créer des emplois, mais ils se méfient tout de même du leadership de l'élite locale.

La campagne de souscription à travers le Québec va surtout récolter un appui moral mais c'est surtout l'indécision du gouvernement qui réduira l'enthousiasme des initiateurs du projet.

En effet, Domtar ne veut pas de concurrent et demande au gouvernement Bourassa d'y voir. Pendant deux ans ce gouvernement « étudie » le projet, le « réévalue », le « révise », bref laisse traîner les choses pour essouffler la population. Avec le résultat que l'on sait : le capitalisme des monopoles écrase finalement le capitalisme populaire.

Démobilisation chez les étudiants

En 1971, le gouvernement fédéral lance son programme Perspective-jeunesse qui permet à beaucoup de jeunes d'être rémunérés en participant à des projets qu'ils ont eux-mêmes conçus. La première année, le Québec reçoit la part du lion, soit 9 millions de dollars ; la raison est simple : c'est au Québec qu'il y a le plus de contestation étudiante ! Le programme s'avère très efficace.

Mais la cause principale de la démobilisation en milieu étudiant se trouve à l'école même où la répression s'avère très forte. Les enseignants aux idées trop gauchistes de l'élémentaire et du secondaire sont congédiés, les étudiants contestataires sont renvoyés. Au niveau universitaire, les autorités réduisent les cours de science politique et favorisent à la place les études commerciales. On ouvre une nouvelle université, l'Université du Québec, qu'on dote de structures soi-disant démocratiques.

MAÎTRES CHEZ NOUS

Mais dès les premiers mouvements de contestation des professeurs et des étudiants, la direction se montre tout aussi autocratique que celle de l'Université de Montréal.

Le projet de la Baie James

Ayant promis, lors de la campagne électorale, de créer 100 000 emplois, le gouvernement Bourassa annonce à son congrès de mai 1971 son «projet du siècle»: la construction d'un immense barrage hydro-électrique sur cinq rivières qui se jettent dans la Baie James. L'électricité ainsi produite sera vendue aux États-Unis. Le coût du projet: six milliards de dollars. On est cependant loin des 100 000 emplois promis avec tant d'éclat; de plus, une fois le barrage construit, on se retrouvera avec la même situation qu'avant. On ne tarde pas à découvrir les gros monopoles qui se cachent derrière ce projet: Brinco, Rio Tinto, Rockefeller et Rothschild. Quelque 50 000 milles carrés seront remis entre les mains de la Société d'aménagement de la Baie James. Celle-ci dépendra directement du cabinet des ministres et sera dotée de tous les pouvoirs d'un gouvernement local avec, en plus, les droits d'exploitation de la forêt et des ressources minières.

Les 3 000 Cris de la région ne sont pas consultés. Questionné à ce propos, un ministre du cabinet Bourassa répond que les Amérindiens sont des nomades et qu'ils pourront donc, sans difficulté, déménager un peu plus au nord.

Le premier ministre Bourassa affirme que l'Hydro-Québec aura le contrôle de la dite Société. De plus, selon lui, ce sont des ingénieurs essentiellement québécois qui travailleront au projet. Un an plus tard, en septembre 1972, il doit avouer que le projet a effectivement été remis entre les mains de la Bechtel Corp. de San Francisco. L'évaluation des coûts des travaux passe de 6 milliards à 12 milliards puis à 16 milliards de dollars en 1975.

Les Cris, qui n'avaient signé aucun traité avec le gouvernement québécois, protestent dès 1971 contre le projet. Appuyés par le gouvernement fédéral, ce « grand protecteur des autochtones », ils intentent une action contre le gouvernement Bourassa. En 1973, le juge Jules Deschênes reconnaît aux Cris le bien fondé de leurs revendications et il prend une injonction contre la Société. Mais la victoire est de courte durée. Quelques jours plus tard, un juge de la Cour supérieure suspend l'injonction. Finalement, après quelque mois de négociations, les Cris acceptent l'argent qu'on leur offre en échange de leurs droits sur ce vaste territoire.

La Côte Nord et la ITT

En juillet 1972, le gouvernement Bourassa cède une autre parcelle de notre territoire, cette fois-ci sur la Côte Nord du Québec : 50 000 milles carrés, soit autant que la Belgique, sont remis à la compagnie Rayonier-Québec. Cette filiale de la ITT promet d'investir 160 millions de dollars pour la construction d'une usine de transformation de pâte à papier à Port Cartier. La compagnie bénéficie d'un prix de faveur : elle ne paiera que cinquante cents la corde de bois alors que le prix normal est de trois dollars. De plus, la ITT obtient une subvention de 21 millions de dollars du gouvernement fédéral. De son côté, le gouvernement provincial lui verse 19 millions de dollars et il s'engage aussi à prendre à sa charge la construction des voies d'accès.

La grève de La Presse

En 1971, les typographes de *La Presse*, «le plus grand quotidien de langue française en Amérique», se mettent en grève pour protester contre l'automatisation qui menace leurs emplois. Paul Desmarais, président de Power Corporation, propriétaire de *La Presse*, décrète un lock-out en septembre. Le 29 octobre, la FTQ organise une manifestation: 15 000 personnes répondent à l'appel des syndicats, mais la police charge sauvagement les manifestants. Les grévistes ne se laissent pas intimider par les diverses manœuvres de la Power. Finalement, celle-ci est obligée de négocier et les deux parties en viennent à une entente en janvier 1972. Les travailleurs de *La Presse* obtiennent satisfaction sur presque toute la ligne. Le conflit aura duré sept mois.

La grève générale de 1972

La Révolution tranquille aura permis au Parti libéral de se servir du pouvoir de l'État pour moderniser le Québec et mieux l'intégrer à l'empire américain. Le Québec ne doit plus seulement avoir comme vocation principale d'être un fournisseur de matières premières mais il doit aussi acheter, consommer les produits finis américains. Ce programme impliquait la nationalisation de l'électricité et la création d'Hydro-Québec, ainsi que des réformes profondes dans les domaines de l'éducation, des relations de travail et des services publics.

Ainsi apparaissait de plus en plus clairement l'État-patron. Les employés d'Hydro-Québec et des hôpitaux, les enseignants des écoles et institutions publiques ont désormais un employeur bien identifié : l'État québécois. Ce dernier leur accorde le droit de syndicalisation et de grève. Les effectifs de la CSN, qui étaient de 80 075 membres en 1960, atteindront 205 783 membres en 1968.

En 1966, la Révolution tranquille est en perte de vitesse. L'inflation et la récession viennent gruger les maigres conquêtes des années passées, les conflits ouvriers se multiplient sur une toile de fond où la question nationale est toujours aussi présente.

En juillet 1970, le président de la CSN, Marcel Pépin, invite la FTQ et la CEQ à former un front commun pour les négociations dans les secteurs public et para-public. En janvier 1972, le Front commun est officiellement créé ; il regroupe 210 000 travailleurs. Les syndiqués réclament un revenu minimum garanti de 100 dollars par semaine, la sécurité d'emploi, des augmentations de salaire de 8 % et l'indexation des salaires au coût de la vie.

Les négociations piétinent, et le 9 mars les travailleurs votent la grève. Le 18 mars, une grève générale de vingt-quatre heures est décrétée à travers tout le Québec. Les négociations reprennent mais sans plus de succès. Un nouvel ordre de grève est donné pour le 11 avril.

Le 19, le gouvernement vote une loi suspendant le droit de grève pour les fonctionnaires. Le Front commun décide de passer outre à cette loi mais celle-ci aura toutefois pour effet d'entamer l'unité au sein de l'équipe dirigeante de la CSN.

Les trois leaders syndicaux, Marcel Pépin, Louis Laberge et Yvon Charbonneau, sont alors accusés de mépris de cour pour avoir encouragé leurs affiliés à défier la loi. Ils sont condamnés à un an de prison. Le 9 mai, une grève sauvage éclate à travers tout le Québec. Les villes de Sept-Îles et de Thetford Mines passent sous contrôle des travailleurs qui assument pendant 48 heures la direction des affaires municipales. Craignant le pire, le gouvernement invite les trois chefs syndicaux à en appeler de leur sentence auprès du tribunal ; une fois libérés sous cautionnement, ils pourraient reprendre les négociations. Mais ces arrestations ont pour effet d'accentuer les divisions au sein des différents syndicats, ce qui nuit considérablement au mouvement de grève. Une scission se produit à la CSN : elle concerne environ 30 000 travailleurs qui optent pour former la Centrale des syndicats démocratiques. Le Front commun, affaibli, revient à la table des négociations et obtient les cent dollars par semaine réclamés et l'indexation des salaires au coût de la vie. Les trois chefs syndicaux retournent en prison le 2 février 1973. Ils seront libérés en mai.

Nouvelles formes de lutte

Certains travailleurs ont compris les limites d'un Front commun ; pour mieux lutter, il faut se regrouper en comités d'usine distincts des organisations syndicales. En mars 1973, les travailleurs de la compagnie Firestone déclenchent une grève. Un comité est mis sur pied, le Comité des 40, qui organise le boycott des produits de cette compagnie ainsi que des manifestations de soutien. En janvier 1974, la compagnie cède finalement et se plie à leurs revendications. Un mouvement semblable se produit à la compagnie Canadian Gypsum, à Joliette. Le premier mai 1974, toute la population ouvrière de Joliette se met en grève et paralyse la production pour 24 heures. D'autres mouvements s'organisent à Valleyfield, Thetford Mines, Rimouski, Montréal et Saint-Hyacinthe.

1975-1977

La victoire écrasante du gouvernement Bourassa aux élections de 1973 avait réduit à cinq députés la représentation du Parti québécois à l'Assemblée nationale. Cependant, malgré le peu de députés qu'il fait élire, le Parti québécois devient l'opposition officielle à l'Assemblée nationale, l'Union nationale et le Ralliement créditiste n'ayant fait élire qu'un député chacun. Il ne s'agissait donc pas d'une défaite totale, le Parti québécois étant désormais appelé à jouer un rôle plus important que jamais.

Pendant ce temps la crise économique s'accentue. Aussi, le Parti québécois s'acharne-t-il à démontrer la complicité entre le Parti libéral et les multinationales. Le Parti québécois entend ainsi s'affirmer comme le seul parti du peuple, un parti qui n'a rien à voir avec la détérioration de la situation économique et

R.I.N.

LE BILINGUISME QUI NOUS TUE

ANDRÉ D'ALLEMAGNE

No 4

sociale. Il multiplie les meetings à travers le Québec et tente de rallier à sa cause aussi bien les élites locales, les petits entrepreneurs, les professionnels que les dirigeants syndicaux. La FTQ donne publiquement son appui au Parti québécois.

Par ailleurs, la stratégie du PQ change. Il ne s'agit plus de défendre le plan économique de l'An Un de l'indépendance, mais plutôt d'attaquer les différentes politiques du gouvernement Bourassa et de promettre un référendum sur la question nationale, une fois au pouvoir. Cette stratégie s'avère efficace. Le 15 novembre 1976, le Parti québécois remporte 70 sièges, les Libéraux 20, l'Union nationale 15 et le Ralliement créditiste un seul. René Lévesque est élu tandis que Robert Bourassa est battu dans son propre comté. Pour des milliers de Québécois en liesse, il s'agit de la première victoire depuis la défaite des Plaines d'Abraham et la Rébellion de 1837-38.

Le premier ministre Trudeau qui clamait quelques mois auparavant que le séparatisme était bien mort au Québec s'en remet difficilement. Le professeur de droit de l'Université de Montréal qu'on avait choisi pour «mettre le Québec à sa place» a, semble-t-il, failli à sa tâche. La Trudeaumanie de 1968 se transforme en Trudeauphobie. Mais à mesure que les Canadiens Anglais se font à l'idée d'un gouvernement séparatiste au pouvoir à Québec, ils se rendent compte que ce n'est pas Joe Clark, le leader du Parti conservateur, qui pourra mater les Québécois. Malgré tout, Pierre Trudeau demeure l'homme de l'heure.

Au Québec, les anglophones affichent une certaine panique. Ils ne savent plus s'ils doivent partir ou rester. Les plus riches peuvent se permettre de quitter la province avec tous leurs biens tandis que les travailleurs anglophones restent sur place et attendent pour voir si le gouvernement péquiste sera aussi mauvais que leurs élites le leur affirment.

Les hommes d'affaires, aussi bien francophones qu'anglophones, se sentent dans un premier temps déroutés. Les liens traditionnels qui les unissaient au pouvoir sont rompus. Mais le gouvernement Lévesque s'empresse très tôt de les rassurer. Il organise un sommet économique où les trois principaux agents de l'économie, patronat, syndicats et gouvernement essaient de définir ensemble les grandes lignes d'un programme visant à assainir l'économie du pays. Ce tripartisme vise entre autres à étouffer les luttes de classe et à réduire au maximum les contradictions inhérentes au capitalisme. De plus, le gouvernement essaie de gagner à sa cause la classe ouvrière par toute une série de mesures : la loi sur l'assurance-automobile, la nationalisation de la compagnie Asbestos Corporation, la loi anti-briseurs de grève, etc. En même temps, il essaie de démontrer aux hommes d'affaires que l'intervention de l'État dans les affaires du pays permet une stabilisation de l'économie qui favorise nécessairement une augmentation de leurs profits.

Au niveau du Canada, le Parti québécois tente de se rallier les autres provinces canadiennes. Il entend prendre la tête de la lutte contre le pouvoir centralisateur du fédéral, lequel sape le pouvoir des provinces depuis des décennies. Le fédéral est ainsi placé sur la défensive et les provinces, les véritables fondateurs de la Confédération, pourront peut-être imposer une refonte du pacte confédératif qui autoriserait, croit-on, le Québec à se séparer, si

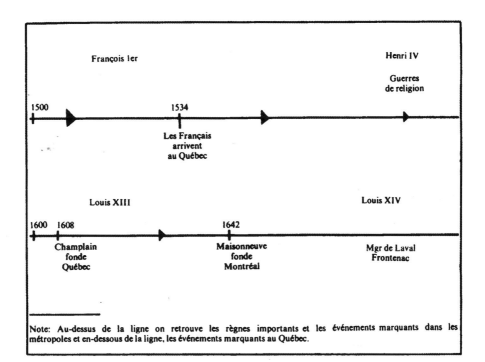

François Ier

Henri IV

Guerres
de religion

1500   1534

Les Français
arrivent
au Québec

Louis XIII

Louis XIV

1600   1608   1642

Champlain
fonde
Québec

Maisonneuve
fonde
Montréal

Mgr de Laval
Frontenac

Note: Au-dessus de la ligne on retrouve les règnes importants et les événements marquants dans les métropoles et en-dessous de la ligne, les événements marquants au Québec.

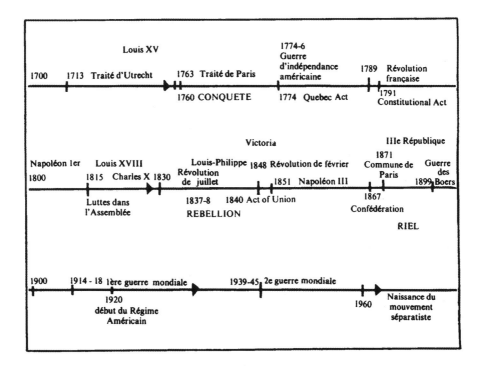

Louis XV

1700   1713   Traité d'Utrecht   1763   Traité de Paris

1774-6
Guerre
d'indépendance
américaine

1789   Révolution
française

1760 CONQUETE   1774   Quebec Act

1791
Constitutional Act

Victoria

IIIe République

Napoléon Ier   Louis XVIII   Louis-Philippe   1848   Révolution de février

1871
Commune de
Paris

Guerre
des

1800   1815   Charles X   1830   Révolution
de juillet   1851   Napoléon III   1899 Boers

Luttes dans
l'Assemblée

1837-8   1840 Act of Union
REBELLION

1867
Confédération

RIEL

1900   1914 - 18   1ère guerre mondiale   1939-45   2e guerre mondiale

1920
début du Régime
Américain

1960   Naissance du
mouvement
séparatiste

tel était sa volonté, et avancerait une nouvelle forme d'association économique entre le Québec et le Canada.

Les stratèges du Parti québécois manifestent un sens politique très fin et prennent l'initiative dans de nombreux domaines. La Commission Keable sur les agissements de la Gendarmerie royale n'est qu'une des façons employées pour discréditer le gouvernement fédéral et convaincre les indécis. Mais la crise économique qui ne cesse de s'aggraver préoccupe tout autant les Québécois que la question nationale. En attendant, le référendum se fait attendre.

2

PIERRE LANDRY

Chronique d'un ethnocide[44] *annoncé*
1977-2008

---

44. *Ethnocide* : Destruction de la civilisation d'un groupe ethnique par un autre groupe plus puissant.
Ethnie : Ensemble d'individus que rapprochent un certain nombre de caractères de civilisation, notamment la communauté de langue et de culture (alors que la *race* dépend de caractères anatomiques). *Le petit Robert.*

Hier, c'est des vieilles histoires
Qu'on s'raconte le soir, quand y fait noir...
Latraverse-Faulkner

Tas de lâches ! dit-il, qui, dans le péril commun, n'ont pas
de cœur au-delà de leurs clôtures. Que tout s'en aile aux
étrangers, la montagne, les bois, les champs, bah !
qu'est-ce que ça leur dit à ces avares qui couvent leurs écus ?
Félix-Antoine Savard, Menaud maître draveur

Or dans le Québec, de plus en plus de gens comprennent
désormais que la combinaison d'un taux de natalité
rapidement décroissant et de notre inaptitude à intégrer
les immigrants présente un grave danger pour
la communauté francophone en Amérique du Nord.
Jacques Parizeau, 1967

Il faut les écraser.
Claude Garcia, 1995

D'une société monolithique
à une société pluraliste

Retour sur la Révolution tranquille

Difficile d'aborder l'histoire du Québec de 1977 à nos jours sans opérer un bref retour en arrière. Bien sûr la table a été superbement dressée par Léandre Bergeron. En ce qui concerne les années 70 notamment, les plats ont été servis encore tout fumants, leur saveur rehaussée par l'actualité du moment. Mais maintenant qu'ils ont refroidi, maintenant que déjà une trentaine d'années se sont écoulées depuis la dernière édition du *Petit manuel*, la distance nous permet de mieux jauger l'ampleur des bouleversements qu'a connus le Québec au cours de cette période charnière de son histoire qui va de l'après-guerre à l'élection du Parti québécois en 1976. La brève synthèse qui suit va permettre de dégager les lignes de force, les courants majeurs qui ont marqué l'époque, les vagues de fond qui l'ont traversée et qui ont convergé jusqu'à cette première élection d'un parti souverainiste.

La période qui va de la fin du règne de Duplessis à l'élection du Parti québécois en 1976 constitue une époque charnière dans l'histoire du Québec. Si les historiens en parlant de Révolution tranquille ne font généralement référence qu'aux années qui vont de 1960 à 1966, celles où le gouvernement Lesage introduit son plus grand nombre de réformes, force est de constater que la mutation profonde que connaît la société québécoise s'échelonne sur une période beaucoup plus longue. Les racines de ces changements plongent en fait dans le terreau de la guerre et de l'après-guerre, elles se sont nourries de la crise et de l'urbanisation, elles ont été alimentées autant par le *Refus global* et par la revue *Cité Libre*, pour les uns, que par le contact avec des cultures différentes, en sol européen ou dans les manufactures, pour les autres.

De fait, tout comme il a été de nombreuses fois tenu à l'écart ou «mis à l'abri» des bouleversements majeurs qu'a connus le monde au cours des 18ᵉ et 19ᵉ siècles — telles la Révolution américaine et la Révolution française —, c'est sous une chape qu'aura vécu le peuple québécois pour une plus grande partie de son histoire récente. Dominé par une Église tout aussi obtuse qu'omniprésente, privé de ses leviers économiques par la mainmise étrangère sur le commerce, l'industrie et les ressources, gouverné par des partis inféodés au pouvoir britannique ou «canadian» à la solde des grands capitalistes et agissant dans un cadre fédéral limitatif et castrant, le Québec a été mené comme un bœuf sous le joug : tais-toi, travaille du lever au couchant, et compte-toi chanceux de trouver un peu de foin dans ton auge à la tombée du jour.

Voici donc, dans les années de l'après-guerre, à quoi ressemblent ces forces qui dominent la société québécoise.

Le pouvoir idéologique

L'Église catholique et romaine est la plus vieille institution encore existante à «opérer» en sol québécois. Si on se reporte aux débuts de la colonie, on se souviendra que la France est alors gouvernée par une monarchie de droit divin. Impossible de trouver plus belle alliance entre le temporel et le spirituel que cette fusion en un seul être de ces deux ascendants. L'exercice du pouvoir, la connaissance de ses arcanes et la fréquentation des officines où ce dernier se trame font donc partie de «l'ordinaire» de l'Église. Ainsi au moment de la Conquête, le clergé s'impose comme le seul intervenant valable, la seule institution en mesure d'assurer un lien entre le peuple et le conquérant. Dans les faits, l'Église monnaye chèrement son appui à l'Anglais en lui garantissant que les nouveaux sujets de Sa Majesté demeureront soumis et passifs. Elle s'impose dès lors comme une force incontournable.

Vers la fin du 18e siècle, tout comme la Guerre d'indépendance américaine aura pour conséquence l'arrivée massive en nos terres de nombreux loyalistes, ces éléments les plus fanatiquement liés à la Couronne britannique, la Révolution française résultera en l'implantation en sol québécois de toute une frange du clergé français parmi la plus réactionnaire. Et après une brève période où son pouvoir sera fragilisé par la montée du mouvement Patriote, l'Église retrouvera son plein ascendant et s'imposera pendant plus de cent ans comme l'une des forces agissantes les plus influentes dans la société québécoise. De fait, à partir de cette époque, l'Église catholique romaine règne en maître absolu et contrôle toutes les facettes de la vie de l'individu.

Difficile pour les jeunes d'aujourd'hui de pouvoir imaginer la puissance du clergé. La comparaison la plus évidente ferait état d'une secte qui serait parvenue à étendre ses ramifications à l'ensemble des constituantes de la société tout en imposant une mainmise totale sur les esprits et la morale. Dans ses belles années qui couvrent au moins un siècle de domination, l'Église gère les écoles, les hôpitaux, les hospices, les orphelinats ; elle contrôle la paroisse et les diocèses ; elle chapeaute les syndicats et une foule innombrable d'associations disséminées dans toutes les sphères de l'activité sociale et agissant à toutes les strates de la vie en société. Par le biais de l'index et de la censure, elle filtre la majeure partie de la production intellectuelle. Sa puissance se fonde sur des données tout à fait irrationnelles et elle entretient des croyances qui l'érigent en unique détenteur et en seule dispensatrice de la Vérité. Sa vision est profondément manichéenne : le Bien, le Mal ; le ciel, l'enfer. Elle donne dans le temporel autant que dans le spirituel, ainsi les curés en chaire vont-ils par exemple proclamer pour aider à la réélection de Duplessis que « le ciel est bleu, et l'enfer est rouge ». Dans les provinces anglophones et aux États-Unis, on parle de la « *priest-ridden province* », la province dirigée par les prêtres.

À la base de ce contrôle que l'Église exerce sur les esprits : une analyse tout à fait perverse des comportements humains, un chantage perpétuel quant aux fins dernières de la personne, et des outils dévastateurs pour s'assurer de maintenir le croyant dans le droit chemin. Pendant plus de cent ans, au Québec, refuser les dictats de l'Église et s'ériger en faux contre son enseignement, c'est se voir mettre définitivement au ban de la société. Dès le tout jeune âge, le petit catéchisme, par le truchement d'un système de questions et réponses qu'il faut apprendre par cœur, impose et martèle des articles qui déterminent l'ensemble des comportements jugés corrects et ceux qu'il faut répudier. Cela va de l'hygiène corporelle aux relations sexuelles, de l'obéissance à l'autorité, au rôle de la femme comme seule procréatrice et mère de famille. La non soumission à ces règles peut entraîner non seulement une répudiation sociale mais l'enfer pour l'éternité si par malheur vous vous êtes masturbé quelques heures avant le décès survenu sans les secours de l'extrême onction (la première ne pouvant remplacer la seconde). Par le biais de la confession obligatoire, le clergé prête l'oreille à tous les ragots et à toutes les rumeurs, il est informé du moindre comportement déviant, il peut cibler les individus réfractaires à sa doctrine et sévir le cas échéant. S'il vous prend la fantaisie de ne pas communier tel dimanche, toutes les têtes se tournent vers vous, vous devenez la brebis galeuse, celle qui n'est plus « en état de grâce ».

La chose peut sembler sans conséquence aujourd'hui, mais se défaire de ce carcan représentait à l'époque pour l'individu une remise en question radicale et déchirante des fondements mêmes de son entité, un bouleversement total de son rapport au monde et à lui-même. Il faisait face à une telle unanimité sociale relativement à ces croyances et à cette morale que la prise de conscience procédait d'une réelle révolution qui pouvait même avoir des incidences sur sa sécurité d'emploi et sur le rôle qu'il tenait dans la société. De grands pans de la littérature québécoise et de la littérature française sont par ailleurs traversés par les déchirements qu'entraînaient de telles remises en question.

L'effondrement de l'Église et de l'autorité qu'elle exerçait au Québec constitue un des pivots majeurs de notre récente histoire.

Il est par ailleurs étonnant de constater que les États qui ont pris le plus de retard au point de vue économique et au chapitre de la libéralisation des mœurs — voire à celui des libertés civiles — dans la première moitié du vingtième siècle en Occident sont ceux où l'Église avait le plus d'emprise, notamment l'Espagne, le Portugal, l'Irlande et le Québec. Est-ce que le pouvoir de l'Église fleurit mieux sur un terreau pauvre ou est-ce que son emprise même amène et perpétue la pauvreté ?

Le pouvoir économique

À l'époque de la Nouvelle-France, les relations qui existent entre la métropole et la colonie sont fondées sur le type de liens classiques qui s'établissent entre dominés et dominants. En théorie, les colonies n'existent que pour l'enrichissement de la métropole. Les grands axes du développement économique et de l'exploitation des ressources vont donc se déployer à partir de cette réalité. Sur le terrain cependant, l'établissement d'une population permanente a pour effet la création de ce qu'on pourrait appeler une «micro-économie indépendante» (qui n'est tout de même pas coupée de l'autre). Pendant que les grands trusts de l'époque se consacrent au commerce des fourrures, fermiers, artisans et petits commerçants échangent des produits et des services au jour le jour, le régime seigneurial leur laissant tout de même cette latitude. Au fil des générations et à la faveur d'un certaine croissance économique, les métiers se développent et les petites entreprises prennent de l'essor, les professions libérales voient le nombre de leurs membres s'accroître, commerces et travailleurs autonomes se multiplient. Bref, la société coloniale se déploie et se construit selon les schèmes d'un modèle classique : paysans, artisans et travailleurs manuels au bas de l'échelle ; petite bourgeoisie formée de commerçants, notables, membres du bas-clergé et fonctionnaires affectés au service civil ou militaire au milieu ; et occupant les échelons supérieurs, seigneurs, intendant, gouverneur, grands commerçants, haut-clergé.

On peut imaginer que cette société aurait continué à évoluer selon le même canevas, n'eut été de la Conquête. La bourgeoisie coloniale, gagnant en nombre et en puissance, aurait exprimé des velléités d'autonomie de plus en plus marquées par rapport à la mainmise de la métropole, tout comme l'ont fait les Américains vis-à-vis les Britanniques. Sans doute la Révolution française avec tout ce qu'elle véhiculait au chapitre de la prise en charge de leur destinée par les citoyens, et suite à l'affaiblissement du pouvoir central, aurait-elle été l'occasion rêvée pour cette élite de s'affranchir de toute tutelle et faire de la Nouvelle-France un État libre et indépendant. Les aléas de la guerre en ont voulu autrement.

Les conquérants déciment donc l'ensemble de la superstructure qui domine cette société naissante, ne conservant comme il a été mentionné que les agents — les membres du clergé et une partie de l'élite, dont les seigneurs — qui lui permettent d'en garder le contrôle, les Anglais étant en nombre bien insuffisant pour occuper le territoire et s'assurer la docilité de ces nouveaux « sujets » de Sa Majesté. À partir de ce moment, l'ensemble des leviers de l'économie passe aux mains de l'étranger. La donnée de base demeure inchangée, les ressources de la colonie sont du ressort de la métropole, mais c'est l'Empire britannique qui maintenant se les approprie et ce sont ses émissaires et commettants qui sur le terrain les exploitent à leur profit.

Toutes les sphères du commerce et de l'industrie sont donc complètement accaparées par les Anglais et alors que c'est une ressource renouvelable à court terme, la fourrure, qui constituait le fer de lance de l'exploitation coloniale sous le joug de la France, c'est maintenant la forêt qui, sur le plan stratégique autant qu'économique, ajoute une plus value de tout premier ordre à cette nouvelle possession de l'Angleterre. On connaît la suite : les capitaux, d'abord britanniques, puis américains, vont affluer dans ce nouvel Eldorado qui regorge de ressources naturelles dont est avide et gourmande la grande industrie naissante, fleuron d'un capitalisme débridé qui ne connaît plus de frontières. Et parce que soumise et conquise, pauvre et sous-scolarisée, la population locale constitue un bassin de cheap-labour formidable, c'est le pactole pour ces sociétés et leurs actionnaires dont le profit et le rendement en bourse demeurent les seules valeurs appréciables.

Parce que vendu à cette dynamique et incapable d'imaginer d'autres moyens de développer sa province, son parti profitant largement des avantages collatéraux d'une telle politique, Maurice Duplessis devient notamment le vecteur par excellence d'une vente à rabais magistrale de nos ressources premières. À titre d'exemple, qu'il suffise de savoir qu'il concède au début des années 1950 une mine de fer du Labrador à une entreprise américaine pour une redevance de 1 cent la tonne alors que Terre-Neuve reçoit 33 cents pour une exploitation analogue.

Le pouvoir économique reposant donc très majoritairement entre les mains des Anglos-Saxons, qu'ils soient d'outre-Atlantique, Canadians ou Américains, les postes de commande sont occupés par ces derniers et la langue de travail est le plus souvent l'anglais qui prédomine aussi pour une large part au chapitre de l'affichage dans la ville de Montréal. Les Canadiens français sont considérés comme des minus en matière de gestion des affaires à un point tel que traditionnellement au sein du gouvernement de la province, et ce jusqu'à l'élection de Duplessis en 1944, c'est toujours un anglophone protestant qui occupe le poste de Trésorier de la Province (question aussi de veiller de près aux intérêts des Anglos). Dans un bilan-catastrophe, *Mesure de notre taille*, publié en 1936, le journaliste et écrivain Victor Barbeau qu'on ne peut accuser d'être un extrémiste vilipende en ces termes les grands capitalistes anglophones. «Treize hommes […] détiennent en leurs mains dix milliards des vingt par quoi se chiffre la richesse industrielle et commerciale du Canada. Nous servant d'une formule analogue, nous pourrions dire qu'une poignée d'entreprises commande toute la vie économique de notre province. Féodalité sans âme, sans cœur […], elle tient en servage presque toute la population des villes et, par là, influe

sur le sort de la population des campagnes. Elle dicte nos goûts, règle nos besoins, nous impose ses produits, décide de notre alimentation, de notre habillement, ordonne nos plaisirs, manœuvre notre politique, façonne notre âme, transforme nos villes, souille nos paysages, détourne nos cours d'eau et même vicie notre langage». On croirait entendre là la trame d'un discours de Michel Chartrand ou une harangue d'un écologiste contemporain!

Cette mainmise de l'étranger sur notre économie et la prépondérance de l'anglais ont aussi un effet pervers sur les immigrants qui s'installent au pays : le fait francophone ne constitue nullement à leurs yeux une réalité substantielle à laquelle ils se doivent de souscrire. Nous sommes en Amérique et en Amérique, la devise est claire et le dictat sans appel : «Speak white!»

Le pouvoir politique

Le peuple québécois n'a jamais exercé le plein pouvoir politique sur son territoire. Du temps de la Nouvelle-France, cette parcelle d'Amérique que nous occupons est gérée par la métropole et par ses représentants sur le terrain qui l'exploitent comme une chasse-gardée au profit de la mère-patrie, et bien souvent en privilégiant leurs intérêts ou ceux de leurs proches ou de leurs associés. La hiérarchie qui prévaut est calquée sur celle qui existe en France, le pouvoir émane de la monarchie et s'impose d'échelon inférieur en échelon inférieur jusqu'au serf ou au censitaire qui ne possède à peu près aucun droit. Pas question d'élire des représentants ou des députés dans un tel contexte, la démocratie telle que nous la connaissons aujourd'hui n'existe pas. Même après plusieurs générations, ceux et celles qui habitent le territoire et qui y sont nés sont sous la tutelle des représentants de la métropole.

La Conquête introduit une nouvelle dynamique. On pourrait croire qu'il ne s'agit là que d'un changement de propriétaire, qu'une monarchie ne fait que se substituer à une autre. Le contexte est dramatique parce que ce sont de fait des étrangers qui prennent le contrôle du pays. Mais la révolution parlementaire a déjà un bon bout de chemin de fait en Angleterre en 1760 et le pouvoir ne réside pas entre les seules mains du monarque, comme c'est le cas en France où la Révolution de 1789 viendra dramatiquement renverser la vapeur. Les Anglais qui ont pris possession de la Nouvelle-France se retrouveront en porte-à-faux relativement à leur rôle d'occupants, donc de maîtres de cette nouvelle possession, et relativement aux principes du parlementarisme qu'ils ont conquis de haute lutte sur leur propre territoire. Comment appliquer un pouvoir autoritaire et totalitaire sur une nation alors qu'ils se sont eux-mêmes constitués à partir de leur combat contre l'autorité suprême ? La population locale s'avérant cependant bien supérieure en nombre à celle des forces d'occupation, il va de soi que le fait de doter la colonie des mêmes institutions que celles qui prévalent en Angleterre résulterait à toutes fins utiles à donner le pouvoir au peuple conquis ! Impensable ! Ce sont cette réalité et cette ambivalence qui vont marquer toutes ces années de tergiversations et d'affrontements qui vont de l'Acte constitutionnel de 1791 à l'Acte d'Union de 1840. De fait, les Britanniques ne concéderont la pleine démocratie à leur colonie qu'à partir du moment où ils seront assurés que la présence anglophone peut faire contrepoids au nombre des francophones.

En 1867, la Confédération vient sceller le sort des Québécois, du moins jusqu'au moment où ils décideront de s'affranchir de toute tutelle. Les Québécois sont majoritaires dans leur province, mais cette dernière demeure sous la férule d'un État fédéral et d'un Étal impérial. En 1871, les Québécois représentent 32,3 % de la population de ce nouveau pays. Ce pourcentage sera de 28,8 % en 1961, 24,1 % en 1999… Les premiers ministres du Québec ne sont donc pas des chefs d'État à part entière mais bien des gestionnaires d'entités territoriales dont les pouvoirs sont limités par une autorité supérieure qui a notamment seule droit de regard sur la défense nationale et la politique extérieure.

C'est dans ce contexte que Maurice Duplessis gère les affaires de l'État pendant une période de 18 ans, soit de 1936 à 1939, puis de 1944 à 1959. Dans les « limites de sa juridiction », Duplessis règne en potentat pendant toute ces années où il occupe le pouvoir. Autonomiste farouche, politicien opportuniste, il fera front avec l'Ontario pour contrer les empiètements du fédéral hors de ses champs de juridiction. Sur le plan intérieur cependant, Duplessis s'avère un véritable petit dictateur et un manipulateur de premier ordre. Dénonçant publiquement les trusts, il les appuie en sous-main ; il joue la campagne contre les villes ; il se sert du pouvoir et de l'ascendant de l'Église tout en usant de pratiques frauduleuses pour graisser sa machine et gagner ses élections. Il refuse de subventionner l'éducation décemment et l'argent offert par Ottawa pour les universités, contribuant ainsi à la sous-scolarisation de la population. Anti-syndicaliste, anti-«communisse», il maintient le Québec dans une gangue réactionnaire qui ne correspond pas à une réelle évolution des mentalités et plonge la province dans l'obscurantisme et le paternalisme pendant toutes les années de son règne qu'on qualifiera de période de la Grande Noirceur.

Au chapitre des mœurs politiques, Duplessis ne déroge cependant pas des pratiques qui ont cours depuis la nuit des temps. Lui-même accède au pouvoir suite aux dénonciations relatives à la gestion des Libéraux qui dirigent la province depuis 40 ans. Dernier en liste, Louis-Alexandre Taschereau démissionne en 1935 au moment où on apprend que quarante-cinq de ses parents sont sur la liste de paye du gouvernement et que son frère Antoine admet avoir versé à son propre compte de banque l'intérêt de sommes confiées par la Législature. La corruption semble être une des lois de base au sein des gouvernement provinciaux. Depuis la Confédération, outre Taschereau, trois premiers ministres ont dû démissionner à cause de scandales : Gédéon Ouimet, conservateur, en 1874 ; Adolphe Chapleau, du même parti, en 1882 ; et le libéral Honoré Mercier en 1891. Les mœurs politiques sont complètement pourries au Québec comme vont âprement le dénoncer les abbés Dion et O'Neill à la suite des élections de 1956. « Les procédés tels que achat de votes, corruption de la loi électorale, menaces de représailles pour ceux qui ne soutiennent pas le «bon parti», les faux serments, les suppositions de personnes, la corruption des officiers d'élection semblent aussi devenir des éléments normaux de notre vie sociale en période électorale. Quelques secteurs urbains ont vu des exemples d'emploi de violence à rendre jaloux les anarchistes les plus fervents.»

De fait, Duplessis a érigé la corruption en système. Ainsi on ne procède à aucun appel d'offres pour la distribution des contrats du gouvernement et la caisse du parti touche automatiquement un pourcentage à chaque signature. Autant en période d'élections qu'au cours des conflits ouvriers, la police provinciale est devenue en quelque sorte l'armée personnelle de Duplessis. Même dans les comtés où c'est un libéral qui est élu, c'est le candidat de l'Union nationale qui distribue les subventions aux commissions scolaires et autres institutions, comme si ces sommes ne provenaient pas de l'État mais du Chef lui-même. Jamais le Québec n'aura connu un système à ce point corrompu et autoritaire.

Ce sont donc là les forces qui oppriment le peuple québécois à la fin de ces années 50. L'Église, le Capital et l'État-Duplessis constituent les trois volets d'un pouvoir qui, sans nécessairement se concerter sur tous les plans, constitue un appareil répressif et réactionnaire qui contrôle l'ensemble de l'activité humaine sur le territoire du Québec.

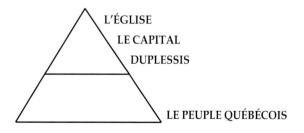

L'opprimée des opprimés

Les forces qui dominent et oppriment les Québécois au cours de la période qui précède la Révolution tranquille se conjuguent donc à partir de ces trois pouvoirs : idéologique, économique et politique, symbolisés par l'Église, le Capital et le gouvernement Duplessis. Ces forces parviendront au cours de ces années d'obscurantisme à un degré de cohésion et de concertation rarement atteint, vivant en une symbiose presque parfaite. Les élites qui exercent le pouvoir partagent donc les mêmes intérêts et possèdent de nombreux attributs communs dont le trait dominant demeure sans aucun doute que ces trois cénacles sont occupés essentiellement par des mâles. De fait, et ce depuis les premiers temps de la colonie, les femmes ont toujours été dominées par les hommes.

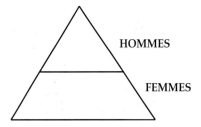

Incapacité juridique

Dans la seconde moitié du 19e siècle, notamment, la femme est partout perçue comme un être faible et inférieur. Elle est définie par son rôle d'épouse et de mère, au service de son mari

Une petite fille bien élevée.

J. Herman Dolduc (*Québec en images*)

SOUS LA DIRECTION
D'ANDRÉE LÉVESQUE

Madeleine
Parent
MILITANTE

les éditions du remue-ménage

Françoise Gaudet-Smet, une femme libérée.

et de ses enfants. La première fonction reconnue de la femme est celle de la reproduction, que l'Église rend obligatoire. La femme célibataire est vue comme une femme incomplète, si elle ne fait pas partie d'un ordre religieux. Dans l'Église ou dans la vie civile, la femme est toujours sous la domination de l'homme, prêtre, père, mari, ou législateur.

Tel que le définit le Code civil du Québec qui a force de loi de 1866 à 1915, le statut juridique de la femme en est un d'«incapacité générale» et correspond à celui des «mineurs et des interdits». La femme ne peut contracter ni se défendre en justice ou intenter une action. Si elle a le droit de tester, elle ne peut par contre être tutrice ni curatrice. Elle doit entière soumission à son mari qui en échange lui doit protection. La nationalité, le choix du domicile, le choix des résidences sont imposés par le mari et tout exercice des droits civils se fait sous le nom du mari. Ce dernier peut toujours exiger la séparation pour cause d'adultère ; la femme ne peut l'exiger que si le mari entretient sa concubine dans la maison commune.

La femme ne peut exercer une profession différente de son mari ; elle ne peut être marchande publique sans l'autorisation du mari ; ne peut accepter seule une succession, ni une exécution testamentaire ; elle ne peut ni faire ni accepter une donation entre vifs ; elle ne peut hériter de son mari mort sans testament qu'après les 12 degrés successoraux. Si elle est mariée sous le régime de la communauté légale, le mari est seul responsable des biens de la communauté et elle est responsable face aux dettes de son mari (ce qui n'est pas le cas pour lui). En régime de séparation de biens, elle ne peut disposer de ses biens, mais peut les administrer avec l'autorisation de son mari, ou, à défaut, avec celle d'un juge. Le mari ne peut autoriser sa femme de façon générale, une autorisation particulière est autorisée à chaque acte.

Elle ne peut consentir seule au mariage d'un enfant mineur, ni ne lui permettre de quitter la maison, ni ne peut agir à titre de seule tutrice de ses enfants mineurs. Elle n'a pas le droit de corriger ses enfants.

Incapacité politique

Cette infériorité juridique se complète par une limitation très étroite des droits politiques. La situation des femmes s'est même détériorée à ce chapitre au début du 19e siècle. En effet, selon l'Acte constitutionnel de 1791, les femmes peuvent exercer leur droit de vote comme les hommes si elles remplissent les mêmes conditions. En 1849 cependant, le parlement du Canada-Uni vote une loi pour leur interdire officiellement ce droit. Ce n'est qu'en 1917 qu'elles le récupéreront, pour ce qui est des élections au fédéral, et alors que toutes les provinces leur accorderont le même droit en 1922, l'Église du Québec s'y opposera encore farouchement, alléguant que le suffrage des femmes constitue «un attentat contre les traditions fondamentales de notre race et de notre foi». Il faudra attendre l'élection d'Adélard Godbout et l'arrivée des libéraux au pouvoir en 1940 pour que ce droit leur soit concédé au provincial, contre la volonté du cardinal Villeneuve pour qui ce droit de vote «compromettait l'unité de la famille et de la hiérarchie, [parce] qu'il livrerait les femmes aux passions et aux aventures des politiques électorales, que la plupart des femmes ne souhaitaient pas voter et que l'ensemble de leurs demandes d'ordre social pouvait être comblé par les groupes de pression féminin œuvrant à l'extérieur du système parlementaire[45] ».

Infériorité économique

Malgré une volonté manifeste des autorités religieuses de confiner le « sexe faible » à ses rôles d'épouse, de mère de famille et de ménagère, la réalité économique impose sa loi et oblige bien souvent la femme à gagner le marché du travail. Lorsqu'elle le fait, souvent de façon épisodique pendant sa vie de « fille » ou entre deux grossesses, elle se retrouve encore là déclassée et défavorisée. Ainsi, pendant la seconde moitié du 19e siècle, les femmes sont majoritaires dans les industries telles le textile, le vêtement et le caoutchouc et représentent 40 % des effectifs dans le tabac et les chaussures. On est bien sûr très intéressés à les embaucher, elles ne gagnent que la moitié du salaire d'un homme ! Elles font aussi énormément de sous-traitance à domicile pour l'industrie du vêtement, et cela pour une rémunération dérisoire. Surprenant de constater qu'elles représentent en 1871 33 % de la main d'œuvre industrielle à Montréal et Hochelaga et 28 % en 1891.

---

45. John A. Dickinson et Brian Young, *Brève histoire socio-économique du Québec*, Sillery, Éditions du Septentrion, 1992, p. 283.

Le féminisme

« Ne dirait-on pas que l'humanité est prise de vertige ? Grisés par l'idée de progrès, des penseurs sans philosophie et des rêveurs sans boussole, se jettent à la poursuite de toutes les chimères. À peine les mots suffisent-ils pour dénoncer, chaque jour, ce que la fièvre de l'erreur ou le prurit de la nouveauté invente.

« Sous le nom de féminisme, un mouvement pervers, une ambition fallacieuse, entraîne hors de sa voie la plus élégante moitié de notre espèce, et menace les bases mêmes de la famille et de la société. On n'a pas cru d'abord au danger, tant le succès d'une telle anomalie semblait invraisemblable. L'évidence est venue prouver que rien n'est à l'abri des emballements de l'esprit séduit par le prisme des théories captieuses.

« [...] Saint-Paul n'a fait que sanctionner, de sa haute autorité apostolique, cet axiome, lorsqu'il a écrit « que l'homme est le chef de la femme » et qu'il faut « que les femmes obéissent à leurs maris comme au Seigneur ». L'Apôtre justifie ce précepte en rappelant « que l'homme n'a pas été tiré de la femme, mais la femme de l'homme », et que « l'homme n'a pas été créé pour la femme, mais la femme pour l'homme ». En d'autres termes, la manière dont la femme a été créée, et le rôle d'auxiliaire pour lequel elle a été faite, sont une double preuve de la dépendance féminine. »

> Monseigneur L.-A. Paquet
> *Le Canada français* (décembre 1918 - février 1919)

« Qu'à Montréal, la mortalité infantile, l'alcoolisme, la tuberculose, le matérialisme vécu, et maintes autres plaies sociales, — physiques ou morales — , appellent le dévouement et l'action individuelle et collective des femmes, c'est certain. Mais que ce dévouement et cette action aient besoin, pour agir sur la société, sur les lois et sur les pouvoirs publics, du droit de vote et de la participation aux luttes électorales, c'est beaucoup moins sûr. Avec notre mentalité française, c'est le contraire qui arriverait.

« Que les femmes les plus intelligentes et les plus dévouées coordonnent leurs efforts et les fassent porter sur tous les points où leur influence de femmes peut s'exercer par des méthodes féminines, avec des arguments que seuls le cœur et le charme de la femme peuvent trouver : elles atteindront plus sûrement leurs buts que par des conférences, des meetings, et des comités électoraux. »

> Henri Bourassa
> *Le Devoir* (1925)

Dans le domaine de l'enseignement où elles représentent plus de 80 % des effectifs en 1874, les institutrices sont généralement deux à trois fois moins payées que les instituteurs. Dans ce secteur d'activité, le double clivage homme/femme, anglophone/francophone joue de façon marquante et impose une réalité dramatique: le salaire d'une institutrice catholique est de 387 $ par année, celui d'une enseignante protestante, 1 068 $; l'instituteur catholique gagne 1 552 $ alors que celui qui enseigne dans une école protestante touche 2 351 $.

Les femmes sont aussi coupées de l'enseignement supérieur. Il n'y avait aucune femme architecte ou ingénieur au Québec en 1911 au moment où elles n'occupent que 1 % des tâches dans la fonction publique. La même année, le Québec comptait 2 000 médecins dont 21 femmes qui avaient toutes cependant étudié à l'extérieur de la province. Les femmes ne purent accéder à la pratique du droit qu'en 1941 et au notariat en 1956.

Femmes, intellectuels, artistes, progressistes de tout acabit, nouvelle élite de technocrates, d'ingénieurs, de sociologues récemment formés dans les facultés de sciences sociales et autres et qui ne trouvent pas de débouchés, ouvriers sous-payés obligés de parler anglais à la shop et dans les magasins de Montréal, syndiqués bafoués par le pouvoir, cadres sans perspective d'avancement, cohorte des plus jeunes issue de l'après-guerre et qui ne comptent pas s'en laisser imposer, masses dominées par la morale étriquée de l'Église, voilà tout un peuple qui se secoue d'un joug centenaire en l'espace de quelques décennies et choisit enfin de prendre son avenir en main, un peuple qui se reconnaît comme tel et décide enfin de faire une entrée fracassante dans la modernité.

Éveil des consciences :
premiers pas vers l'affranchissement

L'État, c'est nous

Sans que l'ensemble des objectifs atteints aient nécessairement tous été à l'agenda du Parti libéral au moment de son accession au pouvoir en 1960, le gouvernement Lesage entreprit au cours de ses deux mandats une réforme majeure de l'ensemble des institutions québécoises. Son action, déterminante à bien des égards, porta principalement sur cinq fronts : transformer le Québec en un État moderne en le dotant des outils nécessaires à son développement ; opérer une nécessaire séparation entre l'Église et l'État en récupérant notamment les secteurs de l'éducation et des affaires sociales ; assurer le contrôle de nos ressources naturelles et une certaine équité grâce à une refonte de la législation du travail ; amorcer un éveil relatif à la prise en charge de la culture et à la situation de la langue française ; assainir certaines pratiques de favoritisme.

De fait, dans chacun de ces domaines, le bilan de cette administration où brillent notamment les René Lévesque, Paul Gérin-Lajoie et Georges-Émile Lapalme, demeure fortement imposant si on le compare à la stagnation engendrée par le gouvernement Duplessis. En moins d'une décennie, on assistera à la création de la Société générale de financement (SGF), de la société québécoise de l'exploration minière (SOQUEM), de REXFOR, société d'exploitation forestière, de SIDBEC (Sidérurgie du Québec), en même temps qu'on procédera à la nationalisation de l'électricité. En matière de politique sociale, on verra à la mise sur pied de la Régie des Rentes du Québec, de la Caisse de dépôt et placement du Québec, de l'assurance-hospitalisation. Victoire impressionnante sur l'Église, on instituera, après cent ans d'incurie, un véritable ministère de l'Éducation et on procédera suite au Rapport Parent à une refonte complète de tout le système scolaire québécois. Viendra aussi le ministère des Affaires culturelles flanqué de l'Office de la langue française.

Entre 1960 et 1970, on procéda à la création de six nouveaux ministères et les organismes d'État passèrent de 39 à 64, alors qu'en moins de cinq ans, de 1960 à 1965, le nombre des fonctionnaires s'accrut de 42,6 % et les employés des entreprises publiques virent leur nombre augmenter de 93 %.

Cette prise en charge collective ne changeait cependant pas les données relatives au contrôle de l'économie québécoise qui restait majoritairement entre les mains des Canadiens anglais et des Américains. Au milieu des années 70, seulement 20 des 100 plus importantes entreprises en territoire québécois étaient contrôlées par des francophones.

Trop et trop peu

Pour certains, ces changements constituaient des bouleversements trop rapides et on voulut mettre un frein à ce train en marche en reportant au pouvoir en 1966, et pour la dernière fois de son histoire, l'Union nationale dirigée cette fois par Daniel Johnson.

Pour d'autres cependant, la révolution engagée n'était que parcellaire et il fallait au plus vite procéder à des transformations

d'une envergure beaucoup plus considérable. La mainmise étrangère sur notre économie demeurait d'une importance démesurée, le français était toujours menacé et les mœurs électorales toujours corrompues. Les limites imposées à l'État québécois du fait de son appartenance à un régime fédéral représentaient un frein réel à un véritable épanouissement des Québécois et à la prise en charge totale de leur économie et de leur destin.

Les sociétés occidentales furent confrontées à des bouleversements majeurs au cours des décennies de l'après-guerre. Sur le plan international, toute cette période fut marquée par la perpétuelle confrontation entre l'URSS et les États-Unis, période connue sous le vocable de la guerre froide. Or, si dans un premier temps, la génération qui avait combattu au front, endoctrinée par l'Église et par la propagande américaine, abhorrait le communisme et adhérait à cent pour cent à l'idéologie capitaliste, les positions devinrent de plus en plus nuancées au fur et à mesure que la cohorte des jeunes issue du baby-boom accédait à l'éducation et s'émancipait de la tutelle de leurs parents et des institutions qui les avaient formés.

La vision manichéenne qui visait à classer les Américains comme les bons et les Russes comme les « méchants » en prit de plus en plus pour son rhume au fur et à mesure qu'étaient dévoilées et connues les véritables arcanes du pouvoir impérialiste américain. L'Amérique du Sud, les Antilles, le Québec lui-même apparaissaient de plus en plus comme des chasses-gardées de l'Empire, des territoires dont les ressources premières ne devaient servir qu'à alimenter l'aigle américain. Parallèlement à cette prise de conscience, on découvrait aussi que cette nouvelle puissance ne faisait en fait que prendre le relais de celles qui l'avaient précédée : la France, l'Angleterre, l'Espagne, le Portugal, l'Italie. Ces métropoles retiraient peu à peu, avec plus ou moins de bonheur, leurs billes et leurs armées des colonies qu'elles avaient exploitées et pillées, certaines pendant plus d'un siècle. De plus en plus de Québécois et de Québécoises, eux-mêmes dépossédés sur leur propre territoire, commencèrent à s'identifier et à adopter les points de vue de ces « damnés de la terre » et à s'approprier leur discours. La guerre d'Algérie fut notamment l'un des premiers combats auquel s'identifia une partie de l'intelligentsia québécoise résolument tournée du côté des opprimés.

Pour une grande partie de la jeunesse québécoise cependant, ce sont maintenant les Américains qui constituaient les exploiteurs les plus féroces et les plus voraces, ceux dont les tentacules cherchaient à s'étendre à la grandeur de la planète. Or pour faire face à ce monstre nécessairement identifié à la droite, seule la gauche pouvait offrir des outils d'analyse et de combat adéquats. D'ailleurs, dans toutes les régions du monde, les forces qui s'opposaient au rouleau compresseur capitaliste, colonialiste ou impérialiste se réclamaient toutes d'une forme ou l'autre de socialisme ou de communisme. On parlait carrément à cette époque de révolution, de renversement du pouvoir, de dictature du prolétariat. Les groupuscules se multipliaient et tous les combats, qu'il s'agisse de l'affranchissement des Noirs aux États-Unis, de la lutte de libération du Québec, des fronts ouverts par Mao, Fidel Castro ou Che Guevara, tous ces affrontements et ces révoltes s'arrimaient à la même idéologie de gauche où on préconisait la lutte ouverte avec l'oppresseur.

La guerre du Vietnam, la première où grâce à la télévision on pouvait assister à la mort en direct, dévoilait à la face du monde l'horreur de l'intervention américaine dont les forces n'hésitaient pas à utiliser des armes chimiques tels le napalm et l'agent orange contre une population civile démunie. On vit alors les jeunes Américains se tourner eux-mêmes contre leur propre gouvernement, organisant des manifestations monstres, brûlant leurs cartons d'enrôlement et quittant même le pays pour ne pas avoir à participer à une guerre jugée immorale.

Parallèlement, la jeunesse québécoise, grâce notamment à l'éducation et au développement des médias de communication de masse, développait une conscience planétaire, une vision du monde globalisante que vinrent accentuer des événements tels Expo 67, la guerre du Vietnam ou les bouleversements que connut notamment la France en mai 1968. La révolution ne devenait non plus une simple affaire de renversement de régime, mais une contestation globale des fondements mêmes de la civilisation occidentale et de l'ensemble de ses institutions. L'Église, l'État, le Capital, ces trois pouvoirs semblaient s'amalgamer en une seule force répressive et coercitive dont le but était de contrôler les esprits, d'exploiter les ressources humaines et naturelles et de maintenir les populations dans un état d'inconscience et de soumission. Les travailleurs, aiguillonnés par des syndicats qui jouaient un rôle prépondérant à l'époque, n'hésitaient plus pour descendre dans la rue et revendiquer des conditions de travail décentes. Leurs manifestations étaient massivement appuyées par des groupes de pression de plus en plus nombreux et de mieux en mieux organisés. Les femmes qui avaient

RENE LEVESQUE
OPTION QUÉBEC

LES ÉDITIONS DE L'HOMME $2.00

acquis une nouvelle indépendance grâce à la pilule contraceptive et à une réelle possibilité de contrôle des naissances revendiquaient elles aussi leur droit à une participation entière et équitable sur le marché du travail et dans les affaires de la cité. Les normes morales édictées par l'Église et l'infrastructure qui en assurait le maintien et le contrôle depuis plus de cent ans volèrent en éclats en moins d'une décennie. Libération sexuelle, émancipation par le biais des psychotropes, premières prises de conscience liées à l'écologie, à la pollution et à l'épuisement des ressources naturelles à l'occasion de la première crise du pétrole, retour à la terre, vie en commune, une nouvelle mouvance sociale était manifestement en route qui remettait en question tous les fondements de l'ancien contrat social. Tous les combats, fussent-ils menés par des groupuscules s'entredéchirant entre la vision trotskyste ou l'orthodoxie léniniste, par des femmes se dénudant la poitrine en public pour ainsi manifester qu'elles étaient maîtresses de leur corps, ou par des adeptes du LSD prônant la libération des consciences, toutes les luttes convergeaient vers le même point focal, celui d'une libération totale de toute entrave, qu'elle fut de nature politique, idéologique ou morale.

Parallèlement, la question nationale prenait une dimension de plus en prépondérante au Québec et l'idée d'une rupture pure et simple avec le pacte fédéral gagnait de plus en plus d'adeptes. Incapable d'entraîner le Parti libéral sur cette pente, René Lévesque le quitta en claquant la porte en 1966, entraînant avec lui une bonne partie des maîtres d'œuvre qui avaient constitué le fer de lance de la Révolution tranquille. Il fonde en

1967 le Mouvement souveraineté-association qui deviendra un an plus tard le Parti québécois.

Le pouvoir se montre sous son vrai jour

En 1967, Pierre Elliot Trudeau devint premier ministre du Canada. À titre de procureur général, il avait déjà fait adopter des lois qui allaient dans le sens de l'évolution des mœurs et des mentalités de l'époque : procédure de divorce simplifiée, avortement légalisé, homosexualité reconnue et acceptée. Le législateur semblait alors arrimé à la réalité des changements sociaux en cours et amener un vent nouveau à Ottawa. Mais sa position vis-à-vis du Québec s'avéra rapidement d'une intransigeance totale. De fait sa vision d'un État canadien puissant et centralisateur allait tout à fait à l'encontre des aspirations bruyamment manifestées dans les rues et sur toutes les tribunes par les Québécois depuis une dizaine d'années.

Au niveau provincial, un jeune technocrate de droite, Robert Bourassa, prit les rênes du Parti libéral en 1970 suite à la retraite de la vie politique de Jean Lesage. À l'occasion des élections qui se tiennent la même année, le Parti libéral entreprend une campagne de peur dirigée contre les indépendantistes et leur option, une pratique qui deviendra monnaie courante dans le camp des fédéralistes. Le candidat libéral Pierre Laporte fait imprimer des dollars fictifs qui ne vaudraient plus que soixante-cinq cents advenant l'arrivée au pouvoir du nouveau parti de René Lévesque. L'establishment anglophone fait circuler des

parti
pris

québec
occupé

photos où l'on voit huit gros camions de la Brink's quitter le Québec à cause de la menace séparatiste. Le journal anglophone et réactionnaire *The Suburban* va même jusqu'à prédire la guerre civile advenant une victoire du PQ. Cependant, les forces vives du Québec s'étaient majoritairement ralliées derrière René Lévesque. Le RIN (Rassemblement pour l'indépendance nationale) et le RN (Ralliement national) s'étaient notamment sabordés afin de ne pas diviser le vote indépendantiste. Toute une faction de la gauche québécoise semblait s'être entendue afin de donner sa chance au processus démocratique. Lorsque les résultats furent connus et que l'on vit que le Parti québécois n'obtenait que sept sièges malgré 24 % des votes, une minorité convint qu'il serait impossible d'arriver aux changements politiques et sociaux désirés par le biais des institutions démocratiques et que la seule voie possible demeurait celle de la violence. Les enlèvements de James Cross et de Pierre Laporte, moins de 6 mois après les élections, constituent une réplique dramatique à ce déni auquel venait de faire face une partie de la population du Québec.

La contrepartie ne se fit pas attendre. Devant un Bourassa incapable de faire face à la situation, le véritable appareil de répression se manifesta dans toute sa force, comme il l'avait fait contre les Patriotes, comme il l'avait fait face aux émeutiers à l'occasion de la Première Guerre Mondiale dans les rues de Québec. Pierre Elliot Trudeau suspendit les droits civils, décréta la Loi des mesures de guerre et dépêcha l'armée en sol québécois, procédant à 6 000 perquisitions et à l'arrestation de plus de 450 citoyens et citoyennes du Québec, dont Pauline Julien, Gaston Miron, Gérald Godin et nombres d'autres qui n'avaient rien à voir avec les enlèvements.

ON LÈCHE PUS . . . ON PEINT!

En 1973, comme si l'histoire se répétait, comme si le processus démocratique se dégradait avec le temps, le Parti québécois ne parvint cette fois à faire élire que 6 députés en obtenant 31 % du suffrage. Il gagnait cependant à ce moment le statut d'Opposition officielle.

L'idée d'indépendance nationale

Bien qu'une grande partie du peuple québécois adhérait aux objectifs de la Révolution tranquille et, par la suite, dans une moindre mesure, à celle de l'indépendance du Québec, une large frange de la population demeurait réfractaire au changement, fut-il de nature politique ou sociale. Bien sûr, dans un premier temps, tous ceux qui bénéficiaient du système, Anglophones, membres de la bourgeoisie canadienne-française, hommes d'affaires ou hommes politiques vendus à Ottawa, ne voyaient aucun avantage à bouleverser des structures qui les privilégiaient. Les immigrants, pour leur part, ayant souvent quitté des régions instables et opté pour ce qu'ils croyaient un pays, le Canada, où l'usage de l'anglais était la norme, restaient braqués sur des positions conservatrices. Dans le camp des autres Québécois, le petit peuple avait toujours été maintenu dans un état de dépendance et de sujétion et l'idée de se délivrer d'un joug dont ils parvenaient difficilement à identifier les conséquences sur leur vie immédiate leur apparaissait souvent comme incongrue et cette perspective leur semblait le plus souvent menaçante. De toutes façons, à chaque fois qu'ils aboyaient le moindrement, on les terrorisait avec les arguments de la peur ou on leur lançait un os minuscule pour leur faire fermer la trappe.

Mais alors qu'on pourrait croire que l'idée d'indépendance nationale n'a commencé à germer qu'au moment de la Révolution tranquille et que le Parti québécois en a été le seul promoteur, un bref recul historique s'impose pour bien saisir la nature d'une dynamique qui n'est pas le fait que des trente dernières années, mais bien un courant de fond qui traverse et irrigue l'histoire du Québec depuis aussi longtemps que ce peuple qui habite les rives du Saint-Laurent a été conquis.

Comme toutes les histoires nationales, l'histoire du Québec a connu des temps forts et des périodes d'accalmie. L'une des particularités du Québec tient au fait que cette nation n'a jamais constitué un État indépendant dans le plein sens du terme mais a toujours été assujettie à des forces exogènes ou à une autorité supérieure. Colonie française ou colonie britannique, simple province d'un ensemble confédératif[46], le Québec n'ayant jamais possédé sa pleine et entière autonomie, à chaque fois que la nation s'est sentie menacée dans ses fondements pour une raison ou pour une autre, le recours à l'indépendance pleine ou parcellaire, sous une forme ou une autre, a toujours constitué une voie à considérer. Et de fait, c'est bien là le seul statut qui pourrait permettre à la nation québécoise d'assumer pleinement son destin. Ce qu'il est aussi intéressant de constater, c'est que cette idée d'indépendance a été véhiculée autant par des

---

46. De fait, le Canada serait davantage une fédération, le terme confédération s'appliquant à un ensemble dont chacune des constituantes est un État autonome, pleinement souverain, et non une simple province.

éléments se situant davantage à gauche sur l'échiquier politique que par certains ultramontains !

Les Patriotes seront sans doute les premiers véritables porteurs de cette idée maîtresse de faire du Québec une nation pleine et entière. Le 4 octobre 1837, l'association Les Fils de la Liberté rend publique une adresse de Thomas Storrow Brown qui vient d'être désigné « général de la troupe » deux jours auparavant. On peut y lire notamment ce qui suit : « Une séparation est commencée entre les parties dont il ne sera jamais possible de cimenter l'union de nouveau, mais qui se poursuivra avec une vigueur croissante, jusqu'à ce qu'un de ces événements inopinés et imprévus, tels qu'il s'en offre de temps à autre dans la marche des temps actuels, nous ait fourni une occasion favorable de prendre notre rang parmi les souverainetés indépendantes de l'Amérique. »

C'est cependant Robert Nelson, le 28 février 1838, à ce moment réfugié de l'autre côté de la frontière, aux États-Unis, qui précisera les termes d'un éventuel affranchissement dans une Déclaration d'indépendance du Bas-Canada :

« [...] Nous, au nom du Peuple du Bas-Canada, adorant les décrets de la Divine Providence, qui nous permet de renverser un Gouvernement, qui a méconnu l'objet et l'intention pour lequel, il avait été créé, et de faire le choix de la forme de gouvernement le plus propre à établir la justice, assurer la tranquillité domestique, pourvoir à la défense commune, promouvoir le bien général, et garantir à nous et à notre postérité les bienfaits de la Liberté, civile et religieuse ;

DÉCLARONS SOLENNELEMENT

1. Qu'à compter de ce jour, le Peuple du Bas-Canada est ABSOUS de toute allégeance à la Grande-Bretagne, et que toute connexion politique entre cette puissance et le Bas-Canada CESSE dès ce jour.

2. Que le Bas-Canada doit prendre la forme d'un gouvernement RÉPUBLICAIN et se déclare, de fait, RÉPUBLIQUE.

3. Que sous le Gouvernement libre du Bas-Canada, tous les citoyens auront les mêmes droits ; les Sauvages cesseront d'être sujets à aucune disqualification civile quelconque, et jouiront des mêmes droits que les autres citoyens de l'État du Bas-Canada.

4. Que toute union entre l'Église et l'État est déclarée abolie, et toute personne a le droit d'exercer librement la religion et la croyance que lui dicte sa conscience. »

On le sait, les Patriotes seront décimés par le pouvoir, mais leur idéal les suivra dans la tombe comme en fait foi ce pathétique passage d'une lettre considérée comme le testament politique de Chevalier de Lorimier : « […] Depuis dix-sept à dix-huit ans j'ai pris une part active dans presque tous les mouvements populaires et toujours avec conviction et sincérité. Mes efforts ont été pour l'indépendance de mes compatriotes, nous avons été malheureux jusqu'à ce jour, la mort a déjà décimé plusieurs de mes collaborateurs, beaucoup gémissent dans les fers, un plus grand nombre sur la terre d'exil avec leurs propriétés détruites et leurs familles abandonnées sans ressources aux rigueurs d'un hiver canadien. Malgré tant d'infortune mon cœur

ÉGALITÉ OU INDÉPENDANCE

DANIEL JOHNSON

ÉDITIONS RENAISSANCE

entretient encore du courage et des espérances pour l'avenir. Mes amis et mes enfants verront de meilleurs jours, ils seront libres, un pressentiment certain me l'assure. […] Quant à vous, mes compatriotes, mon exécution et celle de mes compagnons d'échafaud vous seront utiles, puissent-elles vous démontrer ce que vous devez attendre du gouvernement anglais. Je n'ai plus que quelques heures à vivre et j'ai voulu partager ce temps précieux entre mes devoirs religieux et ceux dus à mes compatriotes. Pour eux, je meurs sur le gibet de la mort infâme du meurtrier, pour eux, je me sépare de mes jeunes enfants et de mon épouse sans autre appui, et pour eux je meurs en m'écriant : Vive la Liberté. Vive l'Indépendance. »

Cinq ans après l'entrée en vigueur de l'Acte d'Union, en 1846, l'Angleterre adoptait une nouvelle politique libre-échangiste qui supprimait les préférences tarifaires accordées à ses colonies et résulta en une grave crise économique au Canada. Un mouvement surgit alors qui prônait l'annexion aux États-Unis. En octobre 1849, le journal *L'Avenir* publia un Manifeste annexionniste où on définit ainsi les motifs et les termes d'une éventuelle sécession : « De tous les remèdes suggérés pour la guérison des maux évidents dont notre pays est affligé, il n'en reste qu'un qui soit digne d'être pris en considération. Ce remède entraîne avec lui un changement complet et important dans notre condition sociale et politique, et renferme des considérations qui sont dignes de notre examen le plus sérieux. Il consiste en une aimable et pacifique séparation de la Grande-Bretagne et une union sur des bases équitables avec la grande confédération des États souverains de l'Amérique du Nord […] . »

On le sait, c'est une autre Confédération qui verra le jour en 1867, et alors qu'on voudrait nous imposer aujourd'hui un véritable carcan politico-législatif pour justifier les résultats d'une éventuelle victoire indépendantiste, on ne jugea même pas utile à l'époque de consulter le peuple pour connaître son opinion sur cette superstructure qu'on était à mettre en place. Faut dire que la nation étant déjà dépouillée d'une bonne part de ses pouvoirs, certains jugèrent que le fait pour le Québec de se retrouver avec des frontières et un statut définis constituaient déjà une victoire.

Mais la Confédération ne remplit pas ses promesses pour tout le monde et elle s'avéra même rapidement un outil de répression très utile pour certains, notamment pour les colons anglais intéressés par les terres de l'Ouest pourtant déjà habitées par les Métis et de nombreux francophones. Suite à l'exécution de Riel, Honoré Mercier, à ce moment à la tête du Parti libéral du Québec, tenait ces propos le 7 mai 1885 : « On nous disait en 1865 : la province de Québec restera française et, placée au centre de la Confédération dont elle sera le cœur, elle pourra défendre les intérêts français disséminés d'une extrémité à l'autre. J'étais un de ceux qui exprimaient des craintes, j'étais un de ceux qui croyaient que cette confédération… détruirait nos dernières illusions… nous avons été bien trompés… bien trahis… »

En 1890, le Manitoba décrète l'anglais seule langue officielle dans l'enseignement et décide de supprimer les subventions aux écoles catholiques. Le 4 avril 1893, à ce moment premier ministre du Québec, Honoré Mercier, qui se sait gravement malade, dresse en quelque sorte son testament politique devant une foule de 6 000 personnes réunies au parc Sohmer, à Montréal :

«Quand je dis que nous ne devons rien à l'Angleterre, je parle au point de vue politique car je suis convaincu, et je mourrai avec cette conviction, que l'union du Haut et du Bas Canada ainsi que la Confédération nous ont été imposées dans un but hostile à l'élément français et avec l'espérance de le faire disparaître dans un avenir plus ou moins éloigné.

«J'ai voulu [...] vous démontrer ce que pouvait être notre patrie. J'ai fait mon possible pour vous ouvrir de nouveaux horizons et en vous les faisant entrevoir, pousser vos cœurs vers la réalisation de nos destinées nationales. Vous avez la dépendance coloniale, je vous offre l'indépendance ; vous avez la ruine et la misère, je vous offre la fortune et la prospérité ; vous n'êtes qu'une colonie ignorée du monde entier, je vous offre de devenir un grand peuple, respecté et reconnu parmi les nations libres.

«Hommes, femmes et enfants, à vous de choisir ; vous pouvez rester esclaves dans l'état de colonie, ou devenir indépendants et libres, au milieu des autres peuples qui, de leurs voix toutes-puissantes, vous convient au banquet des nations. »

Toujours dans la foulée de l'affaire des écoles françaises, et après que la cour Suprême eut statué que la loi votée par le Manitoba est constitutionnelle, Jules Paul Tardivel, ultramontain et rédacteur en chef du journal *La Vérité*, déclare en 1894 :

«La destinée des Canadiens français est : ou de disparaître comme race distincte, confondus dans les éléments disparates qui les entourent ; ou bien de constituer un jour, à l'heure voulue par la providence, une nation parfaitement autonome. »

Le même publie en 1895 un roman intitulé *Pour la Patrie* où il défend la cause indépendantiste, et déclare notamment dans les pages liminaires : « Nous n'avons fondé *La Vérité* que pour souffler sur l'étincelle du patriotisme canadien-français. Lorsque cette étincelle sera devenue incendie, embrasant tous les cœurs, lorsque les chefs canadiens-français diront hautement au peuple que notre destinée providentielle est de devenir une nation autonome, alors la raison d'être de *La Vérité* aura cessé et *La Vérité* disparaîtra. »

Au début du 20e siècle et suite aux velléités impérialistes de l'Angleterre qui cherche à entraîner ses colonies dans le sillage de ses guerres, c'est davantage l'indépendance du Canada par rapport à ce pouvoir colonial qui deviendra le cheval de bataille de certaines élites québécoises. Mais l'idée d'une véritable indépendance du Québec n'est jamais loin. Ainsi Henri Bourassa monte le ton au Théâtre national à l'occasion de la fondation de la Ligue nationaliste en 1903 : « Je ne désire pas une rupture avec l'Angleterre, mais si on nous impose le choix entre la rupture et l'asservissement, eh bien, je dirai : Choisissons la rupture. Plutôt l'indépendance que l'impérialisme. »

Mais la conscription et l'abolition des droits des francophones d'Ontario viennent à nouveau jeter une douche froide au sein des élites canadiennes-françaises. Le président du Sénat Philippe Landry va même jusqu'à démissionner de son poste pour se consacrer entièrement à la cause des Franco-Ontariens. Il publie dans le journal *Le Droit* un manifeste qui se termine ainsi :

« Nous n'abandonnons pas la lutte ; au contraire, nous la pousserons jusqu'au bout et jusqu'à ses dernières conséquences, car nous voulons savoir, en fin de compte, si l'Acte de la Confédération a été pour tous un pacte d'honneur ou pour nous un piège d'infamie. Nous appartenons à une race qui veut vivre et qui vivra quand même. »

En fondant l'Action française en 1917, l'abbé Lionel Groulx resitue le débat dans l'arène politique québécoise. Rêvant de fonder une Laurentie corporatiste et catholique, il s'exprime ainsi à l'occasion de la publication de *Notre avenir politique* :

« Partout où une collectivité humaine, consciente de sa vie et de son patrimoine moral, trouve un jour à trembler pour la possession ou l'intégrité de ses biens, dès lors un pressant instinct de conservation la pousse à mettre son patrimoine hors d'atteinte. D'elle-même, par une force plus puissante que sa volonté, elle s'arrache aux tutelles oppressives, elle cherche des conditions d'existence qui lui procurent la sécurité : elle s'organise en État.

« […] Être nous-mêmes, absolument nous-mêmes, constituer aussitôt que le voudra la Providence, un État français indépendant, tel doit être, dès aujourd'hui, l'aspiration où s'animeront nos labeurs, le flambeau qui ne doit plus s'éteindre. »

L'influence de Lionel Groulx est telle que le père Rodrigue Villeneuve, futur cardinal-archevêque de Québec, écrira dans *L'Action française* en 1922 : « De gré ou de force, le tronçonnement du Canada s'en vient : nous n'avons plus à le prévoir, à en prédisposer les cassures et l'on serait mal venu, voire injuste, de nous en incriminer. »

Un an plus tard, dans la même revue toujours et à l'occasion d'une enquête portant sur « Notre avenir politique », le cardinal en puissance va encore plus loin et décrit un État catholique idéal où certains auraient cependant eu de la misère à vivre : « Qu'un État catholique et français puisse, au cours du siècle

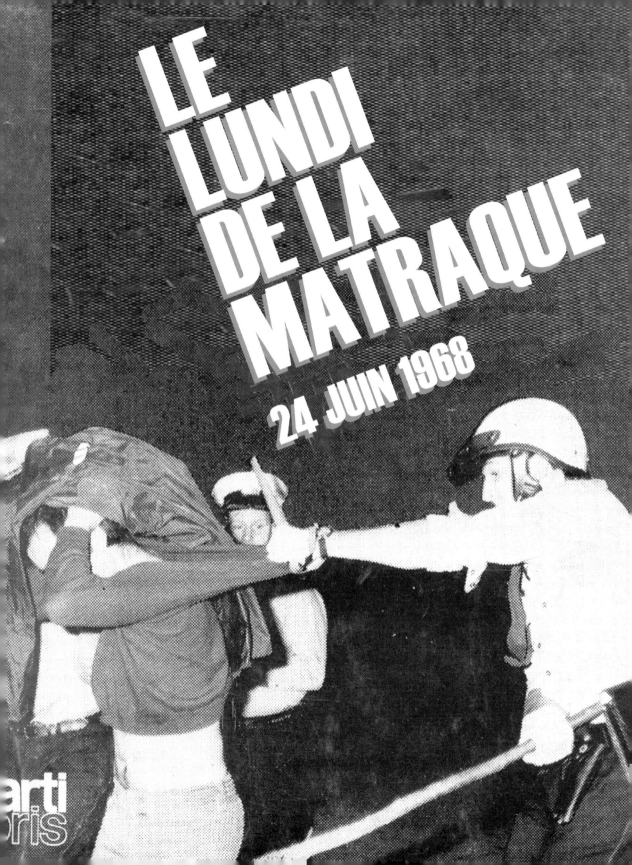

qui s'annonce, prendre place dans la vallée du Saint-Laurent, voilà qui n'est plus, au sentiment de plusieurs, une pure utopie, mais un idéal digne d'ambition, un espoir solidement fondé. Et que la vocation surnaturelle de la race française en Amérique acquière de ce chef son plein épanouissement; que l'indépendance politique rêvée mette notre nationalité dans le rôle auguste auquel la dispose comme de longue haleine l'éternelle Providence; qu'elle devienne aussi le flambeau d'une civilisation idéaliste et généreuse dans le grand tout que fusionne l'avenir américain; qu'elle soit, en un mot, au milieu de la Babylone en formation, l'Israël des temps nouveaux, la France d'Amérique, la nation lumière et la nation apôtre; c'est une divine faveur qu'il y a lieu de demander et dont il est sage de nous rendre dignes par la réflexion et par le courage qui font les grands peuples. »[47] (À rapprocher de cette déclaration de René Lévesque le soir du 11 novembre 1976 : « Nous sommes quelque chose comme un grand peuple. »)

À la suite de la conscription toujours, le premier ministre libéral Lomer Gouin permet à l'un de ses députés, J.-N. Francoeur, de présenter cette motion en chambre en 1917 : « Cette chambre est d'avis que la province de Québec serait disposée à accepter la rupture du pacte confédératif de 1867 si, dans les autres provinces, on croit qu'elle est un obstacle au progrès et au développement du Canada. »

---

47. « Notre avenir politique », enquête de l'Action Française (de Montréal), 1923, p.113 ; cité dans *Qui sauvera Québec ?*, *Discours prononcés par les JEUNE-CANADA lors de leur assemblée « Qui sauvera le Québec »*, *tenue le 3 décembre 1934 au Monument National (Montréal)*, Les Cahiers des Jeune-Canada III, 1935.

Quand on est séparatiste
Quand on est séparatiste
On en a marr' des conformistes
Qui croient que c'est impossible
Et qu'en ont une frouss' terrible !

Car la frouss' nous on s'en fiche
La peur, c'est bon pour les English
Et pis pour tout' les vieilles toisons
Depuis la Confédération.

Avec ça pas moyen qu'on s'brise
Et qu'à la fin on la réduise
C'te farc' de Dominion maudit
C'est pas la corde du nombril !

Comm' l'idée d'voter roug' ou bleu,
C'est y assez criant, bon Dieu !
Et depuis l'temps qu'on s'fait emplir,
Par des discours à faire vomir'
Les Canayens y sont comm' ça :
Eun pip' et eun blague à tabac
Ça leur suffit pour leur bonheur
C'est à crère qu'y ont pas d'cœur.

Quand on les flatt' dans l'sens du poil
Y d'mandent pas mieux : y sont au ciel.
Pourvu qu'y aient des élections
Pour se saouler comme des cochons.

Nous les jeunes, on est pas moutons
C'qu'on veut ? C'est la séparation
D'avec les aut'provinces qu'la not'
On est tannés d'payer pour d'aut'.

Si ceux d'Ottawa aiment pas ça
Qu'y viennent nous voir, on s'parlera
Cardin, Rinfret et pis Lapointe
On les r'cevra, ayez pas d'crainte !

Quand on aura balayé l'tas
Ça s'ra pas long, on install'ra
Un système nouveau qu'a du bon :
Le système des Corporations !

Ensuit', on chang'ra d'pavillon
C'en s'ra fini des processions
Et des moutons bêlants, Baptiss !
Assez d'acte farc' qui nous raptiss !

Allons les gars, sauvons l'drapeau,
Un drapeau tricolore nouveau
Le symbole de notre espoir
Qui bat au vent, vert, blanc et noir !

Hélène Jobidon
La Nation, 25 juin 1936

Présente dans l'esprit des hommes politiques québécois depuis presque toujours, l'idée d'indépendance resurgit à chaque fois que le fait canadien-français semble menacé ou qu'une confrontation, un désaccord ou un empiètement majeur du fédéral entraîne une polarisation de la situation. Et cette idée de l'indépendance, elle sera facultativement portée autant par des éléments de la droite, voire de l'extrême droite ultramontaine, que par les forces d'une gauche timide qui cependant s'affirme de plus en plus et précise ses orientations. Au cours des années 60, les partis politiques montrent des dents. Le libéral Jean Lesage brandit le slogan «Maîtres chez nous» alors que l'Union nationale de Daniel Johnson père pousse même la menace plus loin en parlant d' «Égalité ou d'indépendance» en 1967, cette même année où le Général De Gaulle y va de son célèbre «Vive le Québec libre!».

Au début de ces mêmes années 60, de nombreux groupes de pression se partagent l'avant-scène qui se disent tous farouchement nationalistes mais occupent un spectre idéologique qui va d'un corporatisme qui flirte avec le racisme et l'antisémitisme à un socialisme qui prône notamment «la libération prolétarienne-nationale des Canadiens français» (l'Action socialiste pour l'indépendance du Québec — ASIQ). Faisant partie de cette mouvance et qui ont à cœur l'émancipation des Canadiens français, on peut compter, toutes tendances confondues, des regroupements ou des groupes de pression aussi disparates que le Mouvement laïque de langue française (MLF), l'Ordre de Jacques Cartier, les Sociétés Saint-Jean-Baptiste, la Ligue d'Action nationale, l'Alliance laurentienne, l'Action socialiste pour l'indépendance du

Québec, le Rassemblement pour l'indépendance nationale (le RIN, qui se transformera en parti politique en 1963) et un autre parti qui fera son apparition en 1966, le Ralliement national de Gilles Grégoire (lui-même issu d'une fusion entre le Ralliement créditiste québécois et le Regroupement national).

Lorsqu'il quitte le Parti libéral pour fonder, en 1967, le Mouvement souveraineté-association, René Lévesque parvient à se rallier immédiatement les forces du Ralliement national et au moment de la création du Parti québécois l'année suivante, le RIN décida de se saborder «considérant que sur le plan électoral, la concurrence entre deux partis indépendantistes serait une aberration qui risquerait fortement de retarder, voire de compromettre l'accession du Québec à l'indépendance».

Pour la première fois de son histoire, le Québec pouvait compter sur un parti politique voué essentiellement à l'indépendance du Québec. Qui plus est, ce parti s'affichait ouvertement social-démocrate, une orientation qui lui permettait de se rallier toutes les forces vives de la nation qui croyaient non seulement à la souveraineté mais à une vision différente de l'exploitation des ressources, de l'organisation sociale et du partage des richesses. Cependant, ce parti demeurait une coalition d'éléments dont le statut et les intérêts économiques différaient, le consensus étant lié plus spécifiquement à l'idée d'une nation québécoise.

L'histoire du Québec allait à partir de ce moment et pour de nombreuses années se polariser et se décliner sur un mode de confrontation permanente entre deux idéologies et deux approches diamétralement opposées quant à l'avenir de la nation. D'une part, les fédéralistes, identifiés au provincial au Parti

Vive le Québec libre !

libéral, identifiés aussi à la droite, au statu quo, à la bourgeoisie d'argent liée de près à la grande industrie et au capitalisme nord-américain et pan-canadien ; d'autre part, les indépendantistes rassemblés autour du PQ, un parti perçu comme étant davantage de gauche, plus proche des intellectuels, des artistes et des syndicats, affichant un « préjugé favorable » pour les travailleurs.

Les élections de 1976

L'accession du Parti québécois au pouvoir le 15 novembre 1976 constitue une véritable petite révolution dans l'histoire politique du Québec. Pour la première fois, un parti qui se déclare ouvertement indépendantiste rafle une majorité de sièges et est appelé à former un gouvernement. Les résultats sont éloquents : Parti québécois, 41 % des votes et 71 sièges ; Parti libéral, 34 % avec 26 sièges ; Union nationale, 18 % et 11 sièges ; Ralliement créditiste, 5 % et 1 siège. On estime qu'une majorité de 54 % des francophones aura voté pour le parti de René Lévesque.

L'élément déterminant de cette élection demeure cependant le fait qu'à l'occasion de ce vote, une large majorité des factions militant autant pour la gauche que pour l'indépendance se soit ralliée et que toutes ces énergies aient convergé vers un même but. De fait, agissant à la manière d'un catalyseur, le PQ est parvenu à rassembler des forces vives mais disparates qui avaient émergé au cœur de la société québécoise au cours des dernières décennies. Groupuscules politiques couvrant le large spectre de la gauche (moins quelques factions extrémistes) ; syndicalistes ; écologistes ; nationalistes de toutes tendances ; marginaux de la contre-culture ; monde ordinaire lassé des discours creux des autres partis ; on assiste à la fois à un ras-le-bol et à une concertation qui ne sont pas sans rappeler la victoire des libéraux de Jean Lesage qui ont initié la Révolution tranquille. D'ailleurs la garde rapprochée de René Lévesque est constituée des éléments progressistes qui ont quitté ce même parti de Lesage quand ce dernier a refusé d'envisager la voie de l'indépendance nationale.

Le Parti québécois reprend d'ailleurs en quelque sorte le flambeau de la Révolution tranquille et plusieurs des éléments de son programme visent des changements qui ont été laissés en veilleuse ou que les partis qui se sont succédés depuis les années 60 n'ont pas eu le courage de mettre en application dans toute leur force. Se proclamant social-démocrate et près des travailleurs, le gouvernement Lévesque s'attaque en quelques mois à de nombreux dossiers dont le règlement témoigne de ce parti pris favorable. On arrête les procédures judiciaires contre le Dr Morgentaler, accusé d'avoir procédé à des avortements illégaux. On lève de même les accusations portées devant les tribunaux contre les centrales syndicales à la faveur du dernier Front commun. On relève le salaire minimum à 3$ l'heure en s'engageant à l'indexer à tous les six mois et le projet de loi 45 vient généraliser l'application de la formule Rand qui oblige tous les travailleurs d'une entreprise à cotiser au syndicat en place. Ce projet de loi propose de plus l'interdiction de recourir à des « scabs » ou briseurs de grève en cas de conflit de travail. On subventionne l'entreprise autogérée Tricofil tout en relevant les normes de sécurité au travail et en imposant l'accréditation sectorielle. Pour mettre un terme à la spéculation foncière qui

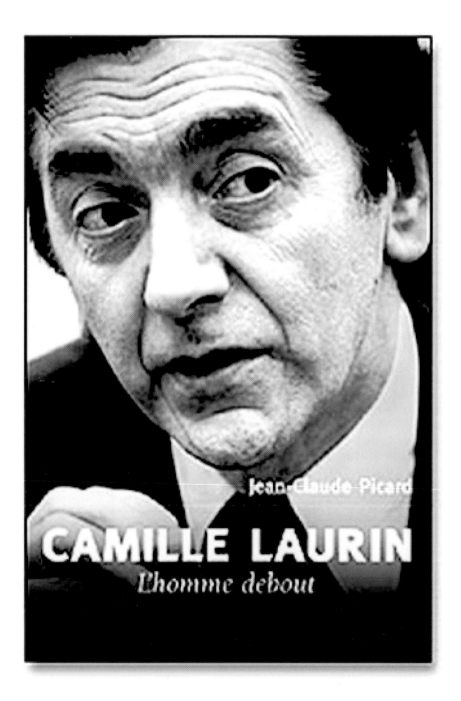

Jean-Claude Picard

CAMILLE LAURIN

L'homme debout

soustrait de l'agriculture les meilleures terres agricoles du Québec, on votera une loi dite de « protection du territoire agricole ». En l'espace de quelques années, presque tous les secteurs d'activité seront touchés : protection de la jeunesse, régime de retraite, code du travail, assurance-automobile, protection du consommateur, aménagement et urbanisme, fiscalité municipale, réforme du droit de la famille, c'est une véritable machine à légiférer qui se met en place, dans des domaines et selon des orientations où les autres partis n'avaient jamais osé s'aventurer.

Deux mesures majeures viennent marquer les premières années au pouvoir du PQ, la réforme liée au financement des partis politiques et la loi 101 qui fixe définitivement le cadre législatif de la Charte de la langue française et édicte des normes précises destinées à protéger la langue de la majorité.

Suite à ces changements majeurs longtemps désirés par une large part de la population, le climat d'euphorie qui a accompagné l'élection du Parti québécois ne se dément pas. On a vraiment l'impression qu'un bouleversement significatif est en cours, que le Québec s'est réellement et résolument mis en marche non seulement vers sa souveraineté pleine et entière mais de plus dans un cadre où la social-démocratie s'impose d'une manière concrète et significative. Les vagues de contestation successives qui ont vu le jour à partir de mai 68, qui se sont polarisées à l'occasion des événements d'octobre ou lors des gigantesques manifestations populaires des récentes années, semblent trouver leur résolution par le truchement de l'arrivée au pouvoir de ce parti qui prétend rallier les aspirations de tout un peuple. On s'inquiète même du vacuum créé par cette élection et qui laisse

Le syndicaliste indépendantiste Michel Chartrand.

l'échiquier politique québécois dégarni à sa gauche. Peu importe! Le Parti québécois fera l'indépendance, de nouvelles forces émergeront et si on estime que les réformes ne vont pas assez loin, il sera toujours temps de contester ce nouveau pouvoir.

Forcément, le tableau n'est pas aussi rose et le « début d'un temps nouveau » ne fera… qu'un temps.

L'idée d'indépendance, encore et toujours

En principe voué à l'indépendance du Québec, et ayant notamment vu le RIN se saborder afin que cette option possède les meilleures chances de réalisation, le Parti québécois a cependant commencé à mettre des bémols à sa détermination bien avant son accession au pouvoir. L'idée d'indépendance, même si elle a souvent été évoquée ou brandie tout au long de l'histoire du Québec, principalement en temps de crise, n'a jamais connue une adhésion consistante et qui perdure sur une longue période. Elle évolue en dents de scie, avec une progression tout de même constante si on considère les résultats du premier sondage auquel ont répondu les Québécois à ce chapitre en 1963 et ceux d'aujourd'hui, qui élèvent la barre d'un frileux 13 % à 45 % (49,5 % lors du référendum de 1995).

S'ils voulaient accéder au pouvoir au milieu des années 70 — et selon un schème davantage « pratico-électoraliste » que « pur et dur idéaliste » —, les dirigeants du PQ, selon l'analyse qu'ils firent de la situation, décidèrent qu'ils n'avaient pas d'autre choix que d'édulcorer le volet indépendantiste de leur programme en mettant plutôt de l'avant les aspects réformateurs de ce dernier.

À l'origine, le Mouvement souveraineté association prévoyait deux étapes clairement énoncées pour l'accession à l'indépendance : dans un premier temps, faire en sorte que le Québec devienne le plus rapidement possible un État souverain, pour ensuite négocier une association économique avec le reste du Canada. Au moment de la formation du Parti québécois, la stratégie demeure la même et dans l'édition 1969 du programme, le principe de la souveraineté avant toute chose est même renforcée. En 1973, on va encore plus loin en énonçant que le parti s'engage à « mettre en branle le processus d'accession à la souveraineté dès que celle-ci aura été proclamée en principe par l'Assemblée nationale en s'opposant à toute intervention fédérale, y compris sous forme de référendum, comme étant contraire aux droits des peuples de disposer d'eux-mêmes ». Au cours des élections qui se tiennent la même année, cependant, les dirigeants du PQ commencent à mettre de l'eau dans leur vin et à diluer la sauce et font des proclamations qui vont carrément à l'encontre des décisions adoptées en congrès. On peut lire dans les journaux des annonces publicitaires qui évoquent une nouvelle stratégie : « Aujourd'hui, je vote pour la seule équipe prête à former un vrai gouvernement. En 1975, par référendum, je déciderai de l'avenir du Québec. Une chose à la fois ». Le congrès qui suivra en novembre 1974 viendra entériner ce revirement en statuant qu'un référendum devait obligatoirement précéder l'accession à la souveraineté.

Que s'est-il passé ? Connaissant les accointances et les fréquentations de Claude Morin qui ont été dévoilées ces récentes

L'URGENCE DE CHOISIR

PIERRE VALLIÈRES

parti
pris

années, on peut se demander à juste titre si cette stratégie de l'étapisme n'était pas, de fait, une stratégie de la partie adverse. Sous-ministre démissionnaire des Affaires gouvernementales, Claude Morin avait joint les rangs du parti en 1972 et il est reconnu comme l'un des artisans de cette politique du bémol. On sait qu'il a entretenu des rapports pour le moins équivoques avec la Gendarmerie royale du Canada. Au moment où la mouvance québécoise avait réellement le vent dans les voiles, n'aurait-il pas été préférable de garder le cap et de ne pas déroger de la voie clairement énoncée qui prônait l'accession à l'indépendance avant toute chose ?

Cette opinion est partagée par bien des observateurs et non des moindres. Militante de la première heure au sein du RIN, Andrée Ferretti prononce une allocution au congrès d'orientation de la SSJB tenu en 1979. Le titre en est évocateur : « La souveraineté-association, ultime effet de notre esprit colonisé » :

« […] Nous sommes en effet plongés, depuis l'avènement du Parti québécois au pouvoir, dans une situation pour le moins paradoxale. À juste titre considérée comme une victoire résultant des luttes idéologiques et politiques menées par l'ensemble du mouvement indépendantiste depuis plus de vingt ans, la prise du pouvoir par le Parti québécois a, d'une certaine manière, signé l'arrêt du combat pour l'indépendance.

« […] En rayant le mot de ses discours et de son programme et la chose de son administration, le PQ a vidé notre grand projet collectif des contenus idéologiques et politiques qui faisaient sa force réelle.

«[…] Ainsi, déjouant les savants calculs des grands stratèges, l'exercice du pouvoir n'a pas fait progresser l'idée de l'indépendance […]»

Les auteurs torontois Kenneth McRoberts et Dale Postgate, dans une étude exhaustive et critique intitulée *Développement et modernisation du Québec*, établissent sensiblement le même verdict :

« Le retard à entreprendre la campagne référendaire a fait ressortir, sinon amplifier, les contradictions inhérentes à la stratégie étapiste. Si le parti devait rester au pouvoir sans parvenir à réaliser l'indépendance (après un ou plusieurs référendums), les contradictions ne feraient que s'aggraver, compromettant peut-être à jamais la possibilité que le Québec accède un jour à la souveraineté. Ces contradictions sont celles auxquelles fait face tout parti qui tente d'effectuer un changement majeur et global tout en détenant le pouvoir dans le cadre d'institutions démocratiques libérales[48].»

Le référendum de 1980

La prise du pouvoir par le PQ en novembre 1976 assène un coup majeur au Parti libéral du Québec qui se retrouve avec seulement 26 sièges alors que le Parti québécois en compte 71, l'Union nationale 11, le Ralliement créditiste et le Parti national populaire un chacun. Robert Bourassa démissionne dès le 19 novembre alors que René Lévesque, à l'occasion d'une conférence

---

48. Kenneth McRoberts et Dale Postgate, *Développement et modernisation au Québec*, Montréal, Boréal Express, 1983, p. 240.

de presse tenue au lendemain des élections, annonce qu'il met en veilleuse des négociations immédiates avec Ottawa relatives à la souveraineté et laisse entendre qu'un référendum devra précéder la négociation. Pierre Elliott Trudeau est toujours en selle à Ottawa mais lui aussi est pris de court par la victoire péquiste. Face au désarroi et à la désorganisation des forces adverses, René Lévesque et son équipe auraient dû profiter du momentum, jouer leur va-tout et se lancer immédiatement dans un processus d'accession à la souveraineté. Ce ne sera que le premier des rendez-vous manqués avec l'Histoire. Un autre créneau se présentera bientôt à très court terme, que le PQ négligera à nouveau, établissant ainsi encore une fois la preuve qu'un idéalisme de *fair play* est la pire des stratégies à adopter avec des forces d'une puissance et d'un machiavélisme inouï qui ont toujours contré les aspirations des Québécois et où on ne s'est jamais enfargé dans les fleurs du tapis. Ces forces, lorsqu'elles se mobilisent, elles peuvent compter sur l'ensemble de l'establishment anglophone du Québec qui, on le sait, par le biais des liens tissés avec le grand capital nord-américain, contrôle la plus large part de notre économie ; elles peuvent tabler sur les grands brasseurs d'affaires francophones qui se nourrissent à la même auge que les précédents et troquent les aspirations légitimes du peuple dont ils sont issus et qui les a mis au monde contre un plat de lentilles de plus en plus consistant ; elles peuvent miser sur l'appareil gouvernemental fédéral, une machine qui dispose d'un arsenal quasi illimité et qui carbure notamment avec les milliards de nos impôts ; ces forces, elles s'alimentent dans le giron des neuf autres provinces canadiennes dont plusieurs ont annihilé ou assimilé leur composante francophone et qui sont toujours prêtes à venir en renfort ; elles se recrutent parmi les rois-nègres québécois qui ont toujours un parti à tirer du statu quo. Face à une telle machine, René Lévesque n'avait qu'un choix : miser sur la force de son peuple, s'engager dans un réel processus révolutionnaire en faisant sien l'adage sud-américain notamment brandi par Che Guevara : *Pueblo unido jamas sera vincedo*. Il aurait fallu qu'il agisse immédiatement. Par ses atermoiements, son attentisme, son manque de chien, à cause d'une qualité qui lui faisait défaut, celle de *tueur*, apanage de nos adversaires les plus coriaces, les Trudeau, Chrétien et autres Dion, à cause beaucoup de Claude Morin, René Lévesque aura manqué son rendez-vous avec l'Histoire.

De fait, dès les lendemains de l'élection, après un premier étourdissement qui a fortement secoué l'adversaire, au lieu de procéder immédiatement au K.O. final alors que c'est nous qui décidons de l'agenda, donc de l'instant précis où débutera le prochain round, nous attendons. L'adversaire se relève, regagne le coin du ring. Nous attendons. Son soigneur prend tout son temps pour lui permettre de récupérer. Nous attendons. On change même de soigneur alors que le combattant est encore sonné. Nous attendons. Lorsque NOUS décidons enfin de brandir la foutue clochette, l'autre s'est complètement refait, il a des gants neufs lestés de plomb, on l'a dopé aux stéroïdes, et il a cette lueur de *killer* au fond des yeux qui ne dément pas et où brillent des signes de piastres gros comme ses bras.

En décembre 1976, le député libéral Michel Gratton fonde le Mouvement Québec-Canada dont l'objectif est de faire valoir les avantages pour le Québec de demeurer dans la fédération et de faire l'unité au sein des forces fédéralistes. En janvier 1977, Alex Paterson, un avocat de Montréal et Storrs McCall, un professeur de philosophie de McGill, créent le Comité d'action positive pour contrer l'adoption de la loi 101. En février, Pierre Elliott Trudeau met sur pied un groupe de coordination de l'unité nationale dirigé par Paul Tellier. Le 29 mai, le sixième congrès du PQ entérine la position de Lévesque de tenir un référendum avant d'entamer des négociations avec le Canada. En juillet de la même année, Trudeau crée la commission Pépin-Robarts sur l'unité nationale dont il rejettera les conclusions parce qu'elles ne confirment pas son point de vue. Le 4 août, le même Trudeau met sur pied le Centre d'information sur l'unité canadienne (CIUC) qu'on assimilera à un bureau de propagande et le 13 octobre on assiste à la formation du Comité préréférendaire Québec-Canada, mieux connu sous le nom de Comité Pro-Canada. Pendant que nous tergiversons, le camp adverse s'organise, et graisse sa machine. En 1978, le Mouvement Québec-Canada accepte du Secrétariat d'État une subvention de 265 000 $. Dans les semaines qui précéderont la campagne référendaire, le Conseil pour l'unité canadiennes disposera d'un budget de 2,7 millions. La fondation Pro-Canada recueille 2,6 millions de dollars à l'automne 1978 dont des contributions provenant de sociétés canadiennes et de sociétés de la Couronne telles Air Canada et le Canadien national. Ce qui fera dire au politicologue Denis Monière que cette levée de fonds « [...]nous montre que les grands monopoles veulent à tout prix préserver le statu quo, c'est-à-dire le fédéralisme. La bourgeoisie canadienne est à cet égard consciente de ses intérêts qui sont liés au

Pierre Bourgault et René Lévesque.

maintien des rapports de dépendance politique du Québec et à l'oppression nationale ». Les six groupes du Comité préréférendaire Québec-Canada ont réussi à aller chercher, en 1977 et 1978, des subventions totalisant 679 000 $ venues du CIUC. Le Conseil du patronat du Canada obtient 300 000 $ du même organisme « afin de lancer une campagne de quatre semaines dans les journaux du Québec pour inciter la population à demander des documents sur le fédéralisme au Centre d'information sur l'unité canadienne »[49]. Le Centre de recherche de l'Institut d'histoire de l'Amérique française et la Fédération des femmes du Québec, d'obédience fédéraliste, touchent 100 000 $ pour le premier, 50 000 $ pour le second. Un autre groupuscule émanant d'Ottawa, Contact-Canada, se voit remettre la rondelette somme de 756 929 $ du Secrétariat d'État en 1978, notamment pour approcher un million de Canadiens afin de leur faire signer une pétition prônant le fédéralisme !

Dans l'autre camp, le Mouvement national des Québécois (MNQ), fort de 140 000 membres, se voit refuser de manière informelle par les ministres Marcel Léger et Claude Charron une aide financière du gouvernement Lévesque pour promouvoir l'indépendance et la souveraineté. On dira en sous-main que la position du MNQ était jugée trop radicale parce qu'elle excluait la nécessité de l'association advenant le cas de la séparation. Non seulement le PQ refuse-t-il de subventionner les organismes qui pourraient aider à la cause, mais il s'approprie

---

49. Claude.-V. Marsolais, *Le référendum confisqué*, Montréal, VLB éditeur, 1992, p. 67. La majeure partie des informations factuelles concernant le référendum de 1980 proviennent de cet ouvrage.

de plus le monopole de la stratégie à adopter et centralise toute l'action, allant même jusqu'à démobiliser une partie de sa base qui s'était mise à l'œuvre dès l'accession au pouvoir. Les moyens que se donne le mouvement séparatiste sont dérisoires comparés au déferlement de dollars qui jaillit d'Ottawa et du Grand Capital : un fonds de 100 000 $ constitué par la Société Saint-Jean-Baptiste de Montréal ; 40 000 $ pour le réseau étudiant (MÉOUI) venant du Parti québécois ; 10 200 $ pour le comité des femmes et 1 500 $ pour celui des personnes âgées.

Sur les entrefaites, Claude Ryan accède à la tête du Parti libéral du Québec le 16 avril 1978 et comble ainsi un vacuum de près de 18 mois, période où Gérard D. Lévesque a assuré l'intérim pendant que le Parti québécois jouait la carte du « bon gouvernement » et du *fair play* suicidaire.

Sur le plan fédéral, une autre fenêtre d'opportunité allait bientôt s'ouvrir que le PQ allait laisser se refermer sans broncher. Pour faire face à la menace séparatiste, Pierre Elliott Trudeau déposait le 12 juin 1978 à la Chambre des communes un livre blanc et un projet de loi proposant un renouvellement de la fédération canadienne. Il proposait une Charte des droits et libertés, une Chambre de la Fédération pour remplacer le Sénat, une Cour suprême où siégeraient quatre juges venant du Québec et de nombreux autres changements constitutionnels. Mal reçue autant par le gouvernement Lévesque que par les libéraux de Claude Ryan, cette proposition de rapatriement et de révision de la Constitution fut aussi rejetée par les provinces lors des deux conférences des premiers ministres qui se tinrent l'une en octobre 1978 et l'autre en février 1979. Trudeau déclencha alors

des élections le 22 mai, élections qu'il perdit aux mains du Parti conservateur de Joe Clark qui prenait ainsi la tête d'un gouvernement minoritaire comptant 135 sièges pour son parti, 113 pour les libéraux, 27 pour les néo-démocrates et 6 pour les créditistes de Fabien Roy qui détenaient ainsi la balance du pouvoir. Joe Clark n'était parvenu à faire élire que deux députés au Québec et il avait d'autre part laissé entendre que son gouvernement ne s'impliquerait pas dans la campagne référendaire. De son côté, Trudeau annonçait le 21 novembre qu'il démissionnait de la direction du Parti libéral du Canada.

Quelle chance inespérée! René Lévesque voyait disparaître de son champ de vision le spectre agité de Pierre Elliott Trudeau, le seul premier ministre canadien-français à avoir suspendu les droits civils et à avoir tourné l'armée du Canada contre son propre peuple. Un premier ministre anglophone s'y était déjà employé, on s'en souviendra, à l'occasion des émeutes de Québec lors de la conscription en 1918. Il s'appelait lord Robert Borden, et était natif de Grand-Pré en Acadie. Il n'y avait pas de Borden à Grand-Pré avant la déportation, mais il y avait des Landry. Et c'est un de leurs descendants qui dirigeait l'armée contre les Québécois dans les rues de Québec. On lutte contre le pouvoir ou on en devient le vassal. Mais cela est une autre histoire.

René Lévesque voyait donc Trudeau disparaître de son écran radar. Qui plus est, le PQ avait aidé Fabien Roy et le Crédit social à faire élire ses députés à l'occasion de l'élection fédérale. Il pouvait donc compter sur un allié qui détenait la balance du pouvoir à Ottawa et pouvait manœuvrer pour maintenir Joe Clark en poste. Et fait assez étonnant, selon le conseiller de René

Lévesque à l'époque, Daniel Latouche, c'est le bureau de Claude Morin, à ce moment ministre des affaires intergouvernementales, qui devait en principe veiller à ce que la liaison se fasse avec les créditistes. Or, lorsque Joe Clark, le 13 décembre 1979, dut faire face à un vote de non-confiance en chambre lors du dépôt du budget, aucun signal ne se fit entendre au sein de l'équipe de René Lévesque. On aurait pu en effet à ce moment s'assurer que les députés créditistes votent avec le gouvernement pour le maintenir en place. Et où était le pape de l'étapisme à ce moment? Au Togo, à une réunion des pays francophones! Et le vampire Trudeau avait décidé de reprendre du galon et de mener les troupes libérales lors de l'élection. L'ombre de Pierre Elliot Trudeau allait à nouveau surgir, avec la même morgue et la même détermination aveugle: clouer le bec à cette vile populace québécoise et à ses puériles velléités d'affranchissement.

« Le gouvernement du Québec a fait connaître sa proposition d'en arriver, avec le reste du Canada, à une nouvelle entente fondée sur le principe de l'égalité des peuples; cette entente permettrait au Québec le pouvoir exclusif de faire ses lois, de percevoir ses impôts et d'établir ses relations extérieures (au Togo?), ce qui est la souveraineté et, en même temps, de maintenir avec le Canada une association économique comportant l'utilisation de la même monnaie; tout changement de statut politique résultant de ces négociations sera soumis à la population par référendum.

« En conséquence, accordez-vous au gouvernement du Québec le mandat de négocier l'entente proposée entre le Québec et le Canada? »

Le libellé de la question fut adopté le 20 décembre. Le premier sondage d'opinion plaçait le camp du «Non» en avance avec 47,2 p. 100 des voies contre 36,5 p. 100 pour le camp du «Oui». La bagarre était engagée, mais comme par pur masochisme, on avait donné toutes les chances à l'adversaire de se refaire une santé et le grand Manitou en chef du camp du «Non», Pierre Elliott Trudeau reprenait tous ses droits à la faveur de l'élection qui le portait au pouvoir le 18 février 1980 avec une pluralité de voix. Il nommait aussitôt son sbire Jean Chrétien à la Justice et aux Relations fédérales-provinciales.

Mais les forces du «Non» n'étaient pas encore bien arrimées et les performances de Claude Ryan en chambre s'avérèrent contre-productives, si bien qu'un autre sondage publié le 16 mars révélait que le «Oui» occupait maintenant le haut du pavé avec 47 p. 100 des voix contre 44 p. 100 pour le «Non» et un taux de 9 p. 100 d'indécis. Un sondage commandé par le CIUC donnait même 52 p. 100 de Oui contre 38 p. 100 de Non. Les folies avaient assez duré. Ryan se fit tasser et Trudeau prit les commandes. Une remarque malencontreuse de la ministre péquiste de la Condition féminine, Lise Payette, comparant l'épouse de Ryan à une Yvette, figure stéréotypée de la femme, fit se soulever toutes les ménagères libérales du Québec. On brandit à nouveau les arguments de la peur auprès des personnes âgées et les plus démunies de la société en leur montrant que les chèques de pension et de l'assurance-chômage portaient la griffe du gouvernement fédéral et ne seraient plus émis advenant l'indépendance du Québec. La conjoncture économique était aussi des plus défavorables, la seconde crise pétrolière sévissant avec le baril de pétrole atteignant des sommets entre 30 $ et 40 $ et la montée en flèche des taux d'intérêt qui dépassèrent les 20 pour cent.

La crainte était quand même réelle dans le camp du « Non ». Les sondages menés en avril mettaient les camps sur un pied d'égalité, bien qu'on comprenait que les indécis (entre 11 p. cent et 17 p. cent) basculeraient facilement dans le camp du « Non ». Devant l'incertitude, Trudeau alla même jusqu'à mettre son siège en jeu, de la façon la plus perfide et hypocrite possible. « Nous, nous allons mettre en marche immédiatement le mécanisme de renouvellement de la constitution et nous n'arrêterons pas avant que ce soit fait. Nous mettons nos têtes en jeu, nous, députés québécois, parce que nous le disons à vous, des autres provinces, que nous n'accepterons pas ensuite que ce Non soit interprété par vous comme une indication que tout va bien puisque tout peut rester comme c'était auparavant. Nous voulons du changement, nous mettons nos sièges en jeu pour avoir du changement. »

Le 20 mai 1980, le « Non » l'emportait avec 59, 56 p. cent des votes contre 40,44 p. cent pour le « Oui ».

La déprime post-référendaire

La fin des utopies

Selon plusieurs observateurs de la scène politique québécoise, la défaite référendaire de 1980 symbolise la fin de la Révolution tranquille, une fin triste et amère, qui laisse une société divisée et déchirée, affaiblie face à un État fédéral triomphant

dirigé par un Pierre Elliott Trudeau qui masque mal son arrogance et l'orgueil de la victoire. À la fin des années cinquante, le Québec était une terre obscure menée par un homme réactionnaire à la pogne de fer qui partageait son pouvoir avec une Église toute puissante. Le contrôle financier était presque entièrement entre les mains des anglophones et des grands trusts, la langue de travail était le plus souvent l'anglais et les femmes, la moitié de la population, étaient déconsidérées autant sur le plan humain qu'en tout ce qui concerne une part active dans les choses de la cité. En moins de trente ans, toutes ces tendances ont été inversées et le balancier est allé si loin dans le sens opposé qu'on aurait pu facilement croire que chacun des acquis sociaux et chacune des victoires politiques s'érigeraient dorénavant comme autant de pierres d'assises d'un édifice collectif totalement renouvelé. Pour ce qui est de la question nationale, la volonté de se doter d'un pays qui nous soit propre dépassait largement l'horizon du simple cadastre. S'il était certes question de reconnaître les limites du territoire physique et de les fixer d'une manière définitive — de créer le pays du Québec —, les aspirations allaient bien au-delà de cette unique mais combien nécessaire contingence. De fait, l'idée de circonscrire et de déterminer les frontières du territoire procédait aussi d'un constat bien simple : comment agir sur le réel ? Comment inscrire et sauvegarder notre spécificité dans le monde ? Une communauté humaine restreinte n'a-t-elle pas une meilleure prise sur la réalité, une capacité réelle à agir sur son environnement et à le transformer à sa guise ? Le laboratoire social qu'était devenu le Québec avait fait en sorte que nous avions collectivement pu arpenter de nouvelles routes, défricher des manières de faire autres, profiter d'un cadre plus restreint pour expérimenter une vie civile différente. Il était question d'agir sur la réalité, sur notre réalité, d'acquérir l'ensemble des outils nous permettant de la transformer à notre guise et d'explorer toutes les avenues que pouvait nous proposer la social-démocratie. Pourquoi se fondre au maelström nord-américain dont nous déplorons tant la vacuité ? Pourquoi inféoder notre capacité législative — le pouvoir de nous doter des lois régissant notre vie collective — à la volonté de tiers qui ne partagent pas notre vision ?

C'est cette poussée en avant, cet élan qui ont été brisés le soir du 20 mai 1980. La fin de non recevoir qui nous était ainsi signifiée, elle s'imposait comme un moratoire sur le rêve, une porte fermée sur les aspirations légitimes d'un peuple. Finie la mise en chantier du projet de nation, ou tout au moins reportée aux calendes.

Pierre Elliott Trudeau s'était donc engagé à réformer la constitution canadienne. Dès le lendemain du référendum, il affirme sa volonté d'engager le processus de révision constitutionnelle et il invite notamment René Lévesque à participer à l'exercice. Acculé au pied du mur par le Non qu'on vient de lui servir, le premier ministre du Québec n'a guère le choix et il se rend donc à Ottawa début septembre au même titre que les représentants des neuf autres provinces du Canada. La rencontre se solde par un échec, si bien que Trudeau dévoile le 2 octobre 1980 un plan de « rapatriement » de la constitution qu'il entend faire adopter par les parlements d'Ottawa et de Westminster, sans l'accord des provinces si nécessaire. Ce projet aurait notamment pour effet de réduire les capacités législatives des provinces dans certains domaines qui relèvent de leurs juridictions. À l'issue d'une rencontre de sept premiers ministres provinciaux tenue à Toronto le 14 octobre, un front commun semble se dessiner face aux velléités de Trudeau et on annonce qu'on contestera sa proposition devant les tribunaux. Ils seront huit au printemps suivant à s'opposer aux desseins de Trudeau qui, talonné par les députés conservateurs auxquels il doit faire face en Chambre, doit par ailleurs soumettre son projet à la Cour suprême du Canada pour en faire valider la constitutionalité.

Au Québec, René Lévesque a décidé de reporter au printemps une élection que le Parti québécois n'est pas du tout certain de remporter. Les énergies sont au plus bas depuis la défaite référendaire et les libéraux provinciaux, sous la gouverne de Claude Ryan, ont remporté toutes les récentes élections partielles qui se sont tenues en sol québécois ces dernières années. La date fatidique est enfin connue : les élections générales auront lieu le 13 avril 1981. La campagne électorale s'amorce au moment où tous les sondages prédisent une victoire libérale. Mais les choses ne sont pas aussi simples. Ryan cafouille et annonce une pléiade de promesses électorales non chiffrées en même temps qu'il reproche au Parti québécois sa mauvaise administration des deniers publics. Son allié Pierre Elliott Trudeau, malgré ses belles promesses au soir du référendum, s'est à nouveau montré sous son vrai jour. Velléitaire et acariâtre, Trudeau incarne à nouveau pour nombre de Québécois un obstacle tangible à toute forme d'affranchissement.

On pourrait croire que le Non qu'on a servi à René Lévesque et à son équipe le soir du 20 mai 1980 constitue un « refus global » et un désaveu formel des politiques mises de l'avant par le PQ. Mais tel n'est pas le cas. D'autant plus que l'équipe de Lévesque insiste : il n'y aura pas de référendum au cours du prochain mandat si le Parti québécois est reporté au pouvoir. On joue la carte du «bon gouvernement» en assurant les électeurs qu'on respectera le verdict référendaire. Cette fois-ci, on ne fait pas seulement édulcorer le propos, on biffe carrément le terme «indépendance» du dictionnaire péquiste. Voici ce qu'en dit Ernest Boudreau un militant de la première heure de plus en plus désabusé :

«C'est à cette occasion mémorable que le Parti québécois fut témoin de la plus grande manipulation de sa brève histoire, manipulation orchestrée par le bureau du premier ministre. L'opération dura tout au plus deux semaines. Marc-André Bédard et Guy Chevrette, entre autres, relevèrent le défi de convaincre les délégués de la nécessité de ce virage stratégique, absolument inconcevable pour un parti indépendantiste. Prétendre faire l'indépendance du Québec, en promettant de ne pas en parler, pendant tout un mandat de 4 ou 5 ans (car c'est cela que ça voulait dire : ne pas faire de référendum durant ce deuxième terme), cela relevait à nos yeux de la plus haute trahison![50]»

Claude Ryan n'a pas réussi à s'imposer auprès de la collectivité québécoise, le spectre de Trudeau plane au-dessus de son parti qui marque des scores impressionnants auprès des clientèles plus âgées ou anglophones tout en demeurant étranger à la nouvelle mouvance québécoise ; le Parti québécois est reporté au pouvoir le 13 avril 1981, raflant 49,2 % des voix et 80 sièges.

---

50. Ernest Boudreau, *Le rêve inachevé, Le PQ, l'indépendance et la crise*, Nouvelle Optique, Montréal, 1983, p. 60.

Vers un grand balayage péquiste ?

Voilà plus de 20 ans que René Lévesque fait de la politique active. Le Québec où il a débuté sa carrière était celui de la Grande Noirceur, qu'il sera parvenu en quelque sorte à illuminer dans un premier temps par le biais de la nationalisation de l'électricité. Il aura par la suite quitté les rangs du Parti libéral parce que les bonzes de cette institution ne voulaient pas le suivre sur la pente d'une autonomie plus revendicatrice qui ne fermait pas la porte à une éventuelle souveraineté. On peut dire qu'en quittant les troupes de Jean Lesage, René Lévesque s'est rallié à une faction plus jeune de l'électorat. Il est par la suite parvenu à rassembler les forces indépendantistes, à réunir au sein d'un même parti les nationalistes de droite de même que les factions situées plus à gauche sur l'échiquier politique comme les membres du RIN. L'immense chantier qu'il a mis en œuvre avec les forces vives du Québec, cette prise en main du destin d'une collectivité, cet incommensurable remue-ménage de nos mœurs politiques, de nos rapports avec le capital, cette volonté de nous situer dans la modernité et de faire reconnaître notre être identitaire, ces gestes auraient dû avoir pour conséquence la victoire du Oui à l'occasion du référendum de 1980. C'eut été l'aboutissement normal d'un long processus d'affranchissement, l'apothéose d'une lutte trois fois centenaire, la victoire enfin sur nous-mêmes et surtout sur les forces qui nous ont opprimés depuis la Conquête. Malgré la victoire du 13 avril 1981, la rebuffade servie moins d'un an plus tôt est majeure.

Faisant référence à cette soirée du 13 avril, René Lévesque avouera lui-même : « Il me semble, en effet, quand je repense aux quatre années qui suivirent, que ce soir-là fut, politiquement, ma dernière joie sans mélange.» En effet, les mois, les années qui suivront ne seront que trahisons, déceptions, espoirs avortés, compromis sans avenir, avenir sans vision. La première des gifles majeures qu'on infligera à René Lévesque, on se prépare déjà à la lui servir dans les officines d'Ottawa où Pierre Elliott Trudeau et Jean Chrétien affûtent déjà leurs armes.

La nuit des longs couteaux

Le 5 novembre 1981, les premiers ministres des 10 provinces et le premier ministre du Canada sont réunis à Ottawa afin d'essayer de régler, une fois pour toutes, la question du rapatriement de la Constitution. Le Canada, on le sait, a été constitué en 1867 par une loi du Parlement de Londres dite Acte de l'Amérique du Nord britannique. Ce n'est cependant qu'en 1931, par le Statut de Westminster, que la Grande-Bretagne accordait à ses dominions une totale autonomie. Malgré ce statut, la constitution elle-même était demeurée à Londres et les Canadiens se trouvaient toujours dans l'incapacité juridique d'y apporter quelque modification que ce soit. Mais la problématique ne se résume pas au simple fait du déménagement et de l'appropriation physique d'un document. Cette prise en main implique qu'il faille dorénavant déterminer des mécanismes permettant de modifier cette même constitution. Or, la constitution est l'acte suprême qui détermine les balises, les orientations majeures, le cadre légal et formel, les paramètres précis que se fixent les habitants d'un pays dans leur volonté de cohabitation. C'est l'Acte fondamental d'une Nation.

Pierre Elliott Trudeau et son admirateur numéro un :
Claude Morin (collection Claude Morin).

Or, si l'entente peut s'avérer relativement facile au sein d'un État unitaire tel que la France ou l'Angleterre, les choses deviennent beaucoup plus complexes au sein d'une fédération où les partenaires ne comptent pas le même bassin de population et ne partagent pas nécessairement le même ascendant ethnique, voire le même background culturel. Dans l'esprit de Trudeau, le défi ne consiste pas à récupérer un bout de papier pour le simple aspect symbolique de la chose. Les enjeux sont beaucoup plus critiques. Il s'agit, d'une part, de déterminer comment — pour le reste de l'avenir du Canada — on pourra dorénavant modifier cette constitution et, d'autre part, le rusé Trudeau se dit que puisqu'il faut déjà une majorité de provinces comptant une majorité d'habitants pour rapatrier la constitution, pourquoi ne pas profiter du momentum et du consensus du moment pour apporter les changements qu'il souhaite depuis si longtemps ? On le sait, la vision de Trudeau est centralisatrice, c'est-à-dire que dans son esprit, le droit du Canada doit avoir préséance sur celui des provinces — qui sont d'autre part toutes sur le même pied d'égalité — même si pour arriver à cette fin il faut modifier des articles constitutifs reconnaissant certaines prérogatives et certains champs de compétence, législatifs et autres, traditionnellement dévolus aux provinces. Or, ces ententes, elles ont été conclues au moment de la fondation de la Confédération, c'est-à-dire à une table où négociaient quatre « colonies », le Nouveau-Brunswick, la Nouvelle-Écosse, le Bas-Canada (Québec) et le Haut-Canada (Ontario) et à une époque où le Québec comptait 31 % de la population. Il est évident que le rapport de force n'est plus le même lorsqu'on négocie à 11, que les majorités des neuf autres provinces sont anglophones et qu'on ne représente plus que 26 % de la population du pays.

En terre québécoise, depuis les années 60, qu'on fasse référence au « Maîtres chez nous » de Jean Lesage, au slogan « Égalité ou indépendance » brandi par Daniel Johnson père ou à la souveraineté-association, les revendications au chapitre constitutionnel vont toutes dans le sens de la reconnaissance d'un statut particulier pour le Québec. Deux prémisses fondamentales sont à l'origine de cette volonté : le fait que le Québec constitue une des deux nations fondatrices du Canada d'une part, et la sauvegarde et la protection de la langue française et de sa spécificité culturelle, d'autre part. Le Québec bénéficie déjà de quelques prérogatives par rapport aux autres provinces : son administration civile est bilingue, son code civil est distinct, trois des juges de la Cour suprême doivent provenir de son territoire. Mais ces outils ne s'avèrent pas suffisants pour assurer à la collectivité québécoise les garanties minimales lui permettant d'assurer sa simple survie comme nation francophone dans une Amérique à majorité anglophone. C'est ainsi que Paul-André Linteau et consorts définissent ces revendications dans leur *Histoire du Québec contemporain* :

« [...] les gouvernements québécois non seulement continuent à défendre l'autonomie, mais réclament une nouvelle constitution qui donnerait au Québec des pouvoirs et des ressources accrus, lui permettant de s'affirmer pleinement comme une société distincte dotée d'un État capable de jouer son rôle de foyer national des Canadiens français. C'est là le seul moyen, estime-t-on, d'éviter que des décisions prises par la majorité anglophone du Canada n'affectent les caractères essentiels de la minorité de langue française concentrée au Québec[51]. »

Ce que Trudeau propose au menu vient considérablement changer la donne en ce qui a trait au poids du Québec au sein de la Confédération canadienne. Dans un premier temps, le Parlement fédéral peut modifier la constitution en autant que sept provinces représentant 70 % de la population y consentent. C'est à dire que la majorité anglophone peut en tout temps apporter des changements à la loi constitutive du pays, même si le Québec s'y oppose. L'unanimité n'est plus nécessaire et le Québec perd son droit de veto. La nouvelle constitution reconnaît les droits des autochtones et le principe de la péréquation et on valide une charte des droits qui établit le français et l'anglais comme langues officielles, précisant un nombre de clauses dans le domaine scolaire dont certaines vont notamment à l'encontre de la loi 101. Qui plus est, c'est la Cour suprême, une institution exclusivement fédérale et composée majoritairement d'anglophones, qui aura la tâche d'interpréter la Charte des droits. Le pouvoir politique se déleste donc d'une part de ses prérogatives par le transfert de juridictions à un pouvoir non élu, le judiciaire ; d'autre part, encore une fois, le Québec voit une partie de son destin lié aux décisions de la majorité anglophone. Une autre clause semble inacceptable pour les Québécois. Une province peut recevoir une compensation financière si elle désire se retirer d'un programme partagé dans un champ de compétence

---

51. Linteau, Durocher, Robert, Ricard, *Histoire du Québec contemoporain, Le Québec depuis 1930, tome II*, Montréal, Boréal, 1989, p. 741.

provinciale, mais uniquement dans les secteurs de la culture et de l'éducation. En chambre, quelques mois avant la date fatidique, René Lévesque déclarait: «Jamais ce peuple n'acceptera de se faire enlever des droits essentiels. Il ne l'aurait pas enduré en 1867, et après tant d'efforts de survivance puis d'affirmation collectives, il ne l'endurera pas non plus en 1981… Sous le couvert de donner aux citoyens une nouvelle Charte des droits, le projet d'Ottawa est en fait une attaque sans précédent contre les pouvoirs de l'Assemblée nationale du Québec, qu'il viendrait limiter et encadrer notamment en matière de langue d'enseignement… »

Depuis que Trudeau a annoncé sa volonté de rapatrier la constitution suite au référendum de 1980, les provinces se sont réunies à plusieurs reprises afin d'essayer de convenir d'une plateforme commune pour faire face à l'intransigeance d'Ottawa. Le 16 avril 1981, huit provinces en sont venues à une entente quant aux modalités du rapatriement de la constitution et à son contenu et ont même signé un accord à cet effet.

Le 2 novembre 1981, René Lévesque arrive donc à Ottawa pour la phase ultime de la ronde de négociations, fort du support des premiers ministres des autres provinces et convaincu que ce front commun tiendra la route. Trudeau tergiverse, certains premiers ministres mettent de l'eau dans leur vin. Comme c'est le cas lors de la plupart des rondes de négociations, peu importe les instances en cause, des tractations se font de part et d'autre en sourdine, des jeux de coulisse se trament hors du cadre formel des rencontres, des ébauches d'entente glissent en sous-main d'une table à l'autre. Dans la nuit du 5 novembre

1981, alors que René Lévesque et ses conseillers ont regagné le sol québécois puisqu'ils résident dans un hôtel de Hull pendant la ronde de négociations, Jean Chrétien scelle une entente avec les autres provinces, au détriment du Québec, bien sûr. Lorsque René Lévesque se pointe à la table de négociations ce matin-là, les cartes sont jouées, la partie de poker s'est terminée en l'absence du Québec qui se fait encore flouer.

Le lendemain, 6 novembre 1981, c'est en ces termes que l'éditorialiste Jean-Louis Roy rend compte de l'événement dans *Le Devoir*:

« Ce texte [l'entente signée le 5 novembre 1981 par le gouvernement de Pierre Elliott Trudeau et les neuf autres provinces] met fin à plus d'un demi-siècle d'une recherche toujours infructueuse et à une succession ininterrompue d'échecs. Il met aussi fin à une conception du pays qui faisait du consentement du Québec une condition indispensable juridiquement et politiquement à tout réaménagement, même limité, du régime fédéral. Bref, ce texte n'exprime pas le pays tel qu'il est. […]

« [C]e rétrécissement des perspectives qui fait basculer le Québec dans un régime constitutionnel auquel il ne consent pas et le situe dans le kaléidoscope du multiculturalisme élevé au niveau des droits fondamentaux, est une véritable trahison de l'histoire. […]

« L'entente consacre le principe de la péréquation, dossier privilégié des provinces maritimes. Elle consent à des aménagements nouveaux au sujet des ressources naturelles, dossier privilégié des provinces de l'Ouest. Elle ne trouble pas l'unilinguisme officiel de l'Ontario.

« Seul le Québec reste sur sa faim. De ses inquiétudes et ses exigences d'ordres culturel et économique comme majorité francophone au Canada et fragile minorité culturelle en Amérique, des aménagements spéciaux et institutionnels réclamés par ses gouvernements successifs depuis 20 ans, on ne trouve pas trace dans l'entente quasi unilatérale signée hier à Ottawa. Au contraire, cette dernière limite "rétrospectivement et prospectivement" les droits et les pouvoirs de l'Assemblée nationale. [...]

« Il eut été dans l'ordre des choses que cette conférence, marquée par la confusion et l'improvisation, poursuive ses travaux pour permettre de trouver les formules susceptibles de satisfaire le Québec. Au nom de la solidarité qui les avait liés depuis plus d'un an, on aurait pu croire que les premiers ministres provinciaux auraient eu cette décence élémentaire. Ils ont préféré "charcuter" des aspects par ailleurs acceptables pour la délégation québécoise, sous la dictée de Pierre Elliott Trudeau [...] »

Et René Lévesque fixe le dernier clou sur le cercueil de cette triste ronde de négociations : « Bien plus que le contenu, c'est le procédé qui était intolérable. Le 20 mai 80 était jour de deuil, infiniment triste. Ce 5 novembre 81, c'était jour de rage et de honte. »

Le Québec refusera de ratifier l'entente, mais elle a force de loi et constitue dorénavant le cadre formel régissant toutes les affaires du pays.

Et la social-démocratie?

Depuis le milieu des années 60 jusqu'à ces années 80, dans la foulée de la Révolution tranquille, on a pu assister au Québec à une véritable montée de la gauche. La nature, dit-on, ayant horreur du vide, l'espace occupé par l'Église aura rapidement été comblé par une toute autre rhétorique dont les éléments les plus extrêmes se situent aux antipodes des principes du catholicisme. À cet égard, le bibliophile et le chercheur seront toujours surpris de découvrir à quel point les corpus idéologiques ont pu se succéder rapidement au Québec en l'espace d'une seule génération. Jusqu'aux année 60 en effet, à une époque où on enseigne encore saint Thomas D'Aquin en latin dans les séminaires, la production littéraire, en particulier dans le domaine de l'essai, est massivement contaminée par une pensée où l'Église et la religion sont prédominantes. Puis tout à coup, en l'espace de quelques années, voici que s'immisce et s'impose un corpus dont le discours est diamétralement opposé à celui du clergé. De la vision spiritualiste et réactionnaire, on passe carrément à une philosophie matérialiste dont les racines puisent dans les écrits de Marx, Engels, Lénine, Trotsky, et autres penseurs révolutionnaires. La révolution du prolétariat succède au «Peuple à genoux» et une pléthore de groupuscules commencent à voir le jour et parviennent à s'infiltrer dans nombre de corps publics tels syndicats, groupes de pression et associations en tout genre. La société québécoise se polarise de plus en plus à partir d'une ligne de démarcation plus ou moins artificielle qui camperait la bourgeoisie d'un côté et le prolétariat de l'autre. Bien que les travailleurs québécois aient de fait toujours été exploités, cette vision un peu primaire d'un clivage aussi prononcé date un peu et procède davantage de la réalité des sociétés au moment de la révolution industrielle.

Des années qui ont suivi la défaite des Patriotes jusqu'à l'apparition du Parti québécois, deux factions ont principalement occupé l'avant-scène politique au Québec. Les rouges (libéraux) ont davantage été identifiés au progrès social et à une certaine indépendance par rapport à l'Église alors que les bleus (conservateurs, Union nationale) se sont recrutés parmi les factions les plus réactionnaires de la population. Les différences idéologiques majeures qui auraient pu exister entre ces deux groupes n'ont cependant jamais été irréconciliables. Les fondements mêmes de la religion catholique de même que le libéralisme économique n'ont jamais été contestés ni par un parti ni par l'autre. Au cours du 20e siècle, les nuances se sont estompées et les contrastes idéologiques se sont considérablement dilués. Les partis sont devenus davantage chacun une espèce de caste, de chasse gardée, où il fallait faire son choix entre l'une ou l'autre, quand ce choix n'était pas déjà dicté par une tradition familiale de longue date. On était rouge ou bleu et dépendant de qui remportait les élections, on avait droit aux bonnes jobs et aux contrats juteux ou bien on croupissait dans l'opposition. Face à Ottawa, qu'on soit d'un parti ou de l'autre, on jouait le plus souvent la carte de l'opportunisme, se montrant plus ou moins autonomiste dépendant des événements et de l'opinion publique du moment.

Si on a pu assister à un certain consensus social au plus fort de la Révolution tranquille, au moment où les libéraux de Jean

Lesage prenaient le pouvoir, la collectivité québécoise s'est à nouveau polarisée au cours des années qui ont suivi cette période, mais sur des bases différentes que celles qu'on avait connues jusqu'alors, le référendum de 1980 marquant à cet égard un point culminant. De fait, on peut identifier deux camps assez nettement différenciés, chacun s'identifiant non seulement à une idéologie sociale bien précise, mais de plus à l'une ou l'autre des options fédéraliste ou indépendantiste.

Il s'est donc opéré un glissement vers la gauche dans l'univers québécois avec l'arrivée du Parti québécois et la disparition de l'Union nationale. Le Parti libéral de Jean Lesage, avec les nombreuse mesures sociales mises en place et des gestes tels la nationalisation de l'électricité, s'était déjà positionné dans les années 60 un peu aux antipodes des politiques d'un Maurice Duplessis. Le Parti québécois, sans doute de manière un peu timide au goût de certains, viendra tout de même doubler le Parti libéral à sa gauche, lequel se cantonnera réellement plus à droite avec des leaders tels Claude Ryan et Robert Bourassa.

Le clivage politique se définit donc par une confrontation entre libéraux et péquistes aux débuts de ces années 80. Le clan libéral représente alors la droite traditionnelle. Il regroupe nombre de professionnels, des représentants de la bourgeoisie d'affaires, le patronat, les petites élites locales, tout l'establishment anglophone, une partie de l'intelligentsia vendue au fédéralisme et au conservatisme. La société québécoise a beaucoup changé entre les années 60 et les années 80. Les francophones ont pris de plus en plus leur place autant dans le monde des affaires qu'aux différents postes de commande. Le développement de l'État québécois aura permis la création de milliers d'emplois de qualité pour toute une génération de technocrates et de fonctionnaires, alors que la prise en charge par ce même État de domaines tels la santé et l'éducation aura ouvert nombre de postes dans ces secteurs autrefois pris en charge par le clergé. D'autre part, de nombreux anglophones ont quitté le Québec ces dernières années à cause de la menace « séparatiste ». Le visage du pouvoir en a peut-être été modifié, mais non pas sa nature réelle. Ce sont toujours les grosse entreprises qui mènent la barque, et même si elles affichent davantage un visage français, même si dans les fait elles appartiennent à des Québécois, il n'en demeure pas moins qu'elles constituent un rempart contre l'innovation sociale. Le libéralisme économique, ou le capitalisme si l'on préfère, se définit selon les paramètres de la non-intervention de l'État, du libre marché et de son auto-régulation. Selon les tenants de ces théories, il faut laisser entière autonomie aux développeurs et aux entrepreneurs dans la société, en leur mettant le moins de bâtons possible dans les roues. Les initiatives de ces commerçants, manufacturiers et industriels entraîneront nécessairement la richesse dans la société, ce qui sera bénéfique pour tous ses membres. La concurrence entraîne la performance, l'innovation, et une réduction éventuelle des prix des marchandises.

On peut dire qu'en terre d'Amérique, de tout temps, ce sont toujours ces règles qui ont prévalu. Ceux qui profitent du système n'ont donc absolument aucune raison de vouloir les modifier puisque ce sont elles qui sont à l'origine de leur richesse et du pouvoir qui en découle. Ils seront donc toujours en faveur du statu quo ; les grands changements, de nature politique ou

autre, leur feront toujours peur puisqu'ils pourraient signifier la fin de leurs privilèges. Et le vent idéologique est en train de tourner en leur faveur en ce début des années 80, excessivement difficiles sur le plan économique. Margaret Thatcher, surnommée «la dame de fer», a été élue à la tête du gouvernement britannique en 1979 en prônant un libéralisme radical. Aux États-Unis, Ronald Reagan symbolise le retour de la droite rigide suite aux années plus lestes de l'administration Carter. Ces deux dirigeants ont été élus afin de remettre leur pays respectif dans le droit chemin économique en ces années de crise. Baisse des prestations sociales, érosion progressive du rôle de l'État providence, répressions des grèves et autres mouvements sociaux, voilà l'artillerie dont se servent ces leaders de droite afin de juguler la récession.

Comme pour faire contrepoids à cette tendance lourde, la France choisit en cette même année de 1981 le socialiste François Mitterand pour diriger les choses de l'État. Le socialisme (ou sa version édulcorée, la sociale-démocratie), voire le communisme, constituent l'autre vision en matière de philosophie sociale et économique. Développées au moment de la révolution industrielle pour endiguer les forces libres du marché et en opposition à l'exploitation à tout crin de la classe ouvrière, ces théories ont d'abord été conçues par des penseurs, philosophes, économistes, ou sociologues qui ont cherché à définir un autre mode d'organisation des rapports économiques entre les hommes. Conceptuellement, toutes sortes de modes de partage du travail et de répartition de la richesse ont été imaginés par ces idéologues qui se sont définis comme anarchistes, socialistes, communistes, marxistes, léninistes, maoïstes, situationnistes selon les nuances que chacun apportait à ses concepts théoriques. La plupart des révolutions du 20ᵉ siècle se sont nourries de ces idées et de nombreux gouvernements ont essayé de les mettre en pratique avec plus ou moins de bonheur. La réalisation de ces ambitieux programmes politiques s'est malheureusement traduite dans la réalité par des bains de sang d'une ampleur phénoménale et par la création d'États totalitaires ayant soi-disant établi leur pouvoir sur la « dictature du prolétariat ». Encore en ce début des années 80, le bloc de l'Est constitue une contrepartie idéologique de taille face notamment aux démocraties européennes et américaines, de même qu'un adversaire militaire redoutable.

Alors qu'au Québec même on a aussi flirté avec les plus alambiquées parmi ces théories et ces visions de l'organisation sociale, il s'est tout de même dégagé un consensus relativement à l'application d'une forme de social-démocratie qui puisse tout au moins proposer un contrepoids au capitalisme outrancier défendu par les tenants du libéralisme économique « hard ». Pour les sociaux-démocrates, l'État doit jouer un rôle de régulateur dans l'économie. Il faut créer de la richesse, certes, mais il faut aussi voir à ce qu'elle soit équitablement distribuée et à ce que les laissés pour compte et les démunis bénéficient de mesures sociales adéquates. Ayant pris le relais du Parti libéral d'un Jean Lesage qui avait tout de même ouvert une brèche dans cette voie, le Parti québécois a toujours cherché à se définir comme un parti social-démocrate et ses appuis proviennent historiquement de cette frange de la société qui croit à de telles mesures et à une pratique du pouvoir davantage humaniste. Syndicalistes, artistes, intellectuels, ils ont pour la plupart jusqu'à ce jour appuyé le Parti québécois et se sont le plus souvent reconnus dans ses politiques. Malheureusement, tout comme ce fut le cas pour ce qui est de la promotion et de la défense de l'idée de l'indépendance du Québec, le Parti québécois va peu à peu amorcer un glissement qui va le distancer à la fois de cette posture jadis privilégiée, et à la fois de sa base.

« C'était à vous rendre fou. D'avril 81 à février 82, nous eûmes à faire face non pas à une, mais à deux crises en même temps. Pendant ces dix interminables mois, en effet, la catastrophe constitutionnelle et ses déchirantes conséquences accompagnèrent pas à pas la débâcle économique dans laquelle nous nous sentions emportés comme des fétus […]. […] Tout au long de 81, le petit nuage qu'on avait perçu au début de l'année n'avait cessé de gonfler, finissant par accoucher d'un ouragan dont la violence rappelait aux aînés les jours les plus noirs de la Grande Dépression. Le Canada, l'Amérique du Nord tout entière, l'Europe occidentale, tous étaient ou allaient être frappés. Or c'est chez nous que la situation s'était détériorée le plus vite. Ouverte comme peu d'autres et, partant, hypersensible à tout vent mauvais, notre économie avait attrapé la pneumonie, alors qu'ailleurs on ne souffrait en général que d'une vilaine grippe. »

C'est René Lévesque qui parle. Ce même René Lévesque qui vient de reprendre les rênes de son parti au début de 1982, d'une manière que plusieurs considèrent comme douteuse. Suite à l'échec du référendum et à la Nuit des longs couteaux, de nombreux militants jugent que le congrès qui doit se tenir en décembre 1981 est l'occasion rêvée pour renouer avec la véritable mission du Parti québécois telle que définie dans le programme de 1973: «Plus de trait d'union entre souveraineté et association, plus de lien de dépendance ni de simultanéité obligatoire entre l'un et l'autre, plus de référendum envisagé. La prochaine élection, si elle nous était favorable, marquerait l'accès du Québec à l'indépendance. Dans le cas contraire, nous étions prêts à retourner dans l'opposition et attendre le retour au pouvoir qui se produirait infailliblement un jour ou l'autre», rapporte Ernest Boudreau. René Lévesque s'oppose corps et âme à cette résolution. Il finira même par désavouer le Congrès en faisant appel directement aux membres du parti et en se faisant plébisciter par son Conseil des ministres. Mais à peine un front est-il colmaté qu'il s'en ouvre déjà un autre.

En prenant à sa charge les secteurs de l'éducation et des services sociaux suite à la cure minceur que subit l'Église, et par l'accroissement considérable du rôle de l'État et de son personnel, le Québec s'est constitué en quelques décennies comme un des employeurs majeurs dans la province. Périodiquement, les contrats de travail de ces multiples employés arrivent à échéance et survient alors une difficile période de négociations. Afin de donner plus de poids à leurs revendications, les employés du secteur public ont jusqu'alors fait front commun à deux reprises. Le premier de ces Fronts communs a vu le jour en 1972 alors que la CSN, la FTQ et la CEQ unissaient leurs forces pour faire face à un gouvernement dirigé par Robert Bourassa. Grève générale de 10 jours, loi spéciale, injonctions, emprisonnement des trois chefs syndicaux (Laberge, Pepin, Charbonneau), à quelques variantes près, c'est un scénario identique qui se répétera en 1976.

Au mois d'avril 1982, à l'occasion d'un Sommet économique orchestré dans la foulée de la crise que traverse à ce moment le Québec, René Lévesque annonce que son gouvernement s'achemine vers un déficit de 700 millions et évoque la possibilité d'un gel des salaires chez les employés du secteur public. Face au refus des syndicats de négocier de nouvelles conventions collectives, le gouvernement annonce quelques mois plus tard qu'il envisage une diminution de salaire de l'ordre de 20 % pour l'ensemble des employés de l'État durant les trois premiers mois de 1983. Négociations et tractations se poursuivent au cours de l'été mais le gouvernement adopte finalement en décembre la loi 105 qui impose 109 conventions collectives pour les trois prochaines années.

Les syndicats décrètent une grève générale le 25 janvier et le 28, ils sont plus de 33 000 à manifester devant l'Assemblée nationale. Mais rien n'y fait et le 14 février, ce même gouvernement qui a pourtant depuis longtemps avoué un «parti pris favorable envers les travailleurs» vote une loi cynique obligeant notamment les enseignants à retourner au travail. Cette loi 105 s'avère la plus rigoureuse de l'histoire du syndicalisme québécois, elle qui entraîne même une suspension de la Charte des droits et libertés. Elle sera d'ailleurs déclarée inconstitutionnelle par la Cour suprême en 1994. Les différents décrets augmentaient le temps d'enseignement de 10 % au primaire et de 15 %

au secondaire en coupant de façon permanente les salaires de 2, 5 % à 12, 8 % selon les échelons, après une période où les compressions atteignaient 19, 2 %.

Les impacts de cette loi spéciale ne sont pas longs à se faire sentir. Le 5 mars, à l'occasion d'un conseil national du Parti québécois, plusieurs ministres dont Camille Laurin, Gérald Godin et Denis Lazure se font bousculer par des manifestants syndicaux en colère. Et quelques mois plus tard, après que le ministre des Finances Jacques Parizeau eut annoncé un déficit de 3 785 milliards pour l'année 1983-1984, le PQ annonce que son membership a chuté de 200 000 qu'il était en 1980 à moins de 130 000 membres.

Les choses bougent sur la scène politique autant fédérale que provinciale pendant cette même période. Voilà bientôt plus d'un an (le 10 août 1982) que Claude Ryan a quitté la direction du Parti libéral et que Gérard D. Lévesque assume l'intérim. Il sont trois en lice lorsque s'ouvre le congrès à la chefferie le 16 octobre 1983 : Daniel Johnson, Pierre Paradis et un revenant qui vient de terminer son purgatoire européen, nul autre que Robert Bourassa. C'est ce dernier qui l'emportera haut la main, raflant 2 138 voix alors que les deux autres cumulent chacun près de 350 votes. Le Parti conservateur s'est lui aussi donné un nouveau chef cette même année, en la personne de Brian Mulroney qui a succédé à Joe Clark le 12 juin. Brian Mulroney est avocat de formation et président de la compagnie Iron Ore qui exploite les mines de fer sur la Côte Nord. Un peu plus de six mois après cette nomination, Pierre Elliott Trudeau annonce qu'il quittera la direction du Parti libéral à l'occasion du congrès à la direction qui aura lieu en juin. C'est finalement John Turner qui le remplacera.

De nouveaux joueurs font leur entrée sur la scène politique alors que des vieux loups de mer tels Ryan et Trudeau s'en retirent et que d'autres refont surface. Lors d'un discours prononcé à Sept-Îles et rédigé par un certain Lucien Bouchard, alors que s'amorce une campagne électorale fédérale, Brian Mulroney s'engage à «convaincre l'Assemblée nationale du Québec de donner son assentiment à la nouvelle Constitution canadienne avec honneur et enthousiasme» et à réconcilier tous les Canadiens entre eux. C'est notamment cette promesse et une certaine lassitude face aux années Trudeau qui assurent la victoire aux conservateurs et leur permettent notamment de rafler 58 comtés au Québec alors que les libéraux n'en remportent que 17 lors de l'élection tenue le 4 septembre 1984.

Le beau risque

De la période qui va du référendum de 1980 à l'élection de Brian Mulroney en 1984, on peut dire, pour employer une expression populaire, que le Québec a réellement «mangé sa claque». Cuisante défaite référendaire, humiliante Nuit des longs couteaux, crise économique majeure, affrontement avec le Front commun et adoption de lois répressives envers les travailleurs de l'État, le bel élan qui a pris son essor au plus fort de la Révolution tranquille vient de se heurter de plein front à un mur de béton. Rabroué par son propre peuple, humilié par ses vis-à-vis des autres provinces et par l'outrecuidant Pierre Elliot Trudeau, conspué par sa base et obligé d'agir en petit dictateur au sein même de son parti afin d'en garder le contrôle, René Lévesque n'est plus que l'ombre de lui-même.

La barque du Parti québécois prend elle aussi eau de toutes parts. L'équipe se dégarnit de plusieurs de ses hommes de proue au cours de ces difficiles années. Claude Morin a quitté en janvier 1982 (personne ne pleure) ; Claude Charron a démissionné de son poste de ministre en février de la même année après une obscure affaire de vol à l'étalage au magasin Eaton ; Guy Bisaillon annonce son départ cette même année ; Pierre Marois quitte en novembre 1983 et Jacques-Yvan Morin en mars 1984, suivi le même mois par Jean-Roch Boivin, chef du cabinet du premier ministre. L'hécatombe se poursuivra mais nous y reviendrons. Pendant la même période, à l'occasion de différentes élections partielles, le PQ perd nombre de comtés aux mains des libéraux, certains étant considérés comme des châteaux-forts péquistes : Saint-Laurent, Louis-Hébert, Saint-Jacques, Saguenay, Charlesbourg, Jonquière, Mégantic-Compton, Marie-Victorin, Sauvé, Marguerite-Bourgeoys… Ce sont ainsi 22 défaites qu'aura à essuyer le PQ en ces quelques années.

De son côté, Pierre Elliott Trudeau a quitté l'avant-scène politique mais continuera dans les mois qui viennent à œuvrer en coulisse afin de sabrer les efforts des conservateurs et n'hésitera pas à se faire entendre lorsqu'il jugera la chose nécessaire. Il laisse les finances publiques à Ottawa dans un état épouvantable ; il a réussi à rallier l'ensemble des provinces anglophones contre le Québec, mettant à profit la leçon du *Prince* de Machiavel : diviser

Jacques Parizeau et René Lévesque.

pour régner. Il laisse dans son sillage le souvenir de son mépris envers les travailleurs — notamment les « gars de Lapalme » — ; le douloureux héritage de Mirabel et de Forillon ; un État fédéral centralisateur bâti en grande partie sur le dos du Québec.

C'est dans ce contexte que se pointe le « p'tit gars de Baie-Comeau », directement issu de la multinationale Iron Ore et qui s'est donné comme mandat la réconciliation nationale, sans savoir qu'il aura entre autre à ferrailler avec un autre « p'tit gars », celui de Shawinigan. Brian Mulroney est porté au pouvoir le 4 septembre et dès le 22, à l'occasion d'un conseil national du PQ, René Lévesque déclare que c'est un devoir d'État de collaborer de bonne foi avec le nouveau gouvernement fédéral et évoque pour la première fois la notion du *beau risque*. Il précise sa position à l'occasion de son discours inaugural lors de la session qui s'ouvre à Québec le 16 octobre et, le 19 novembre, René Lévesque se prononce clairement pour la mise en veilleuse de l'option indépendantiste. La saignée ne se fait pas attendre. En l'espace de quelques semaines, René Lévesque perd la majeure partie de son état-major, dont sept ministres et trois députés : Pierre de Bellefeuille, Jacques Parizeau, Camille Laurin, Denise Leblanc, Gilles Paquette, Jacques Léonard, Louise Harel, Denis Lazure… suivis dans les premiers mois de 1985 de Denis Veaugeois et de Jules Boucher, député du comté de Rivière-du-Loup. En claquant la porte, Jacques Parizeau parlera d'une voie « stérile et humiliante » en référence à l'ouverture de Brian Mulroney.

Un peu normal que ces partenaires abandonnent le navire. Le PQ vient de renier ses deux credo majeurs : la souveraineté et le parti pris favorable envers les travailleurs. D'autre part, celui avec qui on s'apprête à prendre ce «beau risque» arrive tout droit de la grande entreprise, c'est un homme de droite qui deviendra bientôt copain-copain avec Ronald Reagan ; il a été partie prenante de la campagne du Non en 1980 ; a appuyé la démarche constitutionnelle de Trudeau en 1981 ; a cassé du sucre sur le dos des séparatistes lors de la course à la chefferie du Parti conservateur au printemps 1983… Si on n'appelle pas ça pactiser avec le diable !

Les progressistes-conservateurs ont rarement eu la cote au Canada et au cours des récentes décennies, ils n'ont que très rarement été à la tête du gouvernement (John Diefenbaker, de 1957 à 1963 ; Joe Clark, de 1979 à 1980). La stratégie de Brian Mulroney est manifeste : il est presque assuré de gagner ses élections s'il parvient à se rallier le vote du Québec, ce que cette fausse main tendue lui permettra d'accomplir, les libéraux dirigés par un John Turner qui mène une campagne désastreuse, ne remportant que 17 comtés au Québec alors que Trudeau en avait raflé 74 en 1980 (avant le référendum et avant la Nuit des longs couteaux).

C'est donc un René Lévesque dépité, de moins en moins en possession de ses moyens, qui soumet tout de même en mai 1985 au gouvernement Mulroney un projet d'accord constitutionnel auquel on ne donnera jamais suite. Lévesque démissionne un mois plus tard, le 20 juin, pour être remplacé par Pierre-Marc Johnson, considéré au sein du parti comme le leader de l'aile modérée. Il sera défait en décembre de la même année, alors que les libéraux de Robert Bourassa reprennent le pouvoir.

Le lac Meech

C'est donc dans ce contexte que Robert Bourassa redevient premier ministre du Québec, après une traversée du désert qui aura duré neuf ans. Il mandate alors le constitutionnaliste Gilles Rémillard, dont il a fait son ministre des Affaires intergouvernementales, pour établir les conditions posées par le Québec pour que la province signe l'accord de 1982 et puisse réintégrer le giron constitutionnel canadien. Ces conditions sont au nombre de cinq et elles portent sur les points suivants :

- La reconnaissance explicite du Québec comme société distincte.
- Des pouvoirs accrus en matière d'immigration.
- La limitation du pouvoir de dépenser et le droit de retrait avec compensation de certains programmes fédéraux.
- Un droit de veto sur les réformes constitutionnelles.
- Un droit de regard sur les nominations au Sénat et à la Cour suprême.

Il s'agit là des propositions les plus accommodantes qui aient jamais été proposées par un gouvernement québécois. Les premiers ministres des autres provinces les accueillent favorablement lors de leur rencontre annuelle le 12 août 1986 à Edmonton et tous se montrent alors d'accord pour relancer la ronde constitutionnelle afin d'y faire une place pour le Québec. On accouchera finalement de l'entente finale au cours de négociations qui auront lieu à Ottawa au début juin 1987. Mais cet accord donné par les 11 premiers ministres ne signifie pas qu'il a force de loi dans l'immédiat. Non. L'accord doit être entériné à la majorité des voix par chacune des 11 assemblées législatives provinciales et territoriales de même que par la Chambre des communes. Qui plus est, la date butoir pour obtenir l'assentiment de chacune de ces chambres est fixée au 23 juin 1990, soit trois ans jour pour jour après la signature initiale, ce qui laisse amplement de temps pour que la bourrasque lève et prenne de plus en plus d'ampleur. Déjà, entre le 12 août 1986 et le 23 juin 1987, pendant la période de négociations et de tractations entre les premiers ministres, le vent a commencé a soufflé, et de belle manière.

À Ottawa, dans le clan des libéraux, le départ de Trudeau et l'arrivée de John Turner à sa place n'ont pas fait l'affaire de tout le monde, d'autant plus que Turner se montre conciliant relativement à cet accord. Les fervents de Trudeau qui attendent à nouveau leur heure fébrilement s'opposent avec véhémence à ce projet qui vient en flagrante contradiction avec la politique centralisatrice de leur ancien chef. Déjà le 8 mai 1987, Donald Johnston démissionne du cabinet fantôme de Turner, lui qui a fondé le bureau d'avocats que Trudeau a rejoint après son retrait de la politique. Comme s'il n'en avait pas assez fait pour clouer le bec à son peuple et chercher à le maintenir dans un état de dépendance et de sujétion, voilà le vampire lui-même qui se met à rugir de nouveau, allant jusqu'à traiter Brian Mulroney de pleutre et statuant que si l'Accord du lac Meech est voté, «l'État canadien [...] sera éventuellement gouverné par des eunuques». Le même Trudeau ira même jusqu'à proférer ce sophisme gluant: «Je n'ai pas d'objection à reconnaître que le Québec est une société distincte. Je n'ai aucune objection à reconnaître que… l'Île du Prince-Édouard est une société distincte — ce qu'elle est. »

Emporté par ce courant de fond, le ROC (Rest of Canada) se durcit lui aussi peu à peu et monte le ton d'une manière hargneuse et exagérée comme c'est toujours le cas lorsque le Canada anglais a l'impression qu'on veut faire des concessions à ce peuple de vaincus qui auraient de plus l'arrogance de se faire reconnaître comme « distinct ». À la Chambre des communes, lorsque vient le temps de voter l'adoption de l'accord du Lac Meech, en octobre 1987, onze députés libéraux trudeauistes défient la discipline de parti en votant contre. Et quelques mois plus tard, devant le Sénat, Trudeau y va d'une harangue qui dure six heures, énoncée uniquement en anglais, et conclut en disant : « Nous avons des exemples dans l'histoire où un gouvernement devient totalitaire parce qu'il agit en fonction d'une race et envoie les autres dans les camps de concentration. »

Incroyable revirement, les conquis sont devenus des bourreaux ! Oubliez les troupes de Lawrence et le Grand Dérangement en Acadie ; oubliez les incendiaires de Wolfe qui ont mis à feu la Côte-du-Sud, l'île d'Orléans et la Côte de Beaupré ; oubliez les Plaines d'Abraham ; oubliez Colborne, le « vieux Brûlot » qui s'est acharné contre les Patriotes ; oubliez l'incendie du Parlement à Montréal en 1849 parce qu'on a pensé indemniser ces pauvres habitants du Bas-Canada victimes de représailles de la part des soldats anglais ! Non, les méchants ce sont ces maudits *frogs* qui ont voté la loi 101 en réprimant les droits des anglophones du Québec, comme si on n'avait pas cherché délibérément avant et après la Confédération à annihiler le fait français

Jean Charest vu par Monaerik (Branchez-vous.com).

partout en Canada. Les pas d'allure ce sont ces *damned French Canadians* qui essaient timidement et dans le respect des lois de se donner quelques outils afin de ne pas disparaître et être totalement rayés de la carte sur cette belle terre d'Amérique !

Cette saga du lac Meech est tellement incroyable, elle est si fertile en rebondissements de toutes sortes qui illustrent, d'une part, l'intolérance, voire le racisme des Canadiens anglophones, et d'autre part, le manque de couilles et la malhonnêteté de Robert Bourassa, qu'elle mérite qu'on s'y attarde et qu'on passe les faits en revue, un à un.

Mulroney arrive au pouvoir le 4 septembre 1984 après avoir brandi le noble flambeau d'une réconciliation nationale et s'être donné pour tâche d'accueillir le Québec dans le giron de la Constitution canadienne « avec honneur et enthousiasme ». Notez bien ces deux mots : honneur et enthousiasme.

René Lévesque quitte la scène politique le 20 juin 1985 et le 2 décembre de la même année, Robert Bourassa est élu premier ministre. Son gouvernement dépose ses propositions constitutionnelles qui sont accueillies favorablement par les premiers ministres provinciaux le 12 août 1986 et entérinées par les 11 premiers ministres le 30 avril 1987 au chalet du gouvernement fédéral au lac Meech, d'où le nom de l'accord (officiellement accepté en juin). L'entente doit cependant être ratifiée par chacune des assemblées provinciales et par la Chambre des communes, ce qui sera tout de même chose faite assez rapidement par plusieurs provinces (dont le Québec) et par le Parlement fédéral, malgré la houle soulevée par Trudeau et que nous avons évoquée plus haut.

C'est à partir de là que la sauce se gâte.

En octobre 1987, le libéral Frank McKenna remporte les élections au Nouveau-Brunswick en battant le premier ministre conservateur Richard Hatfield. Frank McKenna est un avocat, ancien fonctionnaire du Conseil privé, et un proche d'Allan MacEachan, le leader de l'opposition libérale au Sénat. Il est donc un fieffé partisan du clan Trudeau. À peine élu, il réclame que l'accord soit renégocié.

Le 21 avril 1988, le Sénat demande des amendements à l'accord et moins d'une semaine plus tard, le conservateur Garry Filmon du Manitoba est reporté au pouvoir ; mais son gouvernement est minoritaire et doit s'appuyer sur les libéraux de Sharon Carstairs, une autre admiratrice de Trudeau, par conséquent hostile à l'accord et à la reconnaissance du Québec comme société distincte.

On voit donc au cours de cette brève période que les appuis politiques commencent à vaciller sérieusement, mais ce n'est là que le début des hostilités.

En juillet 1988, les Communes adoptent des amendements à la Loi sur les langues officielles afin d'augmenter les services bilingues offerts par le gouvernement fédéral, alors qu'à la même période le gouvernement ontarien vote la loi 8 qui augmente de même le nombre de services bilingues offerts par les municipalités. Les orangistes rugissent pour qui l'Ontario doit être et demeurer une province unilingue anglaise. De fait, depuis l'arrivée de Mulroney, et malgré la soi-disant bonne foi manifestée de part et d'autre, le contentieux Canada-Québec s'alourdit chaque jour à la faveur d'un certain nombre d'irritants

SEPTEMBER

TIME

CANADA
CHANGES
COURSE

Prime Minister-Elect
Brian Mulroney

que la bande à Trudeau et les farouches anti-Québécois n'hésitent pas à amplifier. Assez rapidement, on va estimer que Mulroney a un parti pris favorable envers les Québécois, après tout, n'est-il pas un des leurs ? N'a-t-il pas privilégié Bombardier-Canadair en 1986, lors de l'attribution du contrat d'entretien des CF-18, alors que la firme Macdonald Douglas du Manitoba avait soumissionné plus bas ? Le Québec n'exploite-t-il pas les Terre-Neuviens en leur vendant trop cher l'électricité de la rivière Churchill ? Autre pomme de discorde, le débat sur le libre-échange amorcé entre Mulroney et Ronald Reagan. Pourquoi les nationalistes québécois sont-ils en faveur alors que le reste du Canada est contre ? Il y a certainement anguille sous roche !

Ces différends font cependant figure de peccadilles si on les compare à la tempête qui s'en vient. Le 19 décembre 1988, la Cour suprême invalide certaines dispositions de la loi 101 qui concernent l'affichage unilingue anglais au Québec. Le français peut être prépondérant mais on ne peut interdire l'usage d'une autre langue. Se prévalant de la « clause nonobstant » qui lui permet de se soustraire à la Charte fédérale des droits et des libertés, le gouvernement Bourassa vote la loi 178 qui maintient la nécessité d'un affichage unilingue français à l'extérieur tout en autorisant qu'on puisse afficher en anglais à l'intérieur en autant que le français y demeure prédominant. Les Anglo-Québécois montent immédiatement aux barricades. Ils sont d'autant plus frustrés qu'ils se sentent trahis par Robert Bourassa et le Parti libéral qui constituent en quelque sorte leur rempart contre la souveraineté et les excès des séparatistes. Au cours de la campagne électorale de l'automne 1985, ce dernier leur avait notamment promis le retour au bilinguisme dans l'affichage. Les anglophones du Québec partent en guerre, mobilisant les médias qui leur sont favorables pour propager à travers le reste du Canada et jusqu'aux États-Unis l'image d'une majorité francophone despotique qui brime les libertés individuelles de ses minorités ! Sur le coup, trois ministres anglophones démissionnent du cabinet Bourassa.

Bien sûr, les provinces anglaises ne tarderont pas à prendre le relais de cette épouvantable campagne de dénigrement. En Colombie-Britannique, l'Alliance for the Preservation of English in Canada (APEC) réclame que l'anglais soit l'unique langue officielle de la province. Signataire de la pétition, l'un des cinq membres du conseil municipal d'Esquimalt déclare : « Il ne devrait pas y avoir de bilinguisme. Je suis désolé, mais les Français ont perdu aux Plaines d'Abraham. On se plie à une minorité. » Terre-Neuve élit en avril 1989 un premier ministre libéral, Clyde Wells, autre aficionado de Pierre Elliott Trudeau, qui jouera un rôle majeur dans le torpillage de Meech. En septembre de cette même année 1989, des citoyens de Brockville en Ontario piétinent le drapeau du Québec, tout en crachant dessus. En moins de six mois, de juin 1988 à janvier 1989, le soutien à l'accord du lac Meech est passé de 52 % à 31 %.

Reporté au pouvoir en septembre 1989 — au moment où un nouveau parti créé pour défendre les droits des anglophones, le Parti Égalité, fait élire 4 députés dont deux ne peuvent s'exprimer en français — Robert Bourassa se rend bien compte que l'accord a du plomb dans l'aile. De nombreux groupes de pression s'y opposent pour une raison ou une autre. Les autochtones soutiennent que cet accord ne tient pas compte de leurs droits collectifs. Les syndicats et les organismes de lutte contre la pauvreté sont contre, certains groupes de femmes prétendent que la disposition sur la société distincte ne devrait pas s'appliquer à elles. Mais c'est surtout l'intransigeance des anglophones qui horripile un Robert Bourassa qui monte le ton et va même jusqu'à brandir la menace séparatiste, précisant notamment que « le fédéralisme n'est pas une voie éternelle ». Sans préciser davantage sa pensée, Bourassa parle vaguement de « superstructure et d'institutions supranationales ».

La réplique ne se fait pas attendre. Le 29 janvier 1990, Sault-Sainte-Marie se déclare unilingue anglaise, suivi de 26 autres villes ontariennes. Moins d'une semaine avant, Bill Vander Zalm, premier ministre de la Colombie-Britannique avait brillamment proposé que l'accord reconnaisse 12 sociétés distinctes (les 10 provinces et les 2 territoires). Dans les semaines qui suivent, trois provinces, le Manitoba, Terre-Neuve et le Nouveau-Brunswick, rejettent carrément l'entente dans sa forme actuelle. Le premier ministre de cette dernière province, Frank McKenna, propose alors une « résolution complémentaire » qui devrait être ratifiée en même temps que l'accord. Pris de panique et dans une ultime tentative de sauver les meubles, Brian Mulroney nomme alors Jean Charest à la tête d'un comité chargé d'analyser cette proposition et de tenir des audiences portant sur Meech à la grandeur du Canada. Le comité entendra 190 témoignages et recevra plus de 800 mémoires ! Ce qu'il ne faut pas perdre de vue cependant, dans cette incroyable saga et en prenant connaissance de cette multitude de propositions et de contre-propositions qui surgissent de toutes parts, c'est que le Québec avait formulé des demandes qui constituaient à ses yeux le seul seuil minimum acceptable et qu'il n'était par conséquent pas question de modifier quoi que ce soit. Brian Mulroney convoque finalement les premiers ministres pour une ultime ronde de négociations qui se solde le 9 juin 1990 par une entente qui prévoit l'adoption de l'accord du lac Meech et, par la suite, celle de la résolution d'accompagnement suggérée par le Nouveau-Brunswick. Nous sommes à 14 jours de la date limite et les premiers ministres des trois provinces dissidentes, Terre-Neuve, Manitoba et Nouveau-Brunswick s'engagent à soumettre l'accord à leurs assemblées législatives respectives.

Le 12 juin 1990, le député néodémocrate autochtone manitobain Elijah Harper refuse de signer en chambre, bloquant ainsi la ratification de Meech, et devenant du même coup un héros pour le Canada anglais. Le 22 juin, le premier ministre de Terre-Neuve, Clyde Wells, renonce à faire ratifier l'entente. C'est la mort de l'accord du lac Meech. Une mort qui sera célébrée « avec honneur et enthousiasme » par… le Canada anglais.

Le même jour, Robert Bourassa y va d'un mémorable discours à l'Assemblée nationale où il déclare entre autres: « Le Canada anglais doit comprendre de façon très claire que, quoi qu'on dise, et quoi qu'on fasse, le Québec est, aujourd'hui et pour toujours, une société distincte, libre et capable d'assumer son destin et son développement. » Dans son propre discours, puisque pendant les années où a duré cette saga, il a réintégré les rangs du PQ et en est devenu le chef, Jacques Parizeau s'adresse à Robert Bourassa en l'appelant « mon premier ministre », après quoi il traverse le parquet de l'Assemblée pour venir le féliciter et lui tendre la main au moment où, dans une rare unanimité, tous les députés se lèvent pour applaudir en même temps le premier ministre et le chef de l'Opposition officielle.

Le 24 juin, cette année-là, une marée humaine de 400 000 Québécois défile calmement dans les rues de Montréal, le drapeau du Québec flottant au-dessus de toutes les têtes. On se croirait encore une fois à la veille du grand soir, d'autant plus qu'un éminent personnage adulé des Québécois, Lucien Bouchard, annonce le même jour qu'il démissionne du parti conservateur pour gagner les rangs des adeptes de la souveraineté. Oui, on se croirait vraiment à l'aube de cet instant fabuleux auquel rêvent nombre de Québécois depuis les années soixante : accéder enfin à l'indépendance pleine et entière ! Pourtant, tapie dans l'ombre jusqu'à peu, une couleuvre, un serpent, a réussi, la veille même de cette fête anniversaire emblématique du peuple québécois, à se hisser sur les tribunes et s'apprête à cingler dans le grand jour de tous ses dards : le 23 juin 1990, l'homme de main de Trudeau, l'exécutant des basses œuvres, le perfide Jean Chrétien est élu chef du Parti libéral du Canada.

Les acteurs en présence

Cette saga de l'accord du lac Meech aura duré près de quatre ans, une éternité. Quatre ans où on a encore une fois essayé de concilier l'inconciliable, quatre ans pendant lesquels on se sera déchiré sur la place publique dans le but d'essayer une nième fois de résoudre la problématique de la quadrature du cercle.

Les deux solitudes ont surgi chacune de sa tanière et alors que le projet initial devait se solder par un retour triomphant et acclamé de tous du Québec au sein du Grand Tout Canadien, on a plutôt assisté à une féroce querelle de ménage où, notamment, la hargne et le dépit du Canada anglais envers les Québécois auront atteint un sommet inégalé. Nécessairement, cette joute disgracieuse a eu des effets collatéraux, brassant la cage au sein des différents partis en cause, amenant son lot de défections, de trahisons et de ralliements. Voyons un peu de quoi est constitué le grand échiquier canado-québécois après que la poussière de cette guerre futile soit retombée. On constatera, chose sans doute normale, que c'est au sein des partis d'opposition que le brassage s'est avéré le plus perturbant.

On se souviendra que les dernières années où le Parti québécois a été au pouvoir n'ont pas été des plus glorieuses. Défaite référendaire, Nuit des longs couteaux, crise économique majeure, affrontements avec la fonction publique, un René Lévesque épuisé et malade devenu l'ombre de l'homme qui a si brillamment su rallier les forces vives du Québec. C'est Pierre-Marc Johnson qui lui succédera en 1985 pour brièvement occuper la place de premier ministre de septembre à décembre de la même année. Son fer de lance, « l'affirmation nationale », s'avérera un peu trop émoussé pour les guerriers du PQ encore avides de combats un peu plus homériques. Le putsch sera annoncé par le député et poète Gérald Godin le 30 octobre 1987, deux jours avant le décès de René Lévesque disparu le premier novembre. Pierre-Marc Johnson démissionnera comme chef de parti et député le 10 du même mois, la fronde menée entre autres par

Denis Lazure, Louise Harel et Christian Claveau ayant eu raison de sa résistance. Après un bref intérim de quelques mois assumé par Guy Chevrette, c'est Jacques Parizeau qui accède à la chefferie en mars 1988, lui qui avait réintégré les rangs du parti huit jours après le départ de Johnson.

Jacques Parizeau a une feuille de route des plus impressionnantes. Économiste de formation, il a étudié aux HEC, à l'Institut d'études politiques de Paris et à la Faculté de droit de Paris avant de se voir décerner un doctorat par la prestigieuse London School of Economics. Il a été conseiller de Jean Lesage et de Daniel Johnson, a pris une part active à la nationalisation d'Hydro-Québec et à la création de la Société générale de financement et de la caisse de Dépôt et placement du Québec. L'adhésion au PQ en septembre 1969 de ce haut commis de l'État aura apporté une crédibilité de premier plan à la cause souverainiste. Défait aux élections générales en 1970 et en 1973, Jacques Parizeau sera élu en 1976 et deviendra ministre des Finances dans le cabinet Lévesque jusqu'à la défaite de 1984. On peut le qualifier de pur et dur, lui qui a quitté le bateau au moment du « beau risque ». Il a d'ailleurs annoncé ses couleurs au moment de regagner la barque en 1987 : s'il en devient le chef, le parti redeviendra farouchement souverainiste, une position qui est entérinée au congrès de novembre 1988. Les électeurs semblent d'accord avec cette position puisqu'à l'occasion des élections tenues le 25 septembre 1989 où Robert Bourassa est réélu, le PQ obtient tout de même 40, 2 % des voix (29 députés) alors que ce pourcentage était descendu à 38,7 % lors de l'élection précédente en 1985. Jacques Parizeau deviendra premier ministre du Québec le 26 septembre 1994.

Du côté des libéraux fédéraux, on n'a pas une grande habitude de l'opposition et ce n'est pas une posture qu'on apprécie énormément. Depuis 1935, année où Mackenzie King reprenait le pouvoir après l'avoir perdu aux mains du conservateur Richard Bedford Bennett, et jusqu'à l'élection de Brian Mulroney en 1984, les libéraux ont été dans l'opposition à deux reprises seulement: de 1957 à 1963 alors que John Diefenbaker dirigeait le pays, et pendant le bref passage de Joe Clark, de mai à décembre 1979. Les années Trudeau (1968 à 1984, moins les quelques mois de Clark), associées à ce qu'on a appelé le French Power, ont été marquées par une direction autoritaire et une vision sans compromis quant à la décentralisation au sein du Canada. Élu chef du parti lors de la convention de juin 1984 et brièvement premier ministre pendant 70 jours (30 juin 1984 au 17 septembre 1984) suite au départ de Pierre Elliott Trudeau, John Turner ne fait pas partie de la «bande à Trudeau». Sa position conciliante pendant l'affaire de Meech, ses deux défaites consécutives aux mains de Brian Mulroney (1984 et 1988), ont rendu sa position intenable et c'est finalement celui-là même qu'il avait battu à la convention de 1984 qui prendra sa place à la tête du parti. Jean Chrétien est une bête politique. Avocat de formation, il a été élu au Parlement canadien pour la première fois en 1963 à l'âge de 29 ans et a conservé son siège lors des neuf élections suivantes. Exécutant des basses œuvres sous Trudeau, Chrétien est lui aussi un pur et dur et un ennemi juré des «séparatistes». Devenu chef du parti en 1990, il s'affaire à le reconstruire pendant trois ans jusqu'à l'écrasante victoire du 25 octobre 1993 où les libéraux remportent 177 des 294 sièges. C'est le retour de la ligne dure, l'héritage de Trudeau qui se perpétue, la morgue de la Nuit des longs couteaux qui occupe dorénavant l'avant-scène. Jean Chrétien a joué un rôle de premier plan dans le torpillage de Meech, agissant en coulisses auprès des McKenna, Wells et Carstairs pour s'assurer qu'ils tiennent ferme leurs positions. Le jour même de la mort de l'Accord, le 23 juin 1990, il donne l'accolade à Clyde Wells en le saluant d'un cordial : « *Well done, Clyde !* », ce même ami Clyde qu'il nommera à la Cour suprême de Terre-Neuve après sa retraite. Sharon Carstairs, pour sa part, sera nommée au Sénat et le héros national, Elijah Harper, sera accueilli à bras ouverts au sein du parti et deviendra député en 1993.

Du côté des partis au pouvoir au cours de ces années tumultueuses, on compte, d'une part, le Parti conservateur dirigé par Brian Mulroney au gouvernement fédéral, et d'autre part, le Parti libéral en selle au provincial qu'a repris Robert Bourassa. Brian Mulroney s'est présenté sur la scène politique comme le grand redresseur de torts. Son agenda laissait sans doute entrevoir une grande réconciliation nationale et dans ses instants de pure délectation complaisante, il voyait certainement son nom inscrit à jamais dans le grand livre de l'Histoire du Canada aux côtés de celui de son illustre prédécesseur John A. MacDonald. Le premier aurait créé le pays, le second l'aurait sauvé. La réalité s'est avérée moins séduisante. Brian Mulroney est porté au pouvoir pour une première fois en 1984. Son premier mandat est marqué de nombreux scandales : André Bissonnette, ministre fédéral des Transports, est contraint de démissionner en janvier 1987, suivi de près par Rock Lasalle. Issu de la vieille école,

Lasalle ira même jusqu'à dire que les pots de vin font partie de la vie politique. Michel Côté devra lui aussi quitter son ministère en février 1988 pour avoir accordé des centaines de contrats sans soumission. Mulroney a de plus reçu en héritage de Trudeau des finances publiques qui sont dans un état lamentable avec en prime des déficits se chiffrant à des milliards de dollars. La récession mondiale des années 1990 ne l'aidera en rien et il devra procéder à la privatisation de nombreuses sociétés d'État. Tout d'abord opposé au libre-échange durant la course à la direction en 1983, Mulroney changea son fusil d'épaule, se fit copain-copain avec l'un des présidents les plus réactionnaires des États-Unis, Ronald Reagan, et finit par signer une entente qui inclura le Mexique quelques années plus tard : l'ALÉNA (Accord de libre-échange nord-américain). Deux personnages qui ont œuvré dans le sillage de Mulroney nous intéressent ici davantage.

John James Charest (dit Jean) épouse la cause des progressistes-conservateurs et est élu à la Chambre des communes en 1984. Il sera tour à tour vice-président de la Chambre, ministre d'État à la Jeunesse, ministre d'État à la Condition physique et au Sport amateur, et ministre de l'Environnement. Au cours d'un balayage historique en 1993 où les progressistes-conservateurs seront à toutes fins utiles pratiquement éliminés de la scène politique canadienne, Jean Charest sera le seul élu aux côtés de Elsie Wayne. Il dirigera les destinées d'un parti moribond de 1993 à 1998. Fédéraliste à tout crin, il aura un rôle important à jouer pendant le référendum de 1995 et on le retrouvera bien sûr sur la scène politique provinciale à la tête du Parti libéral. À suivre.

L'itinéraire de Lucien Bouchard, quant à ses choix politiques entre le fédéralisme et la souveraineté, n'est pas aussi linéaire que celui de Jean Charest. Diplômé en droit de l'Université Laval, il travaille pour le Parti libéral du Québec lors de la campagne électorale de 1970, milite pour le Oui en 1980, est nommé ambassadeur du Canada en France par son copain d'université Brian Mulroney en 1985, puis joint les rangs du parti dirigé par ce dernier en 1988 à titre de Secrétaire d'État puis de ministre à l'Environnement. Pendant la saga de Meech, au moment où son collègue Jean Charest recommande d'apporter des modifications à l'Accord et qu'il obtient l'écoute de Mulroney, Lucien Bouchard démissionne de son poste de ministre et du caucus conservateur pour siéger en tant que député indépendant le 22 mai 1990. Suite à l'échec de Meech, il fonde le Bloc québécois avec de nombreux collègues parlementaires qui quittent le Parti conservateur et le Parti libéral. Lors de l'élection fédérale de 1993, le Bloc québécois remporte 54 des 75 circonscriptions québécoises et Lucien Bouchard devient le premier Chef de l'Opposition indépendantiste à la Chambre des communes à Ottawa !

À la tête du Parti libéral du Québec et premier ministre pendant toutes ces années qui vont de 1985 à 1994, Robert Bourassa est… égal à lui-même. Attendu qu'on parle abondamment de lui dans les pages qui suivent, nous nous contenterons de cette brève remarque pour l'instant.

Et on remet ça !

La mort de Meech jette une douche froide dans l'univers politique autant à Ottawa qu'à Québec. Alors que la bande à Trudeau/Chrétien et le reste du Canada jubilent, on est plutôt amer dans le camp des Bourassa et des Mulroney. Ce dernier met sur pied une Commission d'enquête itinérante (une autre !), la commission Beaudoin-Dobbie qui parcourt encore une fois aux frais des contribuables le beau Canada d'un océan à l'autre afin de tâter le pouls des uns et des autres et d'accoucher de recommandations. Ce qu'on propose en bout de course ressemble finalement beaucoup à Meech, mais on y intègre de plus des éléments liés à une reconnaissance du statut des Autochtones et à des modifications au Sénat.

De son côté, Robert Bourassa agit sur deux fronts. Dans un premier temps, il commande un rapport à Jean Allaire et à la Commission politique du PLQ afin de définir la plate-forme constitutionnelle du parti suite à la rebuffade du Canada anglais, et afin d'étayer un peu ses brumeuses avancées relatives aux « superstructures confédérales ». Puis l'Assemblée nationale du Québec met sur pied sa propre commission, Bélanger-Campeau, pour statuer sur l'avenir politique du Québec. Elle entendra 200 témoignages et plus de 600 mémoires.

Robert Bourassa a le don de diluer la sauce. Suite à l'échec de l'accord du lac Meech et aux incroyables marques d'hostilité et d'incompréhension manifestées par le Canada anglais, la fibre nationaliste n'a jamais vibré avec autant d'intensité au Québec. Des sondages internes du Parti libéral démontrent même que

72 % des Québécois voteraient pour le Oui dans l'éventualité d'un référendum portant sur la souveraineté du Québec. Le momentum est là. La démonstration a été clairement faite. Il est impossible d'en arriver à une entente satisfaisante pour les deux parties et qui garantisse au Québec l'assurance de sa simple survie comme peuple d'expression française en terre d'Amérique. Le Québec est accroché aux lèvres de son premier ministre. Il n'aurait suffi que de quelques mots de plus rajoutés à la célèbre affirmation faite en chambre le 22 juin 1990: «Le Canada anglais doit comprendre de façon très claire que, quoi qu'on dise, et quoi qu'on fasse, le Québec est, aujourd'hui et pour toujours, une société distincte, libre et capable d'assumer son destin et son développement. *Nous allons donc immédiatement en référer au peuple québécois pour lui suggérer de prendre en main la totalité de sa destinée.*»

Non, rien n'y fait. Qui plus est, Bourassa édulcorera et travestira les conclusions des deux commissions, celle de son parti et celle de l'Assemblée nationale, et replongera tout le pays dans un autre psychodrame aussi affligeant et stérile que le premier. Jean Allaire accouche d'un document intitulé *Un Québec libre de ses choix* qui suggère notamment un nouveau pacte confédératif où le fédéral ne contrôlerait plus que quelques secteurs: la défense et la sécurité du territoire, les douanes et les tarifs, la monnaie, la dette commune et la péréquation. Le rapport préconise de plus l'abolition du Sénat et une formule d'amendement à la Constitution requérant l'assentiment de provinces représentant 50 % de la population et l'assentiment obligatoire du Québec. Si une entente n'est pas conclue avec le reste du Canada à l'automne

1992, Jean Allaire propose la tenue d'un référendum sur la souveraineté assorti d'une offre de partenariat avec le reste du Canada. Début mars 1991, dans une ambiance survoltée où les fédéralistes jouent du coude, les militants libéraux finissent par adopter le rapport Allaire tel que proposé, rejetant tous les amendements qui en auraient modifié la portée.

Quelques semaines plus tard, c'est au tour de la commission Bélanger-Campeau de déposer ses recommandations le 27 mars 1991. Tout est là. La voie du pays est tracée. Toutes les avenues ont été explorées, les problèmes liés à l'accession à la souveraineté analysés, des suggestions réalistes proposées ; mais allons y voir de plus près.

La Commission nationale sur l'avenir du Québec

La Commission
1. estime inacceptable et contraire aux intérêts supérieurs du Québec l'imposition de la Constitution de 1982 qui a créé l'impasse politique dans laquelle le Québec a été plongé contre son gré. Elle considère urgent de dénouer cette impasse et d'ouvrir la voie à des changements majeurs ;
2. affirme que la souveraineté est la seule option apte à répondre aux aspirations collectives des Québécoises et des Québécois ;
3. recommande que le projet de loi sur la souveraineté précise que le Québec est un pays de langue française et que

536

le gouvernement s'engage à assurer la protection de la culture québécoise;

4. La Commission recommande que la Déclaration de souveraineté soit rédigée à partir des attentes qui ont été exprimées lors des audiences et dont voici les principaux éléments:

- l'expression de notre volonté d'être maîtres de notre destinée, d'habiter et de prospérer sur un territoire en Amérique qui nous est propre, différents et distincts par notre langue, notre histoire, nos coutumes, notre manière d'être, d'agir et de penser;

- la compétence exclusive de notre État de légiférer et de prélever les impôts sur son territoire, d'agir directement sur la scène internationale pour conclure toute forme d'accord ou de traité avec d'autres États souverains et de participer pleinement aux institutions internationales;

- le français est la langue commune et officielle des Québécoises et Québécois;

- la protection et la promotion des droits intrinsèques et inaliénables que sont la liberté, la justice, l'égalité et la paix;

- notre attachement profond aux droits et libertés civils et politiques mais aussi économiques, sociaux et culturels;

- notre attachement aussi aux devoirs et responsabilités de chacun ainsi qu'aux droits collectifs de la communauté;

L'Instituteur Moderne

SUPPLÉMENT ILLUSTRÉ

Huit page : CINQ cennes

DIMANCHE 3 FÉVRIER 1948

RIGUEUR, DISCIPLINE et AUTORITÉ !

- l'obligation pour chacun de respecter les droits et libertés d'autrui ;
- le respect de la vie démocratique et de la vie familiale ; l'importance de l'éducation et de la solidarité sociale ;
- l'égalité des hommes et des femmes, la lutte à la pauvreté et à l'exclusion sociale, le respect de l'environnement et la solidarité internationale ;
- la préservation des valeurs humaines et spirituelles héritées du passé et le développement des valeurs nouvelles créatrices de civilisation ;
- le Québec est un État décentralisé.

Conclusion

Les membres de la Commission nationale, de même que leurs collègues des commissions régionales sur l'avenir du Québec, ainsi que ceux et celles de la Commission des aînées et des aînés et de la Commission des jeunes ont entendu et écouté le Québec durant ce que quelqu'un a appelé : « l'hiver de la parole ». Les membres de ces commissions sont désormais les témoins du Québec et ce rapport de la Commission nationale sur l'avenir du Québec est leur témoignage de la voix des Québécoises et des Québécois.

La première chose dont il faut témoigner est le caractère profondément démocratique de la démarche qui se termine et la valeur historique qu'elle acquiert ainsi comme expression d'une partie de la population. C'est avec beaucoup d'empressement que des milliers d'individus et d'organismes ont accepté de venir exprimer leurs visions de l'avenir du Québec. Ils l'ont fait avec beaucoup de générosité car le court temps qu'on leur avait alloué pour la préparation de leurs interventions a exigé de chaque intervenant qu'il travaille, souvent, presque jour et nuit afin d'être prêt au moment voulu. Ils l'ont fait fréquemment avec beaucoup d'émotion, avec une foi profonde que leurs paroles seraient retenues, une satisfaction sensible de la démarche d'écoute qu'on leur proposait.

Les Québécoises et les Québécois ont le goût de la démocratie et veulent s'engager dans la construction du pays. Leur présence, leurs interventions, leurs dires manifestent nettement qu'ils veulent être bien informés et participer. S'ils ont, tout au long des séances d'audition des commissions, posé des questions, c'est qu'ils veulent connaître la vérité, car ils n'ont pas peur de la vérité. Ils ne veulent pas qu'on leur présente leur avenir comme une image d'Épinal mais bien comme un tableau qu'on brosse avec vigueur et qui dit tout, clairement, simplement, directement. Ils n'ont que faire, dans cette démarche précise, ni d'impressionnisme, ni de symbolisme, ni de clair-obscur. Ils veulent, au moment de choisir la route, avoir en main une bonne carte géographique.

De Hull jusqu'à Gaspé, de Montréal jusqu'à Blanc-Sablon, chez les aînés comme chez les jeunes, les Québécoises et les Québécois ont dit avec beaucoup d'intensité leur soif de changement. Ils ont souvent exprimé leur fatigue au sein d'une organisation sociale où beaucoup d'entre eux étouffent. Ils ont dit leur dégoût des tracasseries administratives, des multiples démarches nécessaires et souvent improductives, de la complexité technocratique qui les écrase aussi bien que de la pauvreté qui les entoure. Ils sont venus nous parler des démunis, des chômeurs, de tous ceux et celles qui sont marginalisés et dont la société ne s'occupe pas suffisamment. Ils ont fait comprendre que cette société dans laquelle ils vivent est, pour beaucoup trop d'entre eux, sans promesse d'avenir comme un jour sans lendemain qui pourtant se répéterait constamment sans que jamais un espoir ne puisse l'habiter.

Ils ont alors parlé, de toutes sortes de manières, d'un projet de société. D'un projet de société qui ressusciterait l'espérance de jours meilleurs et la possibilité d'y parvenir.

Constamment, chacun à sa façon, ils ont redit la nécessité d'un renouveau social. Ils ont compris que ce renouveau, ce véritable projet de société peut être atteint en faisant du Québec un pays. En effet, pour eux, la souveraineté n'est pas une fin, mais un moyen. Un moyen de se donner, à soi et pour soi, un véritable projet. Un projet mobilisateur et créateur, correspondant exactement à leurs besoins. Car ils comprennent que la souveraineté n'a de sens que si elle mène à un changement profond de la société actuelle comme ils comprennent, aussi, que sans la souveraineté ce changement n'est pas possible parce qu'on a déjà organisé une manière d'être sociale, économique et culturelle. Mais cette manière d'être a été pensée en fonction de l'ensemble canadien dans lequel ils ne sont que minoritaires et provinciaux. Il y a donc, disent-ils, une double réalité: la souveraineté ne peut être bonne que si elle mène à un nouveau projet de société et tout projet de société qui puisse être bénéfique et adapté aux besoins des Québécoises et des Québécois ne peut se faire que si le Québec est souverain.

Le défi est là : le Québec doit décider de prendre en main son propre destin. Il reste aux femmes et aux hommes du Québec à le faire. Ces femmes qui depuis les débuts du Québec, mères de famille, enseignantes, infirmières ont toujours été au cœur du maintien de la langue et de la culture, de l'organisation sociale et de plus en plus, aujourd'hui, présentes à l'organisation politico-économique de notre société, ces hommes québécois qui depuis les colons et les marchands des premiers jours jusqu'aux élus politiques et aux chefs d'entreprises d'aujourd'hui ont toujours su maintenir le cap d'une démarche qui n'était que de survivance doivent, maintenant, ensemble, décider s'ils acceptent de diriger notre marche vers un avenir refait par nous et pour nous. [52]

Voilà le message que le peuple québécois a transmis à Robert Bourassa. Et en termes d'échéancier, la Commission propose un référendum sur la souveraineté du Québec devant être tenu au plus tard le 26 octobre 1992 et que d'ici là, le Québec considérera toute proposition formelle que pourrait faire le Canada anglais pour renouveler la fédération. Que fait Robert Bourassa, pensez-vous ? Le 20 juin 1991, l'Assemblée nationale adopte la loi 150 qui entérine les recommandations de la Commission mais Bourassa crée deux commissions parlementaires : l'une pour recevoir les offres du Canada anglais, l'autre pour étudier

---

52. Les recommandations de la Commission Bélanger-Campeau méritent vraiment qu'on les parcoure en entier. Voir le site suivant : www.republique-libre.org/cousture/BELCAMP.HTM.

les conditions d'accessibilité à la souveraineté. Les propositions du Canada sont formulées le 7 juillet 1992 suite au dépôt du rapport de la Commission fédérale Beaudoin-Dobbie. C'est du sous-Meech que l'on offre en pitance au Québec, avec une table de négociations à 17 alors que Bourassa avait juré après la mort de Meech que le Québec allait à l'avenir négocier seul à seul avec le gouvernement fédéral! Bourassa accepte! Il est répudié par la Commission jeunesse de son propre parti.

Les négociations débutent à Charlottetown à la fin août 1992, et de l'avis de tous, il est de notoriété que Robert Bourassa s'est littéralement écrasé au cours de cette ronde comme en fait foi une conversation téléphonique enregistrée à leur insu entre le principal conseiller constitutionnel du premier ministre, André Tremblay, et la sous-ministre Diane Wilhelmy. La majeure partie des commentateurs, même parmi les moins autonomistes, n'en reviennent tout simplement pas qu'on ait pu descendre si bas au chapitre des concessions. Mais la veulerie de Robert Bourassa ne s'arrête pas là. Pour se défaire de l'obligation de tenir un référendum sur la souveraineté comme l'avait prévu la loi 150 votée le 20 juin 1991, Bourassa force l'Assemblée nationale à modifier la loi 150 de telle sorte que le référendum porte sur l'entente de Charlottetown plutôt que sur la souveraineté du Québec! Jean Allaire annonce le 1er septembre qu'il votera Non, rejoint le 14 du même mois par le président de la Commission jeunesse du PLQ, Mario Dumont. Les deux créeront le 23 septembre Le Réseau des libéraux pour le Non. Puis, dénouement prévisible, cette entente ne faisant ni l'affaire des Québécois ni celle des Canadians, l'Accord de Charlottetown est battu en brèche le 26 octobre. Le Canada anglais dit Non à 56,7 %, le Québec le rejette à 57 %.

Fin novembre 1992, Jean Allaire et Mario Dumont quittent le Parti libéral.

Et dans le reste du monde, pendant ce temps ?

Pendant ces années où la petite planète Québec-Canada semble tourner à vide sur elle-même comme un chien fou qui court après sa queue, les plaques tectoniques de l'univers géopolitique mondial, elles, se sont sérieusement mises à bouger. Secrétaire général du Parti communiste en URSS à partir de 1985, Mikhaïl Sergueïevitch Gorbatchev annonce un ambitieux programme de réformes (*perestroïka*) et une politique d'ouverture sur le monde (*glastnost*) qui, à toutes fins utiles, mèneront à l'écroulement de l'empire soviétique et à une mise au ban presque définitive de l'idéologie communiste. En moins d'une décennie, on assistera à la chute du mur de Berlin, à la dissolution du Comecon et du pacte de Varsovie, à l'exécution de Ceausescu en Roumanie et à un effet domino qui viendra déstabiliser tous les pouvoirs politiques jusque-là soumis aux diktats de l'URSS ou qui en sont les satellites. Bouleversement heureux s'il en est, cette révolution modifiera cependant considérablement l'échiquier mondial et aura notamment une conséquence majeure : la victoire totale du capitalisme qui s'imposera dorénavant comme l'idéologie dominante à travers le monde, sans aucun contrepoids pour amortir ou contrecarrer sa fulgurante progression.

On le sait, depuis la victoire de Lénine et des bolcheviks en 1917, le monde est divisé en deux camps qui sont venus bien prêts de s'affronter à plusieurs reprises. Ce sont deux visions du monde qui se faisaient face comme chiens de faïence, l'idéologie socialiste ou communiste servant notamment de point de repère à nombre de partis, d'intellectuels, de syndicats, de groupes de pression de toute nature partout sur la planète qui se référaient aux analyses de ces penseurs de gauche et à leurs dogmes pour lutter contre l'oppression et la mainmise du capital sur la société. Maintenant que cette vision du monde qui préconisait l'appropriation des outils de production par ceux qui les utilisent et une meilleure distribution de la richesse, maintenant que cette façon de voir autrement a été déclarée obsolète, ne demeure sur la scène internationale qu'un seul acteur : le prédateur dont le seul but est l'assouvissement de ses besoins personnels et l'accroissement de sa richesse.

Suite à l'avènement du téléphone, de la radio et de la télévision, technologies qui, chacune, tour à tour, aura entraîné sa petite révolution, IBM met sur le marché en 1981 le premier ordinateur personnel. Quelques années plus tard, Internet commence à étendre une toile dont les ramifications couvriront bientôt l'ensemble de la planète, reliant en temps réel et à des frais minimes des utilisateurs disséminés aux quatre coins du monde. Grâce à ces réseaux qui se multiplient, à la rapidité et à la facilité d'emploi de ces nouveaux outils de communication, la planète dans son ensemble constitue maintenant un marché aisément accessible et les limites qu'imposaient la distance et l'éloignement deviennent de moins en moins un obstacle au commerce international, d'autant plus que les moyens de transport ont eux aussi connu un développement fulgurant. La tendance des dernières décennies allant s'accroissant de manière exponentielle, les entreprises nationales deviennent transnationales, fusionnent ou acquièrent des rivales, se muent en gigantesques consortiums dont les revenus dépassent souvent le PNB d'un État de taille moyenne. Les règles et législations dont pouvait se doter un État pour contrer ou baliser l'activité des entrepreneurs agissant sur le territoire national s'avèrent caduques dès l'instant où ces derniers pataugent dans une mare dont on ne peut circonscrire les rives. Ne connaissant plus de limites à sa croissance, le capitalisme multiplie ses métastases à la manière d'un cancer généralisé, sans égard à la santé de la planète et au corps social qu'il ravage ainsi pour le seul profit de ses actionnaires. La situation devient kafkaïenne et «sisyphique» quand on sait que ces mêmes actionnaires se recrutent souvent du côté des instances qui gèrent les fonds de retraite ou les rentes des employés de l'État ou d'autres corps constitués, comme si le corps justement se dévorait lui-même dans l'absurde espérance d'un rendement plus alléchant ; comme si la mort pouvait être plus séduisante dès le moment où on la pare de dentelles et de fausses dorures. La planète est maintenant gérée à courte vue, sur un horizon de trois mois, sur la base des rapports trimestriels des grandes entreprises.

Si elle n'est pas balisée par des lois et des règlements qui en limitent l'effervescence et la prolifération, la notion du profit va tout saccager sur son passage. La chose s'est avérée au Québec dans le domaine de la pêche, elle est en train de se concrétiser dans l'industrie forestière et dans tous les secteurs où les ressources naturelles constituent la matière première. De plus, le capitalisme, voire le néolibéralisme, n'a que faire de la diversification, de la multiplicité des goûts, des ethnies, des pratiques culturelles, des us et coutumes, de la spécificité de chaque peuple ou de chaque individu. Au contraire, le consommateur doit être de plus en plus uniformisé, raboté, ramené au plus simple dénominateur commun de telle sorte que la mise en marché, pour devenir de plus en plus efficiente, puisse rejoindre le plus grand nombre d'individus. De même les pratiques et techniques d'exploitation doivent être de plus en plus systématisées et efficaces et les développements de la technologie permettent justement un rendement tel qu'on en n'a jamais vu. On peut ratisser de larges pans de l'océan, récoltant tout ce qui bouge dans des filets géants, sans égard à la fragile faune et à la flore qui en tapissent le sol ; on peut décimer des forêts entières en l'espace de quelques heures là où nos bûcherons d'antan auraient mis un hiver à abattre autant d'épinettes ; on peut aussi fermer usines et manufactures en terre d'Amérique du Nord dès l'instant où la législation sociale qui a cours dans les pays du tiers-monde et les salaires qui y sont versés permettent de générer des profits nettement plus alléchants.

Eu égard à cette situation qui prévaut de plus en plus dans le monde, et remettant le pied en sol canado-québécois, il s'avère instructif de revenir sur le débat qui a marqué la négociation de l'entente de libre-échange négociée dans un premier temps entre le Canada et les États-Unis sous Brian Mulroney. On se souviendra que l'opinion publique au Canada était majoritairement contre alors qu'au Québec l'opposition péquiste de l'époque se montrait plutôt en faveur. On peut se demander pourquoi ces attitudes divergentes ? Eh bien, le Canada anglais se sentait menacé justement du fait que cette entente donnait encore plus de latitude au rouleau compresseur américain pour niveler tout sur son passage, au détriment de la « spécificité » canadienne, qui de fait n'a souvent pas plus d'épaisseur qu'une feuille d'érable. Dans le camp péquiste et dans la perspective de la souveraineté du Québec, le fait de pouvoir nouer des alliances économiques dans un environnement le moins contraignant possible avec le reste de l'Amérique signifiait une moindre dépendance envers l'économie canadienne. Et le Québec ayant mis ses bretelles depuis la Révolution tranquille, il se sent moins menacé par une culture étrangère.

Le référendum de 1995

L'alignement des astres, tant sur la scène politique provinciale que sur la scène politique fédérale, bouge toujours au gré des enjeux et des hommes (et des quelques femmes) qui sont prêts à monter au front pour les défendre. Quelques-uns ne brillent que le temps d'une élection, certains prennent les devants pendant les brefs instants d'une confrontation, d'autres enfin passent de l'arrière-scène à l'avant-scène — ou vice-versa, éminences grises ou back benchers qui se voient propulsés sous la rampe des projecteurs après avoir frayé pendant des décennies dans les officines ou les coulisses du pouvoir.

Les trois faucons de la campagne référendaire de 1995 :
Claude Ryan, Pierre Elliott Trudeau et Jean Chrétien
(photo *Le Journal de Montréal*).

Il en est de même des partis politiques. Aussi bien à Québec qu'à Ottawa, seul le Parti libéral est parvenu à survivre depuis les débuts de la Confédération. Jean Chrétien a fait subir une raclée sans précédent au Parti progressiste conservateur lors de l'élection du 25 octobre 1993, remportant 177 des 294 sièges et n'en laissant que deux au Parti conservateur qui amorce là les premières notes de son chant du cygne. À Québec, c'est un Robert Bourassa en mauvaise santé qui laisse finalement les rênes du pouvoir en 1994, lesquelles sont reprises par un tiédasse Daniel Johnson qui ne fera cependant pas le poids.

Mais quels que soient les hommes en présence, la polarisation des partis en ce début des années 90 ne s'opère pas selon le classique clivage gauche/droite, mais bien plutôt selon l'axe fédéraliste/souverainiste. Dans le premier clan, bien sûr, l'arrogant Jean Chrétien formé à l'école Trudeau qui, comme on vient de le mentionner, vient sans équivoque d'enfoncer ses deux pieds dans l'étrier; et sur la scène provinciale, le Parti libéral qui ne s'est pas encore réellement remis de la vacuité perfide d'un Robert Bourassa. Dans le second clan, celui des indépendantistes, on a le vent dans les voiles suite à la déconfiture de Meech et de Charlottetown. De fait, trois partis s'affichent maintenant d'obédience souverainiste. À Ottawa, le Bloc québécois vient de remporter 54 sièges et forme l'opposition officielle, du jamais vu! À Québec, le Parti québécois avec Jacques Parizeau à sa tête prend le pouvoir le 26 septembre 1994 avec 44,7 % des voix, faisant élire 77 députés. Le Parti libéral de son côté va chercher 44,3 % des votes, mais ne parvient qu'à gagner 47 sièges. Clivage ethnique? Cette situation est simplement due au fait que les libéraux obtiennent toujours des majorités écrasantes dans les comtés à majorité anglophone. Un nouveau parti a aussi fait son apparition sur la scène politique provinciale, l'Action démocratique du Québec, qui parvient à faire élire un seul et nouveau député en la personne de son chef, Mario Dumont. L'histoire se répète. Tout comme le PQ, l'ADQ est un fruit tombé de l'arbre libéral, parce que les dirigeants du moment ont refusé d'entériner une position plus radicale dans le débat constitutionnel.

Jacques Parizeau accède donc au pouvoir à la fin de septembre 1994. Moins de deux mois après son intronisation, il tient promesse et enclenche aussitôt le processus référendaire par la présentation d'un avant-projet de loi sur la souveraineté du Québec. Nous sommes le 6 décembre et s'amorce alors une vaste consultation populaire (une autre) qui prend la forme de commissions parlementaires itinérantes dont l'objectif est de faire participer la population à la rédaction de cette loi. Au cours de l'été 1995, le Parti québécois, le Bloc québécois et l'Action démocratique du Québec signent une entente où est formulée l'essentiel du projet qui sera présenté à la population : un Québec souverain assorti d'un partenariat économique et politique négocié avec le reste du Canada. Le projet de loi sur la souveraineté est présenté en chambre le 7 septembre, il sera adopté si le référendum prévu pour le 30 octobre récolte une majorité de Oui. La question est la suivante : « Acceptez-vous que le Québec devienne souverain, après avoir offert formellement au Canada un nouveau partenariat économique et politique, dans le cadre du projet de loi et de l'entente du 12 juin ? » Jugeant la question encore une fois trop timorée, le fougueux Pierre Bourgault, ancien

La montée du OUI durant la campagne référendaire de 1995
(colligée par les auteurs du Pays en mots dits *publié aux Éditions Trois-Pistoles).* ▲ ▶

1 000 000 d'emplois !

- ■ *Un travailleur sur trois serait menacé, prédit Paul Martin*
- ■ *Parizeau s'esclaffe: «La semaine prochaine, ce sera dix millions?»*

Jean Chrétien reste confiant

«LA SITUATION EST SÉRIEUSE»

MCKENNA ENTRE EN SCÈNE
Le Québec sera traité en pays étranger *P. A. 19*

Johnson prédit le pire aux PME en cas de OUI
Une firme de Boston contredit un fabricant beauceron

Coup de pouce américain à un Canada fort et uni
Il ne faut pas tenir pour acquis les liens qui existent présentement entre le Canada et les États-Unis, prévient le secrétaire d'État américain

5 milliards $ pourraient «s'enfuir» en 24 heures
JOHNSON PRÉDIT UNE CRISE ÉCONOMIQUE ADVENANT UN OUI

LE OUI REMONTE

CROP donne une légère avance au OUI

LE MARDI 17 OCTOBRE 1995
SONDAGE SOM / LE SOLEIL / THE GAZETTE

À égalité
L'effet Bouchard permet au OUI de rattraper le NON

Lors du référendum du 30 octobre prochain, répondrez-vous OUI ou NON à la question suivante:

"Acceptez-vous que le Québec devienne souverain, après avoir offert formellement au Canada un nouveau partenariat économique et politique dans le cadre du projet de loi sur l'avenir du Québec et de l'entente signée le 12 juin 1995?"

60%

55%

50,2%   53,2%   52,8%   NON
50%   49,8%   50,8%

45%   46,8%   47,2%   49,2% OUI

40%

7-8 sept   26-28 sept   1-4 oct   8-18 oct

chef du défunt RIN, proposera la suivante dans une lettre adressée à Jacques Parizeau : « Voulez-vous que le Québec devienne un pays souverain selon les termes de la loi sur la souveraineté adoptée par l'Assemblée nationale du Québec ? »

Si on commence ainsi à s'organiser du côté du Oui notamment par cette alliance stratégique des trois partis souverainistes, le camp du Non de son côté amorce les hostilités d'une manière agressive et sans se soucier le moindrement du monde des règles démocratiques. Avant même que le directeur des élections du Québec n'ait déterminé les règles balisant la tenue du référendum, les forces fédéralistes sont déjà à l'œuvre, et font flèche de tout bois, peu importe que les pratiques soient non éthiques, contraires à la morale, malhonnêtes ou carrément illégales.

Ainsi, dès que l'idée du référendum est dans l'air et que les dates semblent se préciser, l'ineffable Chuck Guité, patron de la Direction générale des services de coordination des communications au gouvernement fédéral (DGSCC) dépense huit millions de dollars pour mobiliser à des fins fédéralistes tous les espaces publicitaires extérieurs disponibles à ce moment au Québec, de même que ceux disponibles dans les transports en commun. Le 7 septembre 1995, on incorpore à Montréal une compagnie du nom d'Option Canada, une créature semi-clandestine jaillie du flanc du Conseil pour l'unité canadienne et dont l'existence ne sera connue qu'en 1997. Entre le 3 octobre et le 20 décembre 1995 (pour régler les comptes en souffrance), Option Canada recevra 5,2 millions de dollars qui ne seront jamais déclarés dans les comptes du NON mais qui ont manifestement servi à des dépenses liées à cette option. Rappelons que la limite maximum permise aux comités pour le OUI et le NON telles que fixées par le directeur général des élections du Québec était fixée à 5 millions!

Faut dire que le ton avait déjà été donné. Président des activités canadiennes de la Standard Life et du conseil d'administration de l'UQAM, Claude Garcia, lors d'un discours tenu le 24 septembre à l'occasion du conseil général du PLQ, y va d'une déclaration à l'emporte-pièce : « Il ne faut pas gagner le 30 octobre, il faut [les] écraser ! », s'élance-t-il en faisant allusion aux souverainistes. Quel montant la nébuleuse Option Canada a-t-elle illégalement injecté dans la campagne du NON ? Normand Lester et Robin Philpot dans *Les secrets d'Option Canada* parlent d'une somme de 5, 2 millions. Cette assertion est démentie par le juge Bernard Grenier mandaté par le directeur général des élections du Québec pour faire enquête. Rendu public le 29 mai 2007, le rapport Grenier révélera des dépenses illégales se chiffrant plutôt à un peu plus d'un demi-million de dollars, ce qui n'est quand même pas rien. Et pourtant, Jean Charest, à ce moment premier ministre du Québec, ce qui n'est pas rien non plus, dira que toute cette affaire est un « pétard mouillé ». C'est quand même impressionnant d'entendre un premier ministre utiliser un tel terme à propos d'une fraude d'un demi-million qui s'est tramée au moment où se jouait l'avenir du peuple qu'il allait être appelé à diriger ! D'autant plus que les conclusions du rapport Grenier ne dissipait en aucune manière le doute « raisonnable ». « Il y a beaucoup de clair-obscur et de flou dans la preuve […], l'histoire du référendum ne sera peut-être jamais toute connue. […] Option Canada et le Conseil pour l'unité canadienne (CUC) ont dépensé environ 11 millions en faveur de l'option du NON avant et pendant la période référendaire de 1995 au Québec. Ces fonds provenaient d'une seule source, à savoir le ministère fédéral du Patrimoine canadien», dira le directeur général des élections. De son côté, le Bloc québécois mettait à jour en mars 2004 l'existence d'un autre fonds pour le moins douteux : la Réserve pour l'unité. Selon les allégations du Bloc, ce fonds contrôlé directement par le premier ministre aurait dépensé 800 millions entre 1992 et 2006 «pour faire la promotion du fédéralisme et de l'unité canadienne».

Nous l'avons vu à l'occasion du référendum de 1980, ils sont nombreux à réagir quand vient le temps de contrer les aspirations légitimes des Québécois, et ils possèdent des ressources quasi illimitées. Le gouvernement fédéral, les administrations des autres provinces et des territoires, le PLQ et les autres partis fédéralistes, les entreprises parapubliques fédérales, les gros consortiums et les trusts qui mangent dans la main d'Ottawa, tous les vendus qui gagnent grassement leur vie en suçant la moelle abondante qui suinte sur les rives de la rivière des Outaouais, même Bill Clinton, président des États-Unis élu en 1993, c'est une véritable armada qui se met en branle lorsque vient le temps de se mobiliser contre le Québec. Et ils n'y manqueront pas cette fois non plus. Laurent Beaudoin, pdg de la firme Bombardier qui emploie 12 700 personnes au Québec, déclare le 21 septembre qu'il n'hésitera pas à déménager ses usines en dehors d'un Québec indépendant advenant une victoire du OUI. Paul Desmarais, président de Power Corporation, notamment propriétaire à l'époque du quotidien *La Presse*, abonde dans le même sens en soulignant le courage de M. Beaudoin. Heureusement un peu plus lucide, le président de Quebecor, Pierre Péladeau — dont le fils Pierre Karl devrait retenir les leçons — s'insurge contre ces cris d'alarme proférés par Laurent Beaudoin et Paul Desmarais. Selon lui, ces opinions alarmistes « sont irresponsables et créent de l'insécurité ». Pierre Péladeau ira même jusqu'à parler de « capitalisme dégénéré » en faisant allusion aux pressions que Laurent Beaudoin exerce auprès des travailleurs de ses usines. Le camp du NON ne s'en laisse pas montrer pour autant. On y évoque des scénarios catastrophe invraisemblables : Daniel Johnson, chef de l'Opposition à Québec et brièvement chef du Comité du NON avant qu'il ne se fasse tasser par Jean Chrétien, prédit un déficit de 9 à 15 milliards et prévoit que la souveraineté coûterait 92 300 emplois ; ministre des Finances à Ottawa, Paul Martin fait bondir les enchères moins d'une semaine plus tard et parle de menace pour un million d'emplois ! Jacques Parizeau n'en revient pas face aux prédictions de ces oiseaux de mauvais augure qu'il qualifie de « cavaliers de l'Apocalypse ». « Il y a une semaine, les gens du NON estimaient à légèrement en dessous de 100 000 les pertes d'emploi. Aujourd'hui, c'est un million. La semaine prochaine, ce sera quoi, dix millions ? Je vous rappelle qu'il n'y a que 3 200 000 emplois au Québec. La surenchère entre les ténors du NON atteint des sommets himalayens. Mais multiplier par dix le nombre des pertes d'emplois en une semaine, faut le faire ! [...] Au rythme où le Non annonce les pertes d'emploi, il faudra importer des chômeurs. »

Sommes pharamineuses et souvent secrètes dont peut disposer le camp du NON, menaces à peine voilées des grands capitalistes québécois à la solde d'Ottawa, annonces apocalyptiques quant aux chances pour un Québec souverain de survivre économiquement, refus catégoriques des autres provinces d'envisager des négociations advenant la victoire du OUI, propos racistes, outrageants, chantage, fausses vérités, ce n'est malheureusement là qu'une partie de l'arsenal dont se servira le camp du NON pour arriver à ses fins. Généreuses, les lois électorales québécoises permettaient à l'époque (elles ont été modifiées par la suite, on comprendra pourquoi) à tout ex-résidant du Québec l'ayant quitté depuis moins de deux ans, et qui manifestait son intention de s'y établir de nouveau, de voter au référendum. À l'affût de toutes les opportunités, les NONistes allaient rapidement saisir l'occasion. Le Committee to Register Voters Outside Quebec, sorti de la jambe droite du Parti libéral du Québec, allait rapidement se mobiliser et expédier via Internet les instructions et formulaires nécessaires à plus de 50 000 anglophones vivant hors Québec, la plupart l'ayant quitté suite à l'arrivée du PQ au pouvoir. Le 5 octobre, *La Presse* annonçait que le directeur général des élections du Québec prévoyait que plus de 10 000 personnes allaient se prévaloir de ce droit avant la date d'échéance, plus de 500 nouvelles demandes entrant chaque jour. Le comité du NON et le Conseil pour l'unité canadienne auraient transmis à Postes Canada environ 38 000 dépliants adressés aux ressortissants québécois à travers le monde. Peut-on penser que ces envois étaient ciblés ? M. Côté, directeur général des élections, obtiendra une injonction pour mettre fin à la pratique et découvrira quelque temps plus tard que des milliers d'électeurs étaient recensés à la fois au Québec et sur la liste des électeurs hors Québec.

Autre manigance de notre bon gouvernement fédéral, les statistiques compilées par les analystes de Citoyenneté et Immigration Canada démontrent qu'environ 43 855 nouveaux Québécois ont obtenu la citoyenneté canadienne au courant de l'année 1995, dont le quart, 11 429, entre le 1er et le 20 octobre, date limite pour obtenir le droit de vote au référendum. Ce qui signifie une moyenne de 580 personnes par jour alors que, chose extraordinaire, les fonctionnaires de l'immigration travaillaient le samedi et le dimanche et faisaient des heures supplémentaires sur semaine. Et alors que les délais de vérification s'échelonnent normalement sur une période de neuf mois, il n'aura fallu à l'automne 1995 qu'une attente de quelques semaines, voire de quelques jours, pour que ces heureux immigrants reçoivent leur citoyenneté. Assermentés à coup de 150 à la fois, ces nouveaux Canadiens se faisaient dire à la sortie de la salle: «Maintenant que vous êtes citoyens du Canada, vous savez pour qui voter». Pour la première et pour la seule fois de toute l'histoire du Canada, les résidants du Québec recevaient plus de certificats de citoyenneté que ceux de l'Ontario! Et comme si toutes ces magouilles ne suffisaient pas, suite à une plainte de militants péquistes formulée en 1998 qui alléguaient que 100 000 personnes inscrites sur la liste électorale n'étaient pas inscrites à la Régie de l'assurance-maladie du Québec en 1995, le directeur général des élections concluait après une vérification approfondie que, de fait, 56 000 de ces personnes n'avaient effectivement pas le droit de vote.

Malgré ces manœuvres sans précédent, malgré les menaces, le chantage, les menteries, l'intimidation, malgré cette conjuration de toutes les forces obscurantistes réunies et jouissant de moyens quasi illimités, malgré cette gigantesque puissance dont les pieds baignent dans une fange capitaliste aux ressources inépuisables, malgré tout, le OUI prenait un peu plus de poids chaque jour. Et lorsque Jacques Parizeau, dont l'image est un peu moins charismatique, invita le chef du Bloc québécois, Lucien Bouchard, à descendre à ses côtés dans l'arène, on sentit véritablement tourner le vent et les sondages laissèrent entrevoir la possibilité d'une victoire du OUI. Pris de panique, le Canada anglais, celui-là même qui avait sabordé l'accord du lac Meech parce qu'il était question d'une société distincte, le Canada anglais décida de venir sur notre place publique pour nous témoigner son amour. Grâce à des rabais de 1 800 $ sur le tarif normal pour un billet aller-retour Montréal-Vancouver ; grâce à un tarif préférentiel de 99 $ sur le vol Toronto-Montréal qui se vendait normalement 492 $; grâce à une réduction de l'ordre de 60 % sur les tarifs de Via Rail ; grâce à des autobus fournis gratuitement par Irving au Nouveau-Brunswick et par *The Toronto Star* en Ontario qui y va de plus de pleines pages d'annonces ; grâce à des congés gracieusement alloués à leurs employés par nombre d'employeurs. Des sommes qui n'ont jamais été comptabilisées et qui ont manifestement (le terme est bien choisi) apporté une eau bienvenue au moulin du NON qui commençait sérieusement à manquer de souffle.

Les sommes qui ont servi à financer ce si mal nommé *love-in* n'ont jamais été comptabilisées, encore moins dévoilées. Le Canada était en guerre et quand on est en guerre, on ne compte pas et on peut se permettre de faire valser les beaux principes

Lucien Bouchard prenant un bain de foule forcé.

démocratiques. « L'idée de ne pas tenir la manifestation parce qu'elle violait les lois du Québec n'a même pas été considérée. Cette conversation n'a même pas eu lieu ! L'argent était là. Absolument. Il y avait un sentiment qu'il y avait un objectif supérieur. Le pays était en jeu. » C'est John Honderich, le « publisher » du *Toronto Star*, qui a tenu ses propos si inspirants dans une interview accordé à Robin Philpot. Et pendant que sans aucun scrupule, Brian Tobin, ex premier ministre de Terre-Neuve devenu ministre des Pêches et des Océans à Ottawa, téléphone à tous ses copains des méga-entreprises pan-canadiennes pour solliciter leur collaboration et les inciter à participer à cette « manifestation d'amour », la navrante bonne foi des Québécois les pousse encore une fois à jouer d'un fair-play dont le camp adverse se fout comme de l'an quarante. En effet, trois jours avant la tenue du fatidique rassemblement, le chanteur Claude Dubois propose au camp du OUI d'organiser une méga-soirée au Stade Olympique en ralliant plein d'artistes et de chanteurs prêts à s'investir pour la cause. Dubois est prêt à tout organiser, voire à trouver le financement pour une bonne part de l'activité. Malheureusement, le maximum de dépenses allouées dans le cadre de la loi référendaire est presque atteint du côté du OUI. Le dépasser sciemment serait enfreindre la loi. On laisse tomber… Et le jour même où nos chers Canadiens viennent se rassembler sur notre place publique — ne s'agit-il pas plutôt de la leur, cette place du Canada — pour nous témoigner leur amour, on craint encore un peu qu'il n'y ait pas suffisamment de monde. À onze heures, ce 27 octobre 1995, on informe les employés de Bombardier dont le siège social se trouve à un jet de pierre de la place du Canada qu'il y a eu une alerte à la bombe et qu'ils doivent donc évacuer l'immeuble. En empruntant les ascenseurs, ce qui ne s'est jamais vu. Aucun policier ni aucun pompier à l'intérieur des murs et, à la sortie, on leur distribue des petits drapeaux canadiens en les enjoignant de se représenter au travail après le lunch!

Le verdict tombe le soir du 30 octobre: le NON l'emporte avec 50,59 % des voix alors que le OUI en rafle 49, 41 %. Premier ministre du Québec qui vient sans doute de mener le combat de sa vie, Jacques Parizeau y va d'une petite phrase malheureuse qui reflète pourtant la stricte vérité: «Nous sommes battus, c'est vrai! Mais, dans le fond, par quoi? L'argent et des votes ethniques.» Alors que les francophones ont voté OUI à la hauteur de 61 %, il s'avère que quelques jours avant le vote, les représentants des trois plus anciennes communautés ethniques avaient publiquement manifesté leur adhésion massive au NON. En effet, on estimait qu'à plus de 90 %, les membres du Congrès juif canadien, ceux du Congrès national italo-canadien, et ceux du Congrès hellénique allaient massivement voter NON. Inutile de se demander dans quelle proportion les anglophones ont voté pour le NON. La question ne se pose pas non plus dans le cas des autochtones. Si on reconnaît l'existence de ces «ethnies» au sein de la population québécoise, ne peut-on pas qualifier leurs votes de votes «ethniques»?

Ce débat suscite des vagues terribles au Québec et amène continuellement de l'eau au moulin de la presse anglophone dans le reste du Canada. Les accusations de racisme ont plu et pleuvent encore continuellement contre les Québécois. Le «Quebec bashing » est et a été de tout temps un des sports favoris du Canada anglais. Avant la loi 101 et avant la montée du nationalisme québécois des années 60 et 70, les immigrants adhéraient presque tous systématiquement à la culture anglophone, formant ainsi une masse critique étrangère à la culture au sein de laquelle ils vivaient et travaillaient. Encore aujourd'hui et malgré tous les outils dont la collectivité s'est dotés, le fait français est toujours menacé, principalement sur l'île de Montréal. De fait, ces allégations de racisme proférées régulièrement contre les Québécois, elles ne tiennent pas la route quand on considère la réalité de la vie de tous les jours, le vécu de ces millions de personnes qui se côtoient chaque jour en sol québécois et qui cohabitent somme toute de façon plus qu'harmonieuse. Ces allégations sont une pure construction entretenue par ces descendants des conquérants et de Lord Durham qui n'ont jamais compris pourquoi on ne nous avait pas carrément éliminés faute de pouvoir nous assimiler. Nous sommes la plaie béante dans leur bel univers de WASP dominants et les Trudeau, Chrétien, Charest et consorts sont des valets et des rois-nègres à qui on a concédé le pouvoir parce qu'ils se disaient garants de notre asservissement, voire de notre lente disparition. « Si le OUI ne passe pas cette fois-ci, il ne passera jamais, à cause de l'immigration et du vieillissement de la population », avait clamé sur les ondes d'une radio montréalaise en septembre 1995 Christos Sirros, ancien député et ministre libéral. Une assertion reprise par la suite, selon Robin Philpot, par John Honderich, Brian Tobin et l'ineffable Sheila Copps, ministre de Patrimoine Canada qui s'apprête à inonder le Québec de drapeaux canadiens.

Le lendemain du référendum, Jacques Parizeau démissionne de son poste de premier ministre et le chef du Bloc québécois, Lucien Bouchard, le remplace à la tête du Parti québécois. Dans le camp fédéraliste, les tenants du NON ont eu la chienne de leur vie. Jean Chrétien retiendra la leçon, même si comme le prétend Robin Philpot, ce sont ceux du fédéral qui finalement ont fait basculer les résultats du vote.

«En effet, ce n'est pas le Comité des Québécoises et des Québécois pour le NON qui, in extremis, a arraché la victoire le 30 octobre 1995 mais bien l'État canadien et des Canadiens de l'extérieur du Québec. Daniel Johnson, le Parti libéral du Québec et son comité pour le NON dûment constitué par l'Assemblée nationale du Québec selon les lois du Québec n'y auront joué qu'un rôle de soutien. Cette distinction est capitale. Car, en intervenant massivement, l'État canadien et des Canadiens de l'extérieur du Québec ont violé de manière flagrante les lois québécoises, les règles d'un État de droit, mais aussi le droit international des peuples à disposer d'eux-mêmes[53].»

---

53. Robin Philpot, *Le référendum volé*, Les Intouchables, Montréal, 2005, p. 14. Une bonne part des informations factuelles recensées en ces pages ont été puisées dans ce livre de même que dans l'un ou l'autre des trois tomes de la trilogie *Le livre noir du Canada anglais* de Normand Lester (Les Intouchables, 2001, 2002, 2003).

◆ FONDÉ EN 1910 ◆

LE DEVOIR

VI · No 252 ★   MONTRÉAL, LE LUNDI 30 OCTOBRE 1995   75¢ · TPS · TVQ / Toronto

RONIQUE
RENDAIRE

papillons
l'estomac

L'ENTREVUE	LES ACTUALITÉS	PL●NETE
Georges Brossard, l'ambassadeur des insectes PAGE B 1	Un incendie fait 300 morts en Azerbaïdjan PAGE A 5	Windows 95 en français... enfin! PAGE B 4

@

Le Québec retient son souffle

■ Un OUI représente la «vraie sécurité»

■ Un NON, c'est «la fierté sans limite»

PAUL CAUCHON
LE DEVOIR

KATHLEEN LÉVESQUE
LE DEVOIR

C'est dans le comté de Taillon à Longueuil, représenté pendant neuf ans à l'Assemblée nationale par René Lévesque, que le premier ministre Jacques Parizeau a symboliquement terminé hier après-midi la campagne référendaire, en évoquant justement la mémoire du premier ministre aujourd'hui disparu, qui «symbolise pour nous la modernité et l'espoir».

Et dans un appel de dernière minute aux derniers indécis, le chef du camp du OUI a déclaré qu'«[aujourd'hui], s'il subsiste un doute, une hésitation, on n'aura qu'à se demander: qu'est-ce que René Lévesque fe-

Daniel Johnson met en gar... gouvernement de Jacques ... zeau contre l'éventuel refus de ... sultats advenant la victoire du N... Du même souffle, le chef fédér... dit souhaiter que dès demai... deux camps travaillent ensemb...

«Je trouverais déplorable qu... gouvernement du Québec re... d'accepter les résultats et convi... core d'ici trois ans, les Québé... se reprononcer sur la même ... tion. Il importe que le gouve... gouverne», a indiqué M. Joh... qui a dressé hier le bilan de ... pagne référendaire. «La tâche ... ... référendum, c'est évidemm...

◆ UN CAHIER DE 22 PAGES ◆ TOUS LES RÉSULTATS ◆ UNE CARTE COULEUR DES C...

Le NON de justess

OUI: 49,4   NON: 50,6

Notre sondage CROP du 26 octobre accordait 51 % des voix au NON après répartition

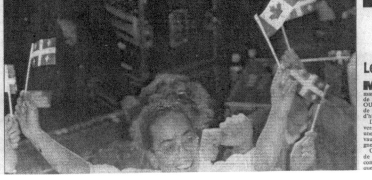

S LESSARD

Québécois ont parlé: ils
t donné une très courte
e au NON, un verdict qui
... carrément le Québec en
camps de force presque
... et est susceptible de don...
... véritable électrochoc au
... anglais.
... quelques heures de sus...
... bier, le NON l'a emporté
... ché: le camp fédéraliste a
... 50,6 p. cent des voix con...
,4 p. cent pour les souve...
es, mais les Québécois ont
... tous les records de parti...
... — 94 p. cent des gens
... té, neuf points de plus
1985.
... ne s'il demandait un man...
... ur carrément réaliser la
... neté du Québec, le gou...
... nent Parizeau a échappé
... tesse la victoire. Visible...
... mer, le chef du OUI, lac...
'arizeau a lancé un pavé
... a mare hier en soutenant
... ses troupes que son op...
vait été abattue par l'ar...
... et le vote ethnique. À pl...

LYSIANE GA...

Le purga

M algré la frust...
... rrait la victo...
margo aussi mince ...
de papier de soie, ...
OUI peut trouver ...
de réjouissance ...
d'hier.
D'abord et avant ...
verainistes n'auron...
une victoire à l'arr...
vaut perdre par 50....
gner par 50.5.
Compte tenu de ...
de la question ref...
compte tenu du dis...
que de sa campagn...

Le scandale des commandites

Jean Chrétien a eu la peur de sa vie. Imaginez si le chien de garde de l'establishment anglophone capitaliste avait failli à la tâche! «Aux douches» auraient aussitôt proclamé les magnats de Bay Street. À moins que fidèle aux enseignements de son maître Pierre Elliott Trudeau, le p'tit gars de Shawinigan n'ait immédiatement dépêché les troupes dans les rues de Montréal, lui qui avouait ces jours derniers qu'il n'aurait pas reconnu la victoire du OUI. Quoi qu'il en soit, les lendemains d'un référendum perdu sont toujours affligeants pour un peuple qui cumule les défaites depuis le jour où, en moins de 15 minutes, un certain James Wolfe a scellé le sort de l'Amérique française sur les Plaines d'Abraham.

Et la désillusion est d'autant plus grande ce coup-ci qu'une fois passée la gigantesque déferlante d'amour qui est venue gicler sur la bien nommée Place du Canada le temps d'une journée, les invectives, les menaces et les insultes se mettent à fuser encore de plus belle autant au Canada anglais que sur le sol même du Québec. Suprême logique, on allègue maintenant que si le Québec peut se séparer du Canada, chaque infime entité établie en sol québécois qui se sentirait lésée par une éventuelle séparation pourrait à son tour décider de faire bande à part. Bien sûr les anglophones de l'île de Montréal adhèrent pleinement à cette vue de l'esprit, mais ce qui est navrant et qui vient à son tour considérablement mêler les cartes, c'est que plusieurs autochtones issus des Premières Nations sont eux aussi d'accord avec cette théorie, comme si l'État fédéral qui les a pourtant dépossédés et casés dans des réserves infectes représentait maintenant pour eux le seul garant de leur avenir. Pour des raisons complexes où se mêlent intérêts particuliers, jeux de négociations quant à la juridiction relative à des portions de territoire et quant à l'érection de barrages ou autres infrastructures, rectitude politique quant à l'image du « bon Indien », luttes de pouvoir et pur banditisme, pour une foule de prétextes plus ou moins justifiés, les autochtones ne se sont pas gênés eux non plus pour vilipender les Québécois pendant ces pénibles années, allant même jusqu'à afficher leur mépris sur la scène internationale en publiant notamment à New York de pleines pages d'une publicité pour le moins choquante.

Pourquoi un peuple qui cherche simplement à assurer sa survie sur cette planète en tant qu'entité distincte, en tant qu'espèce menacée de disparition, pourquoi ce peuple est-il ainsi soumis à la vindicte populaire, considéré et traité comme raciste et comme un groupe velléitaire qui cherche à imposer sa réalité au détriment des autres ? Pourquoi cette hargne et ce mépris fusant autant des rangs de ceux qui nous ont conquis, de la cohorte de ceux que nous avons accueillis et, ma foi, bien accueillis, pourquoi ce rejet des autochtones avec lesquels nous fûmes pourtant un des peuples les plus conciliants en cette terre d'Amérique ?

René Lévesque, dans un premier temps, puis Jacques Parizeau, ces deux hommes étaient sans doute les mieux équipés pour nous aider à effectuer la grande traversée. Jacques Parizeau jouissait d'une réputation hors pair en ce qui a trait à la gestion financière d'un État, il avait scellé des ententes notamment avec la France qui n'aurait pas mis de temps à nous reconnaître comme nation ; son ministre des Finances Jean Campeau avait réuni près de 17 milliards de liquidités pour palier toute éventualité…

Ce n'est pas pour rien que Jean Chrétien et sa bande avaient eu la trouille. Alors, que faire pour éviter à tout prix qu'une telle menace ne vienne à nouveau troubler l'harmonie du grand ciel bleu canadien ? À tout prix, l'expression est bien choisie, et la solution a déjà fait ses preuves ailleurs : propagande, propagande, propagande. Les faits ne nous seront dévoilés que plus tard, à l'occasion des divulgations de la Commission Gomery, mais chronologiquement, c'est aux lendemains du référendum que la grande arnaque a été orchestrée, le gouvernement fédéral faisant fi de toutes les règles de gestion et de gouvernance d'un État « normal ». Faut dire que le ton avait déjà été donné à l'occasion du référendum. On se souviendra d'un Chuck Guité qui avait réservé pour 8 millions d'espaces publicitaires extérieurs au Québec. On a aussi en fraîche mémoire ce grand épandage d'amour illicite financé en dehors des règles admises par le directeur général des élections du Québec. Le principe est donc simple : inonder le Québec d'unifoliés. La manière est tout aussi réductrice : magouilles, magouilles, magouilles. Jacques Keable résume bien la raison d'être du programme des commandites :

« Sur le terrain, l'objectif politique du Programme [est] clair : il s'agit d'associer, du plus près possible et de la manière la plus viable possible, le mot *CANADA*, ou son drapeau, ou quelques autres symboles canadiens, à des événements "communautaires, culturels ou sportifs". Il s'agit donc de *commanditer*, autrement dit de verser de l'argent à ces événements, en retour de quoi le Canada et ses symboles seraient placés bien en évidence[54]. »

Ce programme était régi par le ministère des Travaux publics et confié à la Direction générale des services de coordination des communications, la DGSCC dirigée par Charles Chuck Guité, accusé par la suite au criminel de complot avec Jean Brault pour des allégations de fraudes se chiffrant à près de deux millions.

Pendant cinq ans, de 1996 à 2000[55], le gouvernement fédéral a donc fait distribuer 250 millions de dollars par des agences spécialisées dans la commandite d'événements et de manifestations diverses afin de multiplier la visibilité du Canada en sol québécois. De ce montant, la vérificatrice générale du Canada, Sheila Fraser, a découvert en 2003 que seule une somme de 150 millions était de fait parvenue aux organisateurs des dits événements, le 100 millions manquant ayant grossi les goussets d'agences de communication triées sur le volet et nécessairement réputées comme étant fédéralistes et amies du régime. Voici quelques déclarations choc tirées du magazine *L'actualité* daté du 15 mai 2005 :

« La vérificatrice générale et ses employés ont été stupéfaits de l'imagination des personnes impliquées dans le programme de commandites qui ont transformé des sociétés d'État en véritables

---

54. Jacques Keable, *Le dossier noir des commandites*, Lanctôt Éditeur, Montréal, 2004, p. 44.
55. Jacques Keable, dans *Le dossier noir des commandites*, donne plutôt comme dates de référence « de novembre 1997 à mars 2003 ».

machines à blanchir l'argent de la propagande fédérale au Québec. Qui plus est, lorsque des fonds transitaient par des agences privées, celles-ci prélevaient au passage de généreuses commissions. […] De plus, le programme de commandites s'approvisionnait à une enveloppe budgétaire spéciale — le Fonds pour l'unité canadienne, d'une cinquantaine de millions de dollars par année —, qui n'apparaissait pas dans les crédits soumis au Parlement. Et sa gestion, hautement politique, contournait toutes les règles du Conseil du Trésor et de la Loi sur la gestion des finances publiques. »

Voici d'autres révélations puisées à la même source :

Gilles-André Gosselin, patron de Gosselin Communications stratégiques, a facturé 10 heures par jour de travail, sept jours sur sept, pendant un an et chargeait 150 dollars l'heure pour des employés qui en touchaient 15. Après avoir ainsi reçu 21 millions de dollars, le pauvre homme a vu la source se tarir parce que, par souci d'honnêteté sans doute, il refusait de contribuer à la caisse du Parti libéral du Canada.

Jean Lafleur, patron de Jean Lafleur Communications, « facturait 275 dollars l'heure pour acheter des boules de Noël destinées au voilier *Bluenose*. Son fils Éric demandait 175 dollars l'heure pour les emballer ». Le même Jean Lafleur facturait cinq fois le salaire de ses employés pour des heures non travaillées, n'acquittait pas ses charges sociales et remboursait à ses employés les contributions faites à la caisse du parti. En six ans, il aura touché plus de 65 millions de dollars, la moitié ayant servi à défrayer des « dépenses diverses » et 12 millions à des salaires pour lui-même, sa femme et ses deux fils. Amnésie totale devant la Commission.

Jean Brault, patron de Groupaction, un peu plus honnête et souffrant moins d'amnésie que les autres, a avoué avoir versé 166 000 dollars à la caisse officielle du parti et, de façon détournée, de l'avoir engraissé de plus de 2 millions de dollars en échange de 60 millions en contrats de commandites. Excellent placement! Il a de plus «payé le salaire d'une quinzaine d'employés du PLC, à la fin des années 1990, et versé 185 000 dollars en liquide à des émissaires libéraux». Variant les objets de sa générosité, il a de plus remboursé 100 000 dollars à ses employés pour des contributions au Parti libéral, payé une fausse facture de 50 000 dollars aux libéraux provinciaux, et refilé 180 000 dollars au fils d'Alfonso Gagliano, à ce moment ministre des Travaux publics, la source même de cette intarissable débit.

Jacques Corriveau, designer et ami de Jean Chrétien, a touché plus de 7 millions de dollars en commissions secrètes sur les commandites fédérales et soumettait des factures pour des événements tenus au «Stade olympique» de Rimouski et de Sherbrooke.

Luc Lemay, patron de la maison d'édition Polygone, a encaissé des profits de 23 millions de dollars et a touché près de un million de dollars pour l'organisation de deux Salons.

Le Groupe Everest (propriété de Claude Boulay et de Jean-Bernard Bélisle, un ami de Jean Charest), par le truchement de sa filiale Media/I.D.A., a surveillé en exclusivité des contrats du gouvernement fédéral d'une valeur de 435 millions, en touchant au passage une cote de 3, 25 %. Everest a contribué à la caisse du PLC pour plus de 115 000 dollars de 1993 à 2002, de même qu'à la caisse des députés Pierre Pettigrew et Martin Cauchon.

Du nombre des fautes relevées par la vérificatrice générale dans la gestion du programme : faux contrats, fausses factures, factures fictives ; paiements pour des services non livrés ; surveillance minimale ; commissions versées à des agences privées sur des sommes transférées par le gouvernement à ses propres sociétés d'État ; contrats transférés d'une agence à sa propre filiale ; absence de pièces justificatives ; manipulations de toutes sortes ; absence de processus d'évaluation des résultats ; etc.

Et selon les principaux intéressés, qu'il s'agisse de Chuck Guité, de John Honderich du *Toronto Star*, de Sheila Copps, de Stéphane Dion, voire de Jean Chrétien, toutes ces malversations, ces fraudes, ces passe-droit étaient justifiés du fait « qu'on était en guerre ». Mais qui était en guerre ? Qui a déclaré la guerre à qui ? Il s'était tenu au Québec un processus de consultation populaire tout ce qu'il y a de légal et dûment entériné par l'Assemblée nationale et balisé par le directeur général des élections. S'il y avait guerre, ce n'est que du côté d'Ottawa. L'État fédéral a unilatéralement déclaré la guerre à une de ses constituantes : le Québec. Et à la guerre, prétendaient les bonzes des officines du pouvoir fédéral, tous les coups sont permis.

On peut en effet même se permettre de travestir l'histoire, de l'édulcorer, de l'interpréter de sorte que n'en ressortent que les bons côtés comme cela a été fait par le biais de la production et de la diffusion des *Minutes du patrimoine*, de sinistre mémoire, codirigées par Patrick Watson et Robert Guy Scully et « commanditées » par la Fondation Bronfman, Postes Canada et Power Corporation. Véritable opération de propagande, cette production reçut de plus environ un million de dollars par année du gouvernement fédéral pendant sept ans, de 1994 à 2001, alors qu'aucune mention de cette contribution n'était divulguée. Dans cette même volonté d'inventer une histoire canadienne unificatrice et falsifiée, de créer ou de s'approprier des « héros » pour en faire des parangons de droiture et de patriotisme, le même Robert Guy Scully, qui avait décidément le flair pour les bonnes affaires, fut aussi à l'origine d'une série portant sur les grands Canadiens, un dossier au financement encore une fois entaché d'irrégularités, de passe-droit, de commissions douteuses, etc.

La loi sur la clarté

Le 26 septembre 1996, toujours dans la foulée de la courte victoire du NON, le ministre de la Justice de l'époque, Allan Rock, annonçait que le gouvernement fédéral entendait soumettre trois questions à la Cour suprême du Canada afin de « clarifier les questions juridiques qui se posent dorénavant entre le gouvernement du Canada et le gouvernement du Québec » à l'égard du droit du Québec de déclarer unilatéralement son indépendance.

Suite à l'avis de la cour Suprême, le Parlement fait adopter le 29 juin 2000 sous l'autorité de Stéphane Dion, ministre des Affaires intergouvernementales, une loi au Parlement fédéral nommée la *Loi donnant effet à l'exigence de clarté formulée par la Cour suprême du Canada dans son avis sur le Renvoi relatif à la sécession du Québec*. Mieux connu sous sa désignation plus simple de « Loi sur la clarté », cette loi autorise dorénavant les parlementaires à

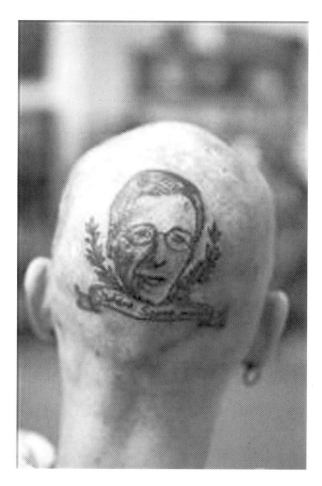

*Stéphane Dion, le père de la clarté,
comme derrière de tête.*

accepter ou rejeter la question référendaire québécoise, avant la tenue d'un éventuel référendum. Selon cette loi, les députés fédéraux seront tenus de rejeter la question si, en plus de l'indépendance, elle offre « d'autres possibilités, notamment un accord politique ou économique avec le Canada ». Donc si cette loi avait été en vigueur en 1980 et 1995, même si le OUI l'avait emporté avec 65 % des voix, le Parlement fédéral aurait été légalement forcé de rejeter le résultat du vote !

Mais ce n'est pas tout : sans qu'un seuil acceptable ne soit fixé (alors qu'en démocratie, la loi de la majorité simple est partout reconnue), les parlementaires fédéraux devront procéder à un examen du résultat et juger si les Québécois ont vraiment voulu que le Québec « cesse de faire partie du Canada ». Dans l'arbitraire le plus total, ils rendront jugement après avoir consulté les partis politiques, les autres provinces, le Sénat, les autochtones, et prendront en considération tous les autres « avis, facteurs ou circonstances » qu'ils jugeront pertinents ! Imaginez donc que les Québécois décident à 60 % qu'ils veulent faire du Québec un pays ! Imaginez la liesse dans les rues, l'euphorie de la victoire ! Mais non : stop, il faut attendre l'avis d'Ottawa ! Mais ce n'est pas tout. La loi Dion précise de plus qu'advenant un OUI, les négociations seraient ouvertes à quiconque voudrait bien y participer et que la partition du territoire québécois pourrait même être envisagée ! Il existe encore de faibles possibilités que le OUI traverse toutes ces étapes et soit donc entériné par Ottawa ? Oups, vite un autre chien de garde. Advenant que l'indépendance du Québec soit finalement conclue malgré toutes ces étapes quasi infranchissables, il faudrait encore suivre le processus établi de modification de la Constitution. C'est-à-dire qu'on devrait tenir des référendums dans trois provinces — l'Ontario, l'Alberta et la Colombie Britannique —, que 50 % des habitants de ces provinces soient d'accord et par la suite, il faudrait que chacun des Parlements de chacune des provinces ratifie la modification constitutionnelle sur la sécession du Québec, le rejet d'un seul de ces parlements faisant échouer l'ensemble du processus.

Cette loi sur la clarté est on ne peut plus claire en effet. Il est clair et net que jamais le Québec ne pourra accéder à la souveraineté si la décision doit être entérinée par le Parlement fédéral. Ce qui signifie que si le Québec décidait de poser un geste unilatéral, sa posture serait considérée comme inconstitutionnelle parce qu'enfreignant une loi fédérale. Ottawa serait donc justifié d'utiliser tous les recours à sa portée, y compris l'occupation du territoire québécois par l'armée. Merci, monsieur Dion, avec de tels amis, comme le dit l'adage, pas besoin de se chercher d'ennemis !

Cependant, il est intéressant de prendre connaissance de la réponse de la Cour Suprême du Canada à la deuxième question que lui posait le Parlement avant de voter la loi de la clarté et qui, en substance, se résumait en ces termes : « L'Assemblée nationale, la législature ou le gouvernement du Québec, possèdent-ils, en vertu du droit international, le droit de procéder unilatéralement à la sécession du Québec du Canada ? » Après avoir déclaré que le Québec n'avait aucun droit en vertu du droit international parce que les Québécois ne remplissent pas la condition de « peuple opprimé ou colonisé (?) », la Cour Suprême apportait cependant la nuance suivante :

« Même s'il n'existe pas de droit de sécession unilatérale en vertu de la Constitution ou du droit international, c'est-à-dire un droit de faire sécession sans négociations sur les fondements qui viennent d'être examinés, cela n'écarte pas la possibilité d'une déclaration inconstitutionnelle de sécession conduisant à une sécession de facto. Le succès ultime d'une telle sécession dépendrait de sa reconnaissance par la communauté internationale qui, pour décider d'accorder ou non cette reconnaissance, prendrait vraisemblablement en considération la légalité et la légitimité de la sécession eu égard, notamment, à la conduite du Québec et du Canada. Même si elle était accordée, une telle reconnaissance ne fournirait toutefois aucune justification rétroactive à l'acte de sécession, en vertu de la Constitution ou du droit international. »

En clair, cela signifie que si un jour le Québec vote pour l'indépendance, peu importe la majorité, et que quelques pays reconnaissent cette souveraineté, Ottawa serait bien mal placé pour jouer les gros bras, bien que les fédéralistes n'hésiteront certainement pas très longtemps avant de montrer les dents.

Tel qu'il se présente aujourd'hui avec cette loi sur la clarté, le Canada est une prison à laquelle provinces et territoires peuvent accepter de se joindre, mais dont ils ne pourront jamais sortir. Qui plus est, les règles changent selon qu'on veuille adhérer à la feuille d'érable ou qu'on veuille s'en détacher. Ainsi, en 1948 lorsque les Terre-Neuviens ont décidé de statuer sur leur avenir, les membres de la *National Convention* (assemblée constituante) ne songeaient même pas à inclure dans les choix la possibilité que Terre-Neuve adhère à la Confédération. Il n'était question que de statu quo (un statut de presque colonie de la Grande-Bretagne) ou d'indépendance. C'est parce que cette option était préconisée par Londres et par Ottawa qu'elle a été inclue sur les bulletins de vote. Au premier référendum, l'option favorisant l'indépendance obtenait 45 % des suffrages, celle privilégiant la confédération, 41 %, et celle penchant pour le statu quo, 14 %. Au deuxième tour tenu le 22 juillet 1948, il n'y avait plus que deux options : l'indépendance ou le confédé-ration. On vota pour que Terre-Neuve joigne la confédération à 52,3 % et en moins de deux semaines, tous les bulletins de vote avaient été brûlés… Si la loi sur la clarté avait été en vigueur, le vote n'aurait pas été reconnu parce que le bulletin comprenait plus d'un choix et il est fort à parier que le pourcentage des votes aurait été jugé trop faible.

Suite à cette offensive d'Ottawa, relative à la «clarté», le Parti québécois déposait cependant à l'Assemblée nationale le 15 décembre 1999 le projet de loi 99 rappelant le droit fondamental du peuple québécois de disposer de son avenir ainsi que la règle démocratique du 50 % + 1, et donnant le droit seul au Parlement de diviser le territoire québécois.

La dernière décennie :
évolution des partis politiques

SUR LA SCÈNE FÉDÉRALE

Le Parti libéral : les années Chrétien/Martin

Le profil de Jean Chrétien a déjà été dressé plus haut dans ce texte et les nombreuses allusions à ce personnage auront déjà apporté une lumière suffisante pour bien comprendre la nature de l'homme. Exécuteur des basses œuvres sous Trudeau, Chrétien sera élu premier ministre du Canada à trois reprises, en 1993, 1997 et 2000. Dès son premier mandat, il nomme Paul Martin au poste de ministre des Finances et les deux s'emploieront à sortir le Canada d'une situation financière frôlant la faillite, le déficit budgétaire se chiffrant à 42 milliards de dollars. Ils y parviendront, mais le déficit se règlera principalement sur le dos des travailleurs et au détriment des provinces. On a vu de quelles armes Jean Chrétien peut se servir pour arriver à ses fins et le peu de scrupules dont il fait preuve. Des odeurs de scandale le suivront tout le long de sa carrière, la plupart mettant en cause des partisans du parti ou/et des amis de son comté qui ont des ennuis financiers ou ont maille à partir avec des agences fédérales. C'est extraordinaire à quel point dès qu'on parle d'Ottawa, peu importe le parti au pouvoir, il se dégage toujours un parfum de corruption, on nage invariablement entre les soupçons de copinage et les enveloppes brunes, les passe-droit et les faveurs.

Paul Martin ne fait pas exception à la règle. Ayant fait ses classes chez Power Corporation dans les années 60 et 70, il prend la direction de la Canada Steamship Lines et finit par racheter l'entreprise de son patron Paul Desmarais (tiens, tiens…) en 1981. Futur premier ministre, Paul Martin est un exemple de patriotisme et de probité. Au moment où il était ministre des Finances, en 1994, il a restreint l'utilisation de la plupart des paradis fiscaux, sauf la Barbade où sont paradoxalement enregistrés les navires de la Canadian Steamship. Sa flotte de bateaux arborant ainsi ce qu'on appelle avec poésie et délicatesse des «pavillons de complaisance», cette politique aura permis à la Canadian Steamship, pour chacun des sept navires de l'armada, d'épargner quelque 700 000 $ par année en impôts, en salaires et en frais divers. Plus patriote que ça, tu loues le Parlement le gros prix à des sans abris pendant l'hiver pis tu vas siéger dans un paradis fiscal ! Et parce qu'il n'est pas question de faire faire un peu d'argent aux chantiers navals canadiens, la compagnie a notamment fait construire deux navires à Shangai où, naturellement, les salaires sont moins élevés. Et voilà 90 millions de beaux dollars que n'auraient certes pas dédaignés les travailleurs du pays. Avec trois filiales au Libéria en 1997, ce qui implique nécessairement un copinage de bon aloi avec le sanguinaire Charles Taylor, jouissant d'une convention fiscale entre le Canada et la Barbade qui lui aurait évité de payer 100 millions de dollars au fisc entre 1995 et 2002, Paul Martin montre vraiment la voie de la probité et du patriotisme.

Paul Martin fait donc partie du premier gouvernement Chrétien en 1993 et devient ministre des Finances d'un pays fortement endetté. Il s'attaque à ce déficit en faisant preuve de beaucoup de créativité et en ciblant bien ses victimes : les chômeurs,

CHRÉTIEN NE HÂTERA PAS
SON DÉPART...

les programmes sociaux et les provinces. C'est ainsi qu'il détournera 30 milliards de dollars de la caisse de l'assurance-chômage pour appliquer cette somme au déficit, tout en modifiant les règles si bien que seulement quatre chômeurs ou chômeuses sur dix auront dorénavant accès aux prestations. Il diminuera aussi les transferts fédéraux aux gouvernements provinciaux en faisant pression sur ces derniers pour qu'ils coupent dans leurs dépenses sociales. De fait, entre 1993 et 2006, le gouvernement fédéral libéral sera parvenu à éliminer son déficit en renvoyant la facture aux provinces, en pillant la caisse des chômeurs, et en profitant d'une conjoncture économique des plus favorables.

Martin et Chrétien n'ont jamais été copain-copain. Adversaires au moment de la course au leadership en 1990, cette rivalité couvera tout le temps du règne de Chrétien et atteindra son apogée en 2002 alors que ce dernier, fatigué des jeux de coulisses de Martin qui veut devenir vizir à la place du vizir, procédera à un remaniement ministériel et le remplacera au poste de ministre des Finances par John Manley. Paul Martin aura sa revanche en 2003, devenant enfin chef du parti suite au départ de Chrétien. Il le remplacera comme premier ministre et provoquera des élections législatives anticipées prévues pour le 24 juin 2004. Mais alors que Paul Martin se voyait lancé dans une carrière de premier ministre d'envergure, il se fait rattraper en pleine campagne électorale par les premiers soubresauts du scandale des commandites et ne remporte qu'une mince victoire avec une courte majorité face notamment à un nouveau Parti conservateur en pleine remontée mené par Stephen Harper. Il aura à diriger un gouvernement minoritaire qui sera défait suite à une motion de non-confiance votée en chambre le 28 novembre 2005. Suite à la victoire de Stephen Harper à l'élection qui se tiendra le 23 janvier 2006, Paul Martin démissionnera de son poste de chef du Parti libéral, après avoir toujours nié qu'il ait eu quoi que ce soit à voir avec le scandale des commandites.

Cette victoire des conservateurs met fin à un règne de plus de 13 ans du Parti libéral. Et lors de la course au leadership suite au départ de Paul Martin, c'est l'ineffable Stéphane Dion, le père de la loi sur la clarté, qui l'emportera contre toute attente contre ses deux adversaires, Michael Ignatieff et Bob Rae.

Le Bloc québécois

Fondé le 15 juin 1991 suite à l'échec de l'accord du lac Meech par des dissidents du Parti libéral et du Parti conservateur, le Bloc québécois a vu le jour dans le but de défendre les intérêts du Québec à Ottawa et de promouvoir l'autonomie et la souveraineté du Québec. Dirigé dans un premier temps par Lucien Bouchard, le Bloc québécois obtient 49,3 % des voix au Québec et remporte 54 sièges aux élections fédérales de 1993, ce score lui permettant de former l'opposition officielle à la Chambre des communes. Suite au départ de Lucien Bouchard qui prend le relais de Jacques Parizeau à titre de président du Parti québécois et de premier ministre du Québec, Michel Gauthier lui succède brièvement pour céder le titre à Gilles Duceppe, encore chef de la formation à ce jour.

Le Bloc québécois joue un rôle de chien de garde à Ottawa et son succès est intimement lié à la fièvre nationaliste qui varie continuellement au Québec selon les événements du moment.

Ainsi si le Bloc a pu obtenir son meilleur score suite à l'échec de Meech et de Charlottetown, il perd son statut d'opposition officielle lors de l'élection de 1997 et passe de 54 à 44 sièges, obtenant tout de même 38 % des voix au Québec. Avec 40 % des votes exprimés en 2000, le Bloc ne remporte que 38 sièges, ce qui est tout de même deux de plus que les libéraux, et dans la foulée du scandale des commandites, à l'occasion de l'élection de 2004, le Bloc l'emporte à nouveau dans 54 circonscriptions, raflant 49 % du vote, les libéraux devant se contenter de 21 circonscriptions et de 33 % des voix. Enfin, en 2006, le Bloc gagne 42,1 % des sièges et fait élire 51 députés.

Le Parti conservateur

En un peu plus d'une décennie, le Parti conservateur tel qu'il a été fondé en 1867, rebaptisé progressiste-conservateur en 1942, a été à toutes fins utiles radié de la carte à l'élection de 1993 alors que sous la gouverne de Kim Campbell, il n'a réussi à faire élire que deux députés (dont Jean Charest) et n'a obtenu que 16 % des voix. À cette même élection, le Parti réformiste (Reform Party), un parti de droite originaire de l'Ouest, parvient à faire élire 52 députés. Le Reform Party deviendra finalement l'Alliance canadienne en 2003 sous la gouverne de Stephen Harper qui conviendra d'une coalition avec le chef du quasi défunt Parti progressiste-conservateur, Peter Mackay, le nouveau parti issu de cette fusion redevenant le Parti… conservateur.

Stephen Harper est né à Toronto mais il a travaillé pour l'industrie pétrolière en Alberta comme programmeur informatique avant de terminer une maîtrise en économie à l'Université de Calgary. Membre du Club des jeunes libéraux de l'école secondaire qu'il fréquente alors qu'il est encore adolescent, il quitte ce parti au moment où Pierre Elliott Trudeau impose son Programme énergétique national, le jeune Harper considérant que ce programme nuit à l'industrie pétrolière albertaine. Passé au Parti progressiste-conservateur, Harper est en désaccord avec la politique fiscale de Brian Mulroney et il joint à ce moment la formation de Preston Manning, le Reform Party, en 1987. Il sera élu pour la première fois au Parlement fédéral sous cette bannière à l'occasion de l'élection de 1993. Il quitte cependant son siège avant l'élection de 1997, devient président de la Coalition nationale des citoyens pour enfin devenir chef de l'Alliance canadienne et chef de l'Opposition à Ottawa à l'occasion d'une élection partielle en avril 2002. On le retrouve enfin chef du «nouveau» Parti conservateur lors de l'élection de 2004 où il parvient à faire élire 99 députés et à former l'Opposition officielle face à un gouvernement minoritaire dirigé par Paul Martin. Dans la foulée du scandale des commandites, le gouvernement Martin est défait le 28 novembre 2005 et Stephen Harper parvient à faire élire un gouvernement conservateur minoritaire le 23 janvier 2006.

Stephen Harper est donc issu de la droite néo-conservatrice de l'Ouest du Canada. Afin d'accéder au pouvoir et compte tenu du fait qu'il est à la tête d'un gouvernement minoritaire, il sera toutefois parvenu à faire taire les éléments les plus réactionnaires de son parti qui s'opposent notamment à l'avortement et au mariage entre homosexuels. Il n'aura cependant pas caché son fort penchant pour la militarisation du pays, lui qui était en faveur de la participation du Canada à la guerre en Irak et qui veut prolonger la présence des troupes canadiennes en Afghanistan. Sympathique à l'industrie pétrolière albertaine, dont l'extraction des sables bitumineux s'avère dévastatrice pour l'environnement, Harper reniera la signature de l'accord de Kyoto, qualifiant cette entente d' « […] affaire terrible pour le pays… Le pire accord international que ce pays ait jamais signé ». Fin politique et stratège rusé, Harper sait qu'il doit afficher des positions diamétralement opposées à celles des libéraux en matière de relations entre Ottawa et les provinces. Il sait aussi qu'il pourra difficilement faire le plein de votes en Ontario et qu'il lui faut amadouer le Québec s'il veut un jour parvenir à former un gouvernement majoritaire. Il reconnaîtra donc le principe du « déséquilibre fiscal » et fort d'une conjoncture économique favorable et de surplus budgétaires toujours croissants, il n'hésitera pas à saupoudrer un peu d'argent en direction des provinces. Une bien timide avancée si on considère que le Canada engrange des profits constants et a réussi à juguler son déficit sur le dos des travailleurs et des provinces alors que ces dernières font face à des coûts sociaux toujours croissants et à des infrastructures vieillissantes et dont certaines sont devenues carrément dangereuses.

Dans certains dossiers, Stephen Harper pratique une politique qu'on pourrait qualifier de « *there's nothing there* » ou, traduit en bon québécois, une politique du « y a rien là ». De fait, en semblant céder sur le fond alors qu'il ne module que la forme, Harper donne l'illusion d'un homme politique tout à fait conciliant prêt à régler en un tour de main des irritants qui ont

LE SACRO-SAINT MODÈLE QUÉBÉCOIS...

fait se braquer les partis depuis des décennies. Mettant ainsi un frein à la contestation ouverte, il désamorce les antagonismes et laisse ses adversaires sans voix. C'est ce qu'il a fait justement avec le déficit fiscal, une expression qui horripilait les libéraux pour qui ce déséquilibre n'existe pas. Suffit de distribuer quelques centaines de millions de dollars et on n'en entend plus parler, alors que, fondamentalement, la situation n'a pas changé et que le Québec, notamment, verra son déficit se creuser année après année et son tissu social se détériorer alors qu'Ottawa continue d'engranger des profits. Il en est de même de la «nation québécoise». Le Bloc québécois veut monter au front parce qu'on rejette cette appellation? Une confrontation en vue? *No problem*. Reconnaissons illico la nation québécoise et on aura enfin la paix avec cette question, en plus de clouer le bec aux séparatistes. Ce que les gens en retiennent, c'est que Stephen Harper est conciliant (à l'opposé par exemple d'un Stéphane Dion) et reconnaît notre spécificité. Dans les faits, il affiche la même attitude que Trudeau pour qui l'Île du Prince Édouard était une société distincte au même titre que le Québec. Et les gens oublient ce que Stephen Harper a réellement dit à la Chambre des communes avant le dépôt de la résolution reconnaissant la nation québécoise: «La question est simple: est-ce que les Québécoises et les Québécois forment une nation au sein d'un Canada uni? La réponse est oui. Est-ce que les Québécoises et Québécois forment une nation indépendante du Canada? La réponse est non, et elle sera toujours non.» La menace et la charge de violence contenues dans le dernier segment de cette assertion font frémir. On y retrouve exactement le même déni et le même ton guerrier que celui dont se sont servi tous ceux qui se sont succédés au fil des trente dernières années pour s'opposer au droit des Québécois de décider eux-mêmes de leur destin. « La réponse est non, et elle sera toujours non. » Et qu'adviendra-t-il le jour où 55 % des Québécois choisiront l'indépendance ? Allez-vous rapatrier les soldats d'Afghanistan, M. Harper, pour les lancer contre le Québec ?

Sous des airs débonnaires et une attitude conciliante se cache en réalité un homme de droite, un militariste inféodé à la pensée d'un George Bush, au service du capital, du pétrole et de la grande industrie. S'il advenait que son gouvernement devienne un jour majoritaire et si, pendant cette période, les Québécois étaient appelés encore une fois à se prononcer sur leur avenir politique, il est évident qu'ils auraient droit à un traitement similaire, voire encore plus cynique et violent, que celui qu'on leur sert depuis qu'ils montrent des velléités d'affranchissement.

Le Nouveau Parti démocratique

Issu de l'Ouest lui aussi, le Nouveau Parti démocratique n'a jamais pu faire triompher ses idéaux sociaux-démocrates à Ottawa et s'est déclaré ouvertement contre l'accession du Québec à la souveraineté. Se faisant damer le pion par le Bloc en sol québécois autant sur les questions liées à la social-démocratie que sur la question nationale, le NPD ne parviendra vraisemblablement jamais à se tailler une place d'importance au Québec, malgré la présence d'un Thomas Mulcair et le tournant environnementaliste que le parti semble vouloir prendre. Dans les jeux d'alliances qui se font à Ottawa lorsque le gouvernement est minoritaire, le NPD a démontré qu'il pouvait pactiser avec le diable lorsqu'on estimait que les intérêts que défend le parti prévalaient.

Le Parti québécois

Au Québec au cours des récentes années, le Parti québécois occupe l'avant-scène de 1994 à 2003, soit de l'élection de Jacques Parizeau à celle du libéral Jean Charest. Deux chefs de parti succéderont à Parizeau pendant cette période : Lucien Bouchard et Bernard Landry. Lucien Bouchard, on s'en souviendra, prend les commandes de l'État québécois suite au départ de Jacques Parizeau. Il n'est jamais facile de se retrouver aux rênes d'un parti qui vient tout juste de se voir désavoué par son peuple quant à la réalisation de son objectif premier. René Lévesque en a déjà fait l'expérience, c'est maintenant au tour de Lucien Bouchard. Et faute de pouvoir à nouveau mobiliser les troupes et se lancer à court terme dans une autre aventure référendaire, les dirigeants doivent souvent faire du sur-place et tenter de se positionner en tant que « bon gouvernement », question de démontrer qu'un parti souverainiste peut gérer adéquatement les affaires de l'État.

Par le biais de cette démonstration, on cherche ainsi à préparer le terrain pour le prochain affrontement. C'est la philosophie qu'adoptera Lucien Bouchard qui introduira le notion des « conditions gagnantes » et fixera comme objectif le déficit zéro, dans le but d'assainir les finances publiques et de se positionner favorablement auprès de l'électorat québécois. Malheureuse-ment, comme s'il devait encore là suivre les traces de René Lé-vesque, c'est principalement à la fonction publique que Lucien Bouchard s'en prendra pour atteindre ses objectifs au chapitre du déficit à juguler. Les Québécois semblent cependant satis-faits de sa performance puisque Lucien Bouchard remporte haut la main l'élection du 30 novembre 1998, raflant 75 circons-criptions et 42, 9 % des voix. Cependant, considéré comme un sauveur au moment où il a quitté le Parti conservateur pour former le Bloc québécois et lorsqu'il a rejoint Jacques Parizeau dans l'arène lors du référendum de 1995, son étoile commence de plus en plus à pâlir tout comme semble faiblir son idéal sou-verainiste. On se rend compte aussi assez rapidement que les idéaux sociaux-démocrates sont eux aussi mis en veilleuse. L'adéquation entre le Parti québécois et les orientations idéolo-giques de Lucien Bouchard semble de plus en plus boiteuse et c'est à la faveur d'une triste affaire d'allégations de commen-taires antisémites tenus par le candidat péquiste Yves Michaud et dénoncés à l'Assemblée nationale que Lucien Bouchard s'es-quivera, pour laisser la place à Bernard Landry qui le rempla-cera comme premier ministre le 8 mars 2001.

Bernard Landry a une longue feuille de route comme parti-san du Parti québécois et des états de service assez éloquents. Avocat et économiste, il a été tour à tour, au sein de différents gouvernements de René Lévesque, ministre d'État au dévelop-pement économique, ministre délégué au Commerce extérieur, ministre des Relations internationales et ministre des Finances. Il sera vice-premier ministre sous Parizeau et Bouchard. Son règne en tant que premier ministre sera de courte durée puisque son gouvernement sera défait par Jean Charest en 2003. Devenu à ce moment chef de l'Opposition, il prendra tout le monde par surprise en donnant sa démission après n'avoir obtenu l'appui que de 76,2 % des délégués lors d'un vote de confiance au congrès du parti à Québec. Il sera remplacé par André Boisclair qui infligera le pire score qu'ait obtenu le Parti québécois, soit 28 % des voix en 2007. Démissionnant à son tour peu de temps après la défaite, Boisclair cèdera la place à Pauline Marois, une autre routière de longue date qui a géré les ministères parmi les plus importants au cours d'une carrière politique échelonnée sur une quinzaine d'années. Elle aura notamment agi à titre de ministre des Finances et vice-première ministre sous Bernard

Landry. Le PQ a pris du mieux dans les sondages dès son accession à la chefferie. Mais madame Marois veut faire modifier l'article 1 du parti qui préconise un référendum au cours du premier mandat. Sa stratégie consiste à vouloir doter l'État québécois, advenant le cas de son élection, de prérogatives qui l'apparenteraient de plus en plus à un véritable État… indépendant. On doterait le Québec de toutes les institutions qui sont l'apanage d'un pays, et au moment venu, il ne suffirait que d'une pichenotte pour basculer vers l'indépendance pleine et entière. Parallèlement, le nouveau vent idéologique qu'elle veut insuffler semble curieusement venir de la droite. Comme si cet espace n'était pas déjà occupé par les deux autres partis.

Le Parti libéral

Après avoir quitté la direction d'un Parti conservateur moribond à Ottawa en 1998, Jean Charest est accueilli comme un héros au sein du Parti libéral québécois. Voici un homme, se dit-on, qui saura contrer la menace souverainiste et mettre les séparatistes à leur place. Son parti sera cependant défait par le PQ, encore dirigé à ce moment par Lucien Bouchard, lors de l'élection du 30 novembre 1998, mais les libéraux obtiennent plus de voix que le PQ (43,6 % contre 42,9 %) et Jean Charest devient chef de l'Opposition officielle. Il prendra sa revanche le 14 avril 2003 en menant ses troupes à une victoire majoritaire après neuf ans de règne péquiste et en défaisant Bernard Landry.

Avec l'arrivée de Jean Charest à la tête du gouvernement québécois, on assiste non seulement au retour à la barre de l'État d'un parti résolument fédéraliste, mais c'est de plus la pensée néo-libérale qui impose sa règle. On a pu dire que le Parti québécois a lui-même glissé vers cette pente à de nombreuses reprises mais il ne s'est jamais ouvertement affiché comme tel et il y a toujours eu au sein de cette formation des chiens de garde pour sonner l'hallali lorsque la tendance devenait trop lourde. Chez les libéraux, on se soucie peu de ce genre de subtilités. Le Parti libéral québécois constitue la branche politique de l'establishment québécois. Le credo de cette faction est relativement simple : le minimum d'entraves à la libre entreprise, le moins d'État possible, et le statu quo politique. Remettant en question ce qu'il est convenu d'appeler « le modèle québécois » — sommairement énoncé, un ensemble de pratiques qui balisent les rapports entre le privé et le public depuis les débuts de la Révolution tranquille — Jean Charest introduit la notion de « réingénérie » et annonce une révision de l'ensemble des programmes et des pratiques gouvernementales en cours. Les cibles préférées de ces dirigeants de droite sont bien connues et sont souvent les mêmes, qu'ils œuvrent à la tête d'entreprises privées ou qu'ils gèrent les affaires de l'État. Ce sont toujours les syndicats qui écopent, les plus démunis qui finissent par payer la note, les défavorisés et les pauvres qu'on confine à un univers de plus en plus restreint et de moins en moins vivable.

Jean Charest dirigera un gouvernement devenu rapidement un des plus impopulaires de l'histoire du Québec. Si bien qu'à l'élection tenue au printemps 2007, il ne parviendra qu'à faire élire un gouvernement minoritaire, la grosse surprise de ce scrutin s'avérant cependant la déconfiture du Parti québécois dirigé par André Boisclair et l'accession de l'Action démocratique du Québec de Mario Dumont au statut d'Opposition officielle.

POSITION CONSTITUTIONNELLE DE MARIO DUMONT

L'Action démocratique du Québec

Ce parti, nous l'avons vu, est né de la défection d'un certain nombre de libéraux suite aux louvoiements d'un Robert Bourassa au moment où il aurait pu jouer un rôle déterminant dans l'histoire du Québec et même lui ouvrir la voie de la souveraineté. Ce parti s'est d'ailleurs rallié aux troupes du PQ et du Bloc québécois lors du référendum de 1995. Longtemps considéré comme le parti d'un seul homme après le départ de Jean Allaire, l'ADQ a évolué en dents de scie depuis cette époque, autant sur le plan idéologique que par sa capacité à se rallier une part intéressante de l'électorat. Considéré comme un parti de droite, s'affichant « autonomiste » sur le plan constitutionnel sans qu'on précise réellement le contenu idéologique de cette posture, l'ADQ navigue au gré du courant et profite des bévues ou des cases laissées vacantes par les deux autres partis dominants au Québec. S'affichant comme défenseur des intérêts de la classe moyenne, Mario Dumont y va parfois de propositions jugées carrément farfelues par les analystes et une bonne part de la population du Québec. À la tête d'une équipe inexpérimentée bien que représentative d'une couche de la population qui n'a pas eu très souvent ses entrées à l'Assemblée nationale, Mario Dumont ne s'est pas jusqu'à ce jour montré très convaincant dans son rôle de leader de l'Opposition officielle. Il est tout de même parvenu à bâtir et à tenir en laisse un parti qui a ravi 31 % du suffrage et a fait élire 41 députés lors de la dernière élection, occupant de la sorte une place prépondérante sur l'échiquier politique québécois et instaurant une règle de trois à l'Assemblée nationale où on est davantage habitué au bipartisme.

Québec solidaire

Codirigé par Françoise David et Amir Khadir, le parti Québec solidaire a vu le jour le 4 février 2006 et est né de la fusion de l'Union des forces progressives et du mouvement Option citoyenne. C'est un parti de gauche, féministe, environnementaliste et souverainiste. Le parti a présenté 123 candidats dont 65 femmes aux élections tenues en 2007 mais n'a obtenu que 3, 65 % des voix et n'a pu réussir à gagner aucun comté.

Le Parti indépendantiste

Officiellement reconnu depuis le 18 octobre 2007, ce parti a pour objectif de réaliser l'indépendance du Québec après avoir accédé au pouvoir par la voie électorale. Dirigé par Me Éric Tremblay, le Parti indépendantiste a présenté trois candidats aux élections partielles de mai 2008 et a obtenu 1,38 % des suffrages. Le programme du parti stipule notamment que : « La concrétisation de l'État du Québec indépendant s'avère la condition essentielle qui nous permettra, non seulement d'assumer la pérennité de notre langue, de notre culture et de notre identité, mais d'établir des relations directes, sur une base d'égalité, avec toutes les Nations libres du monde entier. »

Le Parti vert du Québec

Dans la foulée de la grande mouvance écologiste internationale, la plate-forme de ce parti prévoit « la promotion des valeurs vertes, du développement durable et de la démocratie participative ». Fondé dans les années 1980, le PVQ a connu quelques tribulations internes à ses débuts mais il est parvenu à présenter 108 candidats aux élections générales de 2007, terminant quatrième à l'échelle nationale, et se classant au deuxième ou au troisième rang dans six circonscriptions. En hausse constante, ce parti a obtenu 7,97 % des suffrages aux élections partielles de mai 2008. Il est dirigé par Guy Rainville.

CONCLUSION

Dans les pages liminaires de ce *Petit manuel* dont la première édition paraissait au début des années 70, Léandre Bergeron parlait de trois régimes successifs ayant marqué l'histoire des Québécois : le régime français, le régime anglais et le régime américain. Il précisait ses buts : « Ce petit manuel se veut une repossession. La repossession de notre histoire, premier pas de la repossession de nous-mêmes pour passer au grand pas, la repossession de notre avenir. » Et à cette période glorieuse de notre histoire où tous les espoirs semblaient permis, il concluait : « Cependant, depuis quelques années on sent qu'il se dessine au Québec un mouvement qui veut que nous entrions dans un régime québécois, que notre économie nous appartienne à nous, peuple québécois, que le Québec soit souverain et que le peuple québécois façonne la politique du Québec. »

Plus de trente-cinq ans après que ces lignes aient été écrites, force est de constater que ce but n'est pas encore atteint. Trente-cinq ans, c'est plus de la moitié de la vie active d'un homme. Sur une période aussi longue, la vie est meublée de mille et une petites vétilles qui font que si l'on est marqué par les événements les plus signifiants, on passe le plus souvent d'une chose à l'autre sans nécessairement percevoir les lignes de force qui caractérisent une époque. Ce n'est qu'au moment où on se donne la peine d'ausculter une période définie de l'histoire qu'on parvient à en dégager les axes moteurs et les mouvements de fond. C'est cet exercice que nous venons de terminer et le lecteur aura été à même de le constater, ces trente-cinq dernières années auront été marquées par une charge ininterrompue dirigée contre le peuple québécois. Qu'on fasse référence aux événements d'octobre, au référendum de 1980, à la Nuit des longs couteaux, au torpillage de l'accord du lac Meech, à Charlottetown, au référendum de 1995, au scandale des commandites ou à la loi sur la clarté, on voit partout et toujours des forces fédéralistes aux moyens disproportionnés user de l'appareil d'État fédéral et s'allier au grand capital, en usant de tous les moyens à leur disposition, dans la légalité ou non, pour contrer les aspirations légitimes du peuple québécois. À cet égard, le Parti québécois, ou toute autre instance qui en a les moyens, devrait illico prendre note de cette infamie, colliger les faits — et ce ne sont pas les preuves qui font défaut — et aller déposer le dossier aux portes de l'ONU. La cause à défendre : un ethnocide volontaire et planifié.

Le Québec a tout de même beaucoup changé au cours de cette période et les transformations que la société a subies sont encore plus profondes et marquantes si on recule un peu plus loin dans le temps. Au cours des cinquante dernières années, le pouvoir de l'Église a été réduit à sa plus simple expression et cette dernière joue aujourd'hui le rôle qui devrait être normalement dévolu à toute institution principalement vouée au culte et évoluant au sein d'une société laïque et non confessionnelle. Les mœurs politiques auront considérablement été assainies au Québec au cours de cette période, principalement grâce à l'impulsion de René Lévesque. On ne peut pas en dire autant d'Ottawa où les scandales et les passe-droits semblent la marque de commerce. La situation des femmes a considérablement évolué elle aussi, et si on peut considérer qu'elles agissent de plus en plus comme citoyennes et partenaires à part entière au sein de la collectivité québécoise, il ne faut cependant pas perdre de vue que l'inégalité demeure, notamment sur le plan économique. En effet, en 2008, la rémunération des femmes est encore inférieure en moyenne de 30 % par rapport à celle des hommes. Les acquis sont de plus menacés par l'arrivée d'immigrants venus de pays où la prédominance mâle demeure toujours une valeur première.

Sur le plan économique, on peut difficilement recourir à des stéréotypes tels que « porteur d'eau » ou « né pour un petit pain » pour qualifier le Québécois moyen des années 2000. Si des grands pans de leur économie échappent encore aux Québécois et s'ils n'en contrôlent qu'une infime partie, ils ne subissent plus aussi directement l'oppression d'un seul groupe dominant qui, il y a quelques décennies à peine, imposait de plus sa langue à une majorité francophone. Ceci étant dit, il n'en demeure pas moins que le grand capital étend ici comme ailleurs sa chape de plomb et que les dirigeants des multinationales, voire les entrepreneurs locaux, n'hésitent pas longtemps lorsque, mondialisation oblige, les impératifs de la rentabilité imposent la réalité de coûts de

production beaucoup plus bas en sol étranger. Le laxisme des libéraux provinciaux permet de plus l'apparition d'aberrations telles qu'on en n'avait pas vues depuis longtemps en sol québécois, qu'on songe à l'établissement des parcs éoliens qui se fait contre la volonté des habitants des régions et au profit du capital étranger, ou qu'on se questionne sur la pertinence de ports pour le transbordement de gaz naturel liquéfié qui risquent de défigurer des sites historiques et écologiques de premier plan alors que la démonstration de leur utilité n'a pas été faite. Dans ce même esprit de spoliation, l'agriculture, les pêches et la forêt subissent le contrecoup d'une exploitation abusive et de pratiques controversées, si bien que les régions se vident de leurs populations et que l'occupation du territoire québécois posera un problème de plus en plus crucial, à moins qu'on considère que seuls les grands centres ont droit de cité dans un univers où la ruralité sera de plus en plus considérée comme une antinomie archaïque relativement à une urbanité postmoderne et branchée.

En termes d'économie toujours, nous sommes certes loin du grand rêve rouge où les outils de production devaient idéalement devenir la propriété de ceux qui les utilisent, mais on peut concéder que, oui, parti de parent pauvre, le Québec d'aujourd'hui s'est hissé parmi la cohorte des pays riches et occupe aujourd'hui le haut de la pyramide. Aussi est-il confronté aux mêmes problèmes que ces sociétés avancées qu'il a enfin rejointes, dont celui de la dénatalité peut avoir un impact fatal pour une collectivité qui ne maîtrise pas tous les outils de sa destinée et qui est perdue au cœur d'une masse anglophone.

Berné par cette nouvelle richesse et noyé dans l'univers de la consommation, ébloui par l'éclat des faux diamants que fait briller la société du spectacle, le Québécois aurait-il laissé tomber en cours de route son quant-à-soi? Libéré de ses Duplessis et de ses prêtres, profitant de la proximité de l'Empire dont les bienfaits et la richesse finissent nécessairement par tomber dans ses goussets, le Québécois aurait-il réellement choisi le confort et l'indifférence? Ne risque-t-il pas de se retrouver dans la position de ce chien, décrit par le fabuliste Jean de La Fontaine, qui mange à sa faim mais dont les stigmates laissées par le collier qui l'asservit demeurent immanquablement présentes? Dans quel camp se rangent aujourd'hui les jeunes? Sont-ils obnubilés à ce point par le « world beat » qu'ils en oublient le rythme qui pulse dans leur propre cour? Les syndicats sont-ils parvenus à enrichir leurs membres au point où leurs chefs se sont mutés en lobbyistes de haute voltige, voire en dirigeants d'entreprises qui se consacrent davantage aux placements financiers de leurs succursales qu'au bien-être de la collectivité dont ils ont déjà été d'ardents défenseurs?

A-t-on réellement mis un frein à l'aliénation en terre du Québec? Burger King, Macdonald, Pizza Hut, Tim Horton's, Second Cup, Home Depot, Canadian Tire, Wal-Mart, Alcoa, Bowater, Abitibi Price, Power Corporation, Century 21, Imperial Oil, Loblaw, Sun Life, Domtar, Molson, General Electric, Microsoft, Quebecor World... De la terrasse Dufferin, à Québec, que surplombe le Château Frontenac — l'hôtel le plus photographié au monde dit la publicité — et qui a été construit sur le site du

Château Saint-Louis qui a abrité les premiers gouverneurs de la Nouvelle-France, de la terrasse Dufferin, le visiteur voit cingler dans son horizon quatre drapeaux, tous canadiens. Sur ce site unique sis au cœur de notre « Capitale nationale », l'un des plus visités et une des images d'Épinal du Québec parmi les plus connues à l'étranger, il ne flotte aucun drapeau québécois.

Au cours d'une histoire qui coiffe les quatre cents ans cette année, notre statut politique aura muté de colonie française à colonie britannique avant que le Québec ne devienne une province au sein de la Confédération canadienne. Nouvelle-France, Province of Quebec, Bas-Canada, Province de Québec, on nous aura imposé une série de noms et de statuts, de même qu'on aura essayé depuis des siècles de trouver une catégorie ou un vocable satisfaisant pour nous définir et nous caser (ou nous *casser*) : peuple, nation, société distincte, Canadiens, Canadiens-Français, Québécois. On aura de plus expérimenté à peu près toutes les formes de gouvernement possibles et imaginables dans le but d'essayer d'arrimer notre spécificité à ce grand tout anglo-saxon, sans que les résultats ne soient jamais probants ni satisfaisants, ni que ces institutions ne correspondent à notre réalité propre et nous garantissent les conditions minimales permettant d'assurer notre simple survie comme entité unique et originale en cette terre d'Amérique. Rien n'a jamais marché à notre pleine et entière satisfaction.

En bout de ligne, la seule formule qui n'ait pas été essayée, c'est celle de l'indépendance pleine et entière. Peut-être vaudrait-il la peine de lui donner une chance ? De toutes façons, le débat ne sera jamais clos jusqu'à cet avènement. Nous sommes trop nombreux à penser et à croire que cette avenue est la seule possible, si on ne veut pas devoir un jour apposer à la société québécoise le seau déterminant qui fixera définitivement son destin et qui se résume aux trois lettres du mot

FIN.

APPENDICES

Textes tirés de l'édition anglaise du *Petit manuel d'histoire du Québec* (*The History of Quebec, a Patriote's Handbook*) parue en 1971 chez New Canada Publications, Toronto.

TO ENGLISH-CANADIANS

Quebec is spoiling the image Canada has of itself. Quebec is disturbing the comfort of a "peaceful country going about its business". Quebec is undermining the very foundations of a well-adjusted modern state. How awful can a province get?

Canadians have been told that their country was founded by two nations who decided one day to become partners in building a country, like two businessmen getting together to swing a deal. Canadians have been told that the French (that is, the Québécois) are lest interested in commercial enterprise because of their Gallic origins and their educational system, that they are a gay, carefree people, keeping to themselves, and trying to keep alive century-old traditions. Canadians have been told things about the Québécois that reassured them and kept them away from the real issue: that the Québécois are colonized and that Canadians are accomplices of the colonizer.

For many Canadians this is an accusation of the vilest kind. Aren't Canadians just ordinary people who cannot imagine they have anything in common with Ian Smith and Voerster? Aren't Canadians just Canadians from coast to coast working hard to keep a nice big country together?

Canada is first of all the most cooperative colony the U.S. has ever had. Canadians are colonized economically, politically and culturally by the U.S. American companies dominate the economy of Canada and, by the same process, its political life. American T.V., American magazines, American professors spread American ideology systematically from coast to coast, from the 49th parallel to the North Pole.

But at the same time, the Canadian ruling class, the Canadian bourgeois class, which is giving away the country to the U.S., for immediate profits, is acting vis à vis the Québécois as a colonizer. It is members of that class who have organized the exploitation of Quebec. It is they who control the production in Quebec. It is they who hire and fire Québécois workers and decide where the products will end up. The vast majority of the Québécois are strictly labour power in an organization of production that is absolutely foreign to them. The capitalist mode of production was imposed on a people who had been isolated by military conquest.

And today the realization of this situation is the motive force behind the movement that is taking shape in Quebec. The movement is a general liberation movement. And no patch up job can stop it. The colonizer is always wrong, even when, in his own eyes, he is making great concessions. The colonized is right in all his attempts at breaking the colonial master-slave relationship.

This handbook is an attempt at explaining the historical process that has brought about the situation we have today. Official and traditional explanations are being exposed. Things that aren't very nice to say are printed in black and white. But it is better to see things clearly and know where things are at, although it hurts to find out, than to confuse the issues to comfort ourselves.

It is hoped that this handbook will help Canadians at large realize that the movement in Quebec is not directed against them, but in fact, against our common enemy. Canadians must realize that they have a liberation struggle to undertake if they want to survive and that this liberation struggle can be successful only if they co-operate with other such movements. They must first of all accept the Québécois' struggle for political and economic independence and secondly support it. Only on this basis can Canadians and Québécois relate to one another and become true partners in whatever they want to undertake together after that. An independent Quebec and an independent Canada can be friendly neighbours respecting each other as equals. Anything else will only perpetuate misery and hatred.

Léandre Bergeron
May, 1971

Publisher's Statement Regarding
the C.W. Jefferys Historical drawings

C.W. Jefferys' historical drawings are the most accurate and comprehensive depiction of our history — truly a national treasure. While preparing *The History of Quebec*, we requested reproduction-quality proofs of some of these drawings from the Imperial Esso Oil Co., which currently has them in its possession.

Initially Imperial Oil agreed as it is obligated by its purchase agreement with the Jefferys estate to make these proofs available without charge for "educational purposes".

Later, Imperial Oil changed its mind, claiming this book is not educational as it reflects " a particular political or social philosophy" — that is, anti-imperialism. Imperial Oil is controlled by the Standard Oil Co. of New Jersey, the original basis of the world-wide multi-billion dollar empire of the Rockefeller interests of the U.S.

Protests and demonstrations across Canada and Quebec by patriotic organisations and individuals lead by the Canadian Liberation Movement resulted in a meeting at Imperial Oil headquarters in Toronto between representatives of Imperial Oil, New Canada Publications and some concerned citizens.

At this meeting, Imperial Oil agreed it would take no action as a result of the reproduction of Jefferys' drawings in this book. Later press reports make it now questionable whether Imperial Oil intends to abide by that agreement.

We have consistently held that Imperial Oil has no moral or legal right to prevent the reproduction of the drawings in this publication. We have never requested "permission" to use them. None is needed. However, Imperial Oil's actions have raised an important question: *should a U.S.-owned firm be permitted to deny to the Canadian people our own national heritage?*

In its secret contract of purchase from the Jefferys estate, Imperial Oil is believed to have agreed that at some future time it would turn over the priceless collection (which it bought for only $14,250 - $11 to $15 per drawing!) to a public gallery or museum. In the meantime, it claims to be holding the collection as a "public thrust".

Imperial Oil has spent millions reproducing the Jefferys drawings in a campaign to convince the Canadian people that it, as a foreign-owned country, is "concerned" about the preservation of Canadian culture.

This incident demonstrates that imperialist companies like Esso are interested to preserving Canadian culture only where it helps preserve their profitable interests.

Eric Kierans, former Minister of Communication in the federal Liberal cabinet, has revealed that the largely foreign-owned oil companies in Canada (Esso is the largest) paid a mere $14 million in taxes on a *declared* profit of $350 million in 1970 — according to *their* figures, a tax rate of 4 per cent per annum.

We suggest that there is a direct connection between the exploitation of our natural resources by U.S. firms like Esso and the sorry state of *real* Canadian culture — that which tells the truth about our peoples and our struggles, that which aid in our liberation.

Esso uses a small part of its fabulous profits to control and pervert Canadian culture, the better to maintain its ownership and control of Canadian resources. Sooner or later, they will be regained by their rightful owners: the people of Canada.

Under these circumstances, it is our obligation as Canadian liberation publishers to include pertinent C.W. Jefferys historical drawings in *The History of Quebec*.

New Canada Publications,
A division of NC press Ltd.

An open letter to W.O. Twaits
Chairman of the Board, Imperial Oil

Your refusal to allow the publication of C. W. Jefferys' historical drawings in *The History of Quebec: A Patriote's Handbook* is a national insult.

This book, soon to be published by New Canada Publications, is the English translation of Québec's No. 1 best-seller, *Petit manuel d'histoire du Québec* by Léandre Bergeron. In a country where sales of 5,000 copies constitutes a best-seller, this book's sales of over 60,000 copies in only seven months makes it a true publishing phenomenon — and conclusively shows the high regard in which it is held by the people of Quebec.

C. W. Jefferys' drawings are part of the national heritage of the Canadian people. Because of their unparalleled scope and accuracy, they are included in the majority of Canadian history books.

It was precisely for these reasons that the Jefferys estate made it a condition of its sale of the drawings to your company that they be made available free for use in educational books.

You have attempted to justify your refusal on the flimsy grounds that *The History of Quebec* has a "particular political or social philosophy." All histories reflect a "particular political or social philosophy" — it's just that some reflect one philosophy and some reflect others.

The *History of Quebec* tells how U.S.-owned companies such as yours control and rob Quebec and Canada in a systematic fashion. It is obviously no coincidence that your company is majority-owned by the Standard Oil Company of the USA which is the foundation of the notorious Rockfeller empire that has vast holdings all over the world including about $4 billion here in Canada.

Imperial Oil purchased C. W. Jefferys' drawings with profits made from the Canadian people and is now using them as a means to censor any Canadian history that does not agree with a *certain particular* political or social *philosophy*; namely that of Imperial Oil.

Your recent actions show that national treasures such as the Jeffery drawings must be removed from the private possession of companies like yours to the National Archives or a public museum where they will be freely available to all of the Canadian people.

As persons deeply concerned about the cultural life and rights of the Canadian people, we demand that Imperial Oil immediately grant to New Canada Publications the right to freely reprint any C.W. Jeffery drawing.

MILTON ACORN, poet , Charlottetown
ALMA MATER SOCIETY,
   University of British Columbia, Vancouver
PROF. LESLIE ARMOUR, University of Waterloo, Waterloo

PROF. HENRY BEISSEL,
   Sir George Williams University, Montreal
LEANDRE BERGERON, author, Montreal
MARV BLAUR, candidate,
   New Democratic Party, St. Catharines
JOHN BOYLE, artist, St. Catharines
MORDECAI BRIEMBERG,
   Simon Fraser University, Vancouver
PROF. HAROLD BRONSON,
   University of Saskatchewan, Saskatoon
ROBERT BURNS, member, Quebec National Assembly
GARY CALDWELL, lecturer,
   Trent University, Peterborough
CANADIAN UNION OF OPERATING ENGINEERS,
   Windsor
CLAUDE CHARRON, member,
   Quebec National Assembly
MICHEL CHARTRAND, president,
   Montral Council, CNTU
PAUL COPELAND, lawyer, Toronto
PROF. JOHN COWAN, University of Ottawa, Ottawa
BRENDA CRYDERMAN, NDP Waffle, Thunder Bay
GREG CURNOE, artist, London
GAIL DEXTER, lecturer,
   Ryerson Polytechnical Institute, Toronto
RALPH ELLIS, delegate,
   Hamilton & District Labour Council
GRAHAM FRASER, free-lance writer, Toronto

DR PHILIP FRY, curator, Winnipeg Art Gallery

BRUNO GERUSSI, CBC radio personality, Toronto

GRAEME GIBSON, novelist, Toronto

SHILLEY GIBSON, general manager,
    House of Anansi, Toronto

DAVID GODFREY, author, New Press, Toronto

GERALD GODIN, editor, Québec-Presse, Montréal

CY GONICK, member,
    Manitoba Legislative Assembly, Winnipeg

PROF. RESHARD GOOL,
    chairman Dept. of Political Science,
    University of Prince Edward Island, Charlottetown

PROF. NINO GUALTIERI, Carleton University, Ottawa

CAROL GUDMUNSON, vice president, NDP, Saskatoon

FRED GUDMUNSON, organiser, NFU, Saskatoon

DR GEORGE HAGGAR, president,
    Canadian Arab Federation

LARRY HAIVEN, chairman,
    85 % Canadian Quota Campaign, Tor.

BRUCE HODGINS, lecturer,
    Trent University, Peterborough

MEL HURTIG, publisher, Edmonton

C.S. JACKSON, president,
    United Electrical Workers, Toronto

BRUCE KIDD, sports commentator, Toronto

PROF. GASTON LAURION, Loyola College, Montreal

DENNIS LEE, poet, Toronto

RENE LEVESQUE, leader, Parti québécois, Montreal

DR. PHILIP LONDON, author, Windsor

BARRY LORD, art critic, Ottawa

PROF. A. LUCAS, McGill University, Montreal

PROF. IAN LUMSDEN, York University, Toronto

A. MAYHEE, Watson Island Local No. 4,
    Pulp and Paper Workers of Canada, Prince Rupert, B. C.

PATRICK MCFADDEN, free-lance writer, Toronto

TOM MACGRAW, CBRT&GWU, Vancouver

PFOF. ED MAHOOD,
    University of Saskatchewan, Saskatoon

DR. MARGARET MAHOOD, psychiatrist, Saskatoon

PROF. JERRY MALZAN, University of Waterloo, Waterloo

PROF. ROBIN MATHEWS, Carleton University, Ottawa

DR. SERGE MONGEAU, secretary-treasurer, Mouvement
    pour la défense des prisonniers politiques Québécois

MONTREAL COUNCIL,
    Confederation of National Trade Unions

PROF. STAN MUNOZ,
    Sir George William University, Montreal

NATIONAL COMMITTEE for the
    Canadianisation of Canadian Universities

NEW DEMOCRATIC PARTY EDUCATION COMMITTEE,
    St. Catharines

JACK NICHOL, secretary-treasurer, UF & AWU, Vancouver

PROF. GRAEME NICHOLSON,
    University of Toronto, Toronto

JACQUES PARIZEAU, executive member,
    Parti québécois, Montréal

PROF. PIERRE LEMIEUX, University of Ottawa
PROF. JOHN RICHARDS, candidate, NDP, Saskatoon
JOE ROSENBLATT, poet, Toronto
KENT ROWLEY, secretary-treasurer,
    Council of Canadian Unions, Brantford
CLAYTON RUBY, lawyer, Toronto
JOHN SEWELL, alderman, City of Toronto
PROH. LORENNIE SMITH, University of Toronto, Toronto
PROF. ROMA STANDEFER, York University, Toronto
PROF. JAMES STEELE, Carleton University, Ottawa
MEL SWART, candidate, New Democratic Party, Welland
EXECUTIVE, LOCAL 199,
    United Auto Workers, St. Catharines
JOHN VARLEY, past president, Canadian Student Liberals
PROF. MEL WATKINS, University of Toronto, Toronto
PROF. VICTOR WIGHTMAN,
    Lakehead University, Thunder Bay
PETER WILSON, artist and writer. Toronto
PROF. W. D. YOUNG, chairman, Dept. of Political Science,
    University of British Columbia, Vancouver
PROF. JACQUES-YVAN MORIN,
    Université de Montréal, Montreal

Organizations are listed for identification purposes only — except where they are listed separately.

TABLE DES MATIÈRES